捷胜镇志

捷胜镇人民政府
《捷胜镇志》编委会 编

何秀荣 编著

中国文联出版社

图书在版编目（CIP）数据

捷胜镇志 / 何秀荣编著 . -- 北京 : 中国文联出版社 , 2023.3
ISBN 978-7-5190-5097-9

Ⅰ . ①捷… Ⅱ . ①何… Ⅲ . ①乡镇—地方志—汕尾
Ⅳ . ① K296.55

中国版本图书馆 CIP 数据核字 (2022) 第 232918 号

编　　著　何秀荣
责任编辑　苏　晶
责任校对　潘传兵　张小香　周晓静　何应彬　何玺坤
装帧设计　晓　攀

出版发行　中国文联出版社有限公司
社　　址　北京市朝阳区农展馆南里 10 号　邮编 100125
电　　话　010-85923025（发行部）　010-85923091（总编室）
经　　销　全国新华书店等
印　　刷　廊坊佰利得印刷有限公司

开　　本　710 毫米 x 1000 毫米　1/16
印　　张　30.5
字　　数　405 千字
版　　次　2023 年 3 月第 1 版第 1 次印刷
定　　价　86.00 元

治所舆图

明 · 捷胜守御千户所北城远望图

明 · 捷胜守御千户所北城永安门

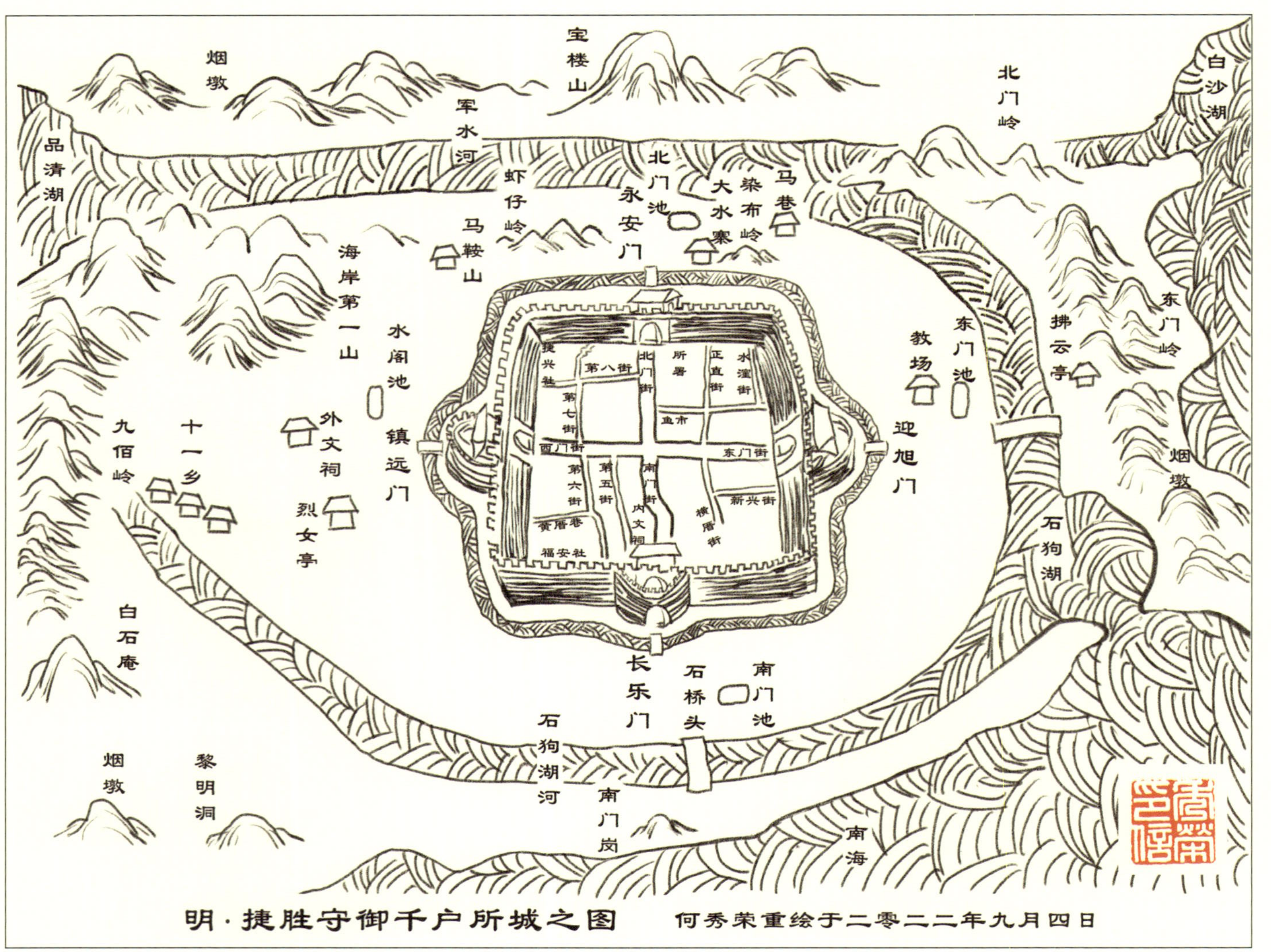

明·捷胜守御千户所城之图　何秀荣重绘于二零二二年九月四日

捷胜镇镇委、人民政府办公大楼

沙坑文化博物馆

文物古迹

新石器时代 · 沙坑北文化遗址

新石器时代 · 东坑南文化遗址

新石器时代 · 沙坑南文化遗址

沙坑北遗址出土的石器

沙坑南遗址出土的石器

沙坑北遗址出土的石器及陶器

东坑南出土的带把壶（直径 15 厘米）

树皮布石拍（沙坑北）

沙坑南出土的陶砵

修建会魁楼碑

明代 · 城隍庙戏台

明 · 天太后宫香炉

黎明洞

文昌阁及碑刻

明 · 捷胜守御千户所城

南宋末年 · 白石庵

明嘉靖年间 · 七老将公祠（重修）

明 · 华佗先师庙（重修）

得道庵 · 石船泛陆

明 · 凝波寺（重修）

明 · 城隍庙（重修）

明 · 天太后宫（重修）

明 · 得道庵（重修）

外文祠 · 文昌亭

天主教堂

赖氏家塾

老鱼市

龟龄岛妈祖庙（重修）

蔡氏宗祠

得道庵“壁涧流泉”石刻横匾

黎明洞摩崖石刻

得道庵摩崖石刻

黎明洞摩崖石刻

得道庵摩崖石刻

黎明洞“奇岩胜境”石刻

黎明洞摩崖石刻

清光绪八年壬午科考选第一名岁贡生张梓材 · 岁魁木刻匾额

清宣统庚戌科岁贡生曾树璜 · 岁魁木刻匾额

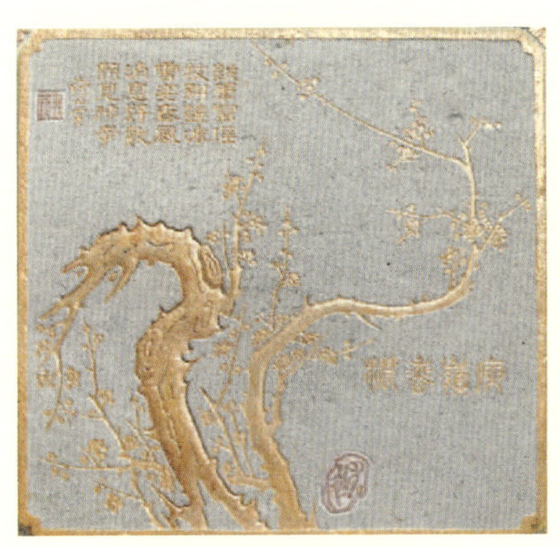

城隍庙梅花图石刻

北门福德祠 · 明代石刻

得道庵 石刻匾额

得道庵“虹桥捷步”石刻 · 何香荷书

登社碑及捐置祀产碑

明代盆景石刻

革命烈士纪念碑

李劳工烈士纪念碑

何鼎元于 2015 年获中共中央、国务院、中央军委颁发的“中国人民抗日战争胜利 70 周年”纪念章

山海风光

双石湖海

南天门

羊回头

大銮礁

龟龄岛

龟龄岛妈祖像

青屿

石狗湖 · 石狗

牛皮洲

赤腊屿

鹰屿、捞投屿

三角洲（赤洲）

书画雅风

三贡雅会梅诗图 · 贡生许兆寅画并诗，贡生何次韩、陈春熙附题

许兆寅 · 墨梅

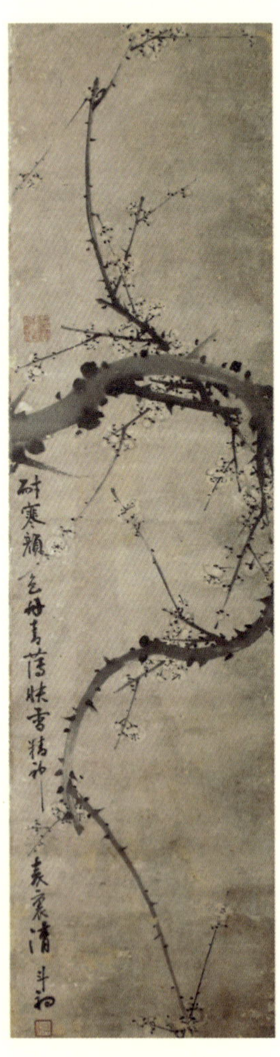

许兆寅 · 墨梅

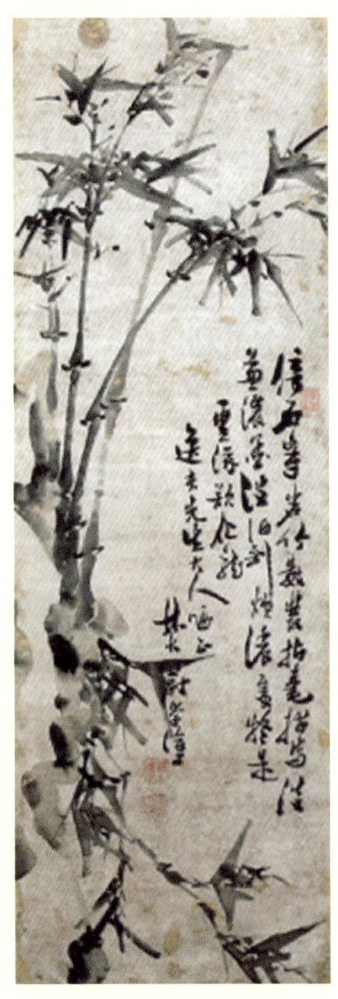

林大尉 · 墨竹

许兆寅 · 书法

何白涛 · 版画

许义 · 壁画（许昌衔供图）

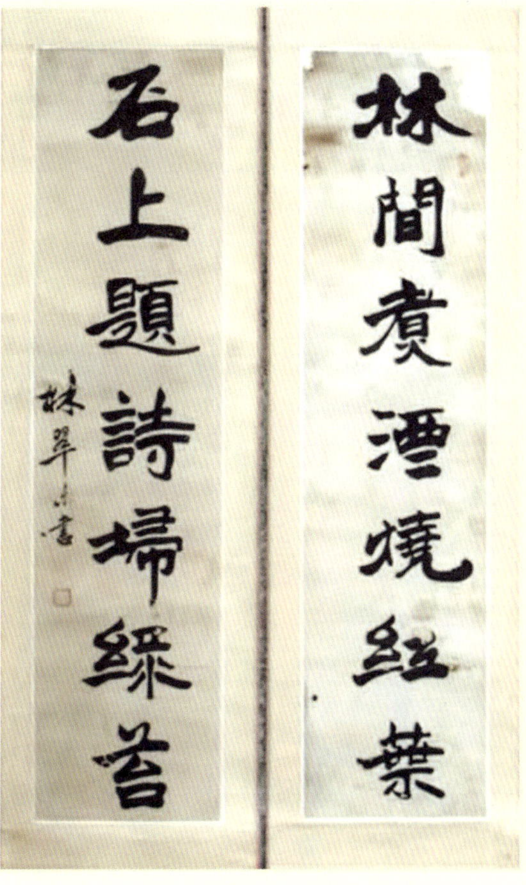

林大蔚 · 书法

民间艺术

周仲富 · 泥塑

杜国 · 贝雕

周仲富 · 泥塑

黎志强 · 木雕

赖原荣 · 木雕

独角麒麟

高技景

高技景·象（东门）

高技景·龙（南门）

高技景·狮（西门）

高技景·虎（北门）

特色食品

鸡仔饼

绿豆糕、纸牌糕（云片糕）

龙舌酥

薄饼

软糕（什锦之一）

《捷胜镇志》第四稿讨论会参与人员合影

前排左起：王立新、刘锦林、何大海、吴春磊、何世海、何世蓬、周仲富

后排左起：赖杉昌、刘世会、杜　国、何秀荣、赖在衍、何秀锄、周舜生、蔡　玩

《捷胜镇志》编委会

序　一

李辉雄

《捷胜镇志》的编写历经多载，今天终于出版。这是捷胜社会科学领域的一项重大工程和丰硕成果，是全镇人民政治和文化生活中的一件可喜可贺的大事。

捷胜镇建城600多年，素有“六百年城大雅乡”之称，其地理位置特殊，自然环境得天独厚，资源丰富，历史悠久，人杰地灵。捷胜人民聪慧灵捷，多才多艺，勤劳朴素，爱国爱乡之情，溢于言表。捷胜人无论是过去、现在或将来，都有一种顽强拼搏、不甘人后、敢为人先、积极进取的精神。

《捷胜镇志》分为二十章，针对捷胜的特点，承先启后，条块分明，翔实而全面地记叙了捷胜的政治、经济、文化、教育、工艺美术、人文特点、社会风情等领域的历史变迁，内容丰富，结构严谨，脉络清晰，具有鲜明的时代性和地方色彩，达到了“存史、资政、教化”的目的，必将造福当今，润泽后世。

《捷胜镇志》既成，贵在利用，充分发挥地方百科全书的作用，让人们认识捷胜，了解捷胜，造福捷胜，为各级领导决策捷胜经济发展和社会文明建设提供科学依据。

当前，全镇上下正在认真学习、宣传、贯彻党的十九大精神和省、市、区各级会议精神，以习近平新时代中国特色社会主义思想为指导，为实现中华民族伟大复兴的中国梦而努力奋斗。衷心希望全镇广大干部、人民群众“不忘初心，牢记使命”，传承红色基因，以敢为人先、奋发有为、担当实干的精神，建设汕尾沿海经济带亮丽明珠，实施乡村振兴战略，为打造捷胜宜居、宜业、宜游特色新乡镇而不懈努力！

祝愿捷胜明天更美好！

2018 年 10 月

（本文作者系中共汕尾市城区委常委、捷胜镇党委书记）

序　二

吴春磊

修编《捷胜镇志》的工作从2008年6月初正式启动。2018年在镇党委、镇政府的高度重视下，现修编告成，这是一件值得全镇人民高兴的大喜事。

捷胜位于城区东南部，地理位置得天独厚，人文历史源远流长。辖区内有海岸线长12公里，岛屿、海湾相互辉映，沿岸人文自然风光异彩纷呈，有粤东“黄金海岸”之誉。其历史文化厚重悠远，新石器时代沙坑文化、沙角尾文化、得道庵、云山观、白石庵、黎明洞、摩崖石刻等名胜古迹，名闻遐迩；历史由来已久的正字、白字、西秦戏，泥塑、贝雕、木雕、古建筑等在全市久负盛名；商业贸易历史悠久，特色产品丰富，品种繁多。积淀深厚的政治、经济、文化、风土人情等人文历史，一直默默地见证捷胜的沧桑变化和发展轨迹。

捷胜历届党委政府，团结和带领全镇人民，发挥优势，抢抓机遇，以经济建设为中心，坚持改革开放，团结拼搏，努力进取，使全镇经济社会发生了巨大变化。当前，全镇人民正在深入学习宣传贯彻党的十九大精神和习近平总书记在参加十三届全国人民代表大会一次会议广东代表团审议时提出的“四个走在全国前列”的重要讲话精神。认真贯彻落实全省、市、区的重大战略决策部署，不忘初心，牢记使命，永远把人民对美好生活的向往作为奋斗目标。实施乡村振兴战略，坚持以文化兴镇为主线，以打造特色旅游小镇为龙头，持续完善基础设施，推进重点项目建设，优化政务环境，强化社会管理，依托美丽海岛——龟龄岛和12公里的海岸线，举全镇之力打造文化古镇、滨海沙滩、国防教育基地的特色旅游小镇新出路。

《捷胜镇志》是捷胜第一部志书，比较系统客观地记述了捷胜的自然、政治、经济、文化、社会及人物等方面情况和变化，内容较为丰富，史料较为翔实，突出了时代特点和地方特色，具有较强的资料性和可读性。在此，对参与修编和审阅的同志，表示衷心的感谢！

2018年10月

（本文作者系中共捷胜镇委副书记、捷胜镇人民政府镇长）

序　三

何秀荣

予闻编史之难莫过于志，其征文考献，纵横笔墨，需据实以撰，故国之史与镇之志，其义相同。然史举其要，志举其巨细，二者又有别矣。又闻分野应乎天文，山川应乎地理，赋役应乎版籍，学校应乎礼乐，讼狱应乎兵刑，名宦人物、贞孝节烈应乎吏治人才，夫志者，寓经国爱民之意，可补史之不及者也。

捷胜，古称捷琅埔，濒海多霪，本为《禹贡》扬州之南裔，《周礼》称藩服之地。三代时，地仍在要服外。春秋战国为百越地。秦汉为南海博罗地。东晋改隶东官郡，隋更东官为循州，而后又改龙川郡，唐改循州、海丰郡，而后复改循州，其地皆以海丰属。至宋又改惠州，元改惠州路，皆属海丰金锡都，其时尚未置所，至明洪武二十八年始置千户所。清至民国仍属海丰。一九四九年初，镇之封域渐次缩小，然隶属未有变更。迨至改革初年，始从海丰析出，改以汕尾城区属焉。而今，捷胜之隶属及版图未再变易。

旧有云：捷胜为罾地。明置千户所，初名捷径，寻改捷胜，因其形如罾，又有“罾城”别称。城所辖地广大，若登高极目，可览三面据海，独北面阻大山；城置其中，又成三面环山，独南面阻大海。岛屿胪列，山海竞天而壮阔；田园富庶，鱼盐甲邑称丰饶。大乡巨族，个个皆是读书君子；行商武勇，代代犹多富贵奇才，是地四季无水障淹没，民利其居；一境见政治清明，民利其业。如此蕞尔小城，胜状骈列，四时景明，百业兴旺，惠养斯民，亦谓之乐土也。余尝登西山四望，环山海间，独东南藩篱最薄。夫一城阻山枕海，外有白沙湖、遮浪角，中有大德港，皆可泊舟。山海之交，孤城斗绝，势成孤悬，既有大险，亦有大患，倘或有变，飚举狼突，一夕即可践踏其地，虽谓乐土，又何以谓安矣！故自置所城始，历代即有拨兵扼守，周边又有遮浪、石狮头、牛脚川、汕美、倚壁虎、长沙各炮台及海丰、碣石、甲子、平海、大鹏各卫所官军与之为犄角，海防之势可谓固也，然倭寇、海匪亦常侵犯之。明嘉靖三十一年至四十三年、隆庆至万历初，倭寇常扰捷胜，其烽甚炽。清道光、民国年间，海匪遗患亦甚，虽皆有拨兵平患，然海防常不宁也。一九四九年后，胜朝亦常拨兵驻防捷胜。及今，又增戍兵于牛肚西海岸，扼守门庭。夫历代重视若此，海防之制，诚最急者也。

若夫大雅之城，旧无志也，泱泱六千年文化史，六百载建城史，山川人物、艺文习俗，兵防田赋，均不见于经史，雅乡之名，空闻于外，故捷胜之待有志切矣。为此，镇府委予编写志书，是予设凡例，立纲目，搜往牒，询故老，依一镇之星野、山川、城郭、人口、军事、政治、经济、文化、教育以及忠孝贞节之大，草木虫鱼之微，勒为十八章，事分大小，依次而述，历四月乃成。后因人事变迁，文稿束之高阁。越十年，予于戊戌秋应请再编。盖知论事者原本始，揆物者根情实，故予又分类搜集，考核不厌其详，折中务祈尽善，并按旧稿及新增之素材，利必与，弊必剔，数次增删，裁定二十章以付梓。予知见闻不及，然亦不敢有悖于古人修志之训，务使千百载后采风考献者得有所助焉。是为序。

二〇一九年，岁在己亥仲冬之吉，书于海丰宋存楼。

凡　例

一、本志的编写坚持历史唯物主义和实事求是的原则，力求全面、系统记载捷胜镇自然、政治、经济、文化和社会的历史与现状。

二、按志书体例，以详今略古为原则，上溯新石器时代中晚期（约5000—6000年），下限截至2018年12月。

三、本志分凡例、序言、目录及附图、表、录、照片等，编排记述，采用先横后纵之法。

四、本志史料来自明清海丰县志、城区志、碣石卫名将传、族（家）谱、碑记及海丰县历史档案，部分采用口碑资料，各项数据来自本镇及有关部门的原始报表。

五、对捷胜有贡献、有影响之人物只作列名记事，不予详述。历史人物则单独立传。对人物的记述，直书其官职、功名和姓名，如进士、举人、巡抚、总督、千户及司令等，不加褒贬。人物按时间先后排序，生卒年不详的排文末。

六、本志使用的历史年号沿用通称，如秦、汉、唐、宋、元、明、清等。公元前的简称“前”。朝代纪年用帝王年号，附注公元。民国用民国纪年，附注公元。

七、中国共产党组织则称为“党”和“党组织”。

八、地名的记述，写历史沿革时用古地名。

九、石刻类缺字，无法辨明者，加◇号。

十、本志凡引用文献资料，均注明出处。

目　录

第一章　建　置

第一节　沿革

曩无镇志，大雅何存？浇弊日久，心窃慨焉。于是吾远搜往牒，博询故老，编著成文，沿革在兹。夫捷胜，古为捷琅埔，本为《禹贡》扬州南裔，《周礼》藩服之地。因其阻山拒海，物产丰饶，故宜居也。新石器中晚期，先民胼手胝足，于此渔猎聚居，耕养生息。历夏、商、周三代，其地仍在要服外。至春秋战国为百越地。秦汉为南海郡博罗县地。东晋改为东官郡海丰县地。隋更东官为循州，而后又改龙川郡，唐改循州、海丰郡，而后复改循州，其地皆以海丰属。五代十国南汉时改属祯州海丰县地。宋初改为广南东路惠州海丰县地，而后，王安石推行“募兵制”，海丰分设兴贤、石塘、金锡、杨安、坊廓、石帆、吉康、龙溪8都，改属惠州海丰县金锡都。元改江西中书省广东道惠州路海丰县地。而后元灭明兴，洪武二十八年（1395年），置捷径守御千户所（明代卫所制度的特种编制，不隶卫），寻改名捷胜守御千户所，军事隶广东都指挥使司；行政隶广东承宣布政使司惠州府海丰县金锡都。清顺治时，沿用明朝旧制。迨至康熙八年（1669年），卫所制度改革，捷胜守御千户所军事级别下降，军事改隶广东都指挥使司碣石镇（时改卫为镇），行政仍隶海丰金锡。

辛亥革命（1911 年）以后，废除清朝旧制，民国建立。民国二年（1913 年），海丰全县实行区建制，捷胜设立区公所，驻地城内。民国三年（1914 年）六月，广东行政区域分为六循道，以道领县，海丰县划分为 9 区，捷胜为潮循道海丰县第八区。民国十六年（1927 年）十一月二十一日，大革命取得胜利，捷胜改名红胜，并在捷胜后山头衙门和北门街红楼分别建立中共海丰县第七区委员会和海丰县第七区苏维埃政府，下辖东、西、南、北 4 个行政镇。民国十七年（1928 年）三月，大革命失败后，复名捷胜，仍为民国海丰县第七区，而捷胜原已分设的东、西、南、北 4 镇，则改设为东南和西北 2 镇。民国二十五年（1936 年），第七区公所改为第四区署。民国三十一年（1942 年）六月，捷胜并入汕尾第四区署（署址设汕尾）；同年农历十月初九日夜，日军撤离汕尾，恢复第四区署（署址设捷胜）。民国三十三年（1944 年），东南镇和西北镇合并为捷胜镇。民国三十四年（1945 年）一月，日本侵略者第二次登陆汕尾和海城，捷胜设立伪村公所。同年八月十五日，日本投降，恢复镇公所建置，隶属汕尾第四区署。民国三十八年（1949 年）七月一日，捷胜正式建政，成立镇人民政府，划归海丰第七区所辖，区公所设捷胜。同年底，区公所改设于田墘。

中华人民共和国成立后，1949 年 10 月至 1952 年 1 月，隶东江专区海丰县。1952 年 1 月，改隶粤东地区海丰县。同年 9 月，捷胜改设第八区公所，驻地捷胜。1953 年，第八区改为捷胜区。1956 年 3 月，捷胜区改隶惠阳专区海丰县，下辖乡镇除安华划归流安乡外，其余乡镇合并为捷胜和大流 2 大乡，至 1957 年又合并为捷胜乡。1958 年 4 月，撤区组建乡人民政府。同年 10 月，全县撤乡组建人民公社，设管理委员会。1959 年 3 月，捷胜改隶汕头专区海丰县，设公社、大队管委会。1968 年，公社、大队管委会改名革命委员会。1976 年 10 月，撤销公社革命委员会，改设公社委员会。1983 年 9 月，捷胜复隶惠阳专区海丰县。1984 年 3 月，改公社委员会为区公所。1987 年 5 月，撤区公所建立镇建制，捷胜仍属海丰县地。同年冬，镇人民政府从北门红楼迁出，移驻后山头办公大楼。

1988 年 3 月 29 日，汕尾建市设区，捷胜镇从海丰县析出，划归城区。2004 年 1 月 1 日，军船头村从城区东涌镇析出，复隶捷胜镇。至 2018 年，捷胜共辖 4 个社区、14 个行政村、34 个自然村。

第二节　行政区划

一、中华人民共和国成立前行政区划

明洪武二十八年（1395 年），捷胜设置城所后，东至施公寮、遮浪；西至大华半岛；南至龟龄岛海域；北至宝楼、品清，均为金锡都捷胜所城辖地。至清雍正八年（1730 年），区划界限犹未变更。此期间，随着外来人口的增长，村落随之增多，但其数量已失考。

清雍正九年（1731 年），捷胜区划始有变更。时因陆丰置县，海丰县仅存 4 都，辖地调整为 4 都 15 里 55 约，捷胜隶海丰县金锡都，都以下有 18 约，捷胜属 18 约之一，原辖地町前、石洲、东涌、品清等地析出，改隶东涌约；田墘、遮浪析出，隶田墘约；而湖内、北山亦各自析出成约。至此，捷胜辖地已减少，但仍辖有东村、西村、南村、北村、西门外、南门外、北门外、格塘、马鞍山、坣头、坣头仔、乡里仔（连亭村）、大塘、沙角尾、文公乡（今牛肚）、沙坑、东坑、双石湖、石厝、南门岗、大淋、石桥头（石头）、十一乡（大水沟、新乡、乌土、李厝乡、程厝乡、猫空、屈笼、内坑、隔坑、大富、响水岗）、埔尾、笏仔、公顶坑、龙头乡、联安、大巷（顶社、陈厝巷、黄厝巷）、三兴社、三官堂、水阁、联星（流巷）、新建乡、金竹乡、大华、苦厝乡、后沃、许厝乡、沙海、花树、军船头、鲎山罗、石厝魏、大船路、大塘尾、贵子埔、石牌、井楼山、龙溪、塔仔、郭厝寮、朱妈寮（猪母寮）、黄竹坑、空内、辽口、青龙头、建茶、埔美、马巷、马巷仔、新尾地、新乡、石岗寮、过洋埔、东洲坑、长布、塔仔等 78 个村落。至乾隆十四年（1749

年），金锡都辖地增至29约，直至清末，捷胜区划未有变更。

民国二年（1913年），实行区建制，划捷胜（城内）、流安（寮口、辽口）、东洲坑、田墘、湖内及遮浪6乡镇，设立捷胜区公所。民国三年（1914年）六月，海丰县划分为9区，捷胜为潮循道海丰县第八区，时马宫、青草并入。民国十年（1921年），马宫、青草又析出，划归五区汕尾。民国十六年（1927年）十一月，大革命取得胜利，在捷胜后山头衙门和北门街红楼分别建立中共海丰县第七区委员会和海丰县第七区苏维埃政府，下辖东、西、南、北4个行政镇，东镇辖东门城内、沙角尾、大塘、坣头、石头5个自然村；西镇辖西门城内、西门外、水阁、大巷、埔尾、十一乡（其中响水岗1乡已失落，实为10乡）、竻仔、公顶坑等17个自然村；南镇辖南门城内、南门外、南门岗、石厝、双湖、大淋、牛肚、沙坑、东坑9个自然村；北镇辖北门城内、北门外、马鞍山、隔塘、军船头、沙海、花树、流安、建茶、步美、马巷、马巷仔、新尾地、新乡、石岗寮、过洋埔、东洲坑、田墘、湖内、遮浪20个自然村。民国十七年（1928年）三月，大革命失败后，仍为民国海丰县第七区，而捷胜原已分设的东、西、南、北4镇，则改设为东南和西北2镇。至民国十九年（1930年），原于清雍正九年析出的东涌、品涌、町前、石龟、田墘、遮浪、湖内及北山等地，又并入捷胜。民国三十一年（1942年）六月，捷胜并入汕尾第四区署。民国三十二年（1943年），撤大区，海丰县又划分为10镇25乡582保，捷胜为镇建制，而东涌、品涌、町前、石龟、田墘、遮浪、湖内及北山等地，又析出。另外，大华亦于此时析出，并入五福乡。时捷胜分设为东南、西北二镇，东南镇辖13保、西南镇辖12保。民国三十三年（1944年），东南镇和西北镇合并为捷胜镇。

民国三十八年（1949年）七月一日，捷胜正式建政，成立镇人民政府，田墘、遮浪、湖内及北山等地，复归七区（捷胜）管辖。

二、中华人民共和国成立后行政区划

1949 年 11 月，海丰全境解放，设 7 个区，捷胜为第七区，统管捷胜镇、田墘乡、湖内乡、流安乡、东湖乡、遮浪乡 6 乡镇。至 1952 年 9 月，辖地未变。1952 年 9 月开始，捷胜行政区划又有变化。时海丰县调整为 10 个区，捷胜改设第八区公所。龙溪、东洲坑、田墘、湖内及遮浪等乡村，又从捷胜析出，划归第七区（田墘）；沙海、花树、军船头、辽口、青龙头、町前、石洲、宝楼山等村划归第五区（东涌）；其余各村不变，合并为新联、捷胜、新安、西郊、石南、沙塘、大流、东沙、洪流、安华、民安 11 个乡镇。1953 年，第八区公所改为捷胜区公所，区划界限又有变更。时新联乡（马巷、马巷仔、新尾地、新乡、石岗寮、过洋埔）划归田墘区；新安、民安、洪流划归东涌区，随之划出的自然村有多少，未可知。至此，捷胜区公所下辖捷胜、沙塘、大流、东沙、石岗、西郊、安华 7 乡镇。1956 年 3 月，捷胜区改隶惠阳专区海丰县，下辖乡镇除安华划归流安乡外，其余 6 乡镇合并为捷胜、大流 2 大乡。此后，区划界限未变。

1958 年 10 月，捷胜撤乡组建人民公社，下辖东村、南村、西村、北村、居民、联和、联明、联星、大流、埔尾、前进、东坑、沙坑、牛肚、沙角尾、五爱、石岗、渔民 18 个大队，共 224 个生产队。1982 年，中央提出政社分开。1983 年，宪法规定：农村基层政权为乡、镇。1984 年 3 月，撤销公社体制，设镇建乡，建立镇、乡政权。捷胜设立区公所，下辖捷胜镇、大流、石岗、前进、沙坑、沙角尾、五爱、埔尾、东坑 9 乡镇。1987 年 5 月，捷胜撤区公所建立镇建制，以上辖地调整为东门、南门、西门、北门 4 个居委会及石岗、大流、联安、联星、埔尾、前进、沙坑、牛肚、东坑、沙角尾、五爱 11 个乡。

1988 年 3 月 29 日，汕尾建市设区，捷胜镇从海丰县析出，划归城区。1990 年，行政机构改革。捷胜镇又调整为 4 个居委会和 11 个管理区。1999 年 2 月，石头村、南门外村从石岗管理区析出，各村改管理区设立村民委员会；东、西、南、北4村改居委会为社区。其时，捷胜共辖有东门、西门、南门、北门4个社区和石岗、石头、南门外、大流、联安、联星、埔尾、前进、沙坑、牛肚、东坑、沙角尾、五爱13个村民委员会。2004年1月1日，军船头村从城区东涌镇析出，复隶捷胜镇。至2018年，捷胜辖有东门、西门、南门、北门4个社区和前进、埔尾、联安、大流、联星、五爱、沙角尾、南门外、石头、石岗、牛肚、沙坑、东坑、军船头14个行政村，共计34个自然村。

附录：2018年捷胜镇建置一览表

社区、行政村	自然村个　数	自然村名称	村委会所在地
东门社区	1	东门	东门街
西门社区	1	西门	西门头
南门社区	1	南门	南门中街
北门社区	3	北门、新建、金竹［中街、第七街（半）、第八街、北门街、北门头、北门外、仓顶社、捷兴社、车站路、鸬鹚街、沈厝巷并入］	老车站路
前进	9	大水沟、乌土、李厝乡、程厝乡、猫空、屈笼、内坑、隔坑、大富（响水岗村失落、新乡并入大水沟）	大水沟村旁
埔尾	3	埔尾、笏仔、公兴	埔尾村
联安	1	联安（龙头乡并入）	联安村
大流	2	大流（红坎、顶社、陈厝片并入）、水阁	大流村
联星	1	联星	联星村
五爱	4	马鞍山、格塘、大塘、坣头	坣头村旁
沙角尾	1	沙角尾	沙角尾村
南门外	1	南门外	老石岗村委
石头	1	石头	老石岗村委
石岗	4	大淋、石厝、南门岗、双石湖	老石岗村委
牛肚	1	牛肚	牛肚村
沙坑	1	沙坑	沙坑村

续表

社区、行政村	自然村个　数	自然村名称	村委会所在地
东坑	1	东坑	东坑村
军船头	1	军船头	军船头村

第三节　聚落

东门社区　在东城区，设社区居民委员会，会址设东门街，辖区包括凉亭社、新兴街、水坑街、正直街、黄厝街、东门城顶。建筑多为明清时期三合土瓦木结构。有部分港澳户。2018 年户籍人口 4 782 人，以工商业为主，兼以农业，主要种植花生、蔬菜等作物。

西门社区　在西城区，设社区居民委员会，会址设西门头，辖区包括第五街（半）、第六街（半）、第七街（半）、西门头、西门街。建筑多为明清时期三合土瓦木结构。有部分港澳户。2018 年户籍人口 2 161 人，以工商业为主，兼以农业，主要种植花生、蔬菜等作物。

南门社区　在南城区，设社区居民委员会，会址设南门街，辖区包括第五街（半）、第六街（半）、黄厝街、福安社、古庙社、南门街。建筑多为明清时期三合土瓦木结构。有部分港澳户。2018 年户籍人口 2 808 人，以工商业为主，兼以农、渔业。

北门社区　设社区居民委员会，会址设北门头，下辖北门、新建、金竹 3 个自然村。2018 年户籍人口 6 533 人。

（1）**北门村**　在北城区，隶北门社区，辖区包括中街、第七街（半）、第八街、北门街、北门头、北门外、仓顶社、捷兴社、车站路、鸬鹚街、沈厝巷等。建筑多为明清时期三合土瓦木结构。有部分港澳户。以工商业为主，兼以农业，主要种植水稻、番薯、花生、蔬菜等作物。

（2）**新建村**　在北门头，与捷兴社相接，隶北门社区。建筑多为楼房式岩石（或钢筋混凝土）瓦木结构。有部分港澳户。以工商业为主，兼以农业。

（3）金竹村 在北城门外，毗邻大塘村，隶北门社区。聚落沿公路东南、西北方向呈块状分布，建筑多为平房式岩石（或钢筋混凝土）瓦木结构。有部分港澳户。以工商业为主，兼以农业，主要种植水稻、番薯、花生、蔬菜等作物。

埔尾村 设村民委员会，下辖埔尾、笏仔、公兴 3 个自然村。2018 年户籍人口 3 572 人。

（1）埔尾村 在镇西郊，隶埔尾村委会。相传，村建在大巷村荒埔的尾端，故取名埔尾。明清时期，埔尾有码头，是疍民及过往客商船只停泊之所。船只经南门涌水道可出石狗湖河口直达海上。现河道淤塞，码头亦不存。地势西北高，东南低。西北部为丘陵地带，南部为平原，东邻大巷村，聚落沿公路西北、东南方向呈块状分布，建筑多为楼房式岩石（或钢筋混凝土）瓦木结构。以农业为主，兼以建筑、渔业，尤以建筑技术出名。农业主要种植水稻、番薯、花生、蔬菜等作物。有公路通汕尾及各村。

（2）笏仔村 在镇西郊，毗邻公顶坑，隶埔尾村委会。西北部为丘陵地带，东南部为台地。聚落沿公路西北、东南方向呈块状分布，建筑多为平房式岩石（或钢筋混凝土）瓦木结构。有部分港澳户。以农业为主，主要种植水稻、番薯、花生、蔬菜等作物；兼以工副业。有公路通汕尾及各村。

（3）公兴村 原称“公顶坑”，在镇西郊，建于清代初期，毗邻笏仔村，隶埔尾村委会。西北部为丘陵地带，东南部为台地。聚落沿公路西北、东南方向呈块状分布，建筑多为明清时期民居，楼房式钢筋混凝土结构较少。有部分港澳户。以农业为主，主要种植水稻、番薯、花生、蔬菜等作物；兼以工副业。有公路通汕尾及各村。

大流村 设村民委员会，下辖大流、水阁 2 个自然村。2018 年户籍人口 3 687 人。

（1）大流村 在镇西侧，又称“大巷”，隶大流村委会，辖区包括大流、红坎、顶社、陈厝片。相传由捷胜城外一条人口密集的大巷道而得名（称铺仔街）。中华人民共和国成立初，因与流巷合并，改称大流。地势北高南低，西南与埔尾村相邻，东北与水阁相接，聚落沿公路西北、东南方向呈块状分布，建筑多为平房式岩石（或钢筋混凝土）瓦木结构。以农业为主，主要种植水稻、番薯、花生、蔬菜等作物；还兼以“大网”浅海捕捞作业及工副业。公路通汕尾及各村。

（2）水阁村 建于明洪武年间，在镇西侧，隶大流村委会。地势西北高、东南低，西南与大流相邻，聚落沿公路西北、东南方向呈块状分布，建筑多为平房式岩石（或钢筋混凝土）瓦木结构。以工商业为主，还兼以“大网”浅海捕捞作业及农业。有公路通汕尾及各村。

沙角尾村 在镇东南 4 里处。相传因地处海沙滩湾角尾处，而取名“沙角尾”。设村民委员会。地处海沙滩，东北部为丘陵，西北部为海岸平原，南临海。聚落沿海沙滩西北、东南方向呈块状分布，建筑多为楼房式岩石（或钢筋混凝土）瓦木结构。2018 年户籍人口 2 752 人。农、渔业相兼，农业主要种植水稻、番薯、花生、蔬菜等作物；渔业主要从事中、浅海捕捞作业，生产基本上实现机械化或半机械化。有公路通捷胜圩及各村，海上可通航各港。

南门外村 因处于南城门外而得名。村分头社、二社、三社、四社。设村民委员会。地势偏低，遇大雨，常有水淹之患。东南与石头村相接，南临南门涌。明清时期，南门涌属石狗湖河道水域，大船从海上入石狗湖经此可达埔尾码头。现南门涌淤积搁浅，部分成为居住地和耕地，只存小部分水域。聚落沿公路西北、东南方向呈块状分布，建筑多为楼房式岩石（或钢筋混凝土）瓦木结构。2018 年户籍人口 2 888 人。以农业为主，主要种植水稻、番薯、花生、蔬菜等作物；还兼以浅海捕捞作业及工副业。公路通汕尾及各村。

石头村 建于明洪武年间，在镇东南侧。因地处南门涌石桥头，故取名“石桥头”村，后简称“石头”。设村民委员会。地处平原地带，聚落沿小河东北、西南方向呈块状分布，建筑多为楼房式岩石（或钢筋混凝土）瓦木结构。2018 年户籍人口 2 734 人。渔、农业相兼，尤以潜捞作业出名，主要潜捞产品有鲍鱼、海胆等，产品远销深圳、香港及广州等地；曾组建打捞队；农业主要种植水稻、番薯、花生、蔬菜等作物。有公路通汕尾及各村。

牛肚村 建于明初，原称“文公乡”，在镇西南 4 里处。中华人民共和国成立后，因地处牛地腹部而易名“牛肚”。设村民委员会。地处海沙滩，地势西北高，东南低；西北为丘陵地带，东南为海岸平原。东北毗邻大淋村，西南与沙坑村接壤。聚落沿公路西北、东南方向呈块状分布，建筑多为楼房式岩石（或钢筋混凝土）瓦木结构。2018 年户籍人口 1 831 人。渔、农业相兼，农业主要种植水稻、番薯、花生、蔬菜等作物；渔业主要从事浅海捕捞。此外，还利用沿海滩涂养殖。公路通捷胜圩及各村；海上可通航各港。

沙坑村 在镇西南 5 里处。因村前有一坑沟，底质为沙，故取名为“沙坑”。设村民委员会。地势靠山面海，西北部为丘陵，东南部为海岸平原。聚落沿公路西北、东南方向呈块状分布，建筑多为楼房式岩石（或钢筋混凝土）瓦木结构。2018 年户籍人口 1 995 人。渔、农业相兼，农业主要种植水稻、番薯、花生、蔬菜等作物；渔业主要从事浅海捕捞。公路通捷胜圩及各村，海上可通航各港。

东坑村 在镇西南 8 里处。相传村民由福建迁此。因村后有一山坑沟自西向东流入海，故取名“东坑”。设村民委员会。地势三面环山，中间为谷地，南临海。聚落沿公路东北、西南方向呈块状分布。建筑多为楼房式岩石（或钢筋混凝土）瓦木结构。2018 年户籍人口 4 105 人。以农业为主，主要种植水稻、番薯、花生、蔬菜等作物。渔业除从事浅海捕捞外，还利用沿海滩涂养殖。公路通捷胜圩；海上可通航各港。

军船头村 建于清康熙年间（1662—1722 年），在镇西北 2 里处。设村民委员会。明清时期，捷胜所城有两条运输河道，其中一条运输军需的河道，自此经青龙头、辽口村出品清湖，称军水河。因村临河，常有军船停泊，故名。中华人民共和国成立后，曾一度改属城区东涌。2004 年 1 月 1 日，军船头村从东涌析出，复归捷胜管辖。南部为丘陵地带，北部为品清湖。聚落沿河西北、东南方向呈块状分布。建筑多为平房式岩石瓦木结构。2018 年户籍人口 2 281 人。经济以农业为主，兼营制盐业。农业方面主种水稻、番薯、花生、蔬菜等作物，其中蔬菜常销往香港等地。汕尾至捷胜公路经此。东南面公路直达红海湾。

前进村 设村民委员会，下辖大水沟村、李厝村 、乌土村、程厝村、新兴村、佛兰村、内坑村、隔坑村、大富村 9 个自然村，2018 年户籍人口 3 636 人。

（1）大水沟村 在镇西侧 4 里处，隶前进村民委员会，因新乡并入大水沟，现该村为 11 乡最大之聚落。明清至民国时期，有古道通往沙海渡口直达汕尾。地形三面环山，中间为谷地，南为平原地带。聚落坐北向南，沿公路东南、西北方向呈块状分布。建筑多为平房式岩石（或钢筋混凝土）瓦木结构。2018 年前户籍人口 1 040 人。以农业为主，主要种植水稻、番薯、花生、蔬菜等作物。有公路通捷胜圩。

（2）李厝村 在镇西侧 4 里处，隶前进村民委员会。明清至民国时期，有古道通往沙海渡口直达汕尾。聚落坐北向南，沿公路东南、西北方向呈块状分布。建筑多为楼房式岩石（或钢筋混凝土）瓦木结构。2018 年前户籍人口 270 人。以农业为主，主要种植水稻、番薯、花生、蔬菜等作物。有公路通捷胜圩。现该村人口迁走一空，成为破落村庄。

（3）乌土村 在镇西侧 4 里处，隶前进村民委员会。明清至民国时期，有古道通往沙海渡口直达汕尾。聚落坐东北向西南，建筑多为楼房式岩石（或钢筋混凝土）瓦木结构。2018 年前户籍人口 90 人。以农业为主，主要种植水稻、番薯、花生、蔬菜等作物。有公路通捷胜圩。

(4) 程厝村 建于明洪武年间，在镇西侧 4 里处，隶前进村民委员会。明清至民国时期，有古道通往沙海渡口直达汕尾。聚落坐西向东，建筑多为楼房式岩石（或钢筋混凝土）瓦木结构。2018 年前户籍人口 420 人。以农业为主，主要种植水稻、番薯、花生、蔬菜等作物。有公路通捷胜圩。

(5) 新兴村 原称“猫空”，在镇西侧 4 里处，隶前进村民委员会。明清至民国时期，有古道通往沙海渡口直达汕尾。聚落坐西向东，建筑多为楼房式岩石（或钢筋混凝土）瓦木结构。2018 年前户籍人口 780 人。以农业为主，主要种植水稻、番薯、花生、蔬菜等作物。有公路通捷胜圩。

(6) 佛兰村 又名屈笼，在镇西侧 2 里处，隶前进村民委员会。明清至民国时期，有古道通往沙海渡口直达汕尾。聚落坐西向东，建筑多为楼房式岩石（或钢筋混凝土）瓦木结构。2018 年前户籍人口 265 人。以农业为主，主要种植水稻、番薯、花生、蔬菜等作物。有公路通捷胜圩。

(7) 内坑村 在镇西侧 2 里处，隶前进村民委员会。明清至民国时期，有古道通往沙海渡口直达汕尾。聚落坐东向西。建筑多为楼房式岩石（或钢筋混凝土）瓦木结构。2018 年前户籍人口 410 人。以农业为主，主要种植水稻、番薯、花生、蔬菜等作物。有公路通捷胜圩。

(8) 隔坑村 在镇西侧 2 里处，隶前进村民委员会。明清至民国时期，有古道通往沙海渡口直达汕尾。聚落坐东向西。建筑多为楼房式岩石（或钢筋混凝土）瓦木结构。2018 年前户籍人口 180 人。以农业为主，主要种植水稻、番薯、花生、蔬菜等作物。有公路通捷胜圩。

(9) 大富村 在镇西侧 2 里处，隶前进村民委员会。明清至民国时期，有古道通往沙海渡口直达汕尾。聚落坐东向西。建筑多为露房式岩石（或钢筋混凝土）瓦木结构。2018 年前户籍人口 820 人。以农业为主，主要种植水稻、番薯、花生、蔬菜等作物。有公路通捷胜圩。

联安村 设村民委员会，下辖联安、龙头 2 个自然村，2018 年户籍人口 3038 人。

（1）联安村 在镇西侧，隶联安村民委员会。地势西北高、东南低，聚落沿公路西北、东南方向呈块状分布，建筑多为楼房式岩石（或钢筋混凝土）瓦木结构。以农业为主，主要种植水稻、番薯、花生、蔬菜等作物；还兼以浅海捕捞作业及工副业。有公路通捷胜圩及各村。

（2）龙头村 在镇西侧，隶联安村民委员会。建于明洪武年间，相传由十八简旗军的一个姓李的头目居此繁衍而成。地势东北高、西南低，北与联安毗邻，西南为平原地带，聚落沿公路西北、东南方向呈块状分布，建筑多为楼房式岩石（或钢筋混凝土）瓦木结构。以农业为主，主要种植水稻、番薯、花生、蔬菜等作物；还兼以浅海捕捞作业及工副业。有公路通捷胜圩及各村。

联星村 在西门城脚，设村民委员会，辖区包括联星、流巷、荫径、乌鸦树脚。建筑多为楼房式岩石（或钢筋混凝土）瓦木结构。有部分港澳户。2018 年户籍人口 1 736 人，以工商业为主，兼以农、渔业。

五爱村 设村民委员会，下辖 4 个自然村，2018 年的户籍人口 3 263 人。

（1）格塘村 又名隔塘，在镇西北约 3 里处，隶五爱村委会。村坐西南向东北，背靠七谢山脉，面对马鞍山村，东、南、北为台地，聚落沿公路西北、东南方向呈块状分布，建筑多为楼房式岩石（或钢筋混凝土）瓦木结构。有少部分港澳户。经济以农业为主，主要种植水稻、番薯、花生、蔬菜等作物；兼以工副业。有公路通捷胜圩。

（2）马鞍山村 建于明洪武年间，在镇西北约 3 里处，隶五爱村民委员会。村坐东北向西南，北部为丘陵地带，东、西、南部为台地，聚落沿公路西北、东南方向呈块状分布，建筑多为平房式岩石（或钢筋混凝土）瓦木结构。以农业为主，主要种植水稻、番薯、花生、蔬菜等作物；兼以工副业。有公路通捷胜圩。

（3）坣头村 今称宝头村，建于明代，在东城外，隶五爱村民委员会，背靠东门岭，面对大塘村，东南、西北为台地，聚落沿公路东南、西北方向呈块状分布，建筑多为楼房式岩石（或钢筋混凝土）瓦木结构。有少部分港澳户。以农业为主，主要种植水稻、番薯、花生、蔬菜等作物；兼以工副业。有公路通捷胜圩。

（4）大塘村 建于明代初期，背靠捷胜城，隶五爱村民委员会。村与坐头村相向，东南、西北为台地。建筑多为楼房式岩石（或钢筋混凝土）瓦木结构。有少部分港澳户。经济以农、渔业为主，兼以工副业。

石岗村 设村民委员会，下辖4个自然村，2018年户籍人口2 237人。

（1）双石湖村 又称“双湖”，因近海岸有双石而得名。在镇东南侧，建于清代，隶石岗村民委员会，东邻沙角尾村，西北为台地，南临海。建筑多为平房式岩石（或钢筋混凝土）瓦木结构。以农业为主，主要种植水稻、番薯、花生、蔬菜等作物；还兼以浅海捕捞作业及工副业。有公路通捷胜圩及各村，海上可通航各港。

（2）石厝村 建于明洪武年间，相传由十八简旗军的一个姓张的头目居此繁衍而成。在镇西南2里处，隶石岗村民委员会。因其位于天然石室黎明洞之侧，故取名石厝。地势西高东低，西与大淋村相邻，东与南门岗接壤，南临南海，聚落沿公路西北、东南方向呈块状分布，建筑平房居多，楼房较少，多为岩石（或钢筋混凝土）瓦木结构。以农业为主，主要种植水稻、番薯、花生、蔬菜等作物；还兼以浅海捕捞作业及工副业。公路通捷胜圩及各村，海上可通航各港。

（3）南门岗村 在镇南侧1里处，隶石岗村民委员会。因位于城南一座小山岗旁而得名。东、西、北部为平原地带，地势南高北低，东与石头村接壤，西与石厝村毗邻，南部有丘陵地，临近南海，聚落沿公路西北、东南方向呈块状分布，建筑多为平房式岩石（或钢筋混凝土）瓦木结构。以农业为主，主要种植水稻、番薯、花生、蔬菜等作物；还兼以浅海捕捞作业及工副业。公路通捷胜圩及各村，海上可通航各港。

（4）大淋村 建于明洪武年间，相传由十八简旗军的一个姓周的头目居此繁衍而成。在镇西南3里处，隶石岗村民委员会。地势东北高、西南低，东与石厝村接壤，西与牛肚村相邻，北部为丘陵地带，南临南海，聚落沿公路东北、西南方向呈块状分布，建筑平房居多，楼房较少，多为岩石（或钢筋混凝土）瓦木结构。以农业为主，主要种植水稻、番薯、花生、蔬菜等作物；还兼以浅海捕捞作业及工副业。公路通捷胜圩及各村，海上可通航各港。

第二章　自然环境

第一节　地貌

捷胜地楔汕尾市城区东南部，即东经 115° 22′ 30″—115° 26′ 45″、北纬 22° 45′ 00″—22° 42′ 30″。东、西、北与红海湾、新港、东涌接壤，南临太平洋，距市中心 16 公里，总面积约 52 平方公里，占全市的 8.5%。海岸线全长 12 公里。地势西北高、东南低，属丘陵地带。东、西、北枕山，山势自北而东、西，绵沅短促，起伏盘礴，东西各趋入海。余尝访乡老故知，皆谓捷胜龙脉发自海丰莲花，至宝楼山结美穴，南折而止于龙溪。以此论之，旧时境内之宝楼山，是为捷胜祖山也。龙脉虽止于龙溪，然气犹未尽，又于新尾地粮山诞龙蛋，捷胜龙脉遂于此重新起势，并耸峙上东门岭，北折至北门岭，过马鞍山、格塘，西折高起至海岸第一山，登绝顶一望，海水汪洋，岛屿盘错，风景殊为绝美，故其山为捷胜之宗山也。而后，龙脉东折下外文祠，过九王爷宫、蛤池、狗地，又折至北门城内老戏馆，东折奔至鹤岭（今后山头）城隍庙，沿东门城脚南折至石头天后宫、南门岗山，又西折过牛肚公山、沙坑山，而后又高起至东坑马岭山天后宫结穴，并分出二支脉，干脉仍自马岭山南折下赤鸪嘴，渡海至龟龄岛止。分出之二支脉，一脉东折至九佰岭止；一脉北折下五福岭，而止于新港沙舌。盖捷胜之山，依龙脉起伏，巨石重叠，木树荣芳，殊多烂漫。东有东门岭、凤飞岭、东埔山、晏子内山、丁哥坑山、烟墩山、黎厝山、头门山、二门山、观音莲山；南有南门岗、石厝山、白坟山、老妈山、牛肚山、后尾石山、东兰山、中兰山、西兰山、公山、烂内山、乾龙山、笔径山、稔芼石山、后顶山、合石山、越地山、叠石山、尖石山、英石山、石叠山、烟墩山、鸪嘴山；西有汉武山、原皆山、鸡啼岭、乌面山、海岸第一山（又称“捷胜山”）、石蟹山、斋妈山、马狗石山、老公山、大巷山、伯公山、新兴山、坎山、九佰岭（九败岭）山、四排楼山、长盆山、白石庵山、李厝山、七谢山（七社山）、关刀石山、虎仔坑山、大山、虎兰山、尖山、烟墩山、排仔山、和尚兰山、棚顶岭山、乌尾山、断龙山、南畔山、白石山、龙潭山、十二生肖山、前山、马铃山；北有猫托山、北门岭、鸡啼岭、马鞍山、狐狸山、虾仔岭、大伯山、虎洞山。而应自然之序，山既有原，水亦有委，先河后海，亦务其本也。捷胜之水，因山而南注，小者如山泉田渠，到处可见；大者如军水河、石狗湖河，汇入南海，是处碧波浩渺，岛屿胪列，为厦门、汕头至香港、广州及东南亚航线所必经也。沿海沙滩自东而西，湖泊并列，为出水与容水所在，亦为天然养殖场所。陆地中部有九佰岭分隔为东西农区，旱地居多，水田多分布于东西洼地，耕地多为沙质土、壤质土，亦有少量淤泥土壤，适耕性较强。

第二节　气候

一、概况

捷胜属南亚热带季风气候区，海洋性气候明显，光、热、水等资源丰富，其特点为气候温暖，雨量充沛，雨热同季，光照充足；冬不寒冷，夏不酷热，夏长冬短，春早秋迟；秋冬春旱，常有发生，夏涝风灾，危害较重。

雨热同季是捷胜气候特点之一。捷胜气候温暖，多年年平均气温为

21℃—22℃，年最高气温26℃左右，年最低气温19℃左右，水稻安全生长期约260天。境内雨量充沛，多年年平均降雨量为1 800—2 400mm，年降雨量最多时可达3 728mm。雨季始于3月下旬到4月上旬，而终于10月中旬。每年4—9月之汛期，既为一年中热量最多的季节，又为降雨量最集中的季节，占全年总降雨量85%左右。全镇光照充足，多年年平均日照时数为1 900—2 100小时，日照百分率为44%—48%，太阳辐射总量年平均120千卡 /cm^2 以上，光合潜力每1/15公顷约7 400kg。

冬不寒冷，夏不酷热，夏长冬短，春早秋迟，也是捷胜气候特点之一。境内最冷月1月份平均气温为14℃，小于等于2℃低温日数的多年平均为0.1—0.3天，极端最低气温仅－0.1℃；而最热月7月份平均气温为28℃，大于等于35℃高温日数的多年平均为0.7—1.5天，极端最高气温仅38.5℃，是名副其实的冬不寒冷，夏不酷热。据统计，捷胜夏季长达183天左右，冬季只有10天左右，属夏长冬短。境内春早秋迟，初春于2月初即来临，初秋则至10月才姗姗到来。

由于秋冬春期间的10月至翌年3月的平均降雨量只占全年降雨量的15%，因而，秋冬春连旱之现象，时有发生。此外，因地形及海岸线的影响，捷胜成为广东省三大暴雨中心之一；同时，也是热带气旋影响较多的地区。故夏涝风灾是捷胜最主要的气象灾害，其危害较严重。据统计，捷胜多年年平均暴雨日数为12天，最多达23天；曾有过日降雨量621.6mm及一次连续性最大降雨量达1397.2mm的记录。另外，对捷胜有影响的热带气旋，多年年平均为4.7个，最多年份达10个；而有严重影响的则为0.9个，最多年份达4个；正面登陆的为0.5个，最多年份达2个。有影响的多年平均初日为7月4日，最早出现于5月1日（1999年），最迟出现于8月14日（1975年）；而多年平均终日则为9月22日，最早出现于7月10日（1955年），最迟出现于12月2日（1974年）。热带气旋带来的狂风、暴雨及海潮，常会酿成风、涝、潮等灾害，但其充足的降水，却可缓解干旱，增加水库蓄水。

二、海洋水文

风浪、涌浪及波高 全年风浪多出现在东北和东。近岸风浪较多，全年出现频率达 90%。秋冬两季，风浪较多；春夏两季稍少。全年涌浪以东东南最大。近岸涌浪不多，全年出现频率达 59%。夏季涌浪较多，冬季次之，其次是春季，秋季较小。波高年平均 1.2m。各月平均波高，10 月至翌年 3 月较大，为 1.2—1.4m；4—9 月较小，为 1.0—1.1m。秋冬两季平均波高较大，春夏两季稍小。

表层海水温度 表层海水年平均水温 22.3℃。2 月份平均水温最低（15.4℃），9 月最高（27.6℃），水温年较差为 12.2℃。夏春两季平均水温较高，秋季次之，冬季较低。

表层海水盐度 表层海水年平均盐度 32.7‰。各月平均盐度，3—5 月和 10—11 月较高，为 33.0‰—33.6‰。其余各月在 32.0‰—32.6‰之间。

三、海洋气象

风　向 捷胜属东南亚季风气候带，季节性风向变换明显。冬半年盛行东北风，夏半年吹西南风。冬季因受西伯利亚和蒙古高原气团南下影响，陆地和海面多北风；夏季受海洋暖流和副热带高压控制，多偏南风。春末夏初和初秋季节因冷暖气团相交频繁，造成风向多变。又因地形及海洋影响，日夜风向变化亦明显，日间吹海风，夜间吹陆风，两者于日出和日落前后交替。年平均风速 6.5m/s。各月平均风速，10 月至翌年 3 月较大，均在 6.8m/s 以上；4—9 月稍小，为 5.5m/s—6.2m/s。秋季平均风速较大，冬季次之，其次为春季，夏季较小。

气　温 年平均气温 21.9℃。1 月份平均气温最低 14.2℃；7 月份最高 27.8℃；气温年较差为 13.6℃。1—7 月平均气温逐月上升，7 月至翌年 1 月逐月下降。就四季而言，冬季平均气温较低，春季次之，其次是秋季，夏季较高。

气　压 年平均气压 1012.0hpa。1 月份平均气压最高（1019.0hpa）；8 月份最低（1004.0hpa）。1—8 月平均气压逐月下降，8 月至翌年 1 月逐月上升。从季节变化看，冬季平均气压较高，春秋两季相近，夏季较低。

降　水　年平均降水量为1536.6mm。各月平均降水量，5—9月较多，11月至翌年3月较少，均在38.0mm以下。平均年降水日数113.5天。各月平均降水日数，5—9月较多，2—4月次之，10月至翌年1月最小。

相对湿度　年平均相对湿度82%。各月平均相对湿度，3—8月较大，均在85%以上；10月至翌年1月较小，均在75%以下，其中11月最小，为73%。

雾　平均年雾日18.3天。雾主要出现在1—5月，其中2—4月稍多；其余各月很少有雾，特别是9—11月无雾。

四、灾害性天气

热带气旋　凡受热带气旋影响，出现平均风速达11m/s或瞬时风速达17.0m/s的，均统计为热带气旋。热带气旋中，较常见者是台风，强热带风暴和热带风暴，所造成的灾害性往往也较大。热带气旋平均每年6.5个，一般出现于5—12月份。各月平均影响个数，8月份最多；其余各月均为0.1个。

海　雾　附近海面海雾不多，有雾时能见度很低，机动船只航行较困难，常有触礁之危险。

第三节　岛屿　湖泊

一、岛屿

龟龄岛　旧名龟龄洲，在镇西南侧，东经115°25'、北纬22°39'，面积0.24平方公里，北距陆地3.17公里。据传，形成年代为南宋末期。岛上丘陵起伏，有东西2山峰，中为坡地。有淡水井，泉水充沛。岛岸线曲折，岩礁林立，水质肥沃，盛产石斑、龙虾、鲍鱼、蝾螺、海胆和多种藻类，属发展水产、养殖和浅海作业的优良场所。

捞投屿　一名“癞屿”，在镇西南侧，鹰屿西侧，东经115°25'、北纬

22°40′，距陆地 2.47 公里。据传，形成年代为南宋末期。因岛上捞投（学名露兜簕，是一种叶长条状带刺的植物）丛生，故名。岛长 170 米，最宽 90 米，最窄 30 米，高 12.4 米，面积 0.005 平方公里。由花岗岩石组成，表层为赤红壤，呈东北—西南走向，南高北低。北端有少量沙土，南端为小山头，生长露兜簕等植物。周围水深 4—9 米，附近海域底质为泥，是自然鱼类繁殖区。岛周围分布有明礁和干出礁，礁盘大，洞穴较多，是优质鱼类、贝类栖息繁殖的好场所，这里盛产龙虾、鲍鱼、石斑、角螺、海胆等，属潜捞、刺钓作业的理想场所。

青　屿　在镇西南侧，赤腊北侧，东经 115°25′、北纬 22°40′，距陆地 1.94 公里。据传，形成年代为南宋末期。因岛上土壤肥沃，草木四季常青，故名。岛长 150 米，最宽 110 米，最窄 30 米，高 9 米，面积 0.005 平方公里。属花岗岩石结构，表层为赤红壤。岛上植被茂密，生长有杂草和小灌木。呈东北—西南走向，北高南低。周围水深 3—7 米，附近海域盛产石斑、鲍鱼、龙虾、海胆等，属潜捞、刺钓作业的理想场所。

鹰　屿　曾名"英屿"，在镇西南侧，龟龄岛东北，东经 115°25′、北纬 22°40′，西北距陆地 2.43 公里。据传，形成年代为南宋末期。因岛上常年有成群的海鹰（学名海鸥，当地群众习惯称为海鹰）栖息，故名。岛长 120 米，最宽 70 米，最窄 20 米，高 17.8 米，面积 0.007 平方公里。由花岗岩石组成，局部表面为赤红壤。岛上地势北高南低，呈西北—东南走向。顶部怪石嶙峋，杂草、小灌木丛生，是海鸟栖息的优良场所。成群的海鸥常年在岛上栖息，孵育小鸟。船只经此，成群的海鸥便在桅帆顶角翱翔，蔚为壮观。岛岸为岩石陡岸，多为悬崖峭壁，沿岸有不少怪石岩洞。底部岩盘向北延伸，东与捞投屿相邻，周围有明礁、干出礁、暗礁环绕。水深 3—5 米，附近海域底质为泥，咸度、温度适宜，海水比重稳定。四周有岛屿和众多明礁、干出礁、暗礁环绕，为优质鱼类栖息繁殖的好场所，是自然鱼类繁殖区，盛产有龙虾、石斑、鲍鱼、海胆等优质海产品。中华人民共和国成立前，岛上盘踞有小股海匪（龟龄岛匪部下属），现岛上无人居住。

牛皮洲 在镇东南侧，东经 115°25'、北纬 22°39'，距陆地 2.7 公里。据传，形成年代为南宋末期。因岛上岩石光滑，状似牛皮而取名。岛长 250 米，最宽 150 米，最窄 25 米，高 10 米，面积 0.01 平方公里。由花岗岩石组成，表层为赤红壤，生长有杂草等植被。呈西北—东南走向，北高南低。岛之东南，风平浪静，是船只避风锚地。四周为礁石，生长有紫菜等藻类。周围水深 3—10 米，附近海域水质肥沃，是自然鱼类繁殖区，盛产石斑、鲍鱼、海胆等，是潜捞、刺钓作业的理想场所。

三角洲 又名“三角担”，俗称“赤洲”，在镇东南侧，即东经 115°28'、北纬 22°41'，距陆地 0.6 公里。据传，形成年代为南宋末期。因岛状呈三角而取名。岛长 100 米，宽 50 米，高 1.9 米，面积 0.005 平方公里。由花岗岩石组成，无植被。岛边缘岩石生长有紫菜等海藻类。周围水深 6—7 米，附近海域盛产石斑、鲍鱼、海胆等，是潜捞作业的好场所。

赤　腊 在镇西南侧，青屿南侧，即东经 115°25'、北纬 22°40'，距陆地 2.27 公里。据传，形成年代为南宋末期。因岛上礁石呈赤色，故名。岛长 100 米，最宽 70 米，最窄 30 米，高 9.1 米，面积 0.003 平方公里。由红岩石组成，表层有少量沙土，生长有稀疏杂草等植物。岛边缘岩石生长有紫菜等海藻类。附近海域水深 4—10 米，盛产石斑、鲍鱼、海胆、龙虾等，是潜捞、刺钓作业的理想场所。

菜　屿 在龟龄岛西南侧。即东经 116°28'、北纬 22°37'，距陆地 4.8 公里，岛长 2200 米，最宽处 1300 米，最窄处 300 米，面积 0.4 平方公里，由妈屿、东屿、竹竿屿、白担、大印岛、印仔岛等组成。周围水深 8—10 米，盛产鲍鱼、龙虾、石斑、乌贼、角螺、海胆、紫菜等。

二、湖泊

石狗湖 在镇东南侧。因湖口有一狗形大石，故有此名。俗传捷胜有灾难时，石狗会吠。湖泊面积有 38 万平方米，平均水深 5 米、最大水深 10 米，平均湖差 1.5 米、最大湖差 2.5 米，可避强风 5—7 级，可容纳船只1000艘，其中30总吨以上400艘、30总吨以下600艘。湖区盐度约3.4%。该湖水道辽阔畅达，曾为明清时期捷胜所城军需要道，是一处集渔港、商港和军港为一体的综合港。清顺治七年（1650年）冬，所城守备汪古害怕抗清义军攻城，采取举人翁光肃的建议，以木船载巨石沉塞湖口，此湖遂失去军港作用。清中叶至中华人民共和国成立初，水域逐渐淤浅，渔船犹可进出湖口。1958年，政府修筑海堤，湖口完全堵塞，又因围垦，使水域加剧淤浅。今存水域约10万平方米，平均水深0.6米。今为虾蟹养殖场。

双石湖 在石岗行政村辖区双石湖村前，因近海岸有双石而得名。东西宽，南北较窄，呈椭圆形，属淡水湖，面积约10万平方米。中华人民共和国成立后，因沙土流失，特别是1958年后耕地开发及土地平整，更使湖的面积不断缩小，已不足6万平方米，最深水位仅2米。1993年后，因附近养殖鲍鱼，海水渗透，水质已变咸。今为虾蟹养殖池。

东坑湖 在东坑南侧。原水域广阔，湖有出海口。中华人民共和国成立后，政府围垦造田，湖水面积大幅缩小，今淤塞。

东坑西湖 因湖在东坑西侧，故名。原水域广阔。中华人民共和国成立后，政府围垦造田，今为都厝围农田区。

牛肚湖 俗称“小海”，在牛肚南侧。原水域广阔，湖有出海口。20世纪80年代尚存大部分水域，今淤塞。

沙坑湖 在沙坑，原水域广阔，湖有出海口，今淤塞。

第四节 滩涂 岬角

一、滩涂

捷胜镇海岸线全长12公里，海沙丰富，东起沙角尾，西至东坑菜阳坑。沿岸海沙有季节性移动，根据风向及潮水流向，东岸海沙可随潮水流向西岸；西岸海沙亦可随潮水流至东岸，沿岸移动深度15—30米，宽达8米。因人为开采严重，沿岸沙滩已逐年减少。

二、岬角

老鼠嘴 在石厝村东南侧，近岸水深3米。有诗云："不去田园偷稻黍，窜来海岬作航灯。怒潮急浪冲身过，甘为同侪洗骂名。"

赤鸪嘴 在东坑村西南侧2.7公里处之鸪嘴山，近岸水深3—9米。有诗云："岬角如鹧鸪，欲飞孰与扶。只因翅膀湿，戍此作兵夫。"

鸭舌礁 在沙角尾东侧约1公里处，近岸水深20多米。有诗云："长舌直伸深海中，群礁列阵我前锋。峭崖水下三千尺，倭艇撞沉不见踪。"

第五节　物产

一、海产类

鱼品　鲃头鱼、海鲨（美在翅）、赤鱼（肉如毳，生海中，亦名鳙）、带鱼、鱿鱼似乌贼，味尤佳）、马鲛（俗名摆锡，小者名青箭）、墨鱼、鲳鱼（担甲）、大黄鱼、鲷鱼、鳗（大者名狗鱼，小者有芦鳗、乌耳、白鳗）、鲨（一名吹沙）、青头、三牙（一名锯鱼）、角鱼（头有角）、黄鳝（鬣黄极腴）、黄鳍鱼、四指马鲅、海鳝、棱鲻（尖头）、断斑石鲈（鲈鱼）、鳗鲶（沙毛）、石斑鱼（过鱼）、短尾大眼鲷（红目连）、金钱鱼（红三、歌鲤）、黄鳍马面钝（迪仔、剥皮姑）、脂眼鲱（丁温）、金色小沙丁（姑鱼）、鳓鱼、银方头鱼（马头鱼）、鲳鱼（白鲳、黑鲳）、条鳍（金钱花）。

甲壳品 白刺虾、白虾、明虾、沙虾、九节虾、花虾、厚壳虾、卢虾、剑虾、对虾、红虾、梅虾、龙虾（味如蟹螯，鲜美）、虾姑（状若蜈蚣，一名管虾，春初味优美，故有正月虾姑之语）、沙蟳（清同治《海丰县志》续志云：壳薄，形如小蚬，腌食，少渍以酒佳，出凤河、捷胜）、海蟹、蠘蟹（壳薄而扁小，田园多，七月出河不可名数，俗呼蠘蟹会）、鲎（和血煮之更佳）、龟、蚝（杂记又称面蚝、珍珠蚝）、蚌、蚬、血蚶、丝蚶（又称毛蚶，杂记云：海滨少田，藉此度活）、刈纸刀（青匙）、赤嘴、沙白（杂记称丰产）、矛九蚶、花蚶、铜婆镜、甲仔、扇贝、鲍鱼（古名九孔螺，又名鳆鱼）、海胆（肉色黄，作四瓣，鲜煮佳）、花螺、角螺、南风螺（古名土铁）。

海藻品 赤菜、紫菜（上二菜捷胜甚多）、沙尾菜、蚝菜、昆布、海连炮、海带、海参、鸡脚菜、菩提菜（杂记称海丰所产，即海苔，捷胜滨海尤多）、海粉（海边虫食海菜之粪便，绿色青翠者佳）。

二、淡水类

鲢鱼、鲚鱼、草鱼、金鱼（人养为雅玩）、鲫鱼、福寿鱼、鳗鲡（乌耳鳗）、鲶鱼（严鱼）、胡子鲶（塘虱）、乌鲡鱼、泥鳅、黄鳝、鱼螵、河蚌、沼螺（田螺）、水龟、王八（甲鱼）、中华鳖（团鱼）、青蛙、田蟹。

三、羽毛类

鸡、鹅、鸭（属三鸟）、麻雀、燕子、喜鹊、乌鸦、八哥、鹤、鹭、雁、山鹰、猫头鹰、水鸭、鸬鹚、海鸥、春鹅（能飞，多居山树中）、鹌鹑、鹧鸪、画眉（声圆善斗）、相思、翠鸟、黄鹂、白头鸟、海鸡、山鸡、白鸽、禾谷、巧妇、了哥、鹦鹉。

四、虫类

蜜蜂（人多养，能采花酿蜜）、蜂（有黄蜂、米碎、篙师、赤蜂，而赤者大如指头，尤毒）、蛇（有蟒蛇、金环蛇、银环蛇、眼镜蛇、蝮蛇、黄头龙蛇、海蛇、水蛇诸种，尤以青竹标、簸箕、乌肉为极毒）、红蚁、黑蚁、白蚁（地湿极多，新构房不数月亦有食坏者，《杂记》记藩库交盘银少十二两，洞腹陷边皆蚁据为穴）、灶马（一名灶鸡）、蝉（与他处蝉异，有大滤、知了二种）、蝼、蝇蝗（蝇虎）、蚕（能化蜒）、孑孓（雨水虫化蚊）、蠛蠓、蚰蜒、蛭马蛿（触之侧卧如环）、蝼蛄、伊威、螳螂、蟑螂、壁钱、蛞蝓（似蜗无壳，俗名滑蜞）、草龙（如小蛇，四足，见人则走）、壁虎（喜食蚊）、水马、沙蟆（疑即沙蚕，揉去涎和粥煮极腴)、禾虫（形如百足，长寸余，青黄相间，中有白浆，滴以醋盐自出，滤以蒸卵佳)、恶飒（多在书及几上，前有二足如蟹螯，触后旁行，触前却行)、龙眼鸡（羽两重，外重五彩，亦樗鸡等类)，蚯蚓、蜗牛、蝴蝶、蜘蛛、萤火虫、飞蛾、木蠹（俗称蛀虫，寄生于木，可蚀木)。

五、粮食、料品、经济作物类

稻谷、小麦、玉米、番薯（俗呼米黏以充岁歉，旧时，捷胜赖以活为多，一家数十人，仅煮撮米，家常饭舍此不能也，故有“捷胜雷公一日响三出”之谚。但番薯畏盐霜，一冻根藤皆死)、木薯、树薯（结实少味劣，故种者寥寥)、猪肝薯（旧时野人篱落多有)、芋（有早芋、旱芋、水芋。惠有此物，故捷胜种者特多)、盐（町前者白如雪)、赤豆、白豆、绿豆、红豆、乌豆、黄豆、菜豆、扁豆（俗名雪豆，白露后结实更繁；田畔池边，无不架竹以植)、豇豆（俗名豆角)、荷兰豆（旧作“诃噸豆”，出外洋，初唯省西关一老圃得种法，今则偏处皆栽，捷胜亦盛)、花生（俗呼地豆，冬成熟，可榨油，渣可壅物，获利不止千金，属捷胜土产大宗)、四季豆、芝麻（旧作脂麻，土产者粒大膏多)、黄麻、大麻（细者可渍，粗者只剥为绳)、腊蔗、竹蔗（可榨糖，谷、豆、麦、地豆之外，厥利为多)、青瓜、南瓜、角瓜、甘瓜、苦瓜（凉瓜)、毛瓜、蛇瓜、秋瓜、西瓜、香瓜、王瓜、金瓜、白瓜子、竹瓜、瓠、葫芦瓜、荔枝（有妃子笑、桂味、糯米糍、风花、白腊、乌叶、水冬7种)、香蕉、龙眼（古山、石夹、大圆3种)、芒果、李仔、桃仔、山梨、雪梨、沙田柚、柑、橘、葡萄、方石榴、黄皮、青枣、油柑、杨桃（旧作羊桃，亦名三廉)、杨梅、橄榄、南华李、大白菜、小白菜、芹菜、芥菜、芥蓝、空心菜（英菜)、包心菜（椰菜)、青菜、菠菜、王梨（俗名菠萝)、韭菜、豆芽菜、苋菜、莴苣菜、卷心菜（挂菜)、西洋菜、猫耳菜、厚合菜、九己菜、西兰花、油菜、辣椒、姜（旧作“薑”，至美者金锡产，捷胜尤美)、萝卜、红萝卜、大蒜、蒜仔、大葱、洋葱、葱仔、番茄、茄子、金针、割茨、茨姑（上2种捷胜甚多）、木耳、莣佛耳（一名茸母，其绵和米粉可茹）。

六、花草竹木类

山竹、刺竹、粉竹、苦竹、金竹、桂竹、石竹、麻竹、观音竹、大头竹、人面竹、撑篙竹，榕树、柳树、铁树、梧桐树、合欢树、木棉树、松柏、相思树、槐树、樟树、桂树、桉树（友家利）、马尾松（木麻黄）、苦楝、塔松、凤凰树、桑树、油柑子、山芝麻、桃金娘，剑兰、朱兰、箸兰、风兰、玉兰、树兰（五叶胜于三叶，花不落，久尚能香）、真珠兰（比鸡爪兰更佳），蜡梅、夹竹桃、紫薇、瑞香、含笑（二月盛开，香风扑鼻）、水仙、莲花、菊花、玫瑰花、锦堂春、仙人掌，吊兰花、水仙花、茉莉花、蔷薇花、芙蓉花、灯笼花、茶花、鸡冠花、万年青、月季花、石榴花、樱花、昙花、牵牛花、夜来香、竹节花，丁公藤（土名鸡屎藤）、黄藤、忍冬藤、白花藤、铜钱草、蛇舌草、乌龙草、龙鳞草、车前草、苍蝇草、地胆头草、鹧鸪草、野菊籽、华山芒、艾草、粘裙草、虎耳、书带、吉祥、鹹草（生浅港中，可织席）、断肠（一名思子蔓，除之不能绝）、夜合、一丈红、美人蕉、上元红、七姐妹、剪春萝（又名剪绒、剪秋纱）、百子莲、西番莲、铁线莲、棠棣、脱衣换锦（一名金镫，又名无义草）。

第三章　人　口

第一节　人口源流

一、人口来源

新石器中晚期，捷琅埔有越民聚居繁衍。据《汉书 · 地理志》云:“自交趾至会稽七八千里，百粤（越）杂处，各有种姓。”即自今越南北部经广西、广东、福建至浙江，都有越人各部杂居共处。由于气候、物质环境的转换，致使部分越人向粤东海丰地区迁移。时捷琅埔为“蛮烟幛地”，地缘要素独特，地处南太平洋，气候温暖，雨量充沛，四季如春，平原低地和滨海山谷等居住环境极优越，浅海水域藏有丰富的蚌、蚝等水产资源，这对几千年前生产手段还比较落后的古越人来说，无疑是最理想的食物对象。因此，古越人较早地来到捷胜沿海沙坑北、沙坑南、东坑南、牛肚南、沙角尾、田墘南町及石鼓、东洲坑等地聚居生息，也就不言而喻。此外，有的疍民（越民）还散居于石狗湖、疍家荡（今埔尾小学附近一带）等处。

公元前 221 年，秦统一岭南，除南征将士留守岭南外，秦始皇还将中原贫民、仆役及罪犯流放到岭南，与当地的土著越人杂居共处，使岭南成为一个民族融合的地区。汉武帝统一南越和闽越后，戍军和移民大量增加，而落籍捷胜的人口亦日渐增多。唐代时，浙江、福建一带亦有汉人到此居住，他们已掌握先进的农耕技术和制陶技术，并兼事渔捞、采集等作业。据考，当时便有一条“古车路”，从牛肚村的“通弄田”开始，经大石牯古村落直贯茅埔墟镇，交通甚为方便。由于货币开始流行，市面上的渔产品、农产品及陶瓷产品等买卖行业，亦较为旺盛。至此，汉人在捷胜已占主导地位，人口数量远远超过疍民；他们居住集中，已有茅埔墟、大石牯古村落等墟镇的雏形。

宋元时期，由于长期的民族战争，造成中原和江南人口大规模南移。南宋末年，为避元兵骚扰，难民纷纷从海道和陆路入粤。南迁移民多取道南雄珠玑港，再流散于粤境各地，还有小部分迁入捷胜定居。南宋景炎三年（1278 年）十月，文天祥第二次率师退守海丰为元兵所执之后，余部撤至捷胜，与当地居民共抗元军。元至正十三年（1353 年）八月，为逃避政治压迫、经济剥削及文化围剿，闽南、潮汕（潮州、汕头）一带的居民，或经商，或避饥，纷纷迁到广东省东南部沿海地带。捷胜因其地沃物丰，宜渔宜农，也就成为部分外地人避乱生息的好去处。据明嘉靖版《海丰县志》载：元代海丰有 3 299 户（包括土著居民及南迁汉人），11 236 人。时捷琅埔及沿海一带的居民户数，因资料缺乏，已难以考证。

明洪武五年（1372 年），随朱亮祖南征至海丰（一说从浙江丽水调来）的十八路简武勇编队伍（捷胜人称“十八简旗”），驻于铜锣寨。洪武二十八年（1395 年），千户侯良督造捷胜守御千户所，十八简旗协助筑城。因捷胜“三山六海一分田”，“田园饶裕，又素无春秋水障淹没之患，洵称乐土”。故成城之后，十八简旗军便在捷胜所城屯军戍守，其头目多是安徽籍。据统计，十八简旗军姓氏计有简、雷、黎、沈、蔡、张、周、戴、蒙、董、潘、唐、柯、叶、刁、伍、朱、程等。他们“以时操练，有事为兵，事已为民”，并团结周边民众，让茅埔墟镇和大石牯古村落的居民迁入城内安居。由于驻城官兵多来自中原及东北各省，各自带来当地的才识、技艺和习俗等文化；加上明隆庆元年至万历时期，商船可从石狗湖直达捷胜所城南门及埔尾村码头，与外界交通甚为方便，商贸经济极为发达。因之，漳州、潮州等地许多殷商富户都迁居于此。明成化、万历期间，捷胜所城的经济发展神速，人民生活较为富裕。满清时期，福建、江西两省之漳州、莆田、东山及广东潮州等地先民，因避战乱，亦有部分落籍捷胜所城。至此，捷胜境内各自然村基本形成雏形，人口已发展到一定的规模。清康熙二年（1663 年），清廷颁布迁界令，沿海居民向内地迁徙。“经此一劫，民之所存，十无三四。”至康熙八年（1669 年）复土展界，迁民才陆续返回故里，重建家园，人民生活相对稳定，农业、渔业生产得到迅速发展，人口亦有增长。至民国时期，捷胜人口则是几经增减。

中华人民共和国成立后，人民生活得到改善，人口逐年增加。据统计，至 2018 年，捷胜镇人口姓氏有何、刘、林、陈、黄、李、蔡、周、蒲、许、赖、梁、冯、徐、张、王、杨、赵、施、田、方、薛、龚、阙、刁、霍、雷、孔、邢、莫、朱、陆、杜、萧、游、邓、邹、区、任、洪、唐、郭、穆、管、党、庄、严、辛、吴、岑、余、曾、廖、缪、魏、谢、敖、翁、崔、沈、谭、覃、马、文、温、连、鄢、骆、石、丘、伍、袁、蒙、蓝、黎、郑、鄞、詹、彭、程、褚、苏、潘、葛、范、吕、河、蒋、邝、韩、罗、毛、戴、纪、江、颜、祝、董、姚、钟、胡、卢、巫、麦、叶、卓、简、宋、柯、汪、代、韦、关、肖 114 姓，2018 年户籍总人口 56 039 人，其中男性 29 178 人，女性 26 861 人。

二、人口流向

捷胜濒临南海，舟楫之便，可通各地，这为历代居民出洋谋生或经商，提供极大方便，而改朝换代、党派斗争也逼使不少人逃亡海外。纵观历代捷胜出洋人的背景，犹以外出谋生为多。

自鸦片战争到辛亥革命，由于清政府腐败无能，英、荷殖民者在对外开放口岸（汕头即为其中口岸之一）大量招收劳工（民间称“卖番猪”），以引诱、欺骗、绑架等手段，掠夺劳工；另有投靠亲友的“过番客”，渐次形成一种人口迁徙势态。时由捷胜迁徙定居于东南亚各国的人很多。此外，清政府又对反清组织“三点会”会员进行搜捕，亦使不少人流亡到中国香港、澳门以及南洋等地。辛亥革命后，英、荷殖民者又把招工机构移驻香港，又有部分人依靠舟楫之便，到中国香港、澳门、台湾等地谋生，有的还通过中国香港辗转到欧美以及南洋等地经商创业。

中华人民共和国成立后，百废待兴，又遭自然灾害，经济进入困难时期。截至 2007 年，据统计，捷胜港澳同胞及华侨约 7 000 人。至 2018 年，由于城镇化建设加速，人口流向城镇。目前，全镇常住人口约 3 万人。

第二节 人口构成

一、年龄构成

人口的年龄构成是人口重要特征之一。1990 年 7 月，第四次全国人口普查，捷胜镇人口数为 40 689，其中 0—14 岁有 13 765 人，占总人口数 33.83%、15—64 岁 24 151 人，占总人口数 59.36%、65 岁及以上 2 773 人，占总人口数 6.82%。从数据中可看出，捷胜属成年型人口结构，并且已开始逐步向老龄化过渡。

据 2017 年调查，65 岁及以上人口，均为 1910—1942 年出生，那个时期经济已有发展，人民生活较为稳定。60—64 岁的人口，均于 1943—1947 年出生，因属战争年代和大旱年，故人口减少。30—59 岁的均为中华人民共和国成立后出生的人口，时人民生活安定，生活水平逐步提高。29 岁以下，则是 1978—1982 年出生的人口，由于提倡实行计划生育，人口发展受到控制，但后来又有回升。

中华人民共和国成立后，人民当家做主，物质文化生活水平有很大提高，医疗卫生环境日益改善，人平均寿命比中华人民共和国成立前翻了番。根据第五次全国人口普查资料计算结果，1999 年，本镇人口平均期望寿命为 73.77 岁，其中男性为 70.34 岁、女性为 77.08 岁，女性平均寿命比男性高 6.74 岁，超过同年全国、全省人口平均寿命水平。据 2000 年 7 月第五次人口普查，全镇人口 49 681，70 岁以上者 1 746 人，其中 90—99 岁的老人有 48 人、100 岁的老人有 1 人。2018 年在世者，超 100 岁的老人有 3 人。

二、文化构成

民国时期，捷胜镇总人口中有 80% 是从事渔农业为生，文化水平极低，文盲和半文盲占总人口数三分之二以上，具有中学文化程度者，屈指可数；具有大中专文化程度者，更是寥若晨星。中华人民共和国成立后，在 1949 年和 1964 年进行的二次人口普查中，其数据亦显示出文化构成中受教育人口数偏少。至 20 世纪 80 年代，由于人民生活逐步改善，人口文化构成才日渐变化。据 1982 年 7 月 1 日第三次人口普查的数据显示，小学至大学文化程度者有 14 068 人，其中大学（含大专）文化程度者 17 人、高中文化程度者 1038 人、初中文化程度者 2 662 人、小学文化程度者 10 351 人。与 2000 年 7 月第五次人口普查相比，本镇各种文化程度的人口，更可见其巨大变化。据统计，小学至大学文化程度者有 31 544 人，其中大学本科 25 人、大学专科 120 人、中专 357 人、高中 1 440 人、初中 10 180 人、小学 19 422 人。这 18 年中，具有小学文化程度以上人口占总人口的比例，从 1982 年的 41.13%，至 2000 年上升至 77.78%。其中以小学、初中及大学（含大专）文化人口变化最大；高中则增幅不大。随着文昌中学高中部的创办，高中文化程度的人口亦已有增长。2007 年至现在，本镇不识字人员现象只存在于盲人、聋哑人之间，认字率基本上已达到 100%。

三、职业构成

秦代以前，捷胜先民主要从事捕鱼、狩猎和原始农业劳动。唐代末期，沙坑已有灰窑、碗窑的工匠，他们生产碗、盘、陶瓯、陶缸、瓷碟、瓦筒和砖，且具有相当水准的工艺。明清时期，随着商业和对外贸易的兴起，商人和手工业者的人数渐增，从事盐业者亦同时出现。据民国十年

(1921 年）县政府所作的《海丰人最近生活调查的概况》记载，捷胜区从事渔业的人口占 65%、农业人口占 20%、盐业人口占 15%。实际上，进入清末民初，盐业已经接近消亡，随之兴起的个体手工业如酿酒、榨油、织布、木屐、草席、铁器、铜件、纸伞及编织箩筐、粪箕、扫把、耙子等竹木器工匠，亦大量涌现。

中华人民共和国成立后，随着社会经济的发展，捷胜镇社会人口职业的构成发生巨大变化，如传统的苦力搬运、挑夫已为汽车等现代交通工具所取代；服装、雕塑等手工制作已有部分为机器代之；木屐、纸伞、箩筐等亦已消失。特别是改革开放后，毛织、电子、音像、首饰加工等更是迅速发展起来。据统计，全镇人口职业构成 8 个行业中，主要分布在农、工、商 3 个行业，其中农、林、牧、渔劳动者人数最多；其次是生产工人、运输工人及有关人员；再次是商业工作人员；另外各类专业技术人员比重较多。

第三节　人口变化

人口的出生和死亡，属于人口的自然变化。20 世纪 50 年代，捷胜总生育率为 5.5%—6%。自实行计划生育后，年均出生率有所下降，但死亡率降幅大。中华人民共和国成立后，死亡人数和死亡率均呈下降趋势。

据考，1958 年，捷胜总人口 22 240。1964 年 7 月，全国第二次人口普查，捷胜全社总人口 24 565，其中男 13 416 人，女 11 149 人。1982 年 7 月第三次人口普查，全社总人口 34 167 人，男 18 256 人，女 15 911 人，总人口比 1964 年增加 9 602 人，增长约 39.9%。1987 年，总人口又增至 39 109 人。1990 年 7 月 1 日第四次人口普查，全镇有 40 689 人，总人口比 1982 年增加 6 522 人，增长约 19.1%。2000 年 7 月第五次人口普查，捷胜总人口 49 681，其中男 25 575 人，女 24 106 人。至 2007 年，人口又增至 53 220 人，其中农业户 41 951 人，渔业户 4 584 人，非农业户 6 685 人。1958

年至 2017 年，全镇总人口由 22 240 人增至 55 560 人，平均每年增加约 565 人。

随着经济和社会的发展，人口的社会变动频繁，迁移和流动量不断增加。特别是改革开放后，深圳、珠海经济特区及珠江三角洲地区经济迅速发展，捷胜作为邻近地区，深受影响。近年来，每年都有部分人口往那里流动迁移；而外省和本省其他县市，虽有一些人口迁入捷胜镇，但为数较少。建区以来，每年人口都是迁出大于迁入。据 2018 年统计，全镇户籍人口 56 039 人，其中东门 4 782 人，南门 2 808 人，西门 2 161 人，北门 6 533 人，南门外 2 888 人，石头 2 734 人，联星 1 736 人，石岗 2 237 人，五爱 3 263 人，沙角尾 2 752 人，联安 3 038 人，大流 3687 人，埔尾 3 572 人，牛肚 1 831 人，前进 3 636 人，沙坑 1 995 人，东坑 4 105 人，军船头 2 281 人。

第四节 计划生育

1958 年，全社总人口 22 240；1964 年，全社总人口 24 565；1982 年，总人口 34 167；1990 年，总人口 40 689；2000 年，总人口 49 681；2007 年，总人口 53 220。1958 年至 2007 年的 49 年间，人口净增长约 139.3%，相当于增加 1.3 个（1958 年）捷胜镇总人口，人口密度由 1958 年每平方公里的 427.7 人，递增至 2007 年的 1023.5 人，每平方公里净增加 595.8 人，人均占有耕地面积不足 13 平方米。因此，控制人口增长，实行计划生育，已成为迫切的任务。

中华人民共和国成立初至 1962 年，人口再生产急剧增长，婚育表现为“早、密、多”的特点，总和生育平均在 5.5—6 胎之间。1963 年至 1969 年，由于制定了具体的计划生育政策，建立计划生育队伍，大抓先进，大力宣传，人口的婚育才开始向“晚、稀、少”转化。但由于当时计划生育只重宣传、提倡，故自觉实施计划生育者很少。1970 年至 1979

年，计划生育全面开展，人口增长有所控制，由原来的 5.5—6 胎降至 2—3 胎。1990 年，捷胜镇成立计划生育服务站。1991 年，成立计划生育专业队，负责对计划生育对象落实政策措施，并对违反政策者采取行政或经济措施，人口增长才得到控制。2016 年，放开二孩政策。2017 年，人口年均出生率为 15.17‰，自然增长率为 10.10%，死亡率为 5.08‰。2018 年，全镇户籍总人口为 56 039，其人口年均出生率为 14.57‰，自然增长率为 9.71%，死亡率为 4.86‰。

第五节　人民生活

一、中华人民共和国成立前人民生活状况

辛亥革命以前，封建帝制历代相传，等级森严，民众处于最下层，人身没有自由，长期过着被压迫、被剥削的生活。迨至清宣统三年（1911 年），清王朝被推翻，民众才在政治上稍有翻身，然其经济生活及社会地位依然低下。在民国初期，少数官僚和地主买办资产阶级，仍然过着挥霍、养尊处优的生活，并且依旧压迫、剥削着人民大众。据彭湃所著之《海丰农民运动》（1923—1925 年）载："自耕农兼小地主比较优越，而半自耕农之地位则次之，最苦者莫如大多数之佃农。"广大群众辛勤劳动，所得除交租、纳税外，所剩无几。风调雨顺时，可勉强持家糊口；若遇灾年，则度日如年，或典当、或借贷，甚或嫁妻卖儿，卖身过洋为猪仔，上山为匪为兵者，乃常有之。而小商小贩及手工业者，亦同样困窘。其时，人们吃的虽说是"两块番薯扛粒米"，然往往是糠菜半年粮；穿的是"百补衣""麻袋衫"；住的是"下雨叮咚鼓，出日摆龙虎"的破泥屋，生活环境极其艰难。俗谓"富有千金，穷无寸铁"，实是当时之写照。

二、中华人民共和国成立后人民生活状况

中华人民共和国成立后，人民当家做主，安居乐业，法律面前人人平等。人民群众关心政治，讲法制，讲文明，共同生活在民主集中、平

等共处的社会主义大家庭。改革开放后，人民的经济收入、消费水平、穿戴饮食、居住出行、家私用具及文化生活等，均有极大变化。

经济收入 中华人民共和国成立后，劳动人民分得田地，耕有所乐，收有所得，经济收入逐年增加；从商从工者亦不愁失业，营业正常。一般店员、杂工的月薪约12—15元。1956年，对农业、手工业和资本主义工商业社会主义改造基本完成，农业走合作化道路，农民的积极因素得到充分的发挥，收入增加。手工业及服务业经营者的收入亦相应有所提高，平均月薪约25—30元。1958年公社化至十一届三中全会期间，农村虽然贯彻“按劳分配、多劳多得”的分配原则，但实行的仍是“大锅饭”的体制，农业每个劳动工日（10分工计）为0.3—0.6元；渔业每个劳动工日为1—1.5元；干部、职工每人月工资为40—60元。十一届三中全会后，干部、职工工资几经调整，有较大的提高，平均每人年工资达2000—3000元（含奖金及生活补贴等）；农民的收入亦有大幅度提高。1988年，全镇人均年收入约900元，一般农户有1—2年的粮食储备；泥水工、木工、石工等，每日工值20—25元；杂工每日工值10—15元，全镇银行存款余额不足5万元。2007年，全镇人均年收入增至4122元，2017年全镇人均纯收入达到6985元。泥水工、木工、石工等每日工值由60—100元提高到近300元；杂工每日工值由30—35元提高到200元。随着经济的迅速发展和人民群众经济收入的提高，社会存款逐步增加。

消费水平 1950年至1965年，人民群众消费水平，平均每人月约7—9元。1966年至1980年，平均每人月约15—20元。十一届三中全会后，消费水平大幅度上升，平均每人月约60—80元；较富的人家每人月消费超过100元。在基本生活费中，购买食品、衣着、日常用品、书报文具及礼物等约65%；子女入学费、水电费、燃料费、邮政电话费、医药费、外出乘车费及维修费等约占35%。

第四章　农　业

第一节　农业生产体制

新石器中晚期，捷胜东坑、沙坑、牛肚、沙角尾一带已有野生稻生长点，出土文物有石斧、石磅、石锄、石犁等生产工具。因此，捷胜是现代栽培稻种发源地之一，有着悠久的农业生产历史。

秦汉以前，捷胜人民的生产处于“火耕水耨”及每年只收获一造（方言，熟的意思）的粗放阶段，过着“饭稻羹鱼”的简朴生活。秦平百越，戍边开发以及东晋、南北朝中原士族大量南移，给捷胜带来人力和生产技术。至唐代，由于农业生产技术的提高，种稻已有两造之分。南宋时，又因部分闽民迁入，龙骨水车灌溉技术得到应用，耕地有所扩大。明洪武二十八年（1395 年），捷胜所城拨军屯田，每屯实拨军 112 人。屯田有 2 处，一在螺溪，一在上砂，俱在海丰县吉康都。当时，士兵闲时务农，战时为军，兵农合一，裕养无忧。且捷胜农田居多，随着军屯文化的进入及发展，捷胜农业生产规模迅速扩大，产量倍增。景泰至万历年间，先民大量从福建、潮州迁入，促进了捷胜农业生产进一步发展；而番薯、花生等作物亦于此时随先民引种而来。至此，捷胜“田园饶裕，无春秋水障淹没之患，洵称乐土”，但因其时土地兼并严重，为私人占有者居多。至清康熙初年，首富黄元振（黄百万）即占有捷胜耕地

70% 以上。

清初，清廷为断绝沿海百姓与郑成功抗清队伍的联系，颁发“迁海令”，沿海居民内迁 30—50 里，造成百姓流离失所，家破人亡，生产力受到严重破坏。至康熙八年（1669 年）下令展界，生产始得逐步恢复。清乾隆以后，农业生产出现较为繁荣的景象。然自鸦片战争（1840 年）后，由于清廷腐败，农民受压迫剥削严重，而纷纷起义反抗。期间，“三点会”率民暴动，为清军镇压。道光至民国初年，亦发生间歇性的“乌红旗”械斗。以上这些事件，均对农业生产力造成巨大的损耗。迨至民国末期，日军二度入侵捷胜，加之沿海受军事和经济封锁及海匪骚扰，农业生产遭受巨大破坏。此外，由于汕尾港口的开通，大量洋米、洋面、洋糖、洋布及火水（煤油）、火柴等生活必需品输入，亦导致市场被垄断，农作物作不等价交换，破坏了农村的自然经济，加深了农业生产的危机，劳苦大众依然长期生活在封建地主经济环境中，食不果腹，衣不御寒，农具耕畜严重缺乏，只能实行粗放耕作。

在整个封建土地所有制时期，农民在无地或少地之情况下，饱受压迫剥削，向地主租地，一般是“对半分成”或“四六分成”。更有甚者，是“虚田实租”，即租坏地或荒地要交好地或熟地的租，二亩半要交三亩的租额，或者早晚造收稻谷归地主，农民仅得一造种番薯，地主压迫剥削农民的手段无奇不有，异常苛刻。田租之外，犹有牛租，每头牛每年要交纳 100—200 斤稻谷。还有一种押租，即租前先交抵押金、房屋、人或物，如还不清租贷，妻女即沦为妾婢，自身和儿子则沦为长工或奴仆；又有无偿劳役，大凡地主家中的粗重杂活、建房、造祠堂及修风水等，均要农民无偿出力，逢年过节红白事要送礼，收租时要备酒菜招待等。此外，与地租剥削并存的是高利贷，即当铺和私人借贷两种。广大农民在地主恶霸、土豪劣绅的重重压迫下，生活悲惨，民不堪命，农村生产力被破坏得极度衰竭，生产长期处于落后状态。

中华人民共和国成立后，党和政府大力组织农民恢复生产。1951 年，开展“清匪反霸、退租退押”八字运动，彻底推翻了封建土地所有制，解放了生产力。1952 年，全镇完成土地改革，镇压罪大恶极的地主恶霸和反革命分子，把没收的地主土地分给农民，使耕者有其田。1953 年，进行查田定产，发放土地证，变为农民土地所有制。同时，各乡村组织互助组，农忙时节互为帮工。1954 年，农业互助组转为初级农业合作社，收益归社员共同占有。1955 年年底，初级社实行个体耕地入股，牲畜、农具、厕池、晒町折价入股，采取统一经营、分工劳动、统一分配的办法，分配中土地分红占 40%、劳动工分分红占 60%，口粮按人分配。同时兴办福利事业，对鳏、寡、孤、残、疾等社员实行“保食、保穿、保住、保医药、保葬”的五保制度，农民纷纷要求入社。时称为半社会主义。1956 年，初级社转为高级社，生产资料转为合作社集体所有，取消土地分红，实行“各尽所能，按劳取酬”，男女“同工同酬”。至 1957 年，基本完成了生产关系的变革，实现农业的社会主义改造。1958 年，人民公社化，实行“政社合一”体制。同年 9 月，农业合作社撤销，组建生产大队，以生产大队为经济核算单位，收获的粮食归集体所有。全社建立公共食堂 100 多间，社员全部到食堂开餐，实行“吃饭不要钱”制度。1962 年，粮食极为紧张，公共食堂撤销。同年冬，体制一度下放，以生产小队为经济核算单位，提高群众生产积极性，粮食产量得以提高，粮食紧张局势稍为缓和。1965 年 6 月至 1966 年 5 月，农业产量又有提高。1966—1976 年间，由于片面执行“以粮为纲，全面发展”的方针，生产上搞一刀切，挤压经济作物的发展，严重挫伤农民的生产积极性，粮食生产处于低水平的徘徊状态。

十一届三中全会后，推行体制改革，全面实行家庭联产承包责任制。土地划分到户，农具、耕牛、厕池等折价归户使用，由户联产承包经营，充分调动了农民生产积极性。收获的粮食，除交售国家规定的任务粮食外，剩余部分归农户自己支配，农户粮食自给有余。2006 年农民免交公余粮。

建区以来，镇政府多次进行农田水利建设，给农业提供一个良好的生产环境。特别是大埔农业生态园、五爱蔬菜种植基地的建设，更使西瓜、蔬菜等经济作物有较大规模的发展。但随着社会经济的发展，工企业及住房用地增多以及退耕还林等因素，农业耕地面积大幅度减少，截至 1991 年，耕地面积仅剩约 13 420 亩。近 10 年来，由于市场经济的冲击，农民生产积极性大不如前，有部分人外出打工或经商，致使部分耕地丢荒置闲。据 2017 年统计，全镇总耕地面积约 11 460 亩，农业总产值约 2.73 亿元。2018 年开始，全镇实行新一轮土地承包经营确权办证工作，时限 30 年。

第二节　粮食作物

一、水稻

水稻，一年两造，是捷胜粮食作物之一。中华人民共和国成立前，水利设施非常落后，农民靠天来耕田种地，且因技术落后，品种低劣，粮食产量不高不稳。中华人民共和国成立后，在镇党委、政府领导下，大力兴修水利。1957 年以来，先后修筑 12 座山塘及 7 座水库，排灌沟渠近百条，解决了农田用水问题，水稻产量有了提高。20 世纪 70 年代期间，因受“农业学大寨”的影响，片面追求扩大耕地面积，种植业虽有扩大，养殖业却遭到破坏，生态失去平衡。但因推行单造改双造，更新水稻品种，大量种植包胎、杂交等良种，因而产量得到提高。1981 年后，农村实行家庭联产承包责任制，提高了农民生产积极性，走上科学兴农的道路。1987 年，水稻种植面积约 8 930 亩，比 1978 年增加 2 000 亩，平均亩产（折谷计算）约 243 公斤，总产约 2171 吨。20 世纪 90 年代后，水稻取代了番薯的主食地位，但因工业区的开发及住房用地的增加，种植面积有所减少，而亩产有升无降。1997 年，水稻种植面积约 4 100 亩，亩产增至约 345 公斤。2003 年，全镇水稻面积约 4 250 亩，平均亩产 376

公斤，年总产约 3 196 吨。

捷胜水稻品种较多。中华人民共和国成立初，水稻品种主要有“三批”“冬白”“油尖”及少数糯稻。以后又逐步推广各类抗旱、抗风、抗虫害、抗倒伏等良种，如“矮脚南特”“科情”“粳稻”“珍珠矮”“广九”“珍桂矮”“七桂早”“七山尖”“桂朝 2 号”“新包选 5 号”“青六”“特青”“粤桂 146”及各种型号的“汕优”“D 优”“博优”等。20 世纪 80 年代后，以高质、高效、高产为主要品种的有“珍桂矮”“七桂早”及各种型号的“汕优”。至 20 世纪 90 年代，又传入“粳籼”“博优 64”等新品种。现较为常种且亩产稳定、质量上好的水稻品种有“寄早”“赤谷”“珍珠矮”“油粘谷”及“南特号”等。

二、番薯

中华人民共和国成立前，传统作物产量偏低。中华人民共和国成立后，随着新良种的引入，产量有了提高。特别是体制改革后，产量又迅速增长。1955—1957 年，捷胜镇万市斤的高产田片，不断涌现。1957 年，五爱高级农业社 1.625 亩夏薯（压镐薯），平均亩产（折谷计算）约 203 公斤，单产名列全省前茅。同年上京展览，引起广东省委书记陶铸的高度重视，并亲自到捷胜视察。1974 年，在约 23 480 亩粮食作物种植面积中，番薯占 70% 以上。它以产量高、质量好驰名全国。

十一届三中全会后，农业生产结构出现新调整。原本属于主食作物的番薯，转为兼种作物，种植量有所减少。但在 1979—1983 年海丰县连续组织对夏薯验收时，捷胜番薯亩产超万市斤的时有出现。1988 年，番薯种植面积约 14 582 亩，亩产约 182 公斤（折谷计算），总产约 2 654 吨。建区以来，番薯种植量逐步下降，但因番薯高质、高效、高产，平均亩产仍有提高。据 2003 年统计，番薯种植面积约 11 300 亩，比 1988 年减少约 3 282 亩，平均亩产达 3500—5000 公斤。

番薯是捷胜镇的特色作物，普遍种植的品种有白叶仔、白皮胖、红心企龙、接芋薯、白皮薯、汕头粤、鸟拿来、海南岛藤、坎脚薯、潮薯、普八、普薯23号、普薯24号、普薯25号、香港藤等。

第三节　经济作物

捷胜传统经济作物有花生、蔬菜、瓜果等。20世纪70年代开始，原有的高粱、稷子、木薯、大麦、小麦、芋头、烟草、黄麻、棉花、甘蔗、大豆等，已逐渐为花生、蔬菜良种代替。

中华人民共和国成立前，经济作物产量偏低。中华人民共和国成立后，随着新品种的引入，产量有了提高。1988年，花生种植面积约4 040亩，亩产约60公斤，总产量达约242.4吨；蔬菜、瓜类种植面积约2 431亩，亩产约1 050斤，年总产约2 553吨；水果种植面积约230亩，年总产约15.5吨。

建区以来，农民在镇政府引导下，充分利用土地资源，开发荒山，加大发展种植花生、蔬菜、瓜果等，规模较大的种植基地有大埔1000.5亩的农业生态园、五爱村349.95亩的蔬菜种植基地、五爱村30多亩的桑葚产供销生产基地及10个面积较大的荔枝场。据2003年统计，花生种植面积约3 300亩，亩产约95公斤，年总产约314吨；蔬菜、瓜类种植面积约6 500亩，亩产约1 000斤，年总产约6 500吨；水果种植年末实用面积约2 126亩，实际收获面积约467亩，年总产约275吨，其中香蕉种植年末实用面积约30亩，实际收获面积约11亩，总产约6吨；荔枝种植年末实用面积约1 959亩，实际收获面积约395亩，年总产约246吨；梨年末实用面积约6亩，实际收获面积约6亩，总产约2吨；龙眼年末实用面积约68亩，实际收获面积约19亩，总产约6吨；芒果年末实用面积约12亩，实际收获面积约11亩，总产约5吨；李子年末实用面积约9亩，实际收获面积约5亩，总产约3吨；杨桃年末实用面积约2亩，实际收获面积约2亩，总产约1吨；其他杂果年末实用面积约30亩，实际收获面积约18亩，总产约7吨。

捷胜特色经济作物有大埔的萝卜、葛薯、韭菜及花生、西兰花等。后因大埔生态植物园缺乏水源，造成土壤严重变质，无法耕种，致使作为“龙头”产业的大埔萝卜、花生等特色作物无法走上开发性农业的道路。

第四节　生产与技术

一、农机具

中华人民共和国成立前，农机具较为简陋，犁田用犁，或人工用锄头掘田；收割用禾桶打禾；灌田则用吊桶、戽斗及龙骨水车，劳动强度大，费时费力，工作效率低。中华人民共和国成立后，随着科技的进步，农机具有了很大改进。1958 年，犁田已用铁犁取代木犁，耙田用铁耙。1966 年，有的大队采用拖拉机进行耕作。20 世纪 70 年代初，各生产大队将打禾桶改成脚踏打谷机，因其速度快、效率高，很快取代了禾桶的使用。镇设立农机管理站。

二、耕作法

水稻耕作法　首先选定良种，有的在育秧前进行翻晒扬箕，择其谷粒饱满之稻谷为种子；有的则用盐水选种或黄泥水选种，选好后进行浸种，保温催芽。待种子发芽符合要求后，即可播种到平整好的秧地。播种育秧方法，可根据不同品种和大田插秧时的移植情况而定，需单株或少科密植者，则进行疏播以利于催蘖壮苗。大田需多科密植者，则适当密播。移植时需拔苗洗净秧苗根头泥土的，则在拔苗前多放水于秧田中，使田泥软嫩，易拉拔洗泥，这叫“水秧”；需带土移植者，秧田不进水，使秧田保持湿润利于铲秧为宜，这叫“旱秧”。捷胜以育“水秧”为主，“旱秧”较少。插秧后至收割前期间，须视大田禾苗生长的不同阶段、发育状况及气候条件进行保水、补苗、放水、除草、施肥、露田、晒田和防治病虫害等。水稻采用早、晚两造连栽，一年两熟。20 世纪 70 年代后期，曾试种三熟稻，两年后，即因自然条件不适宜、产量不高而停止试种。

番薯耕作法 番薯一年2—3熟，多在旱地种植，晚造也有在水田种植，称为压镐薯。种植时须先造畦，有的用锄头掘土造畦；有的用犁起坯，再用锄头勾土填满修整，使畦箱的高低、大小，符合种植行距、株距的要求，达到整齐美观。选取薯苗，一般在成熟期的番薯藤蔓中剪取壮苗，或在专育薯苗的苗地中选取；有的则到市场上另行选购。选苗后，当天种植。种植时，要边下薯苗边下土杂肥粪（或用化肥及土杂粪混合使用）；有的则在起畦时，便把肥粪放在坯心上，至插薯苗时，就不用下肥了。藤（薯）苗插后需浇水，如天气干旱，则要连续浇水几天，才能成活。中耕期间，要追肥、除草、除虫、牵藤、培土，直至薯块成熟，即可挖掘收成。

花生耕作法 花生，俗称地豆，一年两熟，秋花生又叫“倒播花生”。一般不在同一块土地连年种植，更不能春、秋花生连栽（连栽易发生病虫菌害、低产）。种植前，整地起畦，除去杂草，畦箱为长方形，高约15—20厘米，宽100—120厘米。土田略高。畦箱土质需整得细碎松脆，畦面要平。种子剥壳存仁，去掉嫩、小、劣者，还要拌上少许杀虫粉剂或煤油，以防蚁蛀、鼠偷。种植时，先起小沟，撒上土肥粪，再放种子，然后盖上薄土，不让种子露出，最后用拖板把畦拖平、整平。中耕期间，视其生长情况进行补种、除草、松土、追肥、除虫、培土、排水等。

三、病虫害防治

中华人民共和国成立前，对防治农作物病虫害，缺乏积极措施和科学方法，仅能用壳灰粉、壳灰水、草木灰及鱼藤水等喷洒。中华人民共和国成立后，党和政府加强农业技术推广，设置镇农科组，后设农口办公室，根据上级农科部门预测预报的资料，结合本地具体情况，及时通知防治某种病虫害的措施，详细说明病虫害将发生的时间及防治药物名称、用量、喷杀方法等。农村各地即用黑板报或口头或用有线广播通知各农户，使之预先防治。因此，各种农作物病虫害逐年减少。其主要病虫害及防治办法如下。

水稻病虫害防治 水稻主要病害：稻瘟病、纹枯病、白叶枯病、细菌性条斑病、稻茎瘟等。主要虫害：三化螟、稻纵卷叶螟、稻蓟病、稻飞虱、田鼠、福寿螺等。防治办法：预防为主，综合防治，抓好主、兼治结合的措施。农药合理施用，一药多治。主治稻纵卷叶螟兼治纹枯病及其他病虫，用 25% 杀虫双 +40% 乐果 + 井岗霉素兑水喷杀；主治稻纵卷叶螟兼治细菌性条斑病，用 25% 杀虫双 + 叶枯宁（川化 018）兑水喷杀。

番薯病虫害防治 番薯主要病害：番薯瘟、番薯心腐病、番薯软腐病等。主要虫害：番薯卷叶螟、番薯茎螟（鸡母虫）等。防治办法：番薯各种瘟病以防为主，如选择抗病能力强的品种，培育无病薯苗及合理轮作等。除虫则用“六六六”、滴滴涕（DDT）和敌百虫等药液喷杀。

花生病虫害防治 花生主要病害：花生铁锈病、花生枯萎病、花生叶斑病等。主要虫害：花生卷叶虫、蚜虫、蝼虫、老鼠等。防治办法：防病用波尔多液、托布津药液喷施；除虫用滴滴涕（DDT）、敌百虫、乐果等药液喷杀。

蔬菜病虫害防治 蔬菜主要病害：枯萎病、根腐病等。主要虫害：菜蚜、青虫等。防治办法：防病用井冈霉素、托布津药液喷施；除虫用乐果、菊脂喷杀。

第五节　农田　水利

一、农田

捷胜陆地中部以九佰岭山脉为界，分隔成东西两处农区，旱地居多，水田多分布于东西洼地。中华人民共和国成立后，捷胜大力修建水利设施，扩大耕地面积，治理旱、咸、涝等“三灾”农田。1956 年，政府带领群众建成长 1.5 公里，高 4.5 米、坝顶宽 1.5 米的石狗湖海堤，1958 年又建成石狗湖 5 孔的排洪挡潮闸，完成了石狗潮堤围工程。此后，通过整治河道排洪渠，共围垦土地 80 公顷，其中 40 公顷土地已种植农作物，耕作条件较好能实现稳产高产，另外 40 公顷土地由于地势较低易受潮水浸害已改为鱼塭。1970 年至 1975 年，公社及东坑大队对东坑西湖都厝围进行围垦，投入劳力约 5 万余工日，资金 5 万元，完成土方 8 万立方米，石方 1.2 万立方米，建成排洪渠 2 条长约 3 公里，新建围堤 400 米，兴建拦水陂头 2 座，围成高产稳产农田 46.7 公顷。1972 年至 1975 年，又对东坑湖进行了围垦，面积达 60 公顷，已围垦的土地中除少量面积低于标高 1.0 米受咸水浸害而不能耕作外，大部分土地已开垦作为农田。至此，东坑平原三大块农田（龙潭片老农田、东坑湖围湖造田、西湖都厝围农田）连成一片，成为捷胜镇重要的稳产高产农业生产区。1985 年以来，由于宅居地、工企业用地、殡葬地及外出人口增多，土地丢荒等原因，农用地面积大幅度减少。各村可耕地面积平均减少 50—250 亩不等。1991 年，全镇耕地面积为 13 420 亩，耕地多为砂质土和壤质土，只有少量淤泥土壤，适耕性较强。随着经济的发展，工企业及住房用地进一步增多，至 2003 年，全镇耕地面积仅存 11 858 亩，其中水田 4 883 亩、旱田面积 6 975 亩。

为加强农业发展，镇政府投入农田水利建设资金 323 万元，加固整治北排洪渠道、东坑、沙坑和关刀石栏水库等。又争取上级支持，投入约 200 万元，开展联安片、东门片农田改薄整治工程，进一步提高农田地力和排灌能力，建设旱涝保收的高产稳产农田。据统计，2018 年，全镇农业总产量 1.87 万吨，总产值 17 021 万元。

二、水利

（一）水库

1957 年以来，在九佰岭、东坑、沙坑、前进及锡坑等村山面，修建8宗水库和10口山塘，总蓄水量达885.8万立方米。全镇达到保灌的耕地面积有11 090亩以上，占总耕地面积的76.8%，其中旱地保灌稳产面积有5 631亩。基本改变了“三天无雨火烧埔，一阵大雨水浸湖”及“一次咸水上，三年免眺想”的落后状况。

九佰岭水库 建于1957年10月，在前进内坑九佰岭山中，坝顶高17.50米，长156米。集雨面积2.49平方千米，总库容量226.10万立方米，正常水位25.20米，总库容量226.10万立方米，最大泄洪流量37.8立方米/秒，灌溉农田面积约3 000亩。该水库为小（一）型水库。该水库为捷胜饮水源。

前进水库 建于1971年9月，在前进大水沟西面山，坝顶高18.6米，主坝长117米，副坝长560米。集雨面积2.86平方千米，总库容量520万立方米，正常水位19米，相对库容量333万立方米，灌溉农田面积约4200亩。该水库为小（一）型水库。该水库为全镇饮水源。

东坑上水库 建于1964年8月，在大华山东坑村西面山窝，坝顶高126.9米，最大坝高14.3米，主坝长156米。集雨面积18平方千米，总库容量122.40万立方米，正常水位124.3米，相对库容量105万立方米，最大泄洪流量18.2立方米/秒，灌溉农田面积约1500亩。该水库为小（一）型水库。

东坑下水库 建于1981年11月，在东坑电站山顶，坝顶高114米，最大坝高16米，主坝长135米。集雨面积1.10平方千米，总库容量97万立方米，正常水位111.5米，相对库容量95.5万立方米，最大泄洪流量2.5立方米/秒，灌溉农田面积约1 500亩。该水库为小（二）型水库。

关刀石水库 建于1958年6月，在大水沟村东北面山窝，最大坝高12米，主坝顶长87米。集雨面积1.00平方千米，总库容量39万立方米，正常水位64米，灌溉农田面积约400亩。该水库为小（二）型水库。

沙坑水库 建于1966年10月，在沙坑村后山，最大坝高11.5米，主坝顶长120米。集雨面积0.70平方千米，总库容量37万立方米，正常水位 27 米，相对库容量 333 万立方米，灌溉农田面积约 1 400 亩。该水库为小（二）型水库。

锡坑水库 建于 1970 年 12 月，在隔塘村后山，土坝高 20 米，长 110 米。集雨面积 0.67 平方千米，总库容量 83 万立方米，正常水位 160.1 米，相对库容量 76.5 万立方米，最大泄洪流量 7.4 立方米 / 秒，灌溉农田面积约 2000 亩。该水库为小（二）型水库。

虎洞水库 建于 1964 年 8 月，在军船头西南面山顶，土坝高 8.50 米，长 300 米。集雨面积 0.30 平方千米，正常水位 77 米，相对库容量 16 万立方米。为小（二）型水库。

附录：小（二）型以上水库一览表

库名	等级	坐落位置	建设时间（年月）	集雨面积（平方千米）	最大坝高（米）	总库容（万立方米）	正常库容（万立方米）	坝顶高程（米）	校核水位（米）	正常水位（米）
九佰龄水库	小㈠型	前进村	1957.10	2.49	17.50	226.10	200.70	27.70	26.20	25.20
东坑上水库	小㈠型	东坑村	1964.8	1.80	14.30	122.40	105.00	126.90	125.30	124.30
前进水库	小㈠型	前进村	1971.9	2.86	18.60	520.00	451.00	22.50	19.98	19.00
关刀石水库	小㈡型	大水沟村	1958.6	1.00	12.00	39.00	29.00	66.20	66.36	64.00
虎洞水库	小㈡型	军船头村	1964.8	0.30	8.50	18.00	16.00	80.00	78.90	77.00
沙坑水库	小㈡型	沙坑村	1966.10	0.70	11.50	37.00	30.00	29.00	28.77	27.00
锡坑水库	小㈡型	隔塘村	1970.12	0.67	20.00	83.00	75.00	163.00		160.10
东坑下水库	小㈡型	东坑村	1981.11	1.10	16.00	97.00	87.00	114.00		
东门岭水库	小㈡型	东门村	1970.8		11.00	19.60		76.00		
老鼠栏水库	小㈡型	大流村	1971.8		12.00	12.00		30.00		6.00
关刀石（下）水库	小㈡型	前进村	1970.8	0.45	8.00	15.00				5.00
石蟹水库	小㈡型	大流村	1973.8	2.00	12.00	17.50		30.50		7.00
沙坑长盘山水库	小㈡型	沙坑村	1978.1	0.30	8.50	20.00		16.50		15.00
蟥蜞坑水库	小㈡型	沙角尾村	1973.8	0.80	10.00	18.00		55.60		

（二）山塘

军船头山塘 建于2004年，在军船头村前，蓄水量4万立方米。

老鼠栏山塘 建于1973年，在大流村老鼠栏山窝，蓄水量4万立方米。

石蟹山塘 建于1972年，在大流村老鼠栏山窝，蓄水量6万立方米。

北门岭山塘 建于1969年，在北门岭伯公后，蓄水量2万立方米。

东门望猴门山塘 建于1975年，在东门岭山窝，蓄水量4万立方米。

蟥蜞坑山塘 建于1971年，在沙角尾村后海边，蓄水量5万立方米。

烟墩窝山塘 建于1968年，在沙角尾村后山，蓄水量2万立方米。

石崛山塘 建于1975年，在东门岭下排洪坑，蓄水量5万立方米。

大水沟山塘 建于1975年，在前进大水沟村后，蓄水量8万立方米。

关刀石下山塘 建于1974年，蓄水量4万立方米。

附录：山塘一览表

山塘名称	坐落位置	集雨面积（平方公里）	建设时间（年）	蓄水量（万立方米）	主坝			工程效益		
					最大坝高（米）	坝顶高程（米）	坝顶长度（米）	坝顶宽度（米）	灌溉面积	实灌面积
北门岭山塘	北门岭		1969	2.0			100.0		40.0	40.0
大路边东门岭山塘	东门岭		1975	4.0			150.0		33.3	26.7
大水沟山塘	前进村		1975	8.0			180.0		40.0	33.3
军船头山塘	军船头村		2004	4.0		17.60	172.0	5.0	26.7	26.7
石蟹山塘	大流村		1972	6.0	6.0	17.00	30.0	1.0	20.0	20.0
蟥蜞坑山塘	沙角尾村		1971	5.0	8.0	14.00	20.0	1.2	23.3	23.3
东门望猴门山塘	东门岭		1975	4.0	10.0	56.20	70.0	7.0	33.3	26.7
老鼠栏山塘	大流村		1973	4.0	10.0		90.0		40.0	33.3
石崛山塘	东门岭		1975	5.0	8.0		150.0	2.0	33.3	13.3
烟墩窝山塘	沙角尾村		1968	2.0	8.0	77.70	90.0	1.5	20.0	13.3
关刀石下山塘			1974	4.0						

（三）堤围、沟渠、水闸

中华人民共和国成立前，捷胜水利设施极为落后，各种灾害时有发生。中华人民共和国成立后，由于政府对水利建设高度重视，先后在1956年和1973年，建筑石狗湖、东坑湖堤坝，这2条堤坝捍卫了4 000亩以上的耕地。1958年建成石狗湖5孔排洪挡潮闸。同年，配挖的长6 300米南灌渠道及长8 500米北灌渠道，亦已通达沙坑、格塘等农区。20世纪70年代初期，锡坑、东坑水库也已挖通输水洞。其时，锡坑岩石洞长达900米，工程艰巨；此外，在古城近郊，还开挖南北2条排洪道（南排水出牛肚村、北排水出沙角尾村），总长10 950米，能控制3.5平方公里的集雨；同时，修建了长3 800米南门涌和长3 250米大路坑2条排涝坑，捍卫了1 300亩以上的耕地；东坑村亦挖通长达6公里的环山排洪道，控制了山洪的冲击。建区以来，镇政府加强农田水利设施的投入和建设，各种水利设施，均已得到保修而日趋完善。2017年，全镇落实河（库）长制，把以上山塘、水库、河涌等由党政班子、村（社区）干部负责管理，落实责任制。

附录：2018年前捷胜主要排洪挡潮闸一览表

闸名	所在地	孔数	净高（米）	总净宽（米）	排水量（立方米/秒）	建设时间
石狗湖闸	石狗湖	5	2.4	12.6	60	1958
东坑湖闸	东坑	1	2	4	16	1973

第六节　农药　农肥

一、农药

捷胜使用农药始于20世纪60年代初。此前，农业生产并无药物除害。农作物若遇病虫害，或用手捕捉，或用灯火诱蛾，只有少数人用鱼藤或晒干的黄藤枝浸水，喷洗作物。1958 年，人民公社成立后，科技知识有了普及，农民懂得使用药物防治病虫害。国家生产的农药品种亦不断涌现。因此，病虫害得到控制，农业生产得到保证。

20 世纪 50 年代的主要农药有六六六粉、敌百虫、滴滴涕、杀虫粉等；60 年代的农药有敌敌畏、乐果、一六零五粉等；80 年代的农药有敌敌畏、滴滴涕、乐果、叶枯净、叶蝉散、速灭丁、甲胺磷、杀虫脒、杀虫双、敌枯双、加收米、井冈霉素、川化 018、富士一号等。改革开放后，各种农药使用量日益增多，致使土壤、水资源受到污染，农业生态亦失去平衡；且病虫害抗药性增强，农药用量不断增加，造成了植保工作的恶性循环。

俗语云："读书畏考，耕田畏除田草。"20 世纪 80 年代以前，乡民耕田除草，总用双手来耙、抓、搓、拔。20 世纪 80 年代后，开始使用"除草剂""灭草灵"等药剂。这些药剂，除草方便，省时省力，而且便宜、效果高，因此得到迅速推广。

二、农肥

中华人民共和国成立前，捷胜农用肥料只有厕肥和土杂肥。1958 年，开始试用土制化肥；20 世纪 60 年代初，试用"洋肥"（氮肥），化学氮肥肥效高，易被作物吸收，因而很快被推广普及。1979 年后，农业生产大量使用化肥，除氮肥外，还有磷肥、钾肥、复合肥等。随着农业经济的发展，各种化肥施用量逐渐增加。据 2003 年统计，全镇使用各种农业化肥共计 1 605 吨。现在，由于长期单一使用化肥，农田肥力有所下降，土壤出现板结。

第七节　林业

捷胜地处南亚热带，气候温暖，阳光充足，雨量丰沛，适宜造林种果。据统计，宜林宜果者有 29 950 亩。中华人民共和国成立前，捷胜造林种果极少，农民只在“四边地”零星种植。1955 年，农村实行集体化，农民担心林木入社归公，遂将自己所种树木全部砍光。随后以农业生产合作社为单位，掀起植树造林热潮。1957 年，滨海沙滩及山地均已种植防护林。1958 年，人民公社化，搞大跃进，建高炉大炼钢铁，林木又被作为燃料而彻底砍伐，许多林地变成秃头山。

20 世纪 60—70 年代，公社党委加强对林业生产的领导、管理，采取局部“封山育林”和“植、管、护”相结合的方式，各生产大队派专人管理，还组织 3—5 人的护林小组。1964 年，全镇造林计有麻木黄、相思及松柏等 16 183 亩，部分乡村先后建立林场，尤以东坑林场规模较大，约有护林及培苗人员 20 名，是捷胜镇林业发展的主要地区和育苗基地。随着各村林场的建立，一年一度的造林活动，亦形成常规。1974 年，全镇造林达 21 718 亩。1980 年，生产体制改革，实行家庭联产承包责任制，生产队逐步解体；又因群众对林业法制观念薄弱，乱砍滥伐现象尤为严重。1983 年，在广东省人民政府“五年消灭荒山，十年绿化广东”的号召下，镇政府对林业种植高度重视，成立护林小组，分片落实责任；各村亦成立管林专业队。1987 年，全镇人工造林及飞机播种造林 30 370 亩，基本形成绿化网。

1988 年，镇党委、政府提出“造林绿化，1990 年消灭荒山”的口号，将山地实行承包管理；公路林则以管理区为界，负责补种、管养。2018 年，全镇有林地面积为 39 423 亩，基本实现青山绿水，打造生态环境。

第八节　畜牧业

畜牧业原以家养畜禽为传统。猪牛及鸡鹅鸭三鸟等的饲养，是捷胜镇唯一的畜牧业。中华人民共和国成立后，农民分到土地，粮食较为充裕，畜牧业有了良好发展。1958 年至 1963 年，因畜禽饲养性质改变（由私人自养变为集体公养）、粮食缺乏，饲料差，造成牛、猪等饲养量大幅度下降。至 20 世纪 70 年代，畜牧业有了发展，其中养成猪业发展更快。1974 年，全镇 6 011 户中，养猪户占 95% 以上，而集体创办的养猪场也有 9 个，共养猪 623 头，至年底全镇生猪存栏量 5 583 头。

改革开放后，政府允许多种经济成分存在，还鼓励农民发展多种经营。因之，畜牧业作为家庭副业的性质得以转变，并迅速发展，出现一批养鸡养鸭的专业户。1988 年，三鸟存栏量 91 583 只，相当于 1974 年的 3 倍多；生猪饲养量 9 346 头，年末存栏 3 634 头；牛的饲养亦有增加，年底养牛存栏量 842 头。随着畜牧站的建立和饲养技术、饲料的改善，畜牧业持续发展。2007 年，三鸟饲养量 12 3548 只；生猪饲养量 12 830 头、出栏量 11 175 头；耕牛存栏量 1 064 头，出栏量 892 头；全年畜牧业总产值 2 168 万元。目前，从整体看，三鸟、猪、牛等饲养量，均有不同程度的增加。

第五章　渔　业

第一节　渔业生产体制

渔业在捷胜国民经济中占有重要的地位。渔业包括海洋捕捞、海水养殖、淡水捕捞、淡水养殖及水产加工等。以生产方式分，海洋捕捞和淡水捕捞统称捕捞业；海洋养殖和淡水养殖统称养殖业。以生产水域分，海洋捕捞和海水养殖统称海洋渔业；淡水捕捞和淡水养殖统称淡水渔业。

中华人民共和国成立前，渔业生产资料属私人所有，少数渔父、渔栏主及渔业资本家占有较好的大型渔船和生产工具，广大渔民劳动者却只占有小船小网等简单生产资料。中华人民共和国成立后，政府打击、镇压渔霸、鱼栏主等，摧毁封建剥削制度，取缔封建鱼栏的专卖特权，建立了渔民自己的政治经济组织，领导渔民恢复生产。1950 年 8 月，捷胜成立渔民协会，它是渔民群众的基层组织，会员 840 人。1951 年 12 月 15 日，设立捷胜渔民供销合作社，干部 10 人、社员 770 人，总资金 680 万元（旧人民币）。随着渔民协会和渔民供销合作社的建立，渔业生产得到很大的发展。与此同时，养殖业亦进行改革。1952 年冬，各乡村建立渔业互助组，以互助组为单位，组织生产，渔船网具及鱼塭、虾池折价归集体所有；入组成员按技术高低，评定劳动底分，按照出勤计分，进行分配。1956 年，成立渔业生产合作社，其规模为大中渔船约 10 艘、浅海渔船 20—30 艘、敲罟作业以艚为单位（30—40 艘船）。合作社对内实行“三包一奖”（包产、包工、包成本、超产奖励）的联产承包责任制，群众生产积极性提高。

1958 年 10 月，渔业生产合作社改为渔业生产大队，全社 18 个大队，以大队为基本核算单位，群众吃大锅饭。1962 年，体制下放，渔业生产实行生产小队、作业组“三包”（包产、包工、包成本）责任制，分配上实行分工计酬，基本稳定了生产资料集体所有制，恢复按劳分配制度，建立生产责任制，为渔业生产的恢复打下了基础。1966 年，渔业生产大队解散，财产分配到农业生产小队，社员归到各自的农业生产小队参加劳动，渔业生产成为副业，从事渔业生产者须向生产小队包产（一般每人月 18—25 元）。渔业由大规模生产体制转化为小生产体制。但随之而来的“文革”，波及渔业经济的各个领域，原先建立的渔业生产责任制受到破坏，使渔业造成巨大损失，生产经济效益大大下降。1976 年后，渔业生产有了恢复，特别是鸟鹞队的成立，更推动了渔业的迅速发展；地拉网作业亦有很好的发展势头。地拉网的作业渔场，主要在坡度小、底貌较平坦、没有礁石的东、西海沿岸海湾，作业特点是用人力在岸上分两边把包围鱼群的网具拉上岸。当时，联安、大流、东门、西门、东坑等村地拉网约有 10 艚，总年产量约 100—150 吨。1975 年 6 月，西门一地拖网拉到黄花鱼 10 吨，联安一地拖网拉到 5 吨。捷胜地拉网鱼（大网鱼）以鲜、肥闻名，有“喝捷胜大网鱼汤，胜过吊氨基酸”的美称。

1982 年后，渔业实行体制改革，把大队集体所有的渔船网具折价下放归船上渔民所有，实行以船独立经营的体制（渔民称之为“体制下放”），使渔民拥有船网工具的使用权及收益分配权，实行个人和联合体共同开发经营。这一改革充分调动了渔民积极性，他们纷纷集资造船买船，修船补网，推动了渔业生产的迅猛发展。1987 年，全镇拥有捕捞及潜捞船只 219 艘，1 236 吨位，马力 3 634 千瓦，渔业产量 2 578 吨，其中海洋捕捞 2 557 吨、海水养殖 3 吨、淡水养殖 18 吨，总产值 927 万元。

1988 年开始，捷胜渔业又有很好的发展。20 年来，渔业生产逐步成为商品生产的支柱行业，成为开发性农业和经济发展的重要突破口。2004 年，沙角尾、石岗、石头、牛肚、沙坑、东坑 6 个沿海村，已有渔船 420 艘，养鲍场 13 家，虾蟹池若干个，渔业总产量 8834 吨，其中海洋捕捞 8 700 吨，海水养殖 291 吨，淡水养殖 213 吨，总产值 1.1164 亿元。后来，因海水受到污染，海水资源不断枯乏；虾业养殖发生肝胰脏病毒，引起大量的虾病亡；电鱼、炸鱼作业亦造成海水捕捞的负面影响，淡水养殖的经济效益亦一度下降。2018 年，渔船国省库登记 64 艘，乡镇登记 218 艘，渔业总产量 6 230 吨，产值 6 942 万元，全镇海淡水养殖面积 3 150 亩。

第二节　捕捞业

一、生产发展概况

渔业生产以海洋捕捞为主体，其历史可上溯至新石器时代中晚期。至清代，据嘉庆三年（1798 年）秋重建的马鬃“天后庙”碑记所载，捷胜海港已拥有相当数量的外海作业船只。至 1949 年前夕，亦拥有私佃鸟鹯 11 对，四指、掇鸟、鸡毛鸟等浅海船只 100 多艘，地拦网约 10 艚。1949 年后，渔业进行社会主义改造。1958 年，全镇有 8 个渔业社，计有 534 户，占原来总渔户的 86%。人民公社成立后，全社建立中海渔队 2 个、浅海渔队 20 个。中海渔船主要在离岸几海里的龟龄岛、莱屿一带作业，浅海渔民则在离岸 1—2 海里的浅海区作业。此外，部分农队还发展拖拉网兼营渔业。20 世纪 50 年代初，全社渔民投资 11.7 万元，发展敲罟作业，1966 年，因禁敲而停止。20 世纪 70 年代，渔业在原有基础上，对传统捕捞网具进行改革和开拓，至 1974 年，已普遍改为“青鳞网”（青鳞刺网）和“大鲛网”（大鲛刺网）等新型网具生产。沙角尾在网具改革的同时，发展了深海渔业。1975 年，全镇捕捞机船 5 艘，拖船 11 对，浅海船只 246 艘，渔民 1282 人，农队创办的大网（地拖网）22 艚。1979

年至1980年，渔业遭受逃港和走私风的影响而损失严重。改革开放后，才逐步恢复发展。1987年统计，全镇有捕捞、潜捞船只235艘，均为机动船，从事渔业生产2 092人，总产值89.93万元，比1978年增加32万元，较1980年增长1.5倍。1991年，捕捞作业有所发展，产量迅速增加。但近10年来，海洋捕捞生产不稳定，主要是因为渔业分散作业，资金短缺，小功率渔船抗灾能力差，无法向深海发展；加上鱼汛差，海洋资源逐年减少，柴、汽油等渔需物质价格与鱼汛成反比，弃渔从工从商或转产转业者众多，使渔船及专业劳动力逐年减少。据2007年统计，全镇捕捞作业主要有拖网、流刺网、潜捞3种，劳动力1 291人、机动渔船173艘，其中45千瓦以上8艘、45千瓦以下165艘，总功率3 432千瓦；非机动渔船4艘，渔业生产总量8 858吨，总产值9 376万元。现在，弃渔从工从商者比以前更多，仅存少量渔户从事渔业生产。

二、潜捞业

潜捞业是渔业中的特种产业。在清代，潜捞技术传入捷胜石头村，并发展成捷胜渔业一大特色，其特点是气潜水，最深度20米，一般为10米以上。主要猎取鲍鱼、海胆、龙虾、牡蛎、扇贝、红蛋、文蛤、角螺、膏蟹、角螺、蚌蚝、石斑等海洋生物，以及采摘生于水面的海藻和紫菜。中华人民共和国成立前，石头村从事潜捞者有50多人。

在潜捞业中，鲍鱼的捕捞较为出名。捷胜是鲍鱼的主要产地，每年潜捞产量可达5—8吨。据民国二十一年（1932年）《广东建设月刊》第6期刊载的《潮汕渔业水产品之调查》称："鲜鲍乃海丰之特产。专以捕鲍为业者，约三四百人，其中捷胜籍（含遮浪）占二三百人。每年自2月至12月，天气倘无恶变，皆可随时出海，随带铁钩及竹筐等物，船离捷胜约30里，水深三四寻[①]至五六寻处，即可沉水捕取，每次沉水约5分钟，可捕7—8枚，每人每日可捕获2—5斤，少时也可捕获斤余。海

① 寻：古代长度单位。一般为八尺，也有说六尺或七尺为一寻的。

丰每年用鲜鲍制成鲍片，售价 1 万多元，其产额最旺者，首推捷胜。”捷胜鲍脯每年约产 11 000 元，均从汕尾港远销广州、香港。由于鲍鱼肉味奇美，又因税饷重，故自古以来，鲍鱼价格非常昂贵。虽然天然渔港石狗湖失去作用，渔业已不像先前旺盛，但因鲍鱼捕捞业发达，亦在某种程度上激活了捷胜的渔业经济。

民国三十六年（1947 年）农历六月二日夜，一外国商船丰庆轮在白担屿触礁沉没后，石头村潜水人员潜入海底，捞得一批金银首饰及其他珍品。由于潜捞有助于该村的经济发展，因而于 1949 年后，石头村又转入打捞行列，并于 1957 年组织打捞队，有船只 20 艘、队员（属本村人）约 100 人。1966 年，海丰县“二轻”（二轻工业局）成立，石头打捞队大部分成员被吸收，另组海丰县打捞队，归入工交办，隶属“二轻”管理，不久即解散。与此同时，石头打捞队重新组建，负责人为罗妈利、罗集。至“文革”后期，因管理不当而解散，大部分队员仍以潜捞为兼业。改革开放以来，随着潜捞产品价值上升，石头村潜捞业生机蓬勃，并采用娃人潜水衣、打气供氧及机动船只等先进设备进行潜捞，作业区拓展到香港、沙头角、福建、澳头、北海及南海等海域，所获海产品，畅销国内外。1987 年统计，石头村拥有服务潜捞用的船只 60 艘，从业人员 890 人。建区后，潜捞队再次解散，集体潜捞已成为历史。近 10 年来，捷胜潜捞均为自发的个体潜捞，石头村计有船只 63 艘，其经济效益大不如前。

第三节　养殖业

一、海水养殖

捷胜镇海水养殖始于 20 世纪 90 年代。养殖户 95 人，养殖场主要分布于濒海的东坑、沙坑、牛肚、双湖及沙角尾一带，养殖规模较大且集中者为石狗湖养殖虾蟹基地和养鲍基地。近 10 年来，南美白对虾、中国白对虾及青蟹等海水养殖发展较快。据2001年统计，虾蟹养殖面积394亩，年产量84吨；至2007年，增至816亩，其中高位养虾池60亩，年产量370吨。此外，石斑鱼、鲆鱼、海参、东风螺等海水养殖，产量见低。鲍鱼养殖是捷胜渔业的龙头产业，产量较高，在全国享有极高的声誉。

鲍鱼养殖始于1993年8月，时双湖鲍鱼养殖有限公司最先投建落户。1995年年初，在城区政府重视下，筹集资金，在捷胜海坎澳兴建陆上养殖鲍鱼示范点——汕尾威达鲍鱼有限公司养殖场。此后，投资商纷至沓来，至2000年年初，捷胜养鲍基地达13家。1996年至1997年，兴建了财捷、健生、天生、永生、顺业、东海、嘉洋、新亚联、丰盛、双湖、海成等鲍鱼场，总投资1.8亿多元，形成工业化鲍鱼养殖基地，占地面积402 170平方米，基建总投资达39 430万元，建有养成池1 219个，计63 788立方米水体；培苗池2 683个，计60 538立方米水体。1996年至1999年底，各养殖场先后攻破培苗难关，鲍苗成活率不断提高。2000年年初，由于海水污染，鲍鱼发生毁灭性病毒害，致使其中10家鲍鱼场的鲍鱼、鲍苗大量死亡，经济损失达6 000万元。此后几年间，鲍鱼病毒害依然肆虐，使一些鲍鱼场处于半停产状态。2004年，年产鲍鱼降存196吨，产值约2700万元。2006年，以汕尾市佳洋养殖发展有限公司作为捷胜镇“一乡一品”鲍鱼养殖科研示范基地主要承担单位，着手对全镇养鲍状况，进行分析规划，建立实验室，聘请专家研发新的鲍鱼杂交技术，并进行鲍鱼养殖及加工、病毒防治等科学研究。同时，引进一批黑鲍苗种及“大连1号”皱纹盘鲍母鲍，作为育苗及养成技术的研究品种，培育出1.5厘米的黑鲍种苗约10万粒；2007年，又培育出3厘米的黑鲍种苗约15万粒，两年养殖5—6厘米的成品鲍计有5万余粒，成活率达80%以上，产值100多万元，占基地总产值45%。虽然自己培育种苗，并有先进的养殖加工技术，但由于受2000年毁灭性病毒害的影响，鲍鱼养殖业依然一蹶不振。现全镇13家鲍鱼场中，停置停产者或转作他用者有12家、能正常生产者有1家（东坑健生鲍鱼场，主要是负责培苗后送往福建等地寄养，年产36万斤，产值约1 000万元）。

二、淡水养殖

中华人民共和国成立前，淡水养殖主要是池塘养鱼，面积分散，多数是村脚池和田头堀，虽有放种养鱼，然多数未投放饲料，年头放养，年尾干池掠鱼，产量低。中华人民共和国成立后，随着水利建设的发展，山塘、水库养殖逐渐兴起，但至20世纪90年代期间，淡水养殖的发展仍停滞不前，产量偏低，而同时兴起且势头见好的虾蟹养殖，亦因发生肝胰脏病毒而一蹶不振。后因海水渗入，虾蟹养殖均改为海水养殖。现全镇从事淡水养殖者23人，主要养殖草鱼、鲢鱼、鳙鱼、罗非鱼、鲤鱼、鲫鱼等。2018年，全镇养殖面积共计3 750亩。

第四节　水产品购销

捷胜水产市场繁荣，最为热闹的是捷胜城圩“鱼街”，其产品多销往海丰、公平等地。中华人民共和国成立前，水产品购销均属私营发展，主要掌握在大小鱼贩、鱼栏及地主手中。他们常常通过发放高利贷等手段取得鱼获物专卖权（俗称“包定”），从中进行剥削；而鱼栏主在收购或代销鱼货时通过多扣佣金、压价、压秤和高价赊售渔需物资等多种形式剥削渔民，水产品收购价格受其控制，任其叫价，有时甚至一日数变，起落无常，渔民深受其苦。

1951年后，随着地方国营水产供销机构的建立，水产品贸易受到控制，私人鱼行亦受到限制，价格逐步趋向稳定、合理。1953年，国家对水产品制定了统一价格，对水产市场进行统一经营管理。1954年，在石狗湖口岸设立水产购销组。1957年，汕尾水产公司又在龟龄岛设立购销组。1959年，两个组并合为水产站，负责水产品购销及物资供应等业务，计有干部职工40多人。此后，又在沙坑湖口岸建立收购分站，产品购销及物资供应有平、议 2 种价格，均为按质论价。此外，还建立渔业产品代收组，有 50 多人，负责渔产品代销工作。20 世纪 70 年代初，水产站创办鱼露厂及水产品加工厂，员工 50 名。改革开放以来，撤销水产品代购代销及物资供应的功能，购销自由，市场更为活跃，个体经营户日益增多。1985 年，水产站和购销组实行责任承包经营，参与市场竞争，水产市场日见繁荣。据 2003 年统计，水产养殖面积 14 160 亩，其中海水养殖面积占 13 890 亩，淡水养殖面积占 270 亩。全年水产品产量 9 144 吨，其中海捕 8 700 吨，海养 291 吨，淡养 213 吨。至 2018 年，水产市场不景气，全镇水产品产量只有 6 230 吨。

第六章 工 业

第一节 概述

新石器中晚期，沙坑、东坑、牛肚、沙角尾等地，有先民制作双凸面石斧和带绳状、刻划纹、篦点纹的夹砂陶器、饰品及生产工具。唐宋时，沙坑茅埔墟碗窑制造了大量瓷器。明、清至民国期间，盐业亦发展很快。时属捷胜管辖的东涌、潮前（町前）建有制盐厂（东涌厂、潮前厂，据《盐法旧志》），青龙山（今属东涌）、白沙湖（今属田墘）及东坑等盐场亦然，其盐业生产已转向晒盐或晒水制盐法。这几个盐场中，青龙山盐质最优，享誉国内外。而传统榨油、制糖、酿酒、烧灰、磨米、豆腐、糕饼、裁缝等手工作坊及建筑、打铁、五金、编织竹器、木器、造船、织网等亦于清代、民国期间颇具名气，但规模小，均为私营性质。

中华人民共和国成立后，由于对原有工坊及手工业者进行集体改造，集体企业有较大发展。1956 年，根据党中央指示，农业走合作化道路，工业、手工业亦进行社会主义改造。同年 3 月，全社大部分私营工厂和个体手工业者，按行业分类分别成立缝纫社、铁器社、木器社、造船社、打捞社、五金组及油印组等集体企业组织。1958 年，全社掀起全民办工业热潮，建立农具厂、电力厂、五金厂、砖瓦厂、土肥厂等自给性小型企业，但由于大炼钢铁而引起的人力、财力、物力的损失，无法克服原料、资金、技术等方面的困难而先后停办。20 世纪 50 年代末期，海丰锡矿局在捷胜大淋建立矿站，以沿海滩地作为开采场。1968 年，捷胜创办渔网厂，渔网加工分散于各家各户。1973 年，在东坑海滩建造面积 1 000 公亩的盐町，常年产盐达 800 吨以上。此外，各村还办起一些厂场。20 世纪 70 年代中期，全镇有粮食加工厂 20 多家、草纸厂 2 家、打石队 10 多支、壳灰窑 16 个。

改革开放以来，集体、外资、联营及个体企业发展迅速。1984 年，建镇办自来水厂，基本解决 2 万人以上的吃用水问题。1987 年，镇政府创建占地 1 万平方米、拥有冷粘制鞋自动生产线等先进设备、月产量 4 万双以上的鞋厂，产品均出口，年缴税利 60 万元以上，为当时海丰县同行规模最大的厂家。外资企业亦是日渐增加。1987 年，规模较大的“三来一补”企业有塑料制造加工厂、制衣厂、珍珠厂、毛织厂、毛纺厂等 5 个厂家；大小型工业及手工业厂场有服装厂、制鞋厂、饮料厂、榨油厂、水泥预制厂、木棉瓦厂、煤炭加工厂、食品加工厂、机动车辆修配厂、木器厂、铁器厂、壳灰厂、石料加工场等 840 个，从业人员 1 632 人，年产值 614.2 万元，为国家创税 6.7 万元，总产值为 1984 年的 2.5 倍。随着市场经济的竞争激烈，工企业厂家或合并，或消亡。2003 年，全镇有工业企业单位 163 个，其中上规模上档次的企业有鸿泰毛织厂、增加织造厂 2 个，总产值 1 540 万元、规模以下工业企业有 34 个，总产值 6 098 万元、个体工业户 127 个，总产值 2 557 万元，合计全年工业总产值有 10 195 万元。

建区以来，捷胜部分厂家从机器设备到人员、技术，以及产品质量、包装，都有较大发展，特别是农副产品的加工，更是驰名遐迩。这期间，个别大规模的制鞋厂家亦有消亡。2007 年，我镇引进汕尾市中原新型建材有限公司，征地 1.8 万平方米，投入资金 1200 万元，已全部完成厂房基础设施配套及设备购置，并于同年 10 月投产（今停产）。此外，还引进汕尾市兴业水泥制品有限公司，征地 5.3 万平方米，总投资 5 000

万元。还有新雅地毯厂、东霖家私厂、红卫渔网厂、中稳搅拌浆厂等。2018 年，全镇上规模企业有 5 家，规模以下有 48 家，个体经营有 205 家，工业总产值 10.08 亿元，这些工企业已成为捷胜镇经济发展的重要支柱。

第二节　主要厂场选介

塑胶工艺厂　建于 1983 年，占地面积 2 000 平方米，建筑面积 1 200 平方米，总投资 500 万元，法人代表黄文盛，员工 200 人，生产设备为塑胶机，主要生产西点装饰物，产品销售于西欧。

嘉伦服装有限公司　建于 1993 年，占地面积 5 000 平方米，建筑面积 3 万平方米，总投资 300 万港元，法人代表邝世拥，员工 220 人，生产设备有电脑平车、绣花车等，主要生产牛仔裤、衫，产品销售于德国、美国、新西兰、中国香港等国家和地区。

鸿泰针织时装厂有限公司　建于 2004 年，在镇西南侧南涌桥畔，占地面积约 2 000 平方米，建筑面积 4 500 平方米，总投资 500 万港元，属外资企业，法人代表黄水合，工人 400 人，生产设备有 12 针手织机 192 台、9 针手织机 94 台、3—5 针手织机 23 台、缝盘机 110 套、打毛机 8 台、电机 11 台、骨机 3 台、钮门机 2 台、平车 8 台、锅炉 1 部、发电机 2 部及其洗熨设备一批。主要生产进料加工毛衫、毛裙、毛裤等针织品，另有服装珠绣和洗熨等，产品主要由中国香港公司转销欧盟、西亚及东南亚各国。

中原新型建材有限公司　建于 2006 年，在长埔工业区，是一家主营新型墙体材料——蒸压加气混凝土砌块（轻质砖）的高新技术企业，占地面积约 3 万平方米。公司装有国内最先进的自动化生产线，生产各种规格、高级别的蒸压加气混凝土砌块，此种混凝土砌块具有重量轻、耐久性强、隔热、保温、防火、隔音、节能、抗震、低耗、利废等一系列优良特性，且施工适应性强，可钉、可锯、可刨，还能降低建筑物自重，增加建筑平面的利用系数，降低建筑物整体造价和降低建筑物使用运行过程中保温隔热能耗成本，是建筑物尤其是高层建筑物填充墙体的理想材料，生产质量符合 11968—2006 标准的 B05、06、07 级，年生产能力达 20 万立方米，是新型轻质绿色环保建材企业。今停产。

兴业管桩有限公司 原称兴业水泥制品有限公司，建于 2007 年 8 月，在长埔工业区，厂房用地面积 6 万平方米，建筑面积 3.5 万平方米，总投资 3 200 万元，法人代表郑纯业，员工 200 人，机械设备有锅炉、蒸压壶、行车、吊车等。主要生产管桩，产品销售于汕尾、珠三角及粤东其他地区。

新雅地毯制造有限公司 建于 2004 年，在长埔工业区，是一家集研发、生产、销售、施工售后为一体的专业化地毯制造公司，有 1.5 万平方米标准厂区，员工 200 多人，无人机生产车间 0.5 万平方米，生产线 4 条，设计年生产能力超过 10 万平方米。旗下拥有陆丰新雅纱线加工有限公司及北京、上海、深圳、广州等多个办事处。公司具备批量生产能力，研发生产的手工地毯、汽车地毯、挂毯等有 80 类，10 个系列，60 多个品种，成为粤东乃至全国最大地毯制造企业之一。其地毯系列被公安部北京钓鱼台宾馆、上海世贸大厦、迪拜帆船酒店、北京光明饭店、上海万豪国际大酒店、厦门牡丹国际大酒店及各大城市数百家星级酒店列为唯一指定产品，深受国内外客户青睐，产品畅销国内外。

红卫渔网厂 建于 2012 年，在长埔工业区，占地面积近 1 万平方米，首期投入资金 600 万元，2013 年建好办公楼和厂房，安装设备，并进行招工生产，其渔网产品远销香港、澳门、海南和省内阳江、茂名等地。

第三节 供电

一、机构

捷胜供电所成立于20世纪60年代期间，所址设于区（镇）府内，工作人员3名。1979年，迁址于鸬鹚街刘厝公厅。20世纪90年代后，迁址于北门居委车站路，设所长1名，工作人员18名。

二、供电概况

20世纪60年代，捷胜开始利用一部24匹柴油机发电照明。当时，供电范围只在城内，城外各村并未发电照明。由于柴油机发电成本高，用电时间一般控制在晚上7点30分至11点。1975年，城内改换一部40匹柴油机发电。这一时期，城外各村仍以煤油灯照明为主。1983年，东坑水力电站建成投产，输电线路全长7公里，沿途之东坑、沙坑、牛肚及城内均实现水电照明，照明时间与先前相同。因供电范围没有扩大，城外各乡村自购柴油机发电照明。1986年，从田墘接驳电网后，全镇才实现水电照明。建区以来，城圩与各村均配有照明路灯。2007年，全镇架设高压线路52.745公里，变压器93台，总容量15660KVA。全年用电总量2 393.04万度，其中居民生活用电930.63万度、非居民生活用电1 462.41万度。2016年投入资金约90万元，架设汕遮公路口至北门车站路照明路灯96盏。2017年至现在，全镇实现家庭用电、照明路灯。

第四节 工业区的开发

1993年，捷胜镇党委、政府按上级要求，结合本地实际，确定以大办工业为捷胜经济发展重点，在北门外霞仔岭、鸡啼岭之间规划镇级工业发展开发区，定名为长埔工业区。1997年12月27日，经汕尾市城区国土局批准，办理了有关征地手续。

长埔工业区在本镇北端汕捷公路两侧，距汕遮公路0.5公里，原规划范围为：从汕捷公路北排洪桥起至东涌、龙溪公界线长 776 米，宽 360 米，总面积约 27.9 万平方米；从捷胜马格路口至军船头分界线长 540 米，宽 205 米，总面积约 11.1 万平方米，规划开发总面积约 39 万平方米。

2007 年，为贯彻落实市、区党委及政府关于“大办工业”发展思路的指示，实施捷胜“工业立镇”“工业强镇”的经济发展思路，镇党委、政府决定扩大长埔工业区范围。新规划的范围是沿国防公路两侧从马格路口至得道庵路分界线总长 914 米，宽 261 米，总面积约 23.8 万平方米。加上原于 1993 年规划的工业区面积，整个长埔工业区的面积约 62.8 万平方米。

目前，在长埔工业区落户的部分企业有嘉伦服装有限公司、中原新型建材有限公司、兴业管桩有限公司、增达服装有限公司、捷胜鞋厂、浩光珍珠厂、新雅地毯厂、东霖家私厂、红卫渔网厂、中稳搅拌浆厂等。

第五节　手工业

手工业为捷胜传统行业，以特、巧、色、香、味闻名于汕尾地区，有“神仙难赚捷胜钱”之称誉。中华人民共和国成立前，传统作坊和手工业主要是榨油、酿酒、制糖、烧灰、磨米、制豆腐、打铁、五金、编木器、造船、织铜件、裁缝、纸扎、车辆维修、建筑及各类食品的加工制作等。中华人民共和国成立后，工坊和手工业者进行集体改造，以“人少本轻，薄利多销，人无我有，人有我精”为宗旨和经营方式代代相传。改革开放以来，手工业除以上行业外，较闻名的有木雕、纸扎、石刻、泥塑、传统建筑等；食品手工制作类有纸牌类，绿豆糕、龙舌酥、碗粿、粿卷及各类糕点等。

第七章 商 业

第一节 国营商业

唐宋时，沙坑茅埔墟及牛肚大石牯村商业活动频繁。至明代初，集市贸易仍很繁荣。明洪武二十八年（1395 年），捷胜设守御千户所，为防倭寇骚扰，将茅埔墟、大石牯村的居民迁入城内。随着城里人口的增多，设立捷胜所圩（圩址失考），商业贸易很繁荣。同时，还形成以农历“三、六、九”为传统圩期的贸易市场。明成化、万历时期，捷胜所城的商业经济迅速发展，人民生活富裕，已出现“宇内富庶，赋入盈羡”的景象。清顺治、康熙年间，由于反清复明战潮的持久和“迁海令”的执行，曾一度使捷胜所城人烟断绝，商业经济受到极端破坏。直至雍正、乾隆以后才逐步恢复，并以西门街、北门街、中街、鱼街为集市贸易中心向城外发展，如西门外、铺仔街即是当时门市众多的商业贸易之地。此外，文亭圩亦形成常规的“三、六、九”圩期的贸易场所。民国时期，商业贸易发展迅速，全城计有烟酒、纱布、什货、糖果、饮服、五金、农具等经营商号（店）及摊档 100 多家。此外，还有分散于各村的小杂货店数十间。

中华人民共和国成立后，私营工商业进行社会主义改造。国家对私营工商业实行利用、限制、改革以达到改造的目的。1956 年，捷胜所有工商业已过渡到公私合营的合作商店，商业活动受到政府的监督。1958年人民公社化后，商业系统的性质转为国家或集体性质，商业活动受国家统一管理。20世纪80年代，经济体制改革后，全公社商业系统包括供销社、综合、食品等逐步实行承包责任制。随着经济体制改革的进行和深化，个体私营商店陆续出现，全镇商业呈现繁荣景象。

一、食品分公司

1956年以前，捷胜肉食经营为私营性质。1956年，设立食品站，站址及屠宰场设于鱼街，配有7名代销员，由食品站统一收购私人养的生猪，集中进行屠宰后，统肉回拨给代销员出售，食品站向代销员收取一定数额的管理费。1969年，除屠宰场外，食品站还配设猪仓，并改自设代销员为各乡村派出代销员，代销统肉。1970年开始，对居民实行牌价肉食供应。1983年至1984年，实行生猪派购，在生猪派购上，先后实行“购六留四”“购五留五”等政策，个人或集体所养生猪，一律归食品站收购，不得私宰。1984年，食品站改名食品分公司。1985年1月11日，取消生猪派购，实行联管联营的承包方法。在行政村中，则实行定点、定人员的承包经营，以行政村为招标单位，负责上缴工商费、税金和食品分公司所规定的其他费用。1998年至现在，有捷胜定点屠宰肉联厂1个。

二、粮食管理所

1950年1月，海丰县粮食局在后山头城隍庙设置第七区粮仓，下辖3处仓库，一在第八街，一在南门街，一在福安社。粮仓配主任1名、会计1名、保管员2名。1950年5月20日，第七区（捷胜）粮仓改称海丰县第七区（分支）粮库。1954年，组建生果、糖果、烟酒、蔬菜及服务业等5个集体商店，并在大流、石头、前进、沙坑、埔尾等地设立8个分店，有职工208人。1955年8月，第七区粮库改称捷胜镇粮食管理所。1957年1月开始，成为独立核算单位，并迁址于大井头镇公所旧址。1986年，又迁址于北门外葫芦地。1988年，捷胜镇粮食管理所从海丰县粮食局析出，改隶汕尾市城区粮食局，设正、副主任各1名，干部职工30多名。2005年，体制改革，大部分干部职工均已下岗。

粮食管理所的职责是收购地方粮食，平抑市场价格，防止私营商贩哄抬粮价；并进行战备粮储备工作。常年保持地方储备粮30 000担（1担100斤）。20世纪90年代后，为了平抑市场价格，防止私营商贩哄抬粮价，每年均有从外地调进粮食。后来由于市场经济竞争激烈，私营米店增多，粮食管理所闲置。于2001年5月1日取消市镇居民粮食供应证，2002年后，全区取消粮食收购任务。

第二节　集体商业

一、供销合作社

1951年年底，建立第七区（捷胜）股份合作社，规定每股2元，以社员自愿入股为原则。旋即改为地方国营商业供销社，分设百货、什货、农具、纱布、糖果、日什、烟酒、饮服8个门市及各村供销站，有干部职工100多人。期间，供销社曾在城圩和东坑组织过3次物资交流会。

1952年至1953年，地方国营商业供销社改为第八区供销社。1955年10月，改称捷胜供销社。1956年至1957年7月、1958年7月至1961年6月、1968年至1974年，海丰县供销社和商业局三度合并时，捷胜供销社改称商业组，农村供销站称为商店。1975年，恢复供销社建制。期间，其所有制性质曾几度变更。1980年后，才定为集体所有制性质。1988年，改隶汕尾市城区供销总社管辖。时供销社有职工142人，综合商店职工86人，个体商户200多家。

供销社的经营原则是以办好人民群众的供销事业为宗旨，但亦兼有营利性质。主要经营范围是把支农生产和人民群众生活用品放在首位，即从日常生活用品到农渔业生产工具、农副产品收购、生产资料、推广新式农具和化肥农药等方面，保障正常供应。建区以来，随着市场经济发展，竞争日渐激烈，供销社营业举步维艰，经济效益日见低下，已无力于市场竞争，处于停滞状态。

二、合作商店

中华人民共和国成立后，私营工商业进行社会主义改造。1953 年，所有私营商店、小摊小贩，在工商联组织下，以自愿互利为原则，组成联营小组。随着人民政府对私营商业实行利用、限制和改革，1956 年，私营商业全部实行公私合营，形成合作商店（亦称综合组），主要经营日杂、糖烟酒及陶瓷等。其成员主要来源于小摊小贩。

1977 年，合作商店下设 5 个门市、8 个分店。1980 年开始，合作商店进行体制改革，以农村供销站为转让承包试点，按其门市铺面、房产资值和门市经营状况，确定承包额，以“三定一奖”“五定一奖”推行承包责任制。1982 年 11 月，合作商店全部门市实行经营承包责任制，承包者必须上缴房地产和其他固定资产的一定租金，以及工商管理费、税金。

第三节　私营商业

中华人民共和国成立前，在本镇经商的大多是个体商业，有的由老板自己经营，有的雇用帮工。帮工有长、短之分，长工一般为一年至数年，但工薪微薄，仅供个人糊口。中华人民共和国成立后，政府为限制、改造个体商业，于 1953 年将个体商业组成联营小组。1956 年，改为公私合营的合作商店。1958 年后，全公社商业系统进行改革，商业部门如供销、综合、食品等，亦逐步实行承包责任制。国家、集体将商店门市铺面及其房地产、其他固定资产等出租给承包责任人，责任人每月上缴一定的房地产和其他固定资产的租金，以及应缴纳的工商管理费、税金，并由承包者自负盈亏。

随着经济体制改革的进行和深化，原在人民公社化时已泯灭的个体私营商业，又迅速发展起来。农村居民到市场经商者逐渐增多，商业贸易地点由城内中街、鱼街扩展到城外捷西市场，据2018年统计，主要门市有山货2家、百货5家、杂货20家、陶瓷2家、文具图书5家、布料1家、服装19家、建材5家、家私店4家、电器铺5家、音像店5家、米铺4家、鞋店5家、药材店约100间。此外，有临街摆卖水果、蔬菜、熟食、小玩具、家庭用品等摊档。

第四节　集市

捷胜所圩　建于明代初期。清同治年间，改称捷胜所市。圩址失考。

农贸市场　在城西，为每月农历三、六、九日为传统圩市，其址曾二度变迁。20世纪60年代以前，设于南门文亭前，称文亭圩。60年代后，迁至后山头，改称后山头圩。90年代末，随着捷西市场的兴建，又迁至现圩址，改名为农贸市场。2015年，深圳市政府帮扶联星村扶贫项目，在原农贸市场投入资金160多万元进行扩建，政府支持90多万元，通过升级改造，现改为“深捷通农贸市场”。

老鱼市　在后山头坎下，建于中华人民共和国成立初年，为木石建筑，由知名木匠黄江、陈双喜设计。因形如雨伞，故称“雨伞亭”。雨伞顶纯属木结构建筑。20世纪90年代初拆毁，改建为3层新式市场，建筑面积约1 000平方米。

捷西市场　在西门外新车路，建于20世纪90年代末期，为钢筋混凝土结构。建筑面积约1 000平方米。

第五节　商品购销

一、收购

粮食收购　中华人民共和国成立前，农民耕种地主富豪的租田，除向田主缴纳地租外，还要向民国政府缴纳各种税捐，如户口税、新兵税、门牌税等；每逢粮食收获时节，各私营米行又压价收购，而在粮食紧张时期却以高价出售。1951 年至 1952 年土地改革时期，农民除缴纳“爱国粮”外，其余留归自己支配。1953 年 11 月，国家开始实行统购统销，下达公粮和余粮的指令性计划征购任务。公粮依率计征，余粮逐级分配到农户，由农户自评，民主评议后确定数额。同年，余粮改为随征带购，按应征公粮计算出带购余粮数。1955 年，按国务院颁发的“农村粮食统购统销暂行办法”，全县农村实行“定产定购定销”的“三定政策”。翌年，农业走合作化道路，粮食“统购统销”政策改“三定到户”为“以户归社”。1957 年，按中央政策进一步调整国家、农业社和社员三者的关系，在粮食统购统销上实行“一年一定”的“三包”（包产量、包征购、包留粮）办法。1965 年，粮食征购任务由“一年一定”改为“一定三年”（第一年份是 1965—1967 年），同年起下达“三超粮”征购任务。1971 年，根据中央政策，粮食征购任务改为“一定五年”（1971—1975 年）。1981 年，根据省政府政策对海丰县粮食购销体制实行购、销、调的包干政策，“一定三年”（1981—1983 年），执行时顺延一年，一年结算一次。1985 年，根据中央一号文件，实行粮食体制改革，从 4 月起，改粮食统购统销为合同定购，将三超粮和余粮一起纳入合同定购。自此后，政府每年均对稻谷采取定购，其中包括公粮。

油料收购 1953 年，根据国家政策，粮食实行统购统销，并开始征收花生、黄豆等油料产品。同时，供应居民每人每月 4 两食油。1984 年后，取消油料产品收购及食油供应。

畜禽收购 1956 年，根据国家政策，生猪屠宰统一由食品站派购，个人和集体饲养的生猪亦是由食品站收购。但国家还兼顾到饲养户的利益，在收购上曾先后实行“购六留四”“购五留五”“购四留六”等政策。1970 年至 1984 年，每年生猪派购任务为 2 000 多头、三鸟 2 000 多只、禽蛋 20 000 多斤。1974 年，全公社出售生猪 5 583 头、三鸟 30 000 多只、禽蛋60 000多斤。1985年1月，取消生猪派购，停止禽鸟收购。同时停止对居民的食肉供应（1970—1984年每人每月供应食肉2—4斤）。

二、销售

化肥、农药 中华人民共和国成立前，科学技术落后，农民给作物施用的肥料，均为土杂肥。由于当时农作物病虫害相对较少，加之多数农民不懂用农药防治病虫害，故农药的使用很少。中华人民共和国成立后，由于对农作物高产量的追求，病虫害亦相对增多。1956年，实行合作化以来，农药、化肥等物资的销售量均有增加。改革开放以后，由于政府计划性供应的指标化肥，远远不能满足农业生产的需求，而使多数农民到市场自行购买。此后，农药、化肥即由市场调节，农民自由采购。

粮食 中华人民共和国成立前，少量农民挑有零星粮食到圩市出售，主要是为了购回生活必需品。时粮食销售主要控制在私营米行中。这些米行在粮食收成时压低价格购入，待粮食紧张时则以高价出售。中华人民共和国成立后，国家于1953年对粮食实行统购统销政策。1954年，发放城镇居民粮油证后，对城镇居民实行粮食定量供应，规定每月干部27斤、渔民45斤、成年人23斤，未成年人酌减。迨至1962年经济困难时期，粮食供应均有酌减。改革开放以来，取消粮食供应，逐渐出现私营米店，其销售价格受市场供求所调节。

第六节　服务业

旧时饮食店多集中于城内中街及西门外，较为著名的有“义盛茶楼”“广泰茶楼”和“聪合茶楼”3家。1956年，商业实行合作化后，饮食业并入供销社系统。1980年，进行经济体制改革，饮食业有了发展。建区以来，全镇从事饮食行业的个体户达10户。至2018年年底，个体饮食户又有增加，饮食店共有10多家，其中具规模的有裕华大酒楼、大家好酒楼、新天悦酒楼及沙角尾丰胜酒家、望岛渔家乐酒家、毛荐餐厅等。此外，捷胜的传统副食品作坊亦有10多间。

第七节　商业管理

一、概况

清代以前，在市场从事买卖，须由埠主征收一定的租税。民国时期，由国民党政府的税务机关征收税款。中华人民共和国成立初期，人民政府为加强市场管理，组织工商联协助税务部门，统一管理市场的商业活动。1956年，供销社、合作商店成立后，市场上的主要商品即由供销社和合作商店包揽。1963年，为了活跃城乡经济，开放了农贸市场。1968年，市场管理委员会（简称市管会）成立，农贸市场上交易的品种、来源等改为市管会登记，并统一收费和管理。随着集市贸易的不断扩大、发展，1976年，成立工商行政管理所（简称工商所），取代市管会，对商业活动进行统一管理。

二、机构

捷胜镇工商行政管理所成立于1976年。1988年，从海丰县工商行政管理局析出，改隶汕尾市城区工商行政管理局。捷胜镇设立工商管理组，现有所长1人，干部职工4人。其主要职能可简称为“六管、一打、一制止、一监督”。“六管”即管理市场、管理企业登记、管理合同、管理商标、管理个体商业、管理广告；“一打”即打击走私贩私和投机倒把活动；“一制止”即制止商品流通领域中的不正之风；“一监督”即对单位或个人的经济活动进行法律、法规监督。

第八章　金融　财税

第一节　金融

一、机构

中国农业银行捷胜营业所　中华人民共和国成立前，国家没有设立金融机构，仅有民间信用借贷，高利贷月息高达20%—30%。1953年，设立第八区营业所，所址设于中街，负责承包存款、贷款及汇款等业务。1964年与信用合作社一起办公。1979年，改名中国农业银行海丰支行捷胜营业所。1988年，从中国农业银行海丰支行析出，所址迁至后山头，隶属中国农业银行城区支行，改名城区支行捷胜营业所，是农业银行的派出机构，设主任、会计、出纳及信贷员各1名，主要以开展农林信贷业务为主，吸收乡镇及群众闲散资金储蓄；经办经济领域流通的信汇、电汇、托收承付和委托收款、汇票结算、商业承兑等业务。自建立至今，农行营业所便多渠道地开展业务工作。1953年后，贷款投向主要是帮助农民解决购买种子、化肥、农药、耕牛、农具及养殖方面遇到的资金不足的困难；支持农、渔、商等部门对生产资料和生活资料的购进。1958年至1979年，业务转向农业基础建设，解决生产资料部门和社办企业资金周转的困难，为各生产大队提供购买农具、种子、化肥、农药等方面的贷款，以及对粮食、生猪、三鸟等收购的贷款。1979年后，随着改革开放的进行，农行捷胜营业所业务范围不断发展，除重点扶持养殖和果树种植业等农业项目贷款外，对乡镇企业、个体工商业等亦提供贷款。2000 年，所址由后山头迁至北门头新建办公大楼。2006 年 5 月，金融体制改革，乡镇金融机构实行精简，捷胜农行营业所撤销，并入城区支行。

捷胜农村信用合作社 中华人民共和国成立后，人民政府为了整顿农村金融市场，打击放高利贷者，于 1953 年，以每股 2 元的股份形式，广泛发动群众投股，创办集体金融机构捷胜信用合作社，社址设于中街，主要承办存款、贷款业务，入股群众在申请农业、生活等方面的贷款时具有优先权。1964 年，捷胜信用合作社附设于中国农业银行海丰支行捷胜营业所，隶农业银行管理，其正常性亏损由农业银行拨款补足。1969 年，信用总社按大队分设 1 名信贷员。1979 年，从农业银行析出，设址于西门头。1987 年，捷胜信用社有 3 处营业所。1988 年，社址迁至北门第八街口新建办公楼。现设主任 1 名，干部职工若干名。2013 年改为汕尾市城区农村商业银行，现社址在捷胜城西路中段。

保险站 成立于 1986 年，站址设于后山头，配两名工作人员。1988 年，从中国人民保险公司海丰县支公司析出，改名中国人民保险公司汕尾分公司捷胜保险站，隶属中国人民保险公司汕尾分公司营业所。2007 年，有工作人员 3 名。从组建时起，即采取自愿投保方式，逐月交纳保险金，到期凭有关证件领取保险金。投保者在保险期限内出现意外，则根据其投保险种、损失程度按有关规定给予赔偿。保险站负责办理的保险业务有简易人身保险、团体人身意外保险、中小学生平安保险、家财保险、企财保险、农业保险、老人长寿保险及山林保险。于 2000 年停业。

二、民间金融

借贷 中华人民共和国成立前，民间借贷以借实物还实物的方式形成。亲戚、邻居之间以公平互借为多。后来，衍化成专门放贷、收取高额利息为目的之高利贷形式（按现行价，利率高于当时政府规定的

300%），其利息以“加三利”者为多。放贷者常以“加三利、利滚利”和“出门扣”（财物借出，先扣利息，到期归还所借财物全数）为手段，获取借贷者的高额利息。乡民每遇天灾人祸或青黄不接之时，亦多靠借贷维持生计。然因到期还不起本息金，致使家破人亡者，时有所闻。中华人民共和国成立后，政府取缔高利贷，民间高利贷曾一度中止。60年代后有所抬头，但利率较低。1979年后，个体工商户逐步发展，民间借贷又日渐活跃，然多为短期，利率面议，月利在1—3分不等，一般2分，略高于银行利息。

典当 清乾隆年间，捷胜押店当铺渐次兴起。至民国初年，已有押店当铺若干家。清光绪年间，捷胜典当业最大业主为梅陇归丰林，泰丰当。此外，尚有北门街等当铺。典当以价值超过本息的物品抵押，当视物品价值而定，一般金银首饰、珠宝玉器为6—7折，丝绸5—6折，衣物农具3—4折；月息2—3分，有的高达4分；期限为半年至一年，最长者3年4个月。所当之物，在限期内凭票赎取，本利还清；逾期者不得回赎。设当的物品，一般由当主按额内加2.5%—5%的利息发售，获利甚丰。民国时期，典当行死灰复燃，重开旧业。中华人民共和国成立初，典当行受政府打击而关闭。

标会 标会是中华人民共和国成立前民间较为普遍的一种经济互助金融组织。发起者为会首，亦称“会头”；被串联加入者为会员，亦称“会脚”。会份、会金多少，按需要而定。按取款顺序可分“座会”（事先商定）和“摇会”（临时摇号或抽签决定）两种，每次会期由会头收齐会员会金，交付本次会期应得者。第一期会金归会头，以后逐月定期开标，利息多者中标，一般月息为2.5分，高者达3分，开标次数与会份相等，标完即散会。部分群众、职工在高额利润的驱使下，纷纷参与标会，给银行、信用社存款业务带来极大影响。部分会头因经营失利，或穷奢极侈、挥霍无度，或到外地再行标会，致使被骗者负债累累，因不能如期标出会款而相互斗殴，迫使会头逃匿躲藏，酿成诸多事端。20世纪90

年代初，即出现会头为高利引诱，携会款潜逃的严重情况，引发标会的债务纠纷。1992 年，镇人民政府为安定社会，成立“民间标会调处办公室”，解决标会造成的经济纠纷。

三、货币

明至民国期间，捷胜市场上流通的货币及相当于货币的有银两、银元、铜钱、铜仙、港币、关金券、金圆券、海丰临时流通券、新陆券、南方券、本号单等。中华人民共和国成立后，流通的法定货币是人民币。

银两 属称量货币，用生银铸成多种形状。隋代以前称银饼，后改称银锭。元代有元宝。明英宗年间，铸造镀金花状的银锭，称金银花。明嘉靖八年（1529 年）有元宝、中锁、小镍、福珠，还有银条、碎银辅以找零。明万历九年（1581 年），除粮以外，均用银纳税，以两计算。清代实行银两制，并有大量银元流通。宣统二年（1910 年），曾规定银元为本位币。民国三年（1914 年），北洋政府规定银元为国币，市场交易则以银两、银元并用。民国二十二年（1933 年）3 月 1 日，国民政府宣布“废两改元”，结束以银两为主体的货币制度。

银元 俗称“大银”“大洋”，分为元、角、毫、仙、文等货币单位。清光绪十三年（1887 年），两广总督张之洞向朝廷奏请在广东钱局附设银丁，仿铸银元。至光绪二十六年（1900 年），方在钱局设立银丁，开铸银元。首铸银元为币值壹圆的“光绪元宝”，亦称“龙银”。至清末，已有“光绪元宝”“大清元宝”“宣统元宝”等银元。捷胜流通的主要有光绪龙银及宣统龙银，还有经汕尾港埠流入的外车银洋，如港英银元等。民国以后，又有孙头（孙中山头像）1 元币、袁头（袁世凯头像）1 元币、铸有孙中山头像的 1 元“中华民国共和纪念币”及“帆船”1 元币等。民国二十四年（1935 年），国民政府宣布法币政策，禁用银元，但禁而不止。民国二十六年，广东省银行汕尾办事处设立后，大量收兑银元，停止银元流通。此外，银元还有“伍毫、双毫、单毫、半毫”4 种辅币，统称银毫、毫只（子），主要作为找零或零星使用。

铜钱、铜仙 铜钱，称制钱、小钱；铜仙，称铜银、铜板。1毫大洋等值于铜钱100文，铜钱1仙等于铜钱10文。此2种，亦是清代至民国期间捷胜流通的辅币。民国八年（1919年），广东造币厂铸造的“伍仙镍币”（半角），曾在镇内使用，为期甚短。

港币 港币是港英政府在中国香港发行流通的货币，面值有1毫、2毫、1元、2元、5元、10元、20元、50元、100元、1000元等。民国期间，由于货币币值不稳定，港币却较稳定，故群众乐意使用，多以它作为交易货币。

本号单 属民国期间捷胜商号的本号票券。民国二十八年（1939年），捷胜商会因市面辅币流通不足，印制了与银毫券辅币面值相等的寄存票券，票面分为4毫、2毫、1毫、半毫4种，票面上盖有捷胜商会印章及使用商号图书，代以辅币在市面上流通交换，时间约半年。民国三十七年（1948年）十月，捷胜修阳基理事会亦制出与银毫券币值相等的寄存票券，票面分为1元、2元、1角、2角4种，票面盖有“正直堂印”四字印章，修阳基理事会4个工作股亦分别盖章，还有使用商号的图记。该票券由使用商户投入市场代辅币流通交换，修阳基理事会从中提取5%的现金作为经费，流通时间约4个月。民国三十八年（1949年）三月，修阳基理事会又制出以工力代港币值的寄存票券。该票券的盖章及修阳基理事会提取现金比例情况，与民国三十七年（1948年）十月制出的寄存票券相同，唯一不同的是，其票面标明寄存工力一个的，即等于港币1元；寄存工力半个的，即为港币5毫；寄存工力费沙一担的，即为港币1毫。发出寄存票券总数1万元，每月收取5%（港币），流通时间为半年。此外，还有一些资金较为雄厚的商号，因国民政府货币币值不稳定，贬值快，为保护自身利益，以大米、食油等物资为担保，亦自行制发寄存票券。其票券可以在本地各商号购物。一般商店流通较多，由各发行本号票券的商店老板进行结算，相抵收回。

关金券 俗称大洋券，民国三十七年（1948年）四月发行，为国民政府以海关关税收入作为基金发行的“关金兑换券”。面值为 1 元，可撕作两半使用。同年 8 月废。

金圆券 民国三十七年（1948 年）八月发行，次年 7 月被废。

海丰临时流通券 民国三十八年（1949 年）六月发行。面值为 1 角、2 角、1 元、2 元、5 元 5 种。1 角、2 角为单色套印；1 元、2 元为二色套印；5 元为三色套印。流通券正面盖有县长蓝训才、发行人缪振业的印章，在市场上与港元等值流通。五种币券共印制 173 697 张，总发行量为 106297 元。1949 年 10 月后，南方人民银行以 2 元南方券兑换 1 元海丰临时流通券；1950 年，中国人民银行海丰支行又按 1 万元人民币（旧币）兑换 1 元海丰临时流通券，收回后，上交南方人民银行东江分行中国人民银行惠阳中心支行清点鉴定后统一销毁。

新陆券 新陆券是中共粤赣湘边区党委批准、中共江南地委组建的新陆银行（行址在陆丰县河田镇）发行的纸币。民国三十八年（1949 年）五月发行，面值有 1 角、2 角、5 角、1 元、2 元、5 元 6 种。同年七月，南方人民银行发行南方券后，以 1:1 的比价收回新陆券。

南方券 民国三十八年八月发行，是华南解放区统一的本位币。面值有 1 角、2 角、5 角、1 元、5 元、10 元 6 种。1949 年 11 月下旬至 1950 年 6 月兑换收回。

人民币 1950 年发行。流通捷胜的人民币，已有面值为 50 元券、100 元券、200 元券、500 元券、1 000 元券、5 000 元券、10 000 元券、50 000 元券 8 种。1953 年，中国人民银行发行新版人民币，并同时回收旧人民币。新人民币 1 元兑换旧人民币 10 000 元、1 角兑换 1 000 元、1 分兑换 100 元。现流通人民币面额为 100 元、50 元、20 元、10 元、5 元、1 元、1 角、1 分。

第二节 财政机构

1951年2月至8月间，海丰县财政科在捷胜（七区）设立地方财政整理处，负责地方财政征收管理工作。1956年6月，地方财政业务并入税务系统领导。翌年1月，重新划回财政科管辖。同年，捷胜地方财政管理处划归汕尾地财组管理。1960年3月2日，捷胜设立财政管理所。1973年9月21日，设立捷胜公社财税所。1980年4月23日，财政机构与税务机构合并称为财税所。1981年4月21日，财政与税务正式分家，但仍于税务机构附设1名农财员，会同税务办公。1985年5月10日，为适应体制改革的需要和加强乡镇一级的财政征管工作，海丰县又批准捷胜成立财政管理股。1986年11月，改设捷胜镇财政所，所址设于后山头原镇府办公大楼（现计生服务所），面积290多平方米。2000年6月，所址迁至长埔工业区，占地面积3 000多平方米，建筑面积1 200平方米。现设所长1名，所长由区财政局指派，工作人员3—4员。

第三节 税务

一、概况

民国三十二年（1943年），海丰县在捷胜设立经征机构田赋粮食管理处捷胜分处（一级分处）及收纳仓库，负责征收全区各村的田赋各税。后因经征和经收两个机构合并，征收工作由县田赋粮食管理处全面办理经征经收事项。民国三十六年（1947年），海丰县人民自卫大队在捷胜设立税务稽查站，负责征收全区的税收工作。翌年，设立流动税站，但其税收却大都由地方人士成批上交海丰县税局。税收项目主要有营业税和印花税两大类，税率为3%。

1950年4月15日，捷胜建立第七区税务稽征站。1959年11月21日，税务与财政分开办公，第七区税务稽征站易名为捷胜税务所；同时，并入地方行政，税收纳入地方财政收入。1960年，税务所并入财政管理所。1968年，税务、财政、房管、工商、银行、联合成立金融服务机构，成立市场委员会（简称“市管会”），公社设财金小组，撤财政管理所。1973年，财政、税务从财金小组析出，设公社财税所。1981年4月21日，财政、税务正式分开，但税务仍附设1名农财员于财政办公。1986年11月，其才正式脱离财政。1988年，从海丰县税务局析出，改隶汕尾城区税务局，所址改设于城西得道庵路边。1994年12月，税务所按政策析为国家税务所和地方税务所。

二、机构

国家税务所 改革开放后，市场经济逐步形成，国际贸易日益增多，为适应经济发展，使社会主义市场经济与国际惯例接轨，经国务院批准，税务机构分析为国税、地税2个税务工作机构。1994年12月，捷胜税所即析为国家税务所和地方税务所。国家税务所设所长1名，其他工作人员6名，主要职责是负责征收增值税、消费税、外商投资所得税和证券交易税。

地方税务所 1994年12月，随税务机构分析而设立，设所长1名，其他工作人员6名，主要负责征收营业税、地方企业所得税、个人所得税、房产税、车船使用税、城市维护建设税、乡镇土地使用税、土地增值税、固定资产投资方向调节税、印花税、屠宰税及以上各税滞交处罚税。城区在我镇设立税务所，负责税收业务工作。

三、税种

民国以前，税种有田赋、人丁税、杂课。其中田赋包括赋田、屯田、灶田、学田、芦课地、草地、泥沟、车池地、鱼课、渡口等税。杂课包括盐课、渔课、矿税、契约税、典当税、渡船税、墟埠税、糖埠税、船税、鸦片税、赌（馆）税。在清朝，除上述各税外，犹征收栋梁税等其他税种。至民国，税种则有盐税、渔税、营业牌照税、使用牌照税、筵席税、娱乐税、行为取缔税、薪资所得税、印花税、营利事业所得税、货物税。捐，有营业捐、警捐、屠牛捐、市场捐、码头捐、烟桐油捐，还有营业费、轮渡费、车辆牌照等数十种。历代百姓称之为“苛捐杂税”。

中华人民共和国成立后，人民政府于1950年6月颁布的税种有10种，即工商业税（营业税、所得税、摊贩税、临时商业税）、货物税、牲畜交易税、车船使用牌照税、屠宰税、印花税、特种消费行为税（筵席税、娱乐税、饮食税、旅店税）、存款利息所得税、盐业税、农业税。1957年11月，调整为11种。1958年，税制改革后，调整为20种。1988年建区后调整为12种。

第九章　交通　邮电

第一节　交　通

一、概况

捷胜背山面海，腹地多丘陵平原，水陆交通方便。国道凤飞山公路，横贯境内，连接汕尾、深圳、广州、香港、汕头及厦门等地；水上交通有龟龄岛12海里外的国际海道，是厦门、汕头至香港、广州航线的必经之地，形成纵横交错的公路网和四通八达的沿海航线。

闽粤海运在宋末元初即已有之。明代，捷胜有军水河、石狗湖河两条内河运输航道。军水河专用于兵船航行及停泊；石狗湖河为渔船作业和停靠之所，外来商船亦可经此河道直达南门涌和埔尾码头。清顺治七年（1650年）冬，捷胜守备汪古用木船载巨石沉塞石狗湖口以拒反清义军，航道受破坏。至清末、民国期间，因长年泥土淤塞及人为破坏，军水河及石狗湖河航道日渐萎缩。而陆路交通亦仅有埠外几条狭小崎岖的古道。民国二十四年（1935年），捷胜至汕尾段公路通车，因其时交通运输工具落后，所以操古道而行者居多，运输亦大都依靠肩挑。抗日战争爆发期间，国民政府为了“焦土抗战”，下令自毁公路、桥梁，破坏了陆上交通。

中华人民共和国成立后，政府十分注重发展交通事业。1950年年底，修复捷胜至汕尾、海丰段公路，但未通车。20 世纪 60 年代后，捷胜至马岭山和汕尾炮台渡口的公路通车。随着，各村陆续修建村道。至 70 年代，又修建一些农业机耕路。从此，捷胜内外形成交通网。80 年代中期以后，公路桥梁、涵洞，亦由过去的土木结构逐步改造为石拱或钢筋混凝土结构。陆上货运量逐步增加，客运自改革开放后发展更为迅速。内陆水上交通则因修建水库、水闸，造成内河与沿海航道不畅而废弃；海上航运量也因龟龄岛中转站的废置而完全萎缩。

二、陆路

（一）古道

明清至民国期间，捷胜有 8 条古道可达田墘、汕尾等地。北上亦可沿古道至汕尾而达海丰。其时，交通运输工具落后，操古道而行者居多。

捷胜城至汕尾古道　有 2 条:（1）西门→铺仔街→埔尾→公顶坑→箣仔→大布→大水沟→沙海渡口→汕尾。（2）北门→催官爷桥→隔塘→花树→沙海渡口→汕尾。

捷胜城至辽口古道　北门→催官爷桥→隔塘→花树→辽口。

捷胜城至田墘古道　北门外→东门岭→田墘。

牛肚至汕尾古道　牛肚→长坟→内坑→屈笼→猫空→程厝乡→沙海渡口→汕尾。

沙角尾至田墘古道　沙角尾→湖东→田墘。

东坑至汕尾古道　有 2 条:（1）东坑→后山龙潭→南办山→沙海渡口→汕尾。（2）东坑→妈宫→塌窝→大华→华仔→炮台渡口→汕尾。

（二）公路

捷汕公路　即捷胜至汕尾公路，始于本镇北门外，止于汕尾。民国二十四年（1935 年）建成通车，全长 17 公里，途经军船头、花树、辽口、町前、石洲、东涌等乡镇。原为土路，20 世纪 90 年代初，改铺为沥青路面。2006 年，改铺为水泥路面。

凤飞山国防公路捷胜路段　即捷胜至汕尾炮台渡口公路，始于本镇西门外，止于炮台。20 世纪 60 年代修建。2001 年规划为国防路，全长 46.1 公里，首期工程 32 公里，途经牛肚、沙坑、东坑、大华等村。该路原为捷胜至马岭山公路，属土路。2006 年，改铺为水泥路面。

捷胜车站到沙角尾村公路 全长 1 000 多米，路宽 12 米。2007 年建成，2017 年扩建。

附录：2003 年—2013 年捷胜镇乡村公路建设统计表

公路起止	里程（公里）	总投资（万元）	完工年份
捷胜至石厝	1.4	65	2003
捷胜至沙角尾	2	440	2003 2007 年扩建
牛肚至沙坑	1	60	2004
捷胜至尖石	2.3	92	2005
捷新线至新兴	1.4	56	2006
公顶至前进	2.2	88	2005
清坑至石头	1	40	2005
石岗至南门	1	60	2003
捷胜至大淋	2	110	2003
捷胜至大流	1.2	60	2003
龙捷线至五爱	1.2	60	2003
大水沟至新兴	2	60	2003
新公路至联安	2.2	120	2003
凤捷线经牛肚至大淋	1.7	80	2003
大水沟至新兴	1.4	60	2003
军船头至花树	1.2	60	2003
凤捷线至牛肚小学	3	60	2003
捷胜至双湖	1.2	60	2004
捷胜至云山	4	160	2005
沙坑至东坑	1	180	2013

（三）机耕路

机耕路，原为各村田间羊肠小道。20 世纪 70 年代“农业学大寨”

期间，为便于农业生产，曾陆续修建机耕路。改革开放后，随着农业机械的推广、使用，机动车辆的大量出现，机耕路道多次进行扩修而成为砂石路；有的改铺为水泥路面。一般路宽为3—4米，可供拖拉机、汽车行驶。

三、水路

民国以前，捷胜境内的货物运输，大部分依靠水运。货运一般采用舢板船等风帆船。这种船除了借助风力外，还可以采用人力划桨航行。当时，捷胜有两条主要运输河流，一为军水河，一为石狗湖河。军水河自北门外大水寨经大船路可达汕尾港；石狗湖河自埔尾港经南涌出石狗湖口直达海上。水上交通很为便利。大中小型船只均可来往畅通。后因沙土淤积及人为因素，两条运输河道均已搁浅，已失去交通运输的作用。现捷胜水路只有海上航道可通达汕尾港、广州、汕头、厦门、香港及东南亚各地。

四、桥梁

节义桥 在石厝村补颈石旁边，长4米，宽1米，高2米。民国十四年（1925年）疏浚南门涌时建。原为大淋、石厝通往捷胜城内的必经桥道。2002年，石厝至捷胜城内公路建成，遂废置。

连心桥 在城西横沟处，为石拱桥，长约5米，宽3米，高3米。民国十四年疏浚南门涌时建。为东坑、沙坑、牛肚3村通往捷胜城内的必经桥道。20世纪90年代末，捷胜城西至古井山新路段建成，该桥遂废置。

南门涌石桥 在石岗小学门口，建于清代。石头村即以此桥为名。桥面长4米，宽2米，高2米。为石头村通往大埔、双石湖、沙角尾澳的必经桥道。2006年，桥面改造成水泥桥面。

五、运输工具及改革

水运 民国以前，捷胜境内的货物运输，除大部分陆运外，还依靠水运。1956年，捷胜水运站成立，运输船有8艘，船工20多人。当时，货运一般采用杉板船、舢船等风帆船。这种船除了借助风力外，还可采用人力划桨航行。起初，船体采用木质结构。20 世纪 70 年代，采用钢丝绳和混凝土混合注塑的网络结构船体；至后期，机械动力装置又被应用于船只上，改变了以前依靠风力和人力划桨作为行驶动力的状况。现在，在近海作业的小型船只，小部分仍依靠人力划桨航行。自 70 年代陆路交通发展后，水运站解散，水上交通除从事浅海捕捞的渔船外，已没有专门从事货物运输的船只。

陆运 在公路未开通之前，陆路运输，大都依靠人力挑运和船运。挑运，多为短距离，也有小部分是长途挑运；船运则是长短途皆有。民国二十四年（1935 年），捷胜至汕尾段公路开通，因交通运输工具落后，货物运输仍依靠肩运。1950 年底，修复捷胜至汕尾、海丰的公路，但未通车。1956 年，单车站、搬运站相继成立。其时，全镇仅有 10 辆自行车投入搭客载货的运输行列；搬运站仅有虎头牌手推车 2 辆（老式风轮车）。20 世纪 60 年代期间，捷胜至马岭山和汕尾炮台渡口的公路通车。至 70 年代，运输工具有了发展，捷胜公社计有虎头牌手推车 4 辆、板车 20 辆、手扶拖拉机 35 辆、中型拖拉机 8 辆、三轮机动车 1 辆，从事运输的工人约有 100 人。1977 年，海丰汽车站在捷胜设立每日 3 班次的客运站，货物运输更为方便。改革开放以来，随着社会经济的发展，货物流通量剧增，各种运输车辆的增加更为迅速。二轮及三轮摩托车进入私人家庭，自行车则早已普及每一个家庭，成为人们短途代步的交通工具，而农用汽车和大中小型汽车的出现和增加，亦给农业生产、客运和货运带来很大方便。至 2007 年，全镇已有私营运输大客车 2 辆、中型客车 20 辆、小客车（的士）15 辆、大中小型货车 40 多辆、三轮摩托车约 300 辆、手扶拖拉机 100 多辆。至此，长途运输采用汽车，短途运输采用中小型机动车辆，圩内搬运则用手推车和三轮车。2017 年为创建文明城市，全镇取消无牌无证载客三轮车。

六、运输机构

单车站 中华人民共和国成立前，捷胜单车（自行车）寥寥无几。1956 年，单车站成立时也只有 10 名工人和 10 辆单车。当时人们称踩单车的工人为“单车工友”。单车站办公地址流动不定，一般设于单车工人家中。单车站属个体性质，收入归个人所有。1958 年人民公社化，单车站发展至 27 人（自行车 27 辆），由上级交通管理部门主管，发给单车工人单车证和搭客证，规定无证不得搭客载货。自此，单车站转为集体性质。单车工人每月的业务收入，除上缴一定的管理费外，按各人技术水平进行统一分红。至 20 世纪 70 年代，单车站增加 1 部三轮机动车。1983 年，由于单车普及，单车站自行解散。

搬运站 中华人民共和国成立前，捷胜有部分从事搬运作业的工人，主要为各商户、田主等搬运货物。1956 年，为便于对货物运输和搬运工人进行统一管理，成立第七区捷胜搬运站（简称搬运站），业务受上级交通管理部门主管。时搬运站仅有 2 部“虎头牌”手推车。20 世纪 70 年代，随着交通运输工具的发展，搬运站增加了 20 辆板车和 5 部手扶拖拉机；人员亦随之增加。由于机动车辆被应用于货物运输，搬运工人的劳动强度已大为减少。随着经济体制的改革和个体经济的迅速发展，个体运输户日渐增多，特别是手扶拖拉机大幅度的投入货物运输，使搬运站生意日益惨淡。1986 年，搬运工人月工资 40—50 元。为了生计，多数搬运工人在搬运站挂名而另谋出路。

水运站 建于 1956 年，有运输船只 8 艘，工人约 30 名。20 世纪 60 年代，陆地交通有了发展，水运站生意日淡。70 年代期间，水运站解散。

客运站 建于 20 世纪 90 年代期间，设有往返捷胜、汕尾、海丰 2 条运输线路。现在捷胜至汕尾段，配中型汽车 12 部，每日往返 120 班次；捷胜至海丰段，配中型汽车 8 部，每日往返 64 班次。2017 年班车通至牛肚、沙坑、东坑和沙角尾。

第二节　交通管理及公路养护

一、交通管理站

1995 年，设立交通管理站，站址设于北门头车站，设站长 1 名，下配工作人员若干名。2000 年，迁至北门外捷胜客车站。主要职责是负责征收辖区内机动车辆和简易车辆（手扶拖拉机、摩托车、牛马车、自行车、板车）的养路费，并征收手扶拖拉机、二轮及三轮摩托车、中型拖拉机、各式微型汽车、农用汽车等的运输费。2004 年撤销。

二、公路管养站

1972 年，设立公路管养站，站址设于东坑村路口，占地面积约 300 平方米，工作人员 3—4 名，配 1 部牵引的中型拖拉机及其他养路工具。主要职责是负责捷胜至东坑公路及附属设施（桥梁、涵洞、道路标志）的保养和维修，保证路段畅通和安全。1984 年以前，管养站负责人被称为班长。1989 年 10 月以后，改称为站长。捷胜东坑于 2005 年撤销公路管养站。

第三节　邮电

一、邮政

明清时期，捷胜所城设有邮递铺，但递送的是官方文书，非民间所用。在以往陆路交通不发达的年代，本镇圩埠的货物贸易流通，全赖脚力挑运。这些挑夫长期以肩挑为业，因而构成各圩埠之间的交通网络和邮路。本地商人和群众如遇信息沟通或事务接洽，需以书信联系时，便托挑夫之便代为传递。久而久之，便形成投递书信有劳于穿梭各圩埠挑夫之习惯，以致后来虽有信柜的设置，但投寄之人寥寥无几。

民国二十二年（1933年）八月，国民党第七区党部向汕尾邮政局承办，在捷胜党部门口（原粮管所门市）设置信柜，交付杂役何得代售邮票，负责投递信件、报纸等工作。邮局配有木质长方形邮戳和信柜各1个，待遇每月补贴国币2元，作为报酬。同时雇定工人每日带信件来捷胜交换一次，每天投递的信件仅有数封，最多时不过数十封及10多份《海丰日报》。民国二十四年（1935年）后，转给东门天福堂药材店主林树香承办。每月待遇除补贴国币2元外，还规定承办人如身背邮局统一制发的邮袋，乘车可享受免费待遇（时汕尾至捷胜公路已建成通车）。民国二十七年（1938年），信柜转为邮政代办所，业务颇有扩大，在信件投递、报纸订发的基础上，加办小汇款。但有汇无兑，需由领款人直接往汕尾邮局领回。几年后，邮政代办所转由林树香之弟林楚乔（林七）负责。民国三十年（1941年），日寇陷境，捷胜邮政代办所停办。翌年元旦，恢复营业。民国三十三年（1944年）八月后，邮政代办所由林楚乔转给鱼街仁泰号店主林桂芳（林茸）承办。当时代办所有了新规定，即按期缴纳壮丁费后，承办人可免兵役义务，不再受抓丁补缺或抽签入伍；另外，每月还可提取邮汇总额的12%作为报酬费。邮局统一发给一块铁质搪瓷白地黑字“邮政代办所”条状牌衔、1个钢质邮戳（里面铸有“广东捷胜”字样）及1个木制邮箱。业务受汕尾邮局管理。邮票画面为孙中山身像，也有票面为航船的；还有一种是纪念邮票，票面印有孔圣庙、招商局货轮等。邮件和汇款，每隔两天由汕尾邮局派邮差传递交换一次。时辽口邮件亦纳入捷胜代办所代为收转。每天书信邮件约有60封，汇款因汇费太高，故极少量。报纸不从邮路传递，均为订阅人托挑夫顺便由汕尾带回。

1951年5月，捷胜邮政所建立，原代办所邮政业务遂为邮政所蔡留青接交。1953年年底，收回邮政代办所，改为自办机构。随着邮政和电讯的并列发展，1955年4月，与电话站合并为邮电代办所，所址设于北门街，结束了以往2个邮电机构各自为政的局面。1957年，改设为捷胜邮电支局，工作人员6名，各大队设一邮递员；业务也扩展到平挂信件、报纸、汇兑、邮件等。1959年，邮电体制下放，邮电支局改隶人民公社管理，改称“捷胜公社邮电支局”，由于与邮电全程网络不相适应，又于当年6月收回。1966—1976年期间，邮电实行军事管制，邮、电分家，后又复合。1978年，邮政事业步入正常发展。为适应改革开放和经济发展的需要，邮政通信部分投递段使用自行车。这一时期，函件、汇兑、报刊发行、邮政储蓄等业务项目不断发展，经济效益逐步提高。1980年，迁址于车站路。1988年，捷胜邮电支局从海丰县邮电局析出，改隶汕尾市城区邮电局。1997年，迁址于西城环路。1998年机构改革，捷胜邮电支局分营，邮政迁往车站路旧址，改设捷胜邮政支局，设支局长1名、营业员3名、投递员2名。主要业务有邮政储蓄、汇兑、信件、包件、集邮、报刊发行及代理保险等。

现邮政通信部分投递段改用摩托车。汇兑方面，每日进口汇票20—30份、出口汇票30—40份，每日进口汇票金额达2—3万元。10年来，报刊发行量38 000份，其中报纸60种29 500份、各种刊物8 500份，月平均订阅的报纸3 166份、刊物708份，各类技术信息报刊占总数的12%。而邮政储蓄的业务亦发展迅速。1988年以前，储蓄余额不足5万元，户数30户。2007年，储蓄余额超5 000万元。翌年，又超6 000万元，户数9 500户，邮政储蓄银联卡3 000张。

2008年3月1日，经中国银监会汕尾分局批准，成立“中国邮政储蓄银行汕尾捷胜分行”，现称“捷胜邮政储蓄所”。据2017年统计，全所储蓄存款达2.1亿元。

二、电信

民国二十五年（1936年）底，设立电话站，站址设于衙门内。1954年，电话站设立1个20门的电话总机。紧接着，东坑、大流、前进、大塘等村相继架通电话；城里亦有10多个单位安上电话机。1955年4月，与邮政代办所合并为邮电代办所，所址设于北门街。1957年，改称捷胜邮电支局，工作人员 6 名，各大队设 1 名邮递员；配 1 台 50 门的总机，镇内装上电话机 20 台，其加急普通、长短途配套齐全，业务也扩展到电报。1959 年体制下放，邮电支局改隶人民公社管理，称“捷胜公社邮电局”，旋于同年 6 月收回。1966—1976 年，邮电实行军事管制，邮、电分家，后又复合。70 年代中期，邮电局已开通捷胜与香港的通电线路。1978 年，电信事业步入正常发展，已实现自动电话拨号，电报亦从人工译传改为自动译码。1985 年，邮电支局有 2 台 100 门的总机，用户亦发展到 150 户。1988 年，从海丰县邮电局析出，改隶汕尾市城区邮电局，易名为邮电支局，迁址于北村车站路。1997 年，迁址于西环路。1998 年，与邮政分开办公。2001 年年底，改称广东电信有限公司汕尾分公司捷胜营业部。2003 年，改称广东电信有限公司汕尾分公司直属支局捷胜支局。2007 年，改称中国电信股份有限公司汕尾分公司捷胜营销服务中心，设经理 1 人、社区经理 3 人、营业员 3 人、综合值守 3 人、中心管理员 1 人。现捷胜营销服务中心改称“捷胜电信管理所”。全镇已开通国际国内自动电话 9 700 门，各村均通电话。

第十章 城 建

第一节 中华人民共和国成立前的城镇建设

明洪武二十七年（1394年），千户侯良在鹤岭督造捷胜所署，纵横各60米。同年，都指挥花茂以海丰滨海，奏立守御千户所。洪武二十八年（1395年），侯良督造捷胜所城。

据传，城刚敕建时，原以今东涌之建茶乡、过厝寮一带为城防中心，后经朝廷堪舆官员取土计算比重，认为地土稍薄，而重新定址，并修改建城方案，有"舍外狗（南）、围内狗（北），舍外鼓（西）、围内鼓（东）"的计划，后因客观原因又缩建所城。而原定"内鼓外鼓""内城外城"及"内狗外狗"的格局，就未能构成一体。后来建成的捷胜所城庳隘堙夷，又矮又窄，但还有设置内、外城，内城4门采用太阴所躔天盘"辰、戌、丑、未"之位设置；外城4门以"子、午、卯、酉"之位设置。城高3.41米，宽5.12米，周围1602.52米，垛口940个，分东、西、南、北4城门，东门属木星，其城楼墙角又状似木星，构成"两木成林"，有利于防止东方、东南方之风煞，因而居于东门街姓林的人家较多。东城楼设瞭望台。门外有校场、兵营。有东门岭、沙角尾烟墩山为屏障，又出为大海。西门属火星，门外有官道（铺仔街），通军船头，又有捷胜山起伏，有得道庵、外文祠。西南有东坑、沙坑烟墩山为屏障，又有马铃山高起，山后为大海。南门属金星，外有三台型之鼓井山、石厝山、南门岗山，又出为大海。北门属土星，有鹤岭、北门岭呈“一字文星”。各城门的设置，体现了“五行相生”的地理风水原理。各城门附建城楼。城内辟4大街，设文武官署、镇抚司、吏目厅、军器局、捷胜仓、旗纛庙、狱房等官方机构及城隍庙、文庙、四大元帅庙、九王爷宫、五土四社稷、双忠爷、土地祠等宗教设施。城外环以护城河，深3.41米、宽2.73米。北门外有军水河，连接石狗湖、白沙湖及品清湖。东门、西门及南门外有石狗湖河，俗称“大坑”，河从城西乾亥方流来，乾亥为捷胜所城“先天”水位，“先天”管丁，大坑为长生水，河水环抱捷胜所城，右水左流归石狗湖，而后出海。另外，因为挖土筑城的原因和地理风水布局的需要，所城周围还挖有东门池、南门池和水阁池，构成了吉星拱照的布局。当时，除军水河、石狗湖可驻军船外，还于北门无月城外建一照壁，以抵宝楼山（俗称“乌面山”，有败军旗之兆）煞气；并建马巷、马鞍山2村落，取意为军马驻马巷，放养于马鞍山。这样的设置，都是考虑到了军事上的制胜和所城的长治久安。

捷胜建城后，周边村落寥寥无几，只有石厝、大淋、大塘、龙头乡、马巷、马鞍山等村。迨至清初，由于外来人口大量迁入，城外村落逐渐增多。清中期以后，随着经济、文化的发展，城镇建设日新月异，形成以所城为中心，民居聚落向多方向发展的滨海发达城镇的雏形。清宣统三年（1911年），辛亥革命爆发，城所数十名老将和文武官员弃城逃走，城所废置。

民国二十五年（1936年），捷胜所城的市政建设有所发展。国民党工兵连连长龙质彬下令修整4大街，一些陡坎均为工兵连铲平整缓；对一些阻碍街道的建筑物亦加以修整。当时，东门街口有房屋被裁去一半；南门街中段的关帝庙亦被裁去三分之一。经修整，街道整齐垂直，宽阔畅通。此外，还于所城西南修建节义桥、连心桥、南涌桥等桥梁，加强了城内与城外的交通建设。但好景不长，战乱频繁及海匪的骚扰，曾使城镇建设一度受到破坏。大革命成功后，捷胜所城陆续被拆毁，城内与城外的建设已连成一体。

第二节　中华人民共和国成立后的市政建设

一、街道

捷胜城圩内有上中街、中街、下中街、鱼街、正直街、东门街、南门街、西门街、北门街、第五街、第六街、第七街、第八街、铺仔街等主要街道。除鱼街、东门街、西门街、第八街、铺仔街为东西走向外，余者均为南北走向。自明初开埠时起，上述街道即已规划完成，路面均为三合土夯筑而成，少数则用鹅卵石铺砌。其中城圩最主要的街道有东、西、南、北 4 大街，每条大街可直达城门，由此构成 4 个居住区。东门街长 230 米，西门街长 175 米，南门街长 183 米，北门街长 221 米，宽度均为 4—5 米。个别如东门街口、南门街中段才稍为狭隘（约 2 米）。但总体上街道整齐规一，城镇容貌极为美观。1984 年，重修 4 大街，改铺为水泥路面。现在，城郊各村街道俱已水泥化，全镇实现行政村道水泥化目标。

二、路道

中华人民共和国成立后，捷胜所城四周城墙被铲平，辟为环城大马路，但路面未用三合土或水泥夯筑。马路环绕城脚，已成为城圩与城脚居民区的步行路道。后来，随着民房的不断建设，有些路道出现违规建筑物。1986 年，政府严令拆除，修整四城脚环城马路，路面铺设石砖。1990 年，为了开辟新镇区，在城西修建 1 条新环城路。1991 年，又计划扩大 50 米大道（现捷胜镇至凤飞山国防公路）。1993 年—1994 年，由于政府的重视及港澳同胞的支持，城圩内及新、旧环城大马路均已夯上水泥路面。随着建设的不断扩大，现境内村村通公路，路面亦已水泥化。1992 年建捷西公路，长 1 千多米，宽 20 米，成为商业街。

三、照明

旧时，捷胜大部分居民都用松香、蜡烛及豆油灯照明；少数殷商富户才有煤油灯照明，但因灯光微弱昏暗，大街小巷仍是一片漆黑。20世纪60年代期间，城内已有柴油机发电照明，但城外各村仍以煤油灯照明为主，这种情状一直延续至80年代初期。1983年，东坑水电站建成投产，东坑、沙坑、牛肚及镇内实现水电照明。至1986年，全镇各村才实现水电照明，年发电2400小时，年发电量24万度。建区以来，镇政府规划照明路灯180盏，各村均有照明路灯。2018年，全镇照明电量2393.4万度。

四、供水

捷胜居民历来以饮用地下水（水井）为主。一般自然村饮用的水井少则二三眼，多则三五眼。据不完全统计，全镇有水井上百眼，其中有小部分井壁井台破漏。1984年10月，镇党委、政府为解决居民饮水问题，投资32万元，筹建自来水站，取水于锡坑水库，日供水量2 000吨，供水范围主要在城内、埔尾、大流、联安、联星、南门外、石头等村。1991年，投资300多万元，扩建九佰岭水库，日供水量增至6 000吨。2009年1月，投资65万元在前进水库兴建自来水供水站，同年12月完工，次年供水。此后，随着输水管道的陆续增建，吃水范围扩至沙坑、牛肚、大淋、石厝、大塘、坣头、双石湖等村。2018年，全镇16个村委会有自来水供应，独前进村委会及五爱村委会的格塘村、马鞍山村未安装自来水，军船头自来水由宝楼水库供应。

五、环境保护

公厕 中华人民共和国成立前，农民为了积肥，均都私自凿地建造厕所或设粪坑，因建筑简陋，厕墙低矮，厕池露天，故经烈日暴晒后，臭气熏天，苍蝇成群，厕虫成堆，造成严重的环境污染。1958年，厕所收归生产队所有，虽有改建，但因资金不足，大部分厕所仍保持原状。至“文革”期间，据不完全统计，全镇厕所有1 000多间，其中露天的占三分之二以上。改革开放后，政府对各村厕所的建设，进行统一规划，私人厕池及多余的公厕均一律拆除填平。2007 年，全镇有 11 座公厕，机关、企事业单位及私人住宅亦都建有厕所。未建公厕者有 7 个村委会，已建之公厕均派人定期冲洗打扫，卫生条件大有改观。2018 年全镇实现公厕化。

排污 明代初期，捷胜城内有 4 条排水沟，分别循东、西、南、北街正中设置，上用大块石板盖顶，成为街道。这 4 条排水沟是城内各户的主要排污渠道。其时，城外各乡村的排污处理较差，水沟淤塞严重，遇雨污水四溢，臭气难闻，乃为常见现象。加之各户素有放养家禽的习惯，粪便铺陈路面者随处所见。1970 年，镇人民政府将北门至石狗湖的大路坑改为内涝沟，总长 3 250 米；同时，修建了 3800 米的南门涌坑。1973 年至 1974 年，在古城近郊开挖南北 2 条防洪排水渠道，总长 10 950 米，能控制 3.5 平方公里的集雨。此外，各村亦修建了防洪排污渠道。改革开放后，在镇党委、政府的重视下，各村对排污进行综合治理。根据自然条件，采取雨水、污水分流排水方式，在新旧圩区铺设直径 50 厘米的排水管，并修筑路边沟，加强管理，使沟路畅通无阻，基本上解决了下雨天时污水四溢、臭气冲天的落后状况。

垃圾 建区前，捷胜居民环境卫生意识较差，垃圾乱倒，街头巷尾的空地及破厝坦均成为倒垃圾之地。垃圾堆积成丘，遇风时，尘埃、草木灰（居民以柴草作燃料）随风飞扬，环境受到严重污染。建区后，随着经济、生活水平的提高，环境卫生得到人们的重视。现各村委会均有定点给居民倒垃圾，并派专人、专车负责清除（运往圩区郊外指定地点堆放或作肥料）。环境卫生较之以前，已大为改观。2016 年以来，当地党委、政府按照市委、区委工作部署和要求，深入开展创文创卫工作，实施属地网格化管理，压实工作责任，落实党政班子、村（社区）两委干部负责制，全力推进辖区卫生死角。占道经营、乱停乱放专项整治，新建垃圾收集屋 16 个，整修垃圾站 2 个，全镇购置垃圾桶近 600 个，充分发挥全镇干部职工和驻训官兵、学校师生、志愿者、“创文创卫”主体作用，坚持每月一次整治大行动，落实“门前三包”制度和镇主干道路和各村（社区）保洁员制度，彻底改变了捷胜“垃圾围城”的现象，深受广大群众的高度好评。

第三节　公共建筑

明清时期，捷胜所城公共建筑主要有古庙、所署、学署、永积仓、旗纛庙、城隍庙、四大元帅庙、九王爷宫、内文阁、外文阁、得道庵、凝波寺、三官堂、天太后宫、关帝庙、双忠爷宫、地藏王宫、巡抚祠、七老将祠、云海寺、天主教堂、烈女亭等。民国时期，建有镇公所大楼、红楼、粮仓、后山头市场、西郊校等。中华人民共和国成立后，公共建筑迅速增加。相继建有营房、烈士陵墓、车站、卫生院、电影院、捷西市场、坤灵宫等。镇政府、派出所、法庭、财政、税务、邮电、工商、农业银行、供电、供销、粮管所、计生办等机关企事业单位，先后改建或新建办公楼的有人力资源社会保障所、综合文化站等。

第四节　城乡住宅建设

明代以来，由于历史和经济条件的限制，城圩基础设施简陋，街道路面多铺以卵石、麻石和三合（土、石、木）土，临街店铺低矮，而民居亦以三合结构居多，泥草木结构和砖木结构的较少。屋顶多穿斗式，架梁盖瓦，为双泄水的硬山顶造型；屋式以“双背剑”“单背剑”“三间齐头”“四点金”等较常见。

本镇建房多就地取材。明至清代中期，住宅建设以泥土、石木、茅草为主要材料。清初始用贝壳灰。民房大部分属茅土泥房，少数属土石瓦房。清代末期至民国时期，随着烧壳灰、砖瓦业的发展，沿海、平原地区的乡村建房已普遍使用贝壳灰。建房时用贝壳灰掺沙拌制角砖垒砌，或夯砌墙，外用贝壳灰泥粉刷以防风化腐蚀。屋顶盖均用泥粘成叠脊和瓦虫箱，以增强御风能力。中华人民共和国成立后，劳动人民因贫困而无力建房，栖身于草房茅屋或居于残宅残舍者不乏其人，农村建房为数甚少。1978 年开始，农村实行家庭联产承包责任制后，农村经济快速发展。随着北门新建乡小区的建设，各村建房逐年增加，建筑形式亦随之发生变化，原先土石木结构旧式平房已为石、砖、水泥混合结构或钢筋水泥结构的平房、楼房所替代。至 1985 年，全镇有 230 户建造新房，共建房 537 间，建户面积 14 310 平方米。1988 年建区以来，楼房建筑造型更为新颖美观，水泥沙、马赛克作墙面；红砖、瓷砖、马赛克、水泥砖、水磨砖、意大利砖及大理石等作地板；窗栅用钢管，装有防盗网；门户则配以铁门、拉闸门及铝合金门。据 2007 年统计，全镇有房屋 1.3 万间，人均住房面积 27 平方米。现在，捷胜镇楼房式建筑鳞次栉比，已形成新型城镇的规模。

第十一章　政　权

第一节　明清时期捷胜所署

明洪武二十七年（1394年），千户侯良在后山头建兵署，称“捷胜所署”，是捷胜所城的军事行政机构。正统、成化年间有修葺。嘉靖三十七年（1558年）废塌。此后历有增修。辛亥革命后废置。民国三十二年（1943年）拆毁。

所署内设镇抚司、吏目厅、军器局。明嘉靖年间设镇抚1人，吏目1人，司吏1人。所署左为旗纛庙，掌印千户行祀事。所署右为捷胜仓（原称永积仓），设大使1人，攒典1人，属杂职官，掌本仓粮税收支，隶捷胜所管辖，正统十年（1445年）改隶海丰县仓厫官，崇祯三年（1630年）裁革。清代沿用明制。宣统三年（1911年），辛亥革命爆发，所署废置。民国十六年（1927年）十一月，大革命胜利后，在所署设立中共海丰县第七区委员会。翌年三月，大革命失败后，所署再次废置。自此，所署作为历代军务行政机构所在地的历史，终告结束。

所署长官，明初设千户或镇抚；嘉靖末年设镇抚或副千户；万历时设千户；崇祯时设守备。清顺治初年设游击或守备；康熙时设都司、副将或游击；雍正时设千总、游击或都司；乾隆设都司、游击、守备或千总；嘉庆、道光、咸丰至光绪时设都司。各时期长官配置，随军事形势而定。长官以下，设百户 5—10 人。据明嘉靖版、清乾隆版、清同治版《海丰县志》及《碣石卫名将传》所载，自明洪武二十七年（1394 年）至清光绪三十二年（1906 年），捷胜所署武职官员共有 160 人。因考据之资料有限，窃以为所署武职官员，应有失考者。

附录：明清时期捷胜所署武职官员名表

朝代	姓名	籍贯	时间	官职	备注
明	侯良		洪武二十七年（1394 年）	千户	洪武二十七年（1394 年），驻防捷胜守御千户所
明	朱旺	庐州合肥	洪武二十八年（1395 年）	百户	洪武十六年（1383 年）袭（惠州）府军卫后所百户，十九年（1386 年）调水军卫左所，二十八年（1395 年）调捷胜守御千户所
明	汪保子	广州番禺	洪武二十九年（1396 年）	百户	驻防捷胜守御千户所
明	张保	应天六合	洪武二十九年（1396 年）	百户	其父天喜于洪武二年（1369 年）拨岳州卫左所充小旗，二十年（1387 年）阵亡。张保以其父阵亡，功升武德卫后所总旗。二十九年以年深改授捷胜守御千户所百户。永乐十七年（1419 年），调交趾新平卫中所
明	蔡文	湖广巴陵	永乐元年（1403 年）	副千户	驻防捷胜守御千户所
明	张弘	淮安海州	永乐四年（1406 年）	副千户	驻防捷胜守御千户所，永乐十五年（1417 年）调南海卫
明	吴通	广州番禺	宣德元年（1426 年）	百户	驻防捷胜守御千户所
明	张源	应天六合	宣德八年（1433 年）	百户	驻防捷胜守御千户所

续表

朝代	姓名	籍贯	时间	官职	备注
明	张贤	淮安海州	正统八年（1443 年）	副千户	驻防捷胜守御千户所
明	朱胜	浙江嵊县	正统九年（1444 年）	百户	驻防捷胜守御千户所
明	杜贵	永平滦州	正统九年（1444 年）	百户	正统九年（1444 年）自陕西洮州卫左所调捷胜守御千户所
明	张麟	淮安海州	天顺八年（1464 年）	千户	驻防捷胜守御千户所。天顺八年（1464 年）阵亡
明	张冕	淮安海州	天顺八年（1464 年）	千户	原为捷胜守御千户所副千户，天顺八年（1464 年）以张麟阵亡功升正千户
明	林芳		成化十九年（1483 年）	镇抚	驻防捷胜守御千户所
明	张瑛		成化二十三年（1487 年）	千户	驻防捷胜守御千户所
明	朱敬	庐州合肥	弘治九年（1496 年）	副千户	弘治九年（1496 年）以功升捷胜守御千户所副千户
明	朱锦	庐州合肥	嘉靖十七年（1538 年）	副千户	驻防捷胜守御千户所
明	第渭	浙江上虞	嘉靖二十七年（1548 年）	吏目	驻防捷胜守御千户所
明	夏鼎	直隶合肥	嘉靖二十九年（1550 年）	吏目	驻防捷胜守御千户所
明	张克忠	淮安海州	嘉靖三十四年（1555 年）	千户	驻防捷胜守御千户所。后减级袭副千户
明	朱德	浙江嵊县	嘉靖年间	百户	驻防捷胜守御千户所
明	杜友谅	永平滦州	嘉靖年间	百户	驻防捷胜守御千户所
明	吴君用	广州番禺	嘉靖年间	百户	驻防捷胜守御千户所
明	汪若水	庐州六安	嘉靖年间	百户	驻防捷胜守御千户所

续表

朝代	姓名	籍贯	时间	官职	备注
明	张鲲	应天六合	嘉靖年间	百户	驻防捷胜守御千户所
明	朱钰	庐州合肥	嘉靖年间	副千户	驻防捷胜守御千户所
明	林应阳		嘉靖年间	镇抚	驻防捷胜守御千户所
明	陈聪		嘉靖四十年（1561 年）	把总	驻防坎下水寨
明	李少庄	海丰县	嘉靖四十三年（1564 年）	守备	驻防捷胜守御千户所
明	蔡永兴	湖广巴陵	嘉靖末年	副千户	驻防捷胜守御千户所
明	刘松	海丰县	万历元年（1573 年）	千户	驻防捷胜守御千户所
明	汪如圭		万历十二年（1584 年）	千户	驻防捷胜守御千户所
清	汪古		顺治初年	守备	驻防捷胜守御千户所
清	张嘉钦	山东	顺治八年（1651 年）	游击	驻防捷胜守御千户所
清	张建忠	山东	顺治八年（1651 年）	守备	驻防捷胜守御千户所
清	贯得孝		顺治八年（1651 年）	千总	驻防捷胜守御千户所，后调宾州
清	高英		顺治八年（1651 年）	把总	驻防捷胜守御千户所
清	张三仕		顺治八年（1651 年）	把总	驻防捷胜守御千户所
清	索孔		顺治八年（1651 年）	把总	驻防捷胜守御千户所
清	魏进忠		顺治八年（1651 年）	把总	驻防捷胜守御千户所
清	徐起		顺治八年（1651 年）	把总	驻防捷胜守御千户所
清	龚德		顺治八年（1651 年）	把总	驻防捷胜守御千户所
清	何清	兴宁	顺治八年（1651 年）	把总	驻防捷胜守御千户所
清	李明道	陕西	顺治十四年	游击	驻防捷胜守御千户所
清	张起鹏		顺治十四年（1657 年）	守备	驻防捷胜守御千户所
清	郦杰		顺治十四年（1657 年）	千总	武举人。顺治十四年（1657 年），驻防捷胜守御千户所。康熙三年（1664 年），改平海白云口任左营千总。康熙八年（1669 年），升任海丰所守备

续表

朝代	姓名	籍贯	时间	官职	备注
清	李仲科	陕西	顺治十八年（1661 年）	游击	驻防捷胜守御千户所
清	牟存福	盛京	顺治十八年（1661 年）	守备	进士。驻防捷胜守御千户所
清	林达轩	莆田	康熙三年（1664 年）	左营游击	驻防捷胜守御千户所 ，后改揭阳游击
清	杨嘉瑞		康熙三年（1664 年）	左营守备	驻防捷胜守御千户所，后改连平营
清	索孔		康熙三年（1664 年）	左营守备	驻防捷胜守御千户所，后改长宁营
清	曹志	陕西	康熙三年（1664 年）	副将	康熙二年（1663 年），将游击改设副将（统辖都司、守备、把总）。康熙三年（1664 年），驻防捷胜守御千户所
清	曾以信	湖广	康熙三年（1664 年）	都司	乙未进士。 驻防捷胜守御千户所
清	芮梦龙	溧阳	康熙三年（1664 年）	守备	戊戌进士。驻防捷胜守御千户所
清	唐瑞	野州（陆丰乾隆志作“高邮州”）	康熙三年（1664 年）	把总	驻防捷胜守御千户所
清	洪涛	潮州	康熙三年（1664 年）	把总	驻防捷胜守御千户所
清	张捷	海丰县	康熙三年（1664 年）	把总	驻防捷胜守御千户所
清	龚贵	潮州	康熙三年（1664 年）	把总	驻防捷胜守御千户所
清	吴德	潮州	康熙三年（1664 年）	把总	驻防捷胜守御千户所
清	吴珍	海丰县	康熙三年（1664 年）	把总	驻防捷胜守御千户所，后改增城
清	彭翚	潮州	康熙三年（1664 年）	把总	驻防捷胜守御千户所
清	张熊		康熙七年（1668 年）	左营游击	驻防捷胜守御千户所

续表

朝代	姓名	籍贯	时间	官职	备注
清	张贵		康熙七年（1668 年）	左营游击	驻防捷胜守御千户所
清	赵仕		康熙七年（1668 年）	左营守备	驻防捷胜守御千户所，分汛坎下寨
清	王魁武		康熙七年（1668 年）	左营守备	驻防捷胜守御千户所，分汛坎下寨。康熙二十三年（1684 年）移驻甲子所城
清	秦应林		康熙七年（1668 年）	左营千总	驻防捷胜守御千户所
清	李景华		康熙七年（1668 年）	左营千总	驻防捷胜守御千户所，后擢游击。康熙十四年（1675 年）调甲子中营守备。康熙二十三年（1684 年）奉裁
清	张定		康熙七年（1668 年）	把总	驻防捷胜守御千户所
清	牛星耀		康熙七年（1668 年）	把总	驻防捷胜守御千户所
清	钟进		康熙七年（1668 年）	把总	驻防捷胜守御千户所
清	刘俊		康熙七年（1668 年）	把总	驻防捷胜守御千户所
清	王玟		康熙三十六年（1697 年）	左营守备	驻防捷胜所城。至康熙四十一年（1702 年）在任
清	张世美	北直（山东）	康熙年间	千总	管捷胜所兼平海所千总，雍正七年（1729 年）奉裁
清	郑星	陕西	康熙年间	千总	管捷胜所兼平海所千总，雍正七年（1729 年）奉裁
清	刘鸿图	陕西	康熙年间	千总	管捷胜所兼平海所千总，雍正七年（1729 年）奉裁
清	黄进	福建	康熙年间	千总	管捷胜所兼平海所千总，雍正七年（1729 年）奉裁

续表

朝代	姓名	籍贯	时间	官职	备注
清	韩又愈	江南江宁	康熙年间	千总	管捷胜所兼平海所千总，雍正七年（1729年）奉裁
清	傅为斗		康熙四十一年（1702年）底	左营游击	驻防捷胜所城。康熙四十九年（1710年）调永州镇
清	张富		康熙四十三年（1704年）	右营游击	康熙四十三年（1704年）奉文改营制，与左营对换，移驻捷胜所城。后擢右营都司。今存有“钦命广东碣石镇右营都督府张富遗爱碑”
清	李富有		康熙四十三年（1704年）	右营游击	康熙四十三年（1704年）奉文改营制，与左营对换，移驻捷胜所城
清	张尧彩		康熙四十三年（1704年）	右营游击	康熙四十三年（1704年）奉文改营制，与左营对换，移驻捷胜所城
清	刘任		康熙四十三年（1704年）	右营游击	康熙四十三年（1704年）奉文改营制，与左营对换，移驻捷胜所城
清	赖天成		康熙四十三年（1704年）	右营游击	康熙四十三年（1704年）奉文改营制，与左营对换，移驻捷胜所城
清	童成恩		康熙四十三年（1704年）	右营游击	康熙四十三年（1704年）奉文改营制，与左营对换，移驻捷胜所城
清	章茂隆	新会县	康熙四十三年（1704年）	右营守备	康熙四十三年（1704年）奉文改营制，与左营对换，移驻坎下寨
清	杨彪	新会县	康熙四十三年（1704年）	右营守备	康熙四十三年（1704年）奉文改营制，与左营对换，移驻坎下寨

续表

朝代	姓名	籍贯	时间	官职	备注
清	廖勇	新会县	康熙四十三年（1704年）	右营守备	康熙四十三年（1704年）奉文改营制，与左营对换，移驻坎下寨
清	张世英	新会县	康熙四十三年（1704年）	右营守备	康熙四十三年（1704年）奉文改营制，与左营对换，移驻坎下寨
清	林景	新会县	康熙四十三年（1704年）	右营守备	康熙四十三年（1704年）奉文改营制，与左营对换，移驻坎下寨
清	潘朝定	新会县	康熙四十三年（1704年）	右营守备	康熙四十三年（1704年）奉文改营制，与左营对换，移驻坎下寨
清	余龙	顺天	康熙四十三年（1704年）	把总	康熙四十三年（1704年）奉文改营制，与左营对换，移驻捷胜所城
清	尧胜	广州	康熙四十三年（1704年）	把总	康熙四十三年（1704年）奉文改营制，与左营对换，移驻捷胜所城
清	郭华	北直	康熙四十三年（1704年）	把总	康熙四十三年（1704年）奉文改营制，与左营对换，移驻捷胜所城
清	王济吾	河南	康熙四十三年（1704年）	把总	康熙四十三年（1704年）奉文改营制，与左营对换，移驻捷胜所城
清	高标	广东	康熙四十三年（1704年）	把总	康熙四十三年（1704年）奉文改营制，与左营对换，移驻捷胜所城
清	黄山	山西	康熙四十三年（1704年）	把总	康熙四十三年（1704年）奉文改营制，与左营对换，移驻捷胜所城

续表

朝代	姓名	籍贯	时间	官职	备注
清	张二	江南	康熙四十三年（1704 年）	把总	康熙四十三年（1704 年）奉文改营制，与左营对换，移驻捷胜所城
清	黄能	广东	康熙四十三年（1704 年）	把总	康熙四十三年（1704 年）奉文改营制，与左营对换，移驻捷胜所城
清	黄俊成	广州	康熙四十三年（1704 年）	把总	康熙四十三年（1704 年）奉文改营制，与左营对换，移驻捷胜所城
清	张得时	河南	康熙四十三年（1704 年）	把总	康熙四十三年（1704 年）奉文改营制，与左营对换，移驻捷胜所城
清	孟得瑞	直隶	康熙四十三年（1704 年）	把总	康熙四十三年（1704 年）奉文改营制，与左营对换，移驻捷胜所城
清	陆凤	浙江	康熙四十三年（1704 年）	把总	康熙四十三年（1704 年）奉文改营制，与左营对换，移驻捷胜所城
清	江铨	广东	康熙四十三年（1704 年）	把总	康熙四十三年（1704 年）奉文改营制，与左营对换，移驻捷胜所城
清	周权	广东	康熙四十三年（1704 年）	把总	康熙四十三年（1704 年）奉文改营制，与左营对换，移驻捷胜所城
清	张禄	广东	康熙四十三年（1704 年）	把总	康熙四十三年（1704 年）奉文改营制，与左营对换，移驻捷胜所城
清	褥成	广东	康熙四十三年（1704 年）	把总	康熙四十三年（1704 年）奉文改营制，与左营对换，移驻捷胜所城

续表

朝代	姓名	籍贯	时间	官职	备注
清	刘元	山西	康熙四十三年（1704 年）	把总	康熙四十三年（1704 年）奉文改营制，与左营对换，移驻捷胜所城
清	李思贤	海丰县	康熙四十三年（1704 年）	右营千总	康熙四十三年（1704 年）奉文改营制，与左营对换，移驻捷胜所城
清	陈乾	海丰县	康熙四十三年（1704 年）	右营千总	康熙四十三年（1704 年）奉文改营制，与左营对换，移驻捷胜所城
清	王喜	海丰县	康熙四十三年（1704 年）	右营千总	康熙四十三年（1704 年）奉文改营制，与左营对换，移驻捷胜所城
清	杨忠	海丰县	康熙四十三年（1704 年）	右营千总	康熙四十三年（1704 年）奉文改营制，与左营对换，移驻捷胜所城
清	廖九魁	海丰县	康熙四十三年（1704 年）	右营千总	康熙四十三年（1704 年）奉文改营制，与左营对换，移驻捷胜所城
清	刘任	海丰县	康熙四十三年（1704 年）	右营千总	康熙四十三年（1704 年）奉文改营制，与左营对换，移驻捷胜所城
清	周元	海丰县	康熙四十三年（1704 年）	右营千总	康熙四十三年（1704 年）奉文改营制，与左营对换，移驻捷胜所城
清	曾大勇	海丰沙港	康熙四十八年（1709 年）	左营千总	康熙五十三年（1714 年），调防甲子门所，升任碣石镇左营中军守备
清	张凤		雍正二年（1724 年）	千总	驻防捷胜所城
清	汪承烈		雍正二年（1724 年）	千总	驻防捷胜所城

续表

朝代	姓名	籍贯	时间	官职	备注
清	赖天祥	海丰县	雍正十二年（1734年）四月	右营游击	驻防捷胜所城
清	陈谢勇	南澳县	雍正末年	右营都司	驻防捷胜所城
清	罗昌吉	嘉应州	乾隆六年（1741年）	把总	驻防捷胜所城
清	陈定举	南澳县	乾隆七年（1742年）	右营守备	驻防捷胜所城
清	谢恩	海丰县	乾隆八年（1743年）	把总	驻防捷胜所城
清	许韬	陆丰县	乾隆九年（1744年）	右营千总	驻防捷胜所城
清	陈朝辉	海丰县	乾隆九年（1744年）	把总	驻防捷胜所城
清	曾伟	捷胜镇	乾隆十二年（1747年）	右营都司	武进士。驻防捷胜所城。官至碣石镇中营游击兼署平海营参将
清	谭秀	新会县	乾隆十二年（1747年）	右营守备	驻坎下寨
清	林葵	海丰县	乾隆十二年（1747年）	右营千总	驻防捷胜所城
清	赵章	海丰县	乾隆十二年（1747年）	把总	驻防捷胜所城
清	陈中兴	电白县	乾隆十三年（1748年）	右营游击	驻防捷胜所城
清	温邦勇	陆丰县	乾隆三十七年（1772年）	右营都司	驻防捷胜所城
清	林国良	漳州海澄县	乾隆四十八年（1783年）	右营游击	驻防捷胜所城
清	黄标	南澳县	乾隆五十八年（1793年）	右营都司	驻防捷胜所城

续表

朝代	姓名	籍贯	时间	官职	备注
清	毛国斌	香山县	嘉庆末年	右营都司	驻防捷胜所城
清	吴占	海丰县	嘉庆十九年（1814年）	右营守备	嘉庆十九年（1814年）甲戌科武进士，驻防坎下寨。道光十七年（1837年），升任碣石镇右营都司，移驻捷胜所城
清	刘玉锦	碣石镇	道光初年	右营千总	驻防捷胜所城。其子刘大忠为碣石镇中营游击
清	刘大忠	碣石镇	约道光九年（1829年）	守备	驻防捷胜所城。道光十四年（1834年）八月，以功升碣石镇中营游击
清	麦廷章	鹤　山	约道光十四年（1834年）	右营都司	驻防捷胜所城
清	羊英科	潮阳海门	道光十五年（1835年）	右营守备	驻防捷胜所城
清	庄起凤	普宁县	约道光十六年（1836年）	右营都司	道光十五年（1835年），乙未科中式赐武进士。驻防捷胜所城
清	黄　琮	南澳县	道光十九年（1839年）	右营都司	驻防捷胜所城
清	马辰卢		道光十九年（1839年）	副将	原为右营游击，驻防捷胜所城
清	李贤		道光十九年（1839年）	副将	驻防捷胜所城
清	林大光		道光十九年（1839年）	副将	驻防捷胜所城
清	王应凰		道光十九年（1839年）	右营千总	驻防捷胜所城
清	杨雄超		道光十九年（1839年）	把总	驻防捷胜所城
清	潘水蓁		道光十九年（1839年）	把总	驻防捷胜所城

续表

朝代	姓名	籍贯	时间	官职	备注
清	朱镇邦		道光十九年（1839 年）	外委	驻防捷胜所城
清	余兴邦		道光十九年（1839 年）	外委	驻防捷胜所城
清	黄文祥		道光十九年（1839 年）	外委	驻防捷胜所城
清	欧镇江		道光十九年（1839 年）	外委	驻防捷胜所城
清	肖超群		道光二十年（1840 年）	右营都司	驻防捷胜所城
清	黄庆元	南澳县	道光二十年（1840 年）	右营守备	移驻坎下寨
清	郑耀祥	南澳县	咸丰初年	右营都司	驻防捷胜所城
清	蔡先攀	澄海县	咸丰五年（1855 年）	右营都司	驻防捷胜所城
清	陈◇◇		咸丰五年（1855 年）	右营守备	驻防坎下寨
清	郑鹏飞	香山县	光绪十三年（1887 年）	右营都司	驻防捷胜所城
清	吴祥达	浙江淳安	光绪年间	右营都司	驻防捷胜所城
清	杨◇◇		光绪二十年（1894 年）	右营都司	驻防捷胜所城
清	黄◇◇		光绪二十二年（1896 年）	右营都司	驻防捷胜所城
清	吴祥光	海阳县	光绪三十二年（1906 年）	游击	驻防捷胜所城

第二节 民国时期镇政府机构

民国元年（1912 年），海丰县设县公署，县以下设镇乡。至民国二十年（1931 年），县公署改称县政府，基层政权实行区乡制，县以下设区、镇、乡。时值训政时期，区、镇、乡长人选，概由县长委派地方耆绅充任。民国十六年（1927 年）11 月，大革命取得胜利，在捷胜所署和北门街红楼分别建立中共海丰县第七区委员会和海丰县第七区苏维埃政府，下辖东、西、南、北 4 个行政镇。民国十七年（1928 年）3 月，大革命失败后，改设为东南、西北 2 镇，其组织除镇长外，仅有镇队副（镇治安副队长）1 人、职员 2—3 人，副镇长大都无任职。民国三十一年（1942 年）6 月，镇扩大组织，设经济、民政、文化、警卫 4 个股，每股设主任 1 人、干事 1 人、事务员 2 人。其中经济、民政 2 股主任由副镇长兼任，警卫股主任由镇队副兼任，文化股主任由中心校长兼任。各股干事采用聘任制，事务员亦然。但因经济问题，实职的只有镇长、镇队副及干事，其余者均为挂名。此外，镇设有自卫班，成员若干人。实际上，在民国三十二年（1943 年）6 月以前，镇政府似乎已实行自治。民国三十三年（1944 年），东南、西北 2 镇合并为捷胜镇。至民国三十八年（1949 年）6 月，镇政府机构设置情况并无变化。

附录：民国时期政权系统沿革及领导人名表（1927年11月—1949年6月）

政府机构名称	职务	姓名	任免时间
第七区署 1927.11—1936	东镇镇长	林蕴山	1935年以前
	西镇镇长	何典伍	1935年以前
	南镇镇长	何照全	1935年以前
	北镇镇长	许香涛	1935年以前
	东南镇镇长	赖　高	1935年以后
	西北镇镇长	曾伯承	1935—1936年
第四区署 1936—1949.6	西北镇镇长	曾伯承	1936年以后
	西北镇镇长	刘黎光	1937年以后
	西北镇镇长	陈莲阁	1942年以前
	西北镇镇长	刘烈光	1942年以后
	西北镇镇长	梁岳初	1943年6月以前
	西北镇副镇长	林无忧	1935年以后
	西北镇副镇长	陈宝瑶	1942年以后
	东南镇镇长	周　镛	1937年秋以后
	东南镇镇长	何伯舜	1937年秋—1939年
	东南镇镇长	林无忧	1940年以后
	东南镇镇长	黄忠（代）	1943年6月以前
	东南镇副镇长	何斯奇	1943年6月以前
第四区署 1936—1949.6	东南镇副镇长	林启绍	1943年6月以前
	捷胜镇镇长	林汉采	1943年6月—1945年初
	村公所村长	黄顺汉	1945年春—同年秋
	村公所副村长	何仲廷	1945年春—同年秋
	西北镇副镇长	何懋德	1945—1946年
	捷胜镇镇长	林戈平	1947年秋—1949年春
	捷胜镇副镇长	梁良超	1947年秋—1949年春

第三节　人民政府

民国三十八年（1949 年）7 月 1 日，捷胜正式建政，成立镇人民政府，隶属第八区人民政府（驻地捷胜）。当时，区干部由县选派，乡镇干部由区选派，村（街）干部由乡（镇）在本地选举推荐。区人民政府设民政、文教、财粮、生产、治安 5 个股，配有区长 1 名，副区长 1—2 名，文书 1 名，民政等股长各 1 名，会计兼财务 1 名，勤杂 1—2 名，炊事员 2 名，全属脱产人员。乡镇人民政府一般有政治指导员 1 名，乡（镇）长 1 名，无政治指导员的配副乡（镇）长 1 名，财粮员 1 名，民兵中队长 1 名，乡干部有脱产（供给制）、半脱产（粮贴制）两种，村干部均不脱产。从建政至 1958 年 10 月间，镇人民政府机构设置较为简单。1958 年 10 月，人民公社设管理委员会，下辖大队、生产队。公社管委会设社长、副社长，组织、妇女、青年、武装、民政、农业、工交、财贸、经管、林业、渔业、粮食、文教等部门设办公室，配有委员、助理员、干事、治保、民兵等干部。

1968 年，公社、大队管委会改设公社、大队革命委员会。1976 年 10 月，改设公社委员会。从 1968 年至 1983 年，中央对人民公社的管理体制，曾不断做出调整。1960 年 11 月，规定人民公社实行三级所有制，以队（大队）为基础。1962 年 2 月，中央又决定人民公社以生产队为基本核算单位。1982 年，中央根据农村实行联产承包责任制后出现的情况，决定政社分开，建立乡政权，从根本上克服人民公社“政社合一”体制的弊端。1983 年，新宪法规定我国农村的基层政权是乡、民族乡、镇。人民公社成为集体经济组织，不再肩负政权的职能，实行党、政、企分开。至此，政府设助理制，各部门均配 1 个助理。

建区后，捷胜从海丰县析出，划归城区，镇人民政府机构设置为

“七所八站”。2002 年，又合并为党政办、社事办、农业办、经济办、计生办等 5 大办，各办设正、副主任 1 名。

附录：中国共产党政权建立后政权系统沿革及领导人名表（1949 年 7 月—2018 年）

单位	职位	姓名	任职时间
捷胜镇人民政府 1949.7—1949.10	镇长	梁峰	1949.7—1949.10
	副镇长	谢玉书	1949.7—1949.10
	副镇长	蔡作亮	1949.7—1949.10
第八区公所 1952.9—1956.9	区长	申景合	1952.10—1953.8
	区长	刘宝占	1953.10 任
	副区长	刘 洪	1955.4—1955.9
	副区长	刘 安	1955.8 任
	副区长	曾善禄	1955.3 任
捷胜区公所 1956.9—1958.4	区长	刘宝占	连任至 1957.2
	副区长	曾善禄	连任至 1958.5
	副区长	鄞 钦	1957.2—1958.5
捷胜乡人民政府 1958.4—1958.10	乡长	曾善禄	1958.4—1958.12
捷胜人民公社 管理委员会 1958.10—1966.4	社长	许连忠	1958.12—1959.6
	社长	申景合	1959.5—1959.6
	社长	黎友杰	1959.6—1962.5
	社长	余炳坤	1962.6—1963.9
	社长	吕能富	1963.9—1968.4
	社长	鄞 钦	1966.3—1970 年前
	副社长	陆 祥	1958.12—
	副社长	郭 春	1963.1—
	副社长	陈献亮	1963.1—
	副社长	张立文	1965.12—1966.3
	副社长	林小娟（女）	1966.3—1968.4
	副社长	余远葵	1966.3—1968.4

续表

单位	职位	姓名	任职时间
捷胜人民公社革命委员会 1966.5—1982.12	主任	黄镇元	1968.4—1969.1
	主任	蔡益智	1969.4—1970.7
	主任	余大柱	1970.7—1975.8
	主任	蔡 妙	1975.8 任
	副主任	施文生	1968.4 任
	副主任	周惜（女）	1968.4 任
	副主任	林春茂	1969.12—1977.6
	副主任	许仁水	1972.1—1973.12
	副主任	叶 亮	1973.3 任
	副主任	何 扬	1973.3 任
	副主任	钟月良（女）	1973.12 任
	副主任	卓 诠	1975.7 任
	副主任	陈回	1976.3 任
	副主任	周妈零	1976.10 任
	主任	蔡妙	连任—1977.9
	主任	叶亮	1977.9—1980.11
	主任	曹树南	1980.11—1982.10
	副主任	何扬	连 任
	副主任	钟月良（女）	连任—1982.8
	副主任	周妈零	连任—1980.12
	副主任	叶创文	1977.2—1979.6
	副主任	黎友珠	1977.3 任
	副主任	曹树南	1979.10—1980.11
	副主任	黄 隆	1979.5 任
	副主任	黄六妹	1980.9 任
	副主任	黎 治	1981.1 任
捷胜人民公社管理委员会 1983.1—1984.1	副主任	何 扬	连任—1984.2
	副主任	黄 隆	连任—1984.2
	副主任	黄六妹	连任—1984.2
	副主任	黎 治	连任—1984.2

续表

单位	职位	姓名	任职时间
捷胜区公所 1984.1—1987.4	区长	祝建川	1984.1—1987.3
	区长	张道瑜	1987.3—1987.4
	副区长	柯忠诚	1984.1—1987.3
	副区长	何秀本	1985.2—1986.2
	副区长	罗水庚	1987.2—1987.4
	副区长	陈友泰	1987.3—1987.4
捷胜镇人民政府 1987.4—现在	镇长	张道瑜	1987.4 任
	副镇长	陈友泰	1987.4 任
	副镇长	罗水庚	1987.4 任
	镇长	张道瑜	连任—1988.11
	镇长	吴戊己	1988.11—
	副镇长	刘 赠	1988.9—
	副镇长	罗水坑	连任—1990.10
	副镇长	陈友泰	连任—1990.12
	镇长	吴戊己	连任—1993.2
	副镇长	刘 赠	连任—1993.3
	副镇长	何大海	1990.12—
	副镇长	周富然	1990.12—
	镇长	陈伙联	1993.5—1996.3
	副镇长	何大海	连任—1996.1
	副镇长	周富然	连任—1996.2
	副镇长	庄城琪	1993.5—1994.10
	副镇长	黄义丞	1993.5—1995.12
	副镇长	谢显水	1994.6—1996.3
	镇长	谢显水	1996.3—
	副镇长	郑新钦	1996.3—
	副镇长	许昌林	1996.3—
	副镇长	刘克敏	1996.3—
	副镇长	何秀滔	1996.3—

续表

单位	职位	姓名	任职时间
捷胜镇人民政府 1987.4—现在	镇长	吕佛民	1997.10
	镇长	刘 衡	1998 年任
	副镇长	刘克敏	连 任
	副镇长	何秀滔	连 任
	副镇长	郑新钦	连 任
	副镇长	许昌林	连 任
	镇长	郑新钦	2000 年任
	副镇长	刘克敏	连 任
	副镇长	何秀滔	连 任
	副镇长	蔡举瑜	2000 年任
	副镇长	陈锦锋	2000 年任
	副镇长	何世蓬	2000 年任
	镇长	刘学深	2002.3 任
	副镇长	蔡举瑜	连 任
	副镇长	游远坤	2002.3 任
	副镇长	何世烈	2002.3 任
	镇长	郑伟雄	2004 年任
	副镇长	游远坤	连 任
	副镇长	何世烈	连 任
	副镇长	卓红钻	2004 年任
	镇长	刘克涛	2005 年任
	副镇长	何世烈	连 任
	副镇长	庄永富	2005 年任
	镇长	卓红钻	2006.9 任
	镇长	曾昭好	2007 年任
	副镇长	何世烈	连 任
	副镇长	邝学武	2006.9 任
	镇长	曾昭好	2011 年 10 月连任
	副镇长	邝学武	2011 年 10 月连任 2015 年 11 月调出
	副镇长	范远途	2011 年 10 月连任
	镇长	曾昭好	2011 年 10 月连任 2017 年 7 月调出

续表

单位	职位	姓名	任职时间
	副镇长	曾海生	2016 年 3 月任
	副镇长	李庆新	2017 年 7 月任
	镇长	吴春磊	2017 年 7 月任

第四节　人民代表大会

一、人大代表选举

1953 年 2 月，中央人民政府颁布《中华人民共和国全国人民代表大会及地方各级人民代表大会选举法》。1954 年 4 月，捷胜镇开始第一届人民代表大会代表的选举。具体选举办法：由镇换届选举委员会分配名额到各村（社区），选举采取无记名投票的方式，按名额选举产生出席镇人民代表大会代表。代表任期 3—5 年。每届召开代表大会一次，例会每年 2 次，代表大会依法选举产生人大主席、副主席，人大主席由党委书记兼任。1980 年起，重新开始人大代表选举制度。1999 年开始，镇党委书记不再兼任人大主席，人大成为独立机构，人大主席属正科级，并配备人大副主席，设立人大办公室，属股级单位。因特殊工作需要或岗位职务变动，人大主席、副主席可在人大例会中补选或选举。2000 年，主席又由党委书记兼任。2016 年，再设专职主席至今。

二、历届捷胜镇人民代表大会

第一至十二届（缺）

第十三届

时间: 2002 年 3 月

地点：捷胜镇人民政府

会期: 2 天，代表 66 人

主要内容和结果：选举产生镇长刘学深；副镇长：蔡举瑜、游远坤

人大副主席：林滔

第十四届

时间：2006 年 9 月 27—28 日

地点：捷胜镇人民政府

召开会期：2 天，本次出席代表 69 人。

主要内容与结果：选举产生镇长卓红钻；副镇长：邝学武、何世烈；人大副主席林溜。

第十五届

时间：2011 年 10 月 13—14 日

地点：捷胜镇人民政府

召开期限：2 天，本次出席代表 70 人

主要内容和结果：选举产生捷胜镇镇长曾昭好；副镇长邝学武、范远途；人大副主席：何秀国。

第十六届一次会议

时间：2016 年 9 月 28—29 日

地点：捷胜镇人民政府

召开会期：2 天，本次人大代表 72 人

主要内容结果：选举产生捷胜镇镇长曾昭好；副镇长曾海生、李庆新；人大主席吴春磊。

第十六届二次会议（例会）

第十六届三次会议

时间：2017 年 8 月 24—25 日

会期：2 天，出席代表 70 人

会议程序：1. 听取捷胜镇府工作报告；2. 听取镇人大工做报告；3. 选举产生吴春磊同志任捷胜镇镇长职务。

第十六届四次会议

时间：2017 年 12 月 17—18 日

会期：2 天，出席代表 68 人

会议议程：1. 听取吴春磊镇长代表政府做工作报告；2. 听取何世海同志作镇人大工作报告；3. 选举产生何世海同志为镇人大主席职务。

第十六届五次会议

时间：2018 年 4 月 20 日

会期：1 天，出席代表 71 人

会议议程：1. 听取吴春磊镇长代表政府做工作报告；2. 听取何世海同志作镇人大工作报告；3. 补选江海滨为镇人大副主席。

第十六届六次会议

时间：2018 年 12 月 19 日

会期：1 天，出席代表 70 人

会议议程：1. 听取吴春磊镇长代表政府做工作报告；2. 听取何世海同志做镇人大工作报告。

三、人大主席团及其组织活动

人民代表大会期间，通过选举产生镇人大主席团，并选举常务主席，主持会议。根据广东省委粤发 [1989]24 号文件的规定：常务主席在乡镇人大主席团中推选产生，可以是专职或兼职，在同级党委领导下，开展各项工作，专职常务主席列席同级常委会议，与政府同级。其主要职责是负责召集、主持主席团会议，办理主席团委托的工作，组织和主持会议，讨论、审议和参与决定重大事项，在人大会闭幕期间，召集主席团成员或人民代表督促人大决议的贯彻实施，组织代表观察等活动。

出席市、区的人大代表，积极履职议政，向上级人民政府提出议案。同时，镇人大及其代表履行人大的主要职能，监督同级人民政府施政，有权向人大会提出议案、意见和建议。

附录：（一）捷胜镇出席海丰县人民代表大会历届代表名录

第一届

时间：1954 年 6 月 20 日—28 日

第八区代表 14 名：罗钎、刘友、欧望府、黄兰、刘初二、何可朝、黄冰、何谋、何佛志、傅聪、曾妈明、黄俊、严昌寿、何赫。

第二届

时间：1957 年 1 月 18 日—23 日

捷胜区代表 16 名：何杨、何懋周、陈锡、陈章、冯若明、何妈托、何若谷、许香涛、蔡惠、黄妈宝、何赫、罗双喜、陈坤钧、阿罗、周振藩、曾妈明。

第三届

时间：1958 年 5 月 14 日—17 日

捷胜乡代表 15 名：田中三、何茂洲、许香涛、蔡惠等。

第四届

时间：1960 年 12 月 25 日—27 日

捷胜公社代表 16 名：申景合、许连忠、陆祥、袁玉英、廖水万、刘报、罗双喜、周华秒、周双、刘汉、程为、陈辉寅、刘忠群、石占威、许香畴、蔡惠。

第五届

时间：1963 年 9 月 19 日—22 日

捷胜公社代表 20 名：吕能富、林若清、刘枚、陈坚、陈惠滨、彭妈带、莫江、许香涛、陈玉、何汪、周妈锞、罗宗满、梁亮胜、刘汉、何赫、叶棒、罗双喜、刘锦传、刘照、吴城武。

第六届

时间：1983 年 3 月 4 日—6 日

捷胜公社代表 16 名：何杨、何湾、吴国、李朝、周舜生、黄利溢、黄必烈、何可、刘赠、邝水、陈月明（女）、陈注、陈成瑞、张兴、曾明、罗金随。

第七届

时间：1984 年 6 月 11 日—14 日

捷胜区代表 13 名：邝晃、刘政、李朝、吴勤、何文、何瑞芳（女）、何纯光、陈国、陈月明（女）、罗双喜（女）、祝建川、黄妈宝、蒲美杏（女）。

第八届

时间：1987 年 4 月 23 日—27 日

捷胜镇代表 11 名：何文、何文吟、何纯光、陈坤拥、张道瑜、罗梅（女）、罗金随、罗成慧、周贞固、周富赐、颜经标。

附录：（二）捷胜镇出席汕尾市城区人民代表大会历届代表名录

第一届

时间：1988 年 11 月—1991 年 1 月

捷胜镇代表 24 名：刘铸、吴戊己、吴宏利、何芳（女）、何城、何可壮、何可贤、何可戴、陆针、陈石生、林艺群、林碧玲（女）、罗月明（女）、罗双喜（女）、罗金随、周贞固、郑惠声、黄烈、黄兴象、程建勋、詹文选、蔡来、蔡文婉（女）、颜经标。

第二届

时间：1991 年 1 月—1993 年 6 月

捷胜镇代表 25 名：吴上辉、吴戊己、何可业、何世奋、何秀锋、何秀滔、何热荷、李启良、张扶、林碧玲（女）、罗宜、罗月明（女）、罗少莲（女）、周贞固、周振胜、郑惠声、黄烈、黄少琼（女）、黄健雄、黄锦成、梁棉（女）、蒲乐方、蔡来、颜伦棠、魏珍（女）。

第三届

时间：1993 年 6 月—1998 年 4 月

捷胜镇代表 26 名：刘法、李桃、李玉成、吴顿、吴耀贤、张古、张杰村、何扬、何小唯、何世训、陈友秦、陈伙联、陈坤珍、林江、林碧玲（女）、罗少莲（女）、罗月明（女）、周盛、周贞固、黄佳、黄碧（女）、黄少琼（女）、黄锦成、梁棉（女）、蔡贤、颜伦棠。

第四届

时间: 1998 年 4 月—2003 年 5 月

捷胜镇代表 24 人：冯如、刘赠、刘在益、李守、吕佛民、何秀本、何秀昌、陈显光、吴木坤、林平、周妈零、唐塔、莫胜杰、翁楚云（女）、黄兴查、曾昭梗、蒲惜红（女）、赖乙超、蔡贤、蔡来、蔡素文（女）、蔡慕玉（女）、何大海、刘衡（补选）。

第五届

时间: 2003 年 5 月—2006 年 9 月

捷胜镇代表 22 人：莫道戊、何秀昌、何秀本、周茸（女）、李庆新、黄古、何秀锋、颜小娟（女）、许院、吕佛民、黄兴肩、李克东、邱秀花（女）、李楚云（女）、蒲乐芳、林符、黎立雄、黄杭草、林溜、刘学深、冯如、何纪迅。

第六届

时间: 2006 年 9 月— 2011 年 3 月

捷胜镇代表 23 人：郑新钦、何世蓬、曾昭群、李楚云（女）、卓红钻、何秀本、蒲美杏（女）、陈仁波、黄烈、黄兴肩、冯如、莫道戊、何文吟、何秀麟、李庆新、许院、黎立雄、张成光、张杰村、黄明辉、何秀锋、冯命贵、梁良晓。

第七届

时间: 2011 年 4 月—2016 年 3 月

捷胜镇代表 21 人：刘克敏、何秀国、邝文泉、陈嘉涛、曾昭群、曾昭好、李楚云（女）、张杰村、黄盛、何文吟、陈仁波、黄兴肩、冯孟贵、黎立雄、莫道梭、张成波、何秀麟、黄斗寅、张成光、何世道、黄龙。

第八届

时间：2016 年 4 月—

捷胜镇代表 22 人：刘克敏、曾昭好、吴春磊、刘炳、吴楚花（女）、黄春波、黄妮（女）、黄龙、何成光、陈仁波、陈展科、黄兴肩、邝文泉、冯如、何文吟、莫道梭、颜春叶、何秀麟、黎立雄、蒲晓城、刘耀东、李辉雄。

附录：（三）捷胜镇出席汕尾市人民代表大会历届代表名录

第一届：吴戊已、蔡文婉（女）、何可藏。

第二届：吴戊已、黄兴象。

第三届：何大海、何秀锋、黄妮（女）、赖乙超。

第四届：何大海、何秀锋、黄妮（女）、赖乙超。

第五届：卓红钻、黄兴肩、梁良晓、何秀锋。

第六届：黄兴肩、刘克敏、周仲富。

第七届：黄兴肩、周仲富、黄妮（女）。

第十二章　党派　群团

第一节　中国共产党捷胜地方组织

一、中华人民共和国成立前党组织概况

民国十三年（1924年），李劳工、林务农随彭湃赴广州，李劳工参加中国共产党，被广东党组织选送到黄埔军校第二期学习；林务农参加社会主义青年团。随后，梁秉刚、梁良蕚、何照全、何丹成、何醒农等先后参加社会主义青年团，分别在海丰农讲所和农民训练所学习，成为党团组织的骨干。民国十四年（1925年）3月，李劳工受党委派，在海城林氏祖祠成立海陆丰农民自卫军总队，并担任总队长。同年9月，为国民党所捕，在田墘就义。其时，广东国民革命军东征克复海丰，彭湃着手组建海丰中共党组织和苏维埃政权。

民国十四年（1925年）夏，中共党员杨江、叶娘庇、林跃俞、陈庆广、蔡举德、莫捷光、李生等，根据中共海丰特委指示，在东坑村成立第七区支部，还在各村吸收一批知识分子和农民参党参团。民国十五年（1926年）秋，林务农、何醒农、何丹成等到各村组织赤卫队员9000多人，配合工农红军围攻捷胜城，但攻而不克。民国十六年（1927年）8月，捷胜农会带领农民进行减租减息运动，组织妇女宣传队，下乡宣传；组织妇女解放协会，反对男尊女卑、婚姻包办；禁止童养媳，提倡

婚姻自由，一夫一妻制；发动妇女参加社会活动，解除裹足等。同年11月18日至20日，捷胜城被红二师、农会军攻破。民国十七年（1928年）二月，国民党陈济棠部3000多人围攻海陆丰，因双方力量悬殊，县城失陷，部分农村遭洗劫，中共党员及农会成员损失惨重，转入地下斗争，一部分转移到中国香港、南洋等地；一部分随军转战到鲘门大南山；一部分转向陆丰、碣石；其余的隐藏于山洞中待机而动。

民国二十二年（1933年），海丰地下党受国民党破坏，停止活动。民国二十六年（1937年）恢复活动。同年7月7日，抗日战争全面爆发，中华民族面临生死存亡。民国二十七年（1938年），郑重回汕尾后，在汕尾重建党的基层组织，派何世汉回捷胜，与蔡烈等一起恢复第二次国内战争时期的老党员，发展新党员。同年3月，成立青年抗敌同志会。捷胜镇青年积极响应中心县委和区委的号召，踊跃投身抗日救亡运动，积极参加抗日同志会。11月，又成立中共海丰县第四区委员会，驻地捷胜，隶属海丰县工委（后隶属中共海陆丰中心县委），书记为蔡烈、组织为刘焕章、宣传为何世汉（后为杨家齐）。第四区委员会成立后，坚持抗日民族统一战线的方针、政策，团结进步力量，依靠广大群众，领导沦陷区人民英勇抗击日本侵略者。通过演话剧、演街头剧、画壁画、唱抗日歌曲、办儿童干训班、办夜校等各种形式，向群众进行抗日救亡宣传活动。同时，地下党还拉拢土匪，组建抗日武装队伍。民国二十八年（1939年）4月，党组织在进步青年中发展党员，成立中共捷胜镇青年党支部，驻地捷胜，隶属四区委，书记为何世汉（后为何鼎元），组织为何若玑（女）、宣传为何世汉。民国二十九年（1940年），郑重调离汕尾后，由谢创继任海丰县委书记。县委根据形势需要，改组第四区区委，统一领导全区党的小组及党员，实行单线联系。民国三十一年（1942年），“粤北事件”发生后，遵照上级关于停止党的组织活动的指示，海丰全县停止党的活动，县设联络员，负责上下沟通，各区设分片联络员。第四区为田墘捷胜片，联络员有许昌炽、李民、杨蓬、李火、何熊光等，都与县联络员保持单线联系。民国三十二年（1943 年）11 月，恢复党的组织活动，海陆丰改设特派员，各区仍设联络员，负责与上级联系和向下沟通。民国三十三年（1944 年）4 月，各区成立区委，捷胜恢复第四区委员会，隶属海陆丰特派员领导，书记为许昌炽（后为赖高），委员为李民、杨蓬、李火、何熊光。民国三十四年（1945 年）5 月，随着抗日战争进入反攻阶段，东纵六支队挺进海陆丰，广泛出击日本侵略者，建立敌后根据地，着手组建民主政权。第四区召开人民代表大会，在捷胜成立第四区抗日民主政府，隶属中共海陆丰中心县委，许昌炽改任区长兼区武装大队政委，区委书记由赖高担任，何熊光改任副区长、罗烈忠为参议长、陈庆广为副参议长，李民、杨蓬、李火仍为委员。同年 8 月 15 日，抗战胜利。10 月，国共双方在重庆签署《双十协定》，国民党被迫同意和平建设的方针。

民国三十五年（1946 年）初，内战爆发，国民党广东政府派 154 师、186 师进驻海陆丰，配合当地武装，对中共抗日武装、民主政权和群众团体进行疯狂“围剿”“扫荡”。同年 6 月，东纵北撤山东后，海丰县党组织进入了艰苦隐蔽斗争阶段，开展地下武装斗争。根据上级决定，中共海丰县委改为特派员制，依靠北撤时留下的少数武装来掩护地方党组织的活动。当时，捷胜只有海鹰队（队长黄平）在暗中活动，积蓄力量，以待时机。因而党组织转入地下掩蔽活动，实行单线联系，根据有理、有利、有节的原则，进行稳打稳扎地斗争。捷胜地下党组织根据中心县委指示，召集隐蔽的抗日人员和青年参军，发动、组织群众反“三征”，实行减租减息运动，组织武工队、民运队、民兵后备队，积极配合人民自卫队主力。民国三十七年（1948 年）2 月，田墘捷胜联防队成立，与游击队里应外合，袭击敌伪和海匪，有效地支持、掩护人民自卫队和地下党的活动。10 月 22 日夜，驻捷胜王钊联防队官兵起义，发表《起义告敌官兵书》和《告海陆丰同胞书》。事后，香港《华商报》予以报道，影响很大。国民党海丰县政府为配合宋子文对广东的第二次“清剿”，不久，即调派其得力干将马德新联防队来接营，制造白色恐怖。期间，地下党组织采取秘密活动，夜里写贴标语和政府布告、散发传单、了解敌情、输送情报、创办刊物、培养进步青年参队、发动完小高年部学生反对学校当局制止学生学习民主歌曲，以及发动农民进行“二五”减租等。

民国三十八年（1949 年）7 月 1 日，捷胜正式建政，成立捷胜镇人民政府。镇长梁锋，副镇长谢玉书、蔡亮，警卫排长何九炯。同时，设立第七区委员会，下辖各乡支部。

附录：中华人民共和国成立前捷胜地区地下党员名单表

姓名	入党时间	入党介绍人	党内外职务	工作单位	住址
何世汉（何竺）	1938 年	郑重	区委负责人	原广东省科委	南门街
何宗汉	1938 年	郑重		清远二干校	南门街
何鼎元	1939 年	何世汉	中心区委书记	湛江水产学院	福安社
梁良梯	1939 年	何世汉			南门街
刘锦汉	大革命时期			中国致公党中央办公厅	北门街
张团	1937 年	林文加	交通员	捷胜财政所	赤坑船坞
赖高（赖鹤龄）	1939 年或 1940 年	何世汉	小组长	海丰县新华书店	东门正直街
许昌炽	1939 年或 1940 年	何世汉	区委书记、区长、特派员等职		
何若巩（女）	1939 年或 1940 年	何世汉			西门头
赖志	1939 年	何鼎元	第四区青抗会干事、星星社负责人		北门街

续表

姓名	入党时间	入党介绍人	党内外职务	工作单位	住址
何健生	1940 年	何鼎元	小组长		南门第五街
何熊光	1940 年	许昌炽	小组长	暨南大学	福安社
梁良奕	1941 年	何鼎元			南直街
何租	1941 年	许昌炽	交通员		水阁
黄平	1941 年	何熊光	海南区书记、海鹰队队长	海丰县财政局	联安
罗烈忠	1941 年	许昌炽		河北省唐山市	北门外
何伟	1945 年	黄向群			福安社
李政	1948 年底	梁良奕			第五街
何秀其	1942 年后	许昌炽			第五街
邝判		梁良奕 李政			西门外刘巷
蔡烈	大革命时期				流高埔美
陈可					海城
李民					建茶村
罗垂				遮浪肥料厂	田墘北山
许多尼	1944 年	许昌炽			流高大塘尾
杨蓬	1944 年	许昌炽			流高埔美
黄启占					东门横厝街
叶志谋				捷胜供销社	
杨家齐	1941 年	有组织关系		广东盐务总局	汕尾市区
邓芸	1941 年	有组织关系		汕尾中心校	汕尾市区
邓敦笃	1941 年	有组织关系		广州市科委	汕尾市区

二、中华人民共和国成立后党组织机构及活动概况

（一）党组织机构

民国三十八年（1949 年）7 月 1 日，捷胜建政。同年年底，区址改设于田墘。1952 年 9 月，捷胜分设第八区委员会，下辖捷胜镇（指城内）、新联、新安、西郊、石岗、沙塘、大流、东沙、洪流、民安、安华 11 个支部。1953 年，第八区改名捷胜区委员会，下辖捷胜、沙塘、大流、石岗、西郊、安华、东沙 7 个支部。1958 年 4 月，撤区组建乡人民政府。10 月，撤乡组建人民公社，设管理委员会，下辖东村、南村、西村、北村、居民、联和、联明、联星、大流、埔尾、前进、东坑、沙坑、牛肚、沙角尾、五爱、石岗、渔民 18 个支部。1968 年，公社、大队管委会改名公社革命委员会。1976 年 10 月，撤销公社革命委员会，改设公社委员会。1984 年 1 月 15 日，改中共捷胜人民公社委员会为中共捷胜区委员会，林胜要为书记，原公社党委会下辖的大队党支部改为乡党支部。1987 年 4 月 25 日，撤中共捷胜区委员会，改设中共捷胜镇委员会，设书记 1 人，副书记 3 人，下辖各党支部 [镇党委会下辖的镇党支部改为村（社区）党支部] 和各机关单位党支部。至 2017 年，中共捷胜镇委员会下辖 36 个基层支部，即东门社区、西门社区、南门社区、北门社区、联星、大流、沙角尾、牛肚、石岗、石头、东坑、沙坑、埔尾、前进、军船头、联安、南门外、五爱 18 个村委会和捷胜中学、文昌中学、捷胜中心小学、卫生院、工商所、财政所、地税所、供销、水利所、镇府支部、捷胜镇老干支部、捷胜镇粮所、嘉伦服装有限公司、兴业管桩有限公司、捷胜镇“两新”组织联合、富丽坤制衣厂、捷胜肉联厂、新雅地毯厂 18 个机关单位党支部。全镇有党员 1263 人，其中女党员 281 人。

（二）党组织活动概况

民国三十八年（1949 年）7 月，捷胜建政后，根据党中央和国务院指示，开展了一系列政治运动。

土地改革运动 简称土改。1950 年 5 月，根据中央政策，海丰县成

立土地改革委员会，全县开展土改运动。第七区（捷胜）由区工委主任兼任土改队长，配土改干部100多人，驻队于北村。时土改运动按“清匪反霸、退租退押，划分阶级成分，没收和分配土地财产”3个阶段进行。1952年冬，土改运动基本完成。翌年春，进行土改复查扫尾工作，查定四产，划分阶级成分，颁发土地证。

抗美援朝运动 1950年，美、英等帝国主义国家联合发动对朝鲜的侵略战争。继海丰县成立“中国人民保卫世界和平，反对美帝侵略委员会海丰分会”之后，捷胜亦成立支会。1951年，捷胜支会组织部分工农兵学商及机关干部参加全县五一劳动节大游行。同年6月，响应全国抗美援朝运动的号召，开展爱国增产节约、捐献飞机大炮的捐款活动；并动员青年参加志愿军。1953年，朝鲜战争结束，捷胜牺牲于朝鲜战场的有2人。

镇压反革命运动 1950年10月，党中央发布关于坚决镇压反革命的“双十指示”，第七区结合土改、抗美援朝及“三反”“五反”等运动，对各部门各战线进行清查，对犯有反革命罪行的人员，按“坦白从宽，抗拒从严”的政策，予以处理。1955年，在农业、手工业、资本主义工商业的社会主义改造之前，残余反革命分子的破坏活动有所抬头。为镇压反革命分子，保证社会主义建设事业稳固发展，武装部根据上级指示，对有破坏社会主义改造和社会主义建设事业行为的人，进行清查、甄别，然后进行镇压。1957年，国际掀起反共反苏浪潮，中国共产党开展整风运动，国内外资产阶级借此机会对共产党及社会主义进行攻击。当时，捷胜农村生产关系处于转变阶段，一些地主向在土改时被分掉的家财得主讨回财产。因之，反社会主义的浪潮兴起，农村出现闹退社、闹分社、闹散社的“三闹”风波。为此，政府按照“有反必肃、有错必改”的指导思想，进行肃清特敌分子的镇反运动。

“三反”“五反”运动 1952年冬，捷胜土改结束，根据党中央指示，结合土改整队，在党政机关（内部）开展“反贪污、反浪费、反官僚主义”的三反运动。通过群众检举、揭发和甄别，对犯有此三种错误行为的个别党员干部进行处理。同时，对私营工商业，开展“反行贿、反偷税漏税、反盗国家经济情报、反偷工减料、反盗国家财产”的五反斗争。凡存在“不开发票、虚报库存、多账簿”等偷税漏税行为的私营商业，均受到整顿，责任人也受到处分。

肃反审干 1956 年 2 月，党中央在国家机关、企业、学校、人民团体等进行内部肃反，对混进党内各种反革命分子及社会主义建设的破坏分子，进行清查；对党政干部进行审查。

农业合作化与人民公社化运动 1953 年，农业合作化运动开始。运动按照从互助组到初级社、高级社的方式进行。

（1）互助组 1953 年 3 月以后，在“自愿互利”原则下，由几户、几十户农民组成互助组，集中劳动，土地和其他生产资料仍保留私有形式。是年，捷胜北村率先组织互助组（后改称“光华社”）。此后，推广到各乡都组织互助组。至 1954 年年初，全镇农户都参加互助组。后条件成熟，各村互助组又改成以社为单位。

（2）初级社 在互助组及小社的基础上，按“自愿互利”原则，组织农民以土地入股，统一经营。同时，保留土地及主要生产资料私有的形式，建立初级农业生产合作社。初级社按照入社土地、劳力，提取一定的公共积累资金。1954 年年底至 1955 年年初，捷胜完成从互助组到初级农业生产合作社的进程。

（3）高级社 农村完成初级社后，按“自愿互利”原则，实行土地、生产资料完全归集体的高级农业生产合作社。1956 年春，捷胜完成从初级社过渡到高级社的进程。

（4）人民公社 1956 年，农业、工商业的社会主义改造基本完成。农村生产资料私有制形式过渡到集体所有制形式。同年 8 月，完成经济战线的社会主义革命。1957 年，又完成思想战线的社会主义革命。1958 年，在“鼓足干劲、力争上游、多快好省地建设社会主义”的总路线指引下，将农民土地、房屋、耕地、农具收归公社，社员养的生猪、三鸟及自留地、粮食等全部集中归公。并联合农村高级农业生产合作社，成立农村人民公社。同年10月，在高级社基础上，捷胜完成人民公社体制，设立东村、南村、西村、北村、居民、联和、联明、联星、大流、埔尾、前进、东坑、沙坑、牛肚、沙角尾、五爱、石岗、渔民18个大队，共224个生产队。

整风反右 1957年，社会主义三大改造期间，有些党政干部形成一种特权作风。为此，结合全国形势，在中共海丰县委整风反右领导小组的领导下，对党政机关中犯有“官僚主义作风、宗派主义作风、主观主义作风”的领导干部进行整顿、处分。1958年，大跃进运动开始，“共产风、命令风、浮夸风、干部特殊化风、生产瞎指挥风”等“五风”盛行。1959年庐山会议后，开展反右倾运动。部分敢于坚持实事求是、说实话的党员干部受到错误打击。工商界、教育界、文化界、卫生界和国家机关企业中，进行右派的划分。捷胜有部分党员、干部被错划为右派分子。至1978年，始全部平反。

大跃进、大炼钢铁运动 1958年，三大改造基本完成，农村由高级社过渡到人民公社。公社大办铁器社、木器社等农械厂；各大队亦办起土肥厂，将农民的农具、耕牛、土地归为集体。公社还办公共食堂100多间，社员到食堂吃饭不用钱。期间，公社对农田进行“深翻改土”，号召农民将几亩地的水稻移植于1亩地上，其余的田地让其飘荒。在那个“报高产光荣，报减产右倾，讲假话高升，讲实话衰形”的年代，人们鼓足干劲，力争上游，列队耕田，大搞“小科密植”的高产田（群众称番薯为“蚂蚁出洞”“双龙出海”），进行“一天等于20年的大跃进”。当时，1亩地产量可达3 000斤，浮夸风燃烧得很厉害。然因大部分农田被闲置，农作物产量实际上大减。此外，捷胜还与全国各地一样，建起高炉，组织社员上山砍柴，大搞土法炼钢。对社员家里的铁窗、烧火棍、锡罐、大鼎、小铁锅、铁器桶、菜刀等均被收集起来，放于高炉中与石头陪烧，大炼钢铁。是年年底，大跃进运动进入低潮。

“四清”运动 1964 年，为加强社会主义思想教育，巩固农村社会主义阵地，结合当时社会形势，在各生产大队召开贫下中农及各机关系统的会议，对广大社员群众、党员干部进行社会主义思想教育；并召开“四类”分子（地主、富农、反革命分子、坏分子）训示会。对干部队伍进行清政治、清组织、清经济、清思想的“四清”运动，其重点是整顿党内走资本主义道路当权派。1966 年 5 月，“四清”运动结束。

附录：党委沿革及领导人名单表（1938—2018 年）

机构名称	职 务	姓 名	任免时间
中共海丰县第四区委员会 1938.11—1940.10	书记	蔡 烈	1938.11—1939.3
	书记	刘焕章	1939.3—1940.10
中共海丰县第四区委员会 1940.10—1942.5	书记	何鼎元	1940.10—1942.9
	书 记	姚 山	1940.12—1942.1
	书记	赖 志	1942.1—1942.5
中共海丰县第四区委员会 1944.4—1945.9	书记	许昌炽	1944.4—1945.5
	书记	赖高（赖鹤龄）	1945.5—1945.9
捷胜区委员会 1956.9—1958.4	书记	罗 锝	连任—1956.10
	第一书记	郭金造（兼）	1956.10—1958.4
	副书记	黎友杰	连任—1958.4
	副书记	刘 洪	连任—1958.4
捷胜乡委员会 1958.4—1958.10	书记	申景合	1958.4—1958.12
	副书记	黎友杰	1958.4—1958.12
捷胜公社委员会 1958.10—1984.1	第一书记	申景合	1958.12—1963.3
	书记	黎友杰	1958.12—1961.2
	书记	周文火	1963.3—1966.3
	书记	黄镇元	1963.3—1968.4

续表

机构名称	职 务	姓 名	任免时间
捷胜公社委员会 1958.10—1984.1	副书记	许连忠	1958.12—1962.6
	副书记	李 政	1959.5—1964.4
	副书记	何佛志	1960.4—1961.5
	副书记	许当家	1960.4—1962.1
	副书记	陆 祥	1960.4—1963.4
	副书记	鄞 钦	1963.1—1964.7
	副书记	鄞 钦	1965.4—1966.9
	副书记	朱 玉	1966.3 任
	副书记	陈潭富	1966.3 任
	书记	余大柱	1971.1—1975.8
	书记	蔡 妙	1975.8 任
	副书记	许仁水	1971.2—1973.12
	副书记	叶 亮	1973.5 任
	书记	蔡 妙	连任—1977.8
	书记	叶 亮	1977.8—1980.11
	书记	曹树南	1980.11—1982.10
	书记	林胜要	1982.10—1984.1
	副书记	叶 亮	连任—1977.8
	副书记	黎友珠	1977.2—1981.1
	副书记	曹树南	1977.10—1980.11
	副书记	黄胜古	1980.10—1984.1
	副书记	吴 国	1980.11—1984.1
	副书记	陈庆华	1982.12—1984.1
捷胜区委员会 1984.1—1987.5	书记	林胜要	1984.1 任
	副书记	吴 国	1984.1 任
	副书记	祝建川	1984.1—1987.3
	副书记	黄胜古	1984.1—1984.12
	副书记	张道瑜	1984.12 任
	副书记	何秀本	1987.3 任
建区后至今 1988—2017	书记	林胜要	连 任
	副书记	张道瑜	连 任
	副书记	吴 国	连任—1987.10
	副书记	何秀本	连 任
	书记	林胜要	连任—1988.7

续表

机构名称	职 务	姓 名	任免时间
建区后至今 1988—2017	书记	曾昭梗	1988.6—1990.9
	书记	蔡 妙	1990.9—
	副书记	张道瑜	连任—1988.8
	副书记	何秀本	连 任
	副书记	吴戊己	1988 年 8—
	副书记	陈伙联	1990.10—
	书记	蔡 妙	连任—1993.2
	书记	吴戊己	1993.2—
	副书记	何秀本	连任—1993.1
	副书记	陈伙联	连 任
	副书记	刘 赠	1993.3—
	副书记	何大海	1994.3—
	书记	吴戊己	连任—1994.10
	书记	刘 赠	1994.10—
	副书记	陈伙联	连任—1995.12
	副书记	何大海	连任
	副书记	李林顺（挂职）	1995.5—
	副书记	谢显水	1995.12—
	副书记	卢本色	1995.12—
	书记	刘 赠	连 任
	副书记	庄城琪	连 任
	副书记	李林顺（挂职）	连 任
	副书记	谢显水	连 任
	副书记	卢本色	连 任
	书记	吕佛民	1998 年任
	副书记	卢本色	连 任
	书记	吕佛民	连 任
	副书记	许昌林	1999 任
	副书记	何大海	1999.1 年任
	副书记	刘学深	2000 任
	副书记	郑伟雄	2002.3 任
	书记	刘学深	2004 任
	副书记	蔡举瑜	2004 任

续表

机构名称	职 务	姓 名	任免时间
建区后至今 1988—2017	副书记	刘克涛	2004 任
	书记	陈美初	2005 任
	副书记	卓红钻	2005 任
	副书记	蔡汉章	2005 任
	书记	郑新钦	2006.9 任
	副书记	曾昭好	2006.9 任
	书记	卓红钻	2007 任
	副书记	何世蓬	2007 任
	书记	刘克敏	2011.8 月任
	副书记	叶朝阳	2011.8 月任 2013.9 月调出
	副书记	曾昭好	2011.8 月连任
	副书记	何世蓬	2011.8 任
	书记	刘克敏	2011.8 连任
	副书记	曾昭好	2011.8 连任
	副书记	骆盛林	2014.9 任 2015 调出
	书记	刘克敏	连任（区人大常委会副主任） 2017.11 调出
	副书记	曾昭好	2011.8 连任
	副书记	范远途	2016.7 任
	副书记	何世海	2016.7 任
	书记	李辉雄	2017.11 任 （区委常委、区委办公室主任）
	副书记	吴春磊	2017.7 任

三、历次党员代表大会

捷胜公社第一、二次党代会（缺）

捷胜公社第三次党代会

时间：1966年10月13日

地点：捷胜公社

召开期限2天，本次党代会代表总数有130名，参加选举的党代表有125名。

主要内容和结果：选举新一届捷胜公社党委委员17名（其中常委7名）。名单如下：余大住、许仁水、林春茂、林金德、林小娟、朱守忠、叶亮、刘色辉、郑惠声、陈友秦、周钳、陈国、李拖、邝衍、刘赠、孙梅枝、莫祥。

捷胜公社第四、五次党代会（缺）

捷胜公社第六次党代会

时间：1981年1月4日

地点：捷胜公社

召开期限3天，本次党代会代表总数有149名，参加选举的党代表有144名。

主要内容和结果：选举出席县第四次党代会代表13名，选举第六届捷胜公社党委委员11名（吴国、曹树南、黄胜古、何扬、黄隆、钟月良、黄斗辉、祝建川、陈庆华、吴素、黄六妹）。

捷胜镇第七次党代会

时间：1987年5月3日

地点：镇政府三楼会议厅

召开期限3天，本次党代会代表总数有91名，参加选举的党代表有91名。

主要内容和结果：选举出席县第四次党代会代表13名，选举新一届捷胜镇党委委员9名（吴国、何大海、何秀本、张道瑜、陈伙联、陈佛光、欧大淦、林胜要、莫少雄)。

捷胜镇第八次党代会

时间: 1991 年 1 月 11 日

地点: 镇政府三楼会议厅

召开期限 2 天，本次党代会代表总数有 88 名，参加选举的党代表有 85 名。

主要内容和结果: 选举出席城区第二次党代会代表 27 名，选举第八次捷胜镇委员 7 名（王火烈、吴戊已、何秀本、陈友泰、陈伙联、陈佛光、蔡妙)。

捷胜镇第九次党代会

时间: 1993 年 10 月 28 日

地点: 镇政府三楼会议厅

召开期限 2 天，本次党代会代表总数有 91 名，参加选举的党代表有 91 名。

主要内容和结果: 选举出席城区第三次党代会代表 31 名，选举第九次捷胜镇党委委员 7 名。

捷胜镇第十次党代会

时间: 1996 年 4 月 2 日

地点: 镇政府三楼会议厅

召开期限 3 天，本次党代会代表总数有 104 名，参加选举的党代表有 102 名。

主要内容和结果: 选举第十届捷胜镇党委委员 9 名（卢本色、刘赠、刘学深、江伟学、庄城琪、谢显水、阙耿忠、蔡自然、蔡举瑜)。

捷胜镇第十一次党代会

时间: 1999 年 4 月 8 日

地点: 镇政府三楼会议厅

召开期限 2 天，本次党代会代表总数有 101 名。

主要内容和结果：选举党委书记吕佛民，副书记许昌林、何大海、刘衡。

捷胜镇第十二次党代会

时间：2002 年 3 月 8 日

地点：镇政府三楼会议室

召开期限 1 天，本次党代会代表总数有 99 名，参加选举的党代表有 99 名。

主要内容和结果：选举捷胜镇党委委员 7 名。

捷胜镇第十三次党代会

时间：2006 年 9 月 15 日—16 日

地点：捷胜镇人民政府

会期时限：2 天，本次出席代表 97 人。

内容与结果：选举党委书记卓红钻，副书记曾昭好、何世蓬，纪委书记黄贤锐。

镇宣传委员王彩，武装部长陈德伦，组织委员陈响友。

捷胜镇第十四次党代会

时间：2011 年 8 月 8 日—9 日

地点：捷胜镇人民政府

会期时限：2 天，本次出席代表 101 人。

内容与结果：选举党委书记、人大主席刘克敏，副书记曾昭好、何世蓬、叶朝阳。

镇组织委员曾昭极，纪委书记何世海，宣传委员黄晓玲，武装部长陈德伦。

捷胜镇第十五次党代会

时间：2016 年 7 月 28 日—29 日

地点：捷胜镇人民政府

会期时限：2 天，本次出席代表 109 人。

内容与结果：选举产生捷胜镇党委书记刘克敏，副书记曾昭好、范远途、何世海，纪委书记颜震宇。

镇组织委员黄晓珊，工会主席黄海蓝，武装部长刘锦林。

（2017 年 11 月，刘克敏调任城区人大常委会副主任，李辉雄任捷胜镇党委书记，刘锦林任党委副书记。2018 年 8 月 19 日，中国共产党捷胜镇委员会第十五届代表大会第三次会议召开）

第二节 中国国民党捷胜地方组织

一、中国三民主义青年团

中国三民主义青年团（简称“三青团”）捷胜区队，于民国三十五年（1946 年）12 月设立，是国民党领导的青年团体。三青团捷胜区队队部设于捷胜中学，设正、副队长各 1 名，其下设 3 个分队（以班为单位），各分队设正、副分队长 1 名，团员 70 多人。团员主要来源于捷胜中学。新生入学时，凡达到年龄的，由学校发给入团登记表，填写后集体参加。民国三十六年（1947 年）底，三青团与国民党合并，三青团机构撤销。

二、中国青年党团支部

民国十八年（1929 年）夏，青年党重要成员之一的陈祖贻任海丰县长，青年党人杨铎、左干臣、汪无涯、翟诚之等 7 人随同来海丰活动，谋求发展地方教育。随后，捷胜教育界、工商界人士参加青年党。民国二十三年（1934 年），青年党的国家主义青年团（原称“中国青年团”）在捷胜成立团支部。抗战时期，曾参与张贴宣传标语等活动。解放战争时期，青年党与国民党合作，共同对付共产党和革命群众。中华人民共和国成立前夕，捷胜团支部随着国民党败逃台湾而撤销。

第三节　中国致公党捷胜支部

1985年5月，设立中国致公党捷胜小组。1986年4月，致公党中央副主席、广东省委会主委伍觉天在黄霭芝的陪同下到捷胜考察。经致公党中央主席黄鼎臣特批同意，于4月16日在捷胜中学联谊教室成立致公党捷胜支部，主委为何升，组织委员为周贞固，宣传委员为陈美汆，成员有刘友德、吴细格、刘婉贞、何强、徐恭柔等人。作为民主党派镇级组织，捷胜支部在全国民主党派中是独一无二的。

捷胜致公党支部原隶属海丰县致公党总支部。1988年，汕尾建市，析出汕尾支部和捷胜支部。1989年1月，成立致公党汕尾市委员会筹备组，致公党在汕尾城区也相继成立总支部委员会，并把原汕尾支部按行业分为综合、文教、捷胜3个支部。自此，捷胜支部隶属致公党城区总支部。该支部在中国共产党的领导下，积极联系香港同胞捐资修桥造路、浚通沟渠及办学等，为家乡事业做出贡献。在成立初期原有8名党员的基础上，又增加刘耿文、蔡慕玉、马良苗等党员，党员人数一度发展至13人，后由于该支部老党员逐渐亡故及新员工作调动，行政及业务均转为汕尾总支部负责，但其支部名称并未撤销。

2014年11月15日，致公党汕尾市捷胜支部恢复活动暨换届大会在捷胜人民政府3楼会议厅举行，选举产生新一届支部委员会，林俊生当选为主委，周仲富、黄裕田当选为副主委。为加强捷胜支部基层组织建设，捷胜支部改隶致公党汕尾市委员会，作为市直属支部。自捷胜支部恢复活动以来，党员人数已发展至18人，支部历任党员在参政议政方面成绩显著，主委林俊生任市政协第七届政协委员；副主委周仲富任市人大第六届、第七届人大代表；原支部党员刘耿文调任致公党汕尾市委员会专职副主委、连任市政协第四、五、六、七届政协委员；原支部党员蔡慕玉任致公党城区总支部副主委、市政协第六届政协委员，该支部积极开展社会服务公益活动，连续多年到捷胜北门社区等地开展慰问送温暖活动，为当地困难群众送去大米、食用油、棉被等生活用品以及慰问金，深受群众好评。该支部党员连续多年选送书画作品参加香港亚洲国际佳仕得慈善拍卖会，将所得善款全部捐献社会慈善公益活动。

第四节　社会团体

一、农会组织

民国十一年（1922 年）冬，郑志云到捷胜东坑村宣传农运，有 10 多户农户率先报名响应。12 月，东坑成立捷胜第一个农会组织，会址设于邝妈语家，会长为何火照，庶务委员为朱若常，财政为刘才，执委为邝妈语、李生、朱厂，会员有胡达、胡加、莫妈泉、莫妈前、麦命等 20 多人。农会带领农友们取消无理的人头税、田租捐，并减租四成；帮助农民处理大量的民事纠纷，不断发展和壮大农会组织。民国十二年（1923 年），李劳工、林务农在捷胜吸收一批知识青年和农民，组织“励学会”。随后，秘密成立大流、水阁 2 个农会小组。同年，合并为水阁农会，会长为陈国豪（后为何位良），副会长为黄让金，农会采取“经济斗争与政治斗争并进，使农民有经济斗争的训练及夺取政权的准备”的策略，领导农民同地主进行针锋相对的斗争。七五农潮发生后，农会转入地下斗争。民国十三年（1924 年）2 月 8 日，捷胜农会首先恢复，南村全体农会会员参加在文亭小学门口旷町召开的农会恢复大会，彭湃、李劳工在大会上发表演说，会后进行环城示威游行。民国十四年（1925 年）2 月，农会改称农民协会。民国十六年（1927 年）8 月，农民协会带领各村农民进行减租减息运动；组织妇女宣传队；组织妇女解放协会，反对男尊女卑、婚姻包办；禁止童养媳，提倡婚姻自由，一夫一妻制；发动妇女参加社会活动，解除裹足等。同年 11 月底，成立第七区（捷胜）农会，区农会设执委，农会组织遍及各乡村。12 月，基层政权取代农民协会，捷胜区、乡建立苏维埃政权，同时开展土地革命，没收地主豪绅一切土地，分配给农民。民国十七年（1928年）3月，国民党陈济棠部反攻捷胜，工农革命军退守西北山区，农民协会解体。1951年8月，恢复第七区农民协会。土改期间，各村农民协会配合土改工作队，组成主席团，开展清匪反霸、退租退押，划分阶级成分和进行土地分配等工作。土改结束后，农民协会的权力逐步为基层政权所取代。1965年，根据上级党委的要求，结合“四清”运动，捷胜恢复农会组织，改称贫下中农协会，在公社设贫协主席一职。1968年，实行贫下中农管理学校、商店等。1978年，中共十一届三中全会后，贫下中农协会改称农会。1984年8月后，农会活动结束。

附录：第七区捷胜及各村农民协会正副会长名单表

（1922年12月—1928年3月）

姓名	籍贯	单位	职务
陈庆广	捷胜	捷胜镇农民协会	会长
黄连高（黄良高）	捷胜	捷胜镇农民协会	会长
肖开魁	捷胜	捷胜镇农民协会	会长
钟　送	捷胜	捷胜镇农民协会	会长
柯永福	捷胜	东村农会	会长
翁　沛	捷胜	南村农会	会长
黄　财	捷胜	南村农会	副会长
黄　依	捷胜	南村农会	副会长
黄连成（黄良成）	捷胜	西村农会	会长
何　谋	捷胜	西村农会	副会长
林　石	捷胜	北村农会	会长
王少南	捷胜	北村农会	副会长
柯永福	捷胜	五爱坐头村农会	会长
刘马立	捷胜	五爱坐头村农会	副会长
黄隆泰	捷胜	大塘村农会	会长
蒲乃法	捷胜	大塘村农会	会长
蒲　探	捷胜	大塘村农会	副会长
杨　青	捷胜	大塘村农会	副会长
周汉明（周潮州）	捷胜	隔塘村农会	会长
周华兴	捷胜	隔塘村农会	副会长

续表

姓 名	籍 贯	单 位	职 务
蔡　冰	捷 胜	马鞍山村农会	会长
李　烹	捷 胜	马鞍山村农会	副会长
吴　火	捷 胜	沙坑村农会	会长
陈妈营	捷 胜	沙坑村农会	副会长
何火照	捷 胜	东坑村农会	会长
周　合	捷 胜	南门岗村农会	会长
陈　胜	捷 胜	大流村农会	会长
罗妈萍	捷 胜	双湖村农会	会长
张　耀	捷 胜	石厝村农会	会长
魏妈教	捷 胜	石厝村农会	副会长
蒙　宝	捷 胜	石头村农会	会长
林妈佑	捷 胜	前进十一乡农会	会长
黄　寿	捷 胜	前进十一乡农会	分会长
李妈秩	捷 胜	前进十一乡农会	分会长
何覃泗	捷 胜	前进十一乡农会	分会长
陈家利	捷 胜	埔尾村农会	会长
何　权	捷 胜	埔尾村农会	会长
罗清泉	捷 胜	埔尾村农会	副会长
陈国豪	捷 胜	大流、大巷、联安村农会	会长
黄让全	捷 胜	大流、大巷、联安村农会	副会长
何位良	捷 胜	水阁农会	会长

二、工会组织

中华人民共和国成立前工会组织 民国十二年（1923 年）夏，随着海丰农民运动的发展，彭湃派员在海城、汕尾、捷胜等地成立基层工会。3 个月后，七五农潮爆发，工会暂停活动。民国十四年（1925 年）4 月下旬，海丰县成立总工会筹备处。翌年 5 月 1 日，海丰县总工会成立，捷胜设立工人联合会，会长为林醒群，副会长为刘宗法，秘书为吴勤。其时工会任务为：团结和教育工人，提高工人阶级觉悟，领导工人阶级参加反帝、反封建、反军阀斗争，领导工人同厂主斗争，要求减时加薪，改善工人生活。民国十六年（1927年）5月，随着县总工会干部转入武装斗争，捷胜各行业工会亦开展斗争。同年11月21日，第三次武装起义胜利后，捷胜工人联合会恢复正常活动。民国十七年（1928年），苏维埃政权失败后，工人联合会解散。民国十七年（1928年），国民党亦建立过工会组织，主要是强制工人入会，以达到统治工人的目的。由于战事原因，形同虚设，并未开展活动。民国三十八年（1949年）7月1日，随着捷胜解放而解散。

中华人民共和国成立后工会组织 1953年12月，随着海丰县总工会的成立，第八区（捷胜）亦成立工会组织。广大职工学习和宣传党的过渡时期总路线，积极参与清产核资，改革体制，促进公私合营，实行和完成对资本主义工商业的改造。1956年11月，中国教育工会海丰工会捷胜分会成立。1958—1961年，由于人民公社化运动兴起，工、农、兵、学、商合为一体，工会工作被人民公社所取代。1961—1966年，工会开展以学习毛泽东同志著作为主要内容的社会主义教育运动和以增产节约为中心的社会主义劳动竞赛，有效地促进全镇经济形势好转和基层工会组织的发展。1966年11月，工会被中止行使职权。1973年9月，工会恢复。中共十一届三中全会后，随着党和国家工作重点的转移，工会工作逐步走上以“四化”建设为中心的轨道。1987年，全镇按系统先后成立商业、供销、粮食、教育、卫生、文化等工会组织。2017年，全镇工会组织16个，会员约900人。

三、中国共产主义青年团

民国十一年（1922年）冬，海丰成立社会主义青年团（简称“S·Y”）组织。民国十二年（1923年）4月，彭湃派李劳工、林务农回捷胜成立“励学会”，培养积极分子参团。民国十三年（1924年）至十四年（1925年）3月，先后有邝纪璜、梁秉刚、何照全、何丹成、黄良渊、梁良萼、梁鼎昌、蔡俊、黄强、蔡敬群等参加社会主义青年团。民国十五年（1926年）3月，海丰县社会主义青年团改称共产主义青年团（简称“共青团”），并设立共青团海丰县第七区（捷胜）支部，负责人为颜汉章、施盛。民国十六年（1927 年）11 月，改称共产主义青年团第七区委员会，任命刘胜信为团区委书记，梁国维、刘宗仁等为委员，带领七区青年积极投入土地革命运动。后刘胜信调往海城，由杨鲁接任团区委书记。苏维埃政权失败后，团组织被迫解散。

抗日战争时期，捷胜广大爱国青年组成“读书会”“抗日救亡小组”“青年抗敌同志会”等抗日先进团体。民国三十八年（1949 年）6 月底，中共海丰县委副组织部长陈甦批准梁信明、何植东、陈新华、周汉成等为海丰县新民主主义青年团团员。同年 7 月 1 日，捷胜建政。当晚 8 时，在西门第六街味古斋成立新民主主义青年团支部，举行新团员宣誓仪式。由中共海南区总支委组织委员余叶鉴誓，捷胜地下党人李政主持会议。会议作出组织上的分工，何植东为支部书记（后为陈新华），梁信明为副支部书记，陈新华为组织委员，周汉成为宣传委员，团员 20 多名，均为海基导组的进步成员。

中华人民共和国成立后，新民主主义青年团改称共产主义青年团。随着土地改革、合作化及人民公社化等历史进程，各生产大队（现村委会）和中小学相继建立基层团组织，受辖于镇团委。“文化大革命”开始后，团组织停止活动。1972 年 6 月恢复。2007 年，镇团委下辖捷胜中学、文昌中学、中心小学 3 个团总支部及镇府机关、卫生院、社区、村委会等 32 个基层团支部，团员共 800 多人，其中男 600 人、女 200 多人。

镇设立共青团捷胜镇委，全镇有共青团组织 26 个，共青团员近 200 人。2017 年 4 月，共青团捷胜镇委举行第十六届代表大会，选举产生黄海蓝为主席，李文政为副主席的新一届共青团捷胜镇委员会。

四、少年先锋队

民国十七年（1928 年），成立第七区少年先锋队（以下称“少先队”），首任队长林世语。少先队组织遍及各乡村。主要任务是协助苏维埃政府及乡村农会和赤卫队放哨，维护社会治安。苏维埃政权失败后，区、乡少先队解散。中华人民共和国成立后，1950 年重建区少先队组织机构，在捷胜中心小学设总辅导员，统一领导全镇少先队工作。同年 6 月 1 日，召集全镇小学生，在城隍庙戏台举行首次庆祝六一国际儿童节暨少先队员入队宣誓仪式大会，参加的小学生有 700 多人，其中少先队员 70 多人。参加此次大会的还有镇长何业及各单位负责人。青年团七区工委兼少儿委员陈新华为大会鉴誓人。此次成立的少先队是继土地革命后，进入新民主主义革命和社会主义建设时期的又一支新生力量。

少先队一般以学校为单位，设大队，配辅导员 1 名。各校根据年级和少先队员的数量，分设中队、小队，班主任为中队自然辅导员。少先队一般在六一儿童节期间举行扩队活动。每年以大队为单位开展工作，在辅导员指导下，经常开展“学雷锋、做好事、创三好”活动，以及进行“爱人民、爱祖国、爱劳动、爱科学、爱护公共财产”的五爱教育。

少先队为少年儿童的群众性组织。1978 年后，除刚入学的新生外，在校儿童都参加少年先锋队组织。建区以来，少先队组织日渐发展。2017 年，全镇少先队员有 2 630 人。

五、妇女组织

妇女解放协会 民国十六年（1927 年）5 月，原海丰县妇女解放协会干部中，有的牺牲，有的分配其他工作，留下少数妇女干部在农村坚持搞群众工作。同年 11 月，第三次武装起义后，恢复正常活动。12 月，捷胜设立第七区妇女解放协会（时人称其会员为“自由女”），下辖各村妇女协会，东村会长为黄爱梅、南村及石岗村会长为梁凤、北村会长为吴最、五爱大塘村会长为蒙变、大淋村会长为黄糯、双湖村会长为戴准、埔尾村及大流村会长为梁碧如、东坑村会长为莫四，而西村、沙坑村及前进十一乡会长则不详。该协会旨在参加武装训练，维护妇女自身权益，协助各级农会发动农民参加减租减息、抗租抗息的土地革命斗争。民国二十三年（1934 年），海陆丰边界赤卫队被围失利，各地人民武装斗争暂时停止。时捷胜仍有不少共产党员和妇女解放协会会员继续坚持地下斗争。

妇 联 民国三十八年（1949 年）7 月，捷胜建政。土改后，成立区、乡妇女组，在区府设妇女主任 1 名，乡设妇女干部 1 名，并成立区“妇女会”。1964 年，“四清”运动前后，妇女会改称“妇女联合会”（简称“妇联”），下设基层妇代会。1988 年建区以来，妇联会经常组织广场妇女，进行时事学习，发动妇女为社会福利事业捐款。同时在妇女中开展“四有”（有思想、有道德、有文化、有纪律）、“四自”（自尊、自信、自立、自强）、“五爱”（爱祖国、爱人民、爱劳动、爱科学、爱社会主义）等教育活动；积极开创“五好”家庭的评比活动，依法维护妇女儿童的合法权益。2007 年，捷胜妇联会下设 18 个妇代会。2017 年实行“会改联”工作，全镇 18 个村（社区）选举产生妇联主席 18 名，副主席 19 名，执委 198 名，妇女代表 582 名。12 月 15 日召开镇妇代会，选举党委委员黄晓珊为妇联主席。妇联干事李文静为副主席等。

六、青年抗敌同志会

四区青年抗敌同志会，简称“四区青抗会”，驻地捷胜。它是青年抗日救国的群众性组织。其宗旨和任务是发动组织各阶层青年投入救亡运动，建立民族统一战线，壮大民族抗日队伍。民国二十六年（1937 年）6 月初，黄锦家、黄家士、何世汉（何竺）、何宗汉、何剑雄、翁域、杨炯宜、马克昂、林农、吴建廷、吴世权等 20 多位发起人，把建立“海丰县青年抗日同志会”的申请书，连同章程及发起人名单，送交国民党海丰县党部。当局因鉴于发起人名单中，没有一个是属于国民党的人，恐怕今后难以掌握，便托言我国还未对日宣战，不能用“抗日”，而要改为“抗敌”的字面为由，不予批准。在第二次申请时，为统一抗战，物色了海城第一小学一个热心抗日救国的国民党员教师参加，并同意“抗日”改为“抗敌”，认为一字之别，不伤原则。7 月以后，国共合作，共同发表对日宣战的宣言。至此，国民党县党部无法阻挠，不得不顺应民心，于同年 11 月初予以批准。民国二十七年（1938 年）1 月初，在海城召开成立会议，参加会议的发起人，已发展到五六十人。会议明确了县会为全县最高领导机构，负责领导各区成立区会（队），确定实行民主集中制领导，分工负责。下面区、乡会亦同。

民国二十七年（1938年）3月，青抗会四区干事会在南门街何世汉家成立。后会址迁至大井头原国民党区党部址。干事先后有何世汉、蔡烈、何宗汉、李民、何志雄（又名剑雄）、赖志、刘焕章、梁良梯（梁量）、何鼎元、许昌炽（又名壮基）、何般若、林兆伍、蔡惠、刘绍虞、何凤仪、赖浩、何若玑、刘绍虞等人。干事会采取演出宣传等形式，揭露日军的罪恶，以武装革命的手段，对抗日军的暴行，支持抗日。

干事会成立时的组织情况是：何世汉、何般若（兼任组织干事）、林兆伍为总务干事；何鼎元、蔡惠、何宗汉（兼任财务干事）、林绍虞为宣传干事；何凤仪为剧务干事；梁良梯为训练干事。几个月后，干事会人员进行改组，何世汉、何宗汉、何般若为总务干事；许昌炽、何凤仪（兼任剧务干事）为组织干事；何宗汉、何鼎元、蔡惠为宣传干事；梁良梯（兼任训练干事）、赖志、赖浩为财务干事；何若玑为妇女干事；刘绍虞为训练干事。

四区干事会一边组织干事、会员学习政治时事、论持久战和统一战线的政策，一边组织宣传队，编写墙报、壁标、漫画及歌谣，教导群众唱抗日歌曲，演街头剧、搞晨呼活动、组织打球队、办群众夜校及暑期儿干班等。同时，组织话剧队到田墘、流高等乡演出，进行抗日宣传。其宣传标语、口号有“大家起来，起来救国”“拥护政府抗战到底”“抗战必胜，新中国成立必成”“巩固和壮大民族统一战线”“最后胜利一定属于我们”等，激发了群众的爱国热情和义愤。此外，宣传队还深入青龙头、建茶、埔尾、大塘尾等乡进行活动。在很短时间内，便建立了基层乡会，壮大了抗日队伍。民国二十八年（1939年），干事会会员由原来的40多人，迅速扩展到800多人。此间曾分别在文亭（内文阁）、城隍庙戏台召开大会和元旦庆祝大会。会后示威游行，演出大型话剧《凤凰城》《雷雨》《放下你的鞭子》《爱国心》《古城颂》等，使群众深受教育。因声势浩大，轰动整个四区，受到顽固派的仇视。同年冬，国民党县党部先后两次要解散青抗会，引起各区、乡会的极大愤慨，并向当局进行辩论斗争。民国二十九年（1940 年）3 月，国民党当局又加紧迫害青抗会干事，强令限期解散。因此，县青抗会全体干事再次与当局干涉。后来，中国共产党为了形势发展的需要，决定把一些干部转入地下活动，进行武装斗争，四区青抗会与各区青抗会先后解散。这时，国民党县党部负责人钟鼎铭到捷胜召集青抗会原干事人员在文亭开会，宣布成立“后援会”。参加会议者有何世汉、何宗汉、何般若、梁良梯、何志雄、林绍虞、赖志等，由何世汉提名林绍虞、何志雄、赖志等为干事。2 个多月后，后援会解散。

青抗会自成立至解散，只有 1 年多时间，然其工作雷厉风行，成效显著，充分表现了捷胜青年的革命豪情和先锋气魄；也体现了捷胜固有的革命传统和文化传统，其战斗精神为四区青年在抗日战争史册中写上光辉的一页。

七、东纵、边纵老战士联谊会

改革开放后，为增进老战士之间的革命情谊，调节晚年生活情趣，保持革命者的高风亮节，捷胜镇人民政府于 1988 年 12 月成立东纵、边纵老战士联谊会捷胜分会。

联谊会全称为东江纵队、粤赣湘边纵队老战士联谊会。两个纵队分别为抗日战争、解放战争时期在中国共产党领导下建立起来的人民武装队伍，他们为祖国解放事业做出不可磨灭的贡献。

八、商会与工商联合会

民国初年，捷胜曾设立商会事务所的机构，管理全镇的商务。民国十六年（1927 年）11 月以后，正值大革命进入高潮，七区苏维埃政府在捷胜成立，捷胜商会即随之改组，委任赖钧为商会长，发动店员、工人参加工会，要求资本家给予店员、工人合理的待遇；还控制富商操纵粮食和任意提高价格，改变了商会完全为资本家服务的性质。民国十七年（1928 年）3 月，大革命失败后，捷胜商会仍为海丰县商会所掌控，先后由陈烈、林启熊、林波、陈宝瑶、何懋德等人任商会长。会址初设于后山头，后又迁至东门街、西门街、西门头等处。

民国三十八年（1949 年）7 月 1 日，捷胜建政，原国民党时期捷胜商会撤销。同年 11 月，捷胜商会重新组建，会址设于老鱼市财帛星君庙（俗称龟宫，现为商店），刘雄任商会长，黄甦任副商会长，委员有梁彦芝、黄华、赖道、何汉杰、曾璇。

1950 年初，商会改为工商联合会，何汉杰为主任，赖道为副主任，委员由以上 5 人连任。1951 年，何汉杰调往第七区公所，赖道接任正职，另补蔡超为委员。时全镇共有商贩 400 多户，其中坐商 100 多户，摊档贩 200 多户。工商联合会下设 8 个同业公会，即渔业同业公会、小贩同业公会、杂货同业公会、山芋酒布业联合公会、医药牙科联合公会、手工业同业公会、粮食业同业公会、饮食业同业公会。该会曾组织商贩、店员办班学习（分三班），主要学习税法和政治时事，每期时间为半年。此外，还组织集体纳税，取得良好的效果，并在全县起到很好的模范作用。且当时全县只有捷胜工商联合会组织办班学习，因而，受到上级的赞扬。1952 年 5 月，捷胜工商联合会又派蔡超往龟龄岛组织成立工商联合会，入会商贩有 50 多户。中华人民共和国成立初期，海丰乡镇工商联合会由县政府工商科领导。1956 年，海丰县工商联合会成立后，捷胜工商联合会转为县工商联合会管辖。1958 年，转“私改”时，并入合作社。

九、个体劳动者协会

中共十一届三中全会以来，随着经济体制改革的不断深化，个体工商业得到发展壮大。1983 年，捷胜区成立个体劳动者协会，附设于工商所，隶属商会组织。设主任、副主任、财务、会计各 1 名。协会自成立以来，从维护个体劳动者合法权益出发，认真发挥“自我教育、自我管理、自我服务”的作用。同时，工商所、税务所等部门亦对个体劳动者进行法制教育，把个体劳动者变为主动纳税人。

十、体育促进会

民国三十七年（1948 年），捷胜成立体育会，主要以排球为主，由工人、店员、知识分子等阶层人士组成，陈麟为体育会主任，曾琬为副主任，成员有黄东、蔡茂、魏云波、何士奇、黄纪、黄舜、张友仁、林六、林才、蔡贤、陈成光、黄华、赖琴、梁国岱、翁景崇、翁景福、张友宽、黄忠、刘乘龙等。是年，海丰举行海、陆、惠、紫四县排球友谊赛，捷胜体育会荣获第一名。后与汕尾体育会联成一片，分甲、乙两队，汕尾为甲队，捷胜为乙队。海丰各区每次球赛，捷胜均名列前茅。

1949 年 10 月，海丰解放后，为了革命需要，缪振业（时负责海丰县政务，为县长级）重新改组捷胜体育会，易名为捷胜青年体育促进会，陈麟、曾琬为正副主任。同时，吸收何汉杰、曾昭新、蒲学余、何用、林廉、何金、陈癸等入会。后体育促进会解散。

十一、青年联合会

捷胜镇青年联合会，成立于 1949 年 12 月 5 日，会址设于东门街蔡氏祖祠。有委员 15 人、会员 300 多人。主任委员为陈新华。联合会为新民主主义青年团捷胜支部下属团体。主要任务是团结各阶层青年进行新民主主义建设及协助党政各个时期的中心工作。

第十三章　军　事

第一节　战事

一、古代战事（1840 年鸦片战争以前）

捷胜原为古战场，历来为兵家必争之地。相传北宋初，南蛮兵驻守捷琅埔水龟峒（今黎明洞），宋仁宗派狄青率兵来剿，狄青九战九败，退驻九败岭（今九佰岭），后杨文广援救狄青，并剿灭蛮兵。然此说非正史也。据考，捷胜之驻军，始于南宋末年，时捷胜沿海之大小茅山及角仔澳、北山村一带，设有炮台拨兵防守。至南宋景炎二年（1277 年）八月，文天祥收兵海丰，屯丽江浦，随后略定捷胜沿海港屿。祥兴元年（1278 年）冬，文天祥在海丰五坡岭为元军张弘范部所执，其部属一部分逃往海丰西北部，另有余部退至捷琅埔，与觉龙公主部联合当地居民共抗元兵，一年后，全军几近覆没。

元季明初间，东南沿海常遭海寇、倭寇袭击。元灭明兴，太史令刘基于洪武元年（1368 年）向朱元璋奏立军卫法，推行卫所制。洪武五年（1372 年），明廷派十八筒旗军驻防捷琅埔铜锣寨防倭寇。洪武七年（1374 年），明廷重定兵卫政策，设立卫、所、总旗、小旗制。其时，海上倭寇猖獗，内陆盗贼横行。明廷为了“靖海上烽烟，卫边疆社稷”，大力建造卫所，派兵扼守。至洪武二十三年（1390 年），全国已有内外卫 547 个，千户所 2 563 个。后来，随着军屯制度的推行和发展，以及为了保留实土卫所，既有管辖地区的卫所，将卫所军队改为屯丁，七分在城，三分留屯，因而，军事功能有所减弱。至洪武二十六年（1393 年）定天下都司、卫所时，计有 17 个都司，1 个留守司，329 个内外卫，65 个守御千户所（《明史 · 卷九十》）。洪武二十七年（1394 年），都指挥花茂以海丰滨海，奏立守御千户所。同年，派千户侯良督造捷胜所署。洪武二十八年（1395 年），千户侯良建捷胜守御千户所，驻旗军 1 120 人，开二屯（螺溪、上砂）以养兵，创一城以安民。按，明廷以卫所为单位编制军队。“大率五千六百人为卫，千一百二十人为千户所，百十有二人为百户所，所设总旗二，小旗十，大小联比成军”（《明史》），即明初卫所军制为: 10 人为 1 小旗，5 小旗为 1 总旗，2 总旗为 1 百户所，10 百户为 1 千户所，5 千户所为 1 卫，1 卫为 5 600 人。陆军、水骑兵编制均统一。另外，兵士有军籍，世袭为军，平时屯田或驻防。遇有战争，朝廷命将率领调自卫所的士兵征战。然其时，捷胜实际驻军为 1 125 人。当时，明廷为了更好地抗击倭寇及海匪，于海丰原驻旗军 10 100 人中，选出精悍的 5 600 名调于碣石卫，分前、后、中、左、右 5 营地驻防；又调拨旗兵 4 500 名，平均分驻海丰、捷胜、甲子、平海 4 所，每所驻兵 1 125 名，每所备倭千户 1 员领之，“皆以四月风迅时上班，九月霜降后休息”（明嘉靖版《海丰县志 · 戍守》）。自此后，海丰、捷胜等地，海氛稍有缓和。明中叶以后，军人地位大为降低，屯田多被军官吞食，军户破产，大量逃亡，致使捷胜所城徒存官署。嘉靖元年（1522 年），海寇猖獗。因当时明朝采取闭关政策，禁止国人与日本通商，故倭寇与沿海奸商、土豪勾结，登陆捷胜劫掠，比及寇退，戍兵尽撤。据嘉靖八年（1529 年）桂萼公布天下兵籍，仅有兵士 97 万。有些卫所逃亡军士达到在籍军士 70% 左右，有些卫所驻军已不足一半。至嘉靖三十九年（1560 年），捷胜所城驻兵已减至 328 名，又因碣石城内的卫署和前、后、左、右、中 5 个官署废弃，致使各个所城彼此间不能首击尾应，分扼要害；且捷胜所城

“庳隘堙夷”，故倭寇如入无人之境，民甚病之。据载，“迩者倭寇自捷胜登陆，仅三百余徒尔，通邑竭作，甫能逐之出境”。“百里之内，所过歼灭，可为流涕。”至嘉靖四十三年（1564年），抗倭名将俞大猷、刘松等奉旨率兵至海丰围剿倭寇，追倭寇、海匪至捷胜海域予以剿灭，捷胜倭患才得以平息。而后，刘松率兵镇守捷胜所城。至隆庆二年（1568年），倭患又起，广东总兵郭成追倭寇至金锡都，倭寇取道海丰，经平山欲往大鹏所，迷路而劫取乡人为导，乡人误以为欲往博罗大蓬沥，遂领之至增城。郭成追及前击之，倭寇乃尽锐以迎郭成，郭成败绩，倭寇又出白云屯，参将谢潮又追之，斩首级数十。至金锡，郭成又追之，倭寇遂入捷胜海夺船逃去。万历二十五年（1597年）初，广东按察司副使兼任岭东海防兵备分巡道任可容巡视捷胜所城沿海，整饬武备，倭寇不敢贸然进犯。翌年四月，闽中剧盗勾结倭寇，多次入侵捷胜海面。任可容又赴捷胜所城和坎下寨，策划歼灭倭寇方略。倭寇知悉后，不敢入扁涌湾。五月十八日，任可容在捷胜龟龄岛至汕尾沿海一带伏兵，授计坎下寨守备陈聪、把总魏大亨假扮渔民，于扁涌湾海面捕鱼，诱倭寇来犯。倭寇中计，驾大船10余艘入侵，被碣石、捷胜水师包围。而惠州海防同知邱万程伏兵堵截，生擒真倭6名，贼首8名、通事（翻译）1名，杀死真倭35名，海盗死者无数。至此，海上之倭患亦缓解矣。

明末清初，郑成功踞闽粤沿海岛屿抗清，并多次与部将林察、周瑞、丘辉、杨金目等船队于捷胜城外白沙湖（今属红海湾田墘）停泊。顺治四年（1647年）春，以苏成、苏利为首的海丰人民抗清的义军，曾一度攻占捷胜所城。后来，苏成与举人林呈祥反清复明，率船队进攻海丰县城。因各地豪强武装来支援清军，苏成不敌，便退守碣石卫，时海丰百姓多有随苏成军队退去。顺治五年（1648年），苏成死，义军归苏利统领。顺治六年（1649年），苏利踞海丰县城，扬言抗清。顺治七年（1650年），捷胜所城设守备1名，领兵600人防守。同年冬，守备汪古害怕苏利的抗清义军再次攻城，采取举人翁光肃的建议，以木船载巨石沉塞石狗湖口。顺治八年（1651 年，即南明永历五年）二月二十四日，郑成功率战船 100 多艘，从广东潮州府南澳港出发，至珠江口勤王。途中在白沙湖稍事休整。翌日晚，菜屿海面，风暴大作，狂浪滔天。至半夜，风雨益烈，郑成功中军船随风漂浮到遮浪角的后江沙堤，几次欲翻船解体。后水手们跳水挖出 3 米许的水沟，战船才驶入白沙湖避风，于海埔墟休整月余，后厦门告急，郑成功留部分军队驻守，自己则率大军回师福建。因于白沙湖外遇风暴，殿后的郑成功之妹郑祖禧命船队靠近金峙岛卸辎重，不料与清兵相遇，两军恶战，清兵大败。然郑祖禧身中毒箭，两日后，在狮头山营寨壮烈殉国。康熙十年（1671 年），清廷为防明军郑经攻海丰县城及倭寇侵扰，重修捷胜的大茅山烟墩（沙角尾烟墩）、小茅山烟墩（沙坑烟墩）、东门岭烟墩、前进烟墩及东坑烟墩。各处烟墩薪粮充足，均置弩于上，凿井于旁，并派兵驻守，寇至夜则举火，昼则举炮为信，昼夜瞭望，海况无遗。康熙十四年（1675 年）夏，郑经部下杨金目与清兵战于白沙湖，杨金目坐船被焚烧，率伙登陆而战死。至康熙五十六年（1717 年），清廷又于捷胜所城前哨之东侧遮浪建右营遮浪汛炮台（遮浪炮台）及营房，配防炮 8 位。同年，于白沙湖、石狮头添设营房 6 间，拨兵 22 名防守；东洲坑桥仔头添设营房 6 间，拨捷胜右营兵 22 名防守。后又添设捷径、遮浪营房 21 间，拨捷胜右营把总率兵 63 名防守。同年，又于捷胜大华建右营牛脚川汛炮台及营房，配防炮 6 位，后添设营房 6 间，拨捷胜右营兵 22 名防守。至此，捷胜沿海墩台相望，首发尾应，俨然如海上长城。随着康熙大治，乾隆盛世，民间“反清复明”意识逐渐淡化。至嘉庆年间，海贼、洋匪为患。嘉庆十三年（1808 年）正月，福建省水师提督张见升，奉令联合总兵许松年在捷胜龟龄岛洋面进剿蔡牵武装船队，生擒贼目王瑞、郑阿由等 55 人。同年四月，偕碣石水师总兵黄飞鹏等兵船抵牛脚川擒贼 132 人。至道光三十年（1850 年），捷胜沿海洋盗充斥，捷胜所城守兵出洋捕贼，目兵张时高阵亡。终清一代，海匪、倭寇侵扰不绝，捷胜人民深受其害。

二、现代战事

（一）国内革命战争时期（1921—1937 年）

第一次国内革命战争时期（1921—1927.4）民国十一年（1922 年）12 月，彭湃的得力助手郑志云在东坑创立农民协会，打击地主豪绅，取消人头税、田租捐，减租四成。民国十三年（1924 年）5 月，国民党驻田墘民团团长陈丙丁（又名陈炎洲）率团丁 30 多人，在沙海抢劫后，绕道东坑，勒索贫苦农民。东坑农会组织会员配合村民包围陈丙丁，陈丙丁与团丁们夺路逃命，遁入捷胜城。民国十四年（1925 年）夏，中共海丰特支委派杨江到东坑建立赤卫队，队部设在东坑村公所，队长为何火照，副队长为邝妈语、朱厂，队员有 40 多人。他们以尖串、大刀、粉枪、独响枪为武器，与军阀政权及土豪劣绅等反动势力，展开艰苦的斗争。随着赤卫队的建立，斗争情绪日益高涨。紧接着，东坑成立中共海丰县第七区党支部，杨江任党支部书记；叶娘庇、林跃俞、陈庆广、李生、莫捷光、蔡举德为委员。为了提高队员的斗争素质，赤卫队选派代表进行短期的军事训练。当时参加吴振民训练班的赤卫队员有莫妈添、莫妈前、莫妈臬、何得、胡达、郭火庚、朱耀等 20 多人。东坑有了自己的组织和武装队伍后，便开展抗租减息斗争运动。当时，东坑 80% 以上的是佃农，全村每年要担负 3 600 担租谷的地租。交租的稻谷必须晒干、扬净，质量十足，抬到地主家门口。经过斗争后，地主只好减租四成，而且要亲自到本村来收。随着抗租减息斗争运动的发展，在交租 60% 的基础上，再减 40%，只交 36%，租谷由质量十足变为次谷。对此，地主无可奈何，只好迁就农民。随着武装队伍的不断壮大，贫苦农民在自卫队的动员下，干脆不向地主交租，把租谷集中起来，储藏于本村妈祖宫作为军粮。民国十五年（1926 年）秋，林务农、何醒农、何丹成等到各村组织赤卫队员 9 000 多人，多次配合工农红军围攻捷胜城，但都攻而不克。

第二次国内革命战争时期（1927.4—1937 年）民国十六年（1927 年）8 月，东坑赤卫队配合第七区农军，多次攻打捷胜城，皆因城内白色政权巩固，难以克复。9 月，海陆丰爆发第二次农民起义，刘琴西带领革命军及捷胜农军进攻捷胜城。工农革命军一边攻打城门，一边架云梯攻打城顶，由于城里几百个盐勇及各大姓家族做困兽之斗，奋勇反击，使他们一时难以攻占城池。时因工农革命军伤亡惨重，双方进入休战阶段。11 月 1 日，入侵黄羌的陈学顺被红二师和农会军打败后，率部逃往惠阳，地方保安队则逃入捷胜所城；而盘踞汕尾的庄吉云、蔡受鹤等民团 100 多人亦渡海逃往捷胜，这使捷胜的守城兵力倍增。为了彻底歼灭民团，解放捷胜所城，在东江特委领导下，海陆丰农民又爆发第三次武装起义。在林道文的率领下，东南联合大队取得附近区乡农民的配合，展开围城之战。后又增派梅陇、公平农军 100 多人，共 2 000 多人三面围攻捷胜城。然因武器装备低劣，在攻城的 10 多天里，面对坚固的捷胜城总是无能为力。11 月 18 日，红二师第四团加强连前往捷胜助战。11 月 19 日（农历十月廿六）上午 8 时许，兵分三路，发起总攻。四团加强连主攻北门；公平、梅陇与捷胜附城农军主攻西门；东南各区农军主攻东门。工农革命军抬着长梯在火力掩护下，快速冲至城墙边，竖起长梯，后面的冲锋队随即跃登城上，消灭了城垛里的守兵，打开城门，工农革命军蜂拥而入，奋勇杀敌。是役，工农革命军毙敌 642 人，俘虏数百名，缴枪 100 多支及一批子弹。民国十七年（1928 年）春，大革命高潮过后，国民党军集结大部队“围剿”海陆丰根据地，农会军撤出捷胜城。东坑村也惨遭洗劫，赤卫队只好疏散转入地下斗争，有的转移到村后面半山腰的白石庵山洞内继续坚持斗争。有的随大部队转战于大南山。期间，反动势力不断围乡掠夺。仅 1 个月内，围乡就多达 33 次，牵走耕牛 108 头，烧毁房屋 30 多间。惨无人道的抢、掠、烧、杀，使东坑村成为一座废墟。同年 10 月，东坑赤卫队长何火照，因叛徒告密，在东坑被捕，于妈祖厅前英勇就义；李生为掩护海丰苏维埃政府的同志前往香港，在芳荣新港村被捕就义；胡达在配合红军 49 团攻打汕尾时牺牲；随大部队转入大南山的梁德、邝妈语、麦命、胡加、朱厂、何过等亦战死沙场。另如罗邦、张丁、莫四（女）、黄锦（女）等，则继续担当我党地下联络员、交通员，开展革命斗争。他们为革命抛头颅、洒热血，为党和国家无私奉献。

（二）抗日战争时期（1937—1945 年）

民国二十六年（1937 年），抗日战争全面爆发，国难当头，海陆丰党组织指派何世汉回捷胜与蔡烈等一起，恢复第二次国内战争时期的老党员，发展新党员。同年 3 月，青抗会四区干事会在南门街何世汉家成立。干事会采取演出宣传等形式，揭露日军的罪恶，并以武装革命的手段，对抗日军的暴行，支持抗日。同时，地下党还拉拢土匪，组建抗日武装队伍。民国二十九年（1940 年），捷胜遭受日军飞机扫射、轰炸，屋宇、物资损失严重，居民死伤无数。

民国三十年（1941 年），抗日战争处于防御阶段，海丰县国民党当局实施“防止异党活动案”，捷胜部分中共党员转移他处，党组织活动进入低潮时期。农历二月三十日，日本侵略者约 300 人，入侵捷胜，翌月初四撤走。初五时，海匪陈铁部约 300 人，驻防捷胜文亭。四月以后，日军龟缩捷胜沿海一带。闰六月十三日早上，日军围文亭，20 多个男女海匪被掳，押送汕尾时，途经格塘，有个姓关的海匪逃跑，被击毙。后日军在汕尾收编陈铁部，命其驻于田墘。9 月 20 日，国民党朱金铭营长率抗日合作军从陆丰来遮浪剿匪，陈铁于遮浪灯塔为抗日合作军击毙，海匪往汕尾报告日军，日军当即率兵往田墘。翌日凌晨，下小雨，抗日合作军哨兵撤入红楼休息，不意被日军围攻，阵亡 29 人（以尸体计）。是役后，凌炳权（原姓张）、余少廷（原名丁文礼）部（即陈铁余部）被日军委派为中国独立海军粤东警备司令部，凌炳权为少将司令、余少廷为准将副司令，内设 5 个陆战大队，第一大队长周来、第二大队长陈锦、第三大队长李国、第四大队长何坤、第五大队长曾色，各队分驻平海等地。10 月，日军撤离汕尾，凌炳权、余少廷部迁驻龟龄岛。

民国三十一年（1942 年）上半年，粤北事件爆发，中共党组织迫于形势，停止公开活动。有的还利用关系，混入国民党乡公所当保长，进行地下斗争。同年初冬，欧剑城率保安团第二团一大队进驻捷胜，准备围攻龟龄岛海匪凌炳权、余少廷部，时海匪通知日本侵略者，日本遂于农历十月初五早七时半，派出2架飞机投弹轰炸捷胜。时北门街1枚、第七街1枚、南门外1枚、南门池1枚（未爆炸）、西门头1枚、第五街蔡厝1枚、文亭1枚，其中西门头死2人（何甲寅夫妇）、文亭死1人（何怀）。保安团慑于日本气焰及龟龄岛易守难攻，不久退出捷胜。民国三十二年（1943年），粤北事件平息，中共党组织恢复公开活动，继续开展抗日宣传统战工作。

民国三十三年（1944年）底，日军入侵海丰。12月16日晚，在龟龄岛住了3年多的海匪凌炳权、余少廷部1 000多人，入驻捷胜蔡氏祖祠。翌年，日本侵略者又入侵捷胜，捷胜处于沦陷状态。民国三十四年（1945年）8月15日，日军投降后，凌炳权、余少廷部被国民党宋专员封为国民政府别动军海陆惠先遣军司令部，凌炳权为司令，驻地为海丰、陆丰、惠阳；后又被改为惠陆先遣军，驻地惠阳、陆丰，军队被调往东海集中，被国民党186师缴械。途中，凌炳权为186师张团长放走，逃至香港，驻零丁洋。

民国三十四年（1945年）5月，随着抗日战争进入反攻阶段，东纵六支队挺进海陆丰，广泛出击日本侵略者，建立敌后根据地，着手建立民主政权。第四区召开人民代表大会，在捷胜成立抗日民主政府。8月15日，日本宣布无条件投降。

（三）解放战争时期（1945—1949年）

民国三十五年（1946年）初，内战爆发，国民党对中共抗日武装、民主政权进行“围剿”“扫荡”。共产党领导的人民武装奋起还击，拉开解放战争的序幕。民国三十六年（1947年）2月，海陆丰人民自卫队成立，接着成立中共海陆丰县委。从此，海陆丰军民又投入轰轰烈烈的解放战争。5月，恢复发展党组织，第四区地下党组织在海丰县委领导下，发动青年参军。组织武工队、民运队、民兵后备队，积极配合人民自卫队主力。民国三十七年（1948年）2月，田嵌捷胜联防队成立，并与游击队里应外合，袭击敌伪和海匪，有效地支持、掩护了人民自卫队和地下党的活动。3月，“天雷”与“海鹰”两支短枪队在捷胜附近会合，准备敲掉捷胜伪警察所。经侦察和商议后，把队伍化装成趁圩赶集的农民、商贩和酒徒，混入城后分散在伪警察所门口的街道附近。另一部分战士分布在后山北门一带游动，以策应情况的变化。一切部署停当，战士们按计划在指定地点等候命令。当天下午3时左右，天雷队长江国新看准时机，突然用右手往腰间一拍（战斗信号），随着响起两声枪声，警察所门口2个卫兵应声倒地。“天雷”和“海鹰”的战士冲入警察所，迅速俘虏了所里10多名所丁，缴获10多支步枪和一批物资。10月22日夜，驻捷胜王钊联防队官兵起义，发表了《起义告敌官兵书》和《告海陆丰同胞书》。事后又在香港《华商报》报道，影响很大。国民党海丰县政府为配合宋子文对广东的第二次“清剿”，不久，即调派其得力干将马德新联防队来接营，制造白色恐怖。民国三十八年（1949年）8月，边纵主力解放陆丰县城，反动武装钟铁肩率余部逃窜至汕尾沿海，只有保安团七总队残部和海匪吴炯烙（吴奇）残部共600多人，盘踞碣石负隅顽抗。11月23日半夜，东一支新三营和六团欲攻打玄武山，但保安团与吴炯烙部队已撤到浅澳、乌土半岛，待追至浅澳、乌土时，吴炯烙已带一帮亲信乘电船从海上逃至龟龄岛，其他400多人被虏，当中有混在海匪中的国民党军官何汝煌、黄文陶、罗志勤、李大海等人。同月28日，汕尾军事管制委员会派五团配合东一支清剿龟龄岛海匪，动员帆船100多条、机轮5艘，在上午8时许，发起总攻。起义的游缉大队长柏新宇率军主攻龟龄岛正面；五团营长朱连房率部乘机船从汕尾海面抄袭该岛背后。在炮火猛烈轰击的掩护下，红军战士攻上海岛，抓获海匪司令吴炯烙及匪徒40人，另有妇女48人，缴获子弹28担。至此，捷胜全境解放。

第二节 驻军

一、南宋、明清时期驻军

南宋末，戍边女将觉龙公主率兵驻防捷琅埔沿海。

明洪武五年（1372 年），拨旗军驻防捷琅埔铜锣寨。

洪武二十七年（1394 年），千户侯良率旗军驻防捷径并建所署。

洪武二十八年（1395 年），千户侯良建捷胜守御千户所，驻旗军 1 120 名。同年，设军屯田 2 处，一为螺溪屯，一为上砂屯，每屯拨军 112 名。

嘉靖七年（1528 年），拨军屯守捷胜所城。

嘉靖三十八年（1559 年），捷胜所城驻旗军 328 名。

嘉靖四十三年 (1564 年)，守备李少庄驻防捷胜所城。

万历元年 (1573 年)，千户刘松驻防捷胜所城。

万历二十六年（1598 年）五月十八日，广东按察司副使兼任岭东海防兵备分巡道任可容赴捷胜所城，在龟龄岛至汕尾沿海一带伏兵歼灭倭寇。

清顺治四年（1647 年）春，苏成部踞捷胜所城。同年夏，撤出。

顺治七年（1650 年），捷胜所城设守备 1 名，领兵 600 人防守。

顺治八年（1651 年，即南明永历五年）二月二十四日，郑成功与其妹郑祖禧率南征勤王军船队进驻捷胜城外白沙湖（今红海湾）海埔墟。

康熙七年（1668 年），设左营游击驻防捷胜所城。

康熙十四年（1675 年）夏月，郑成功之子郑经部下杨金目率军进驻捷胜城外白沙湖。

康熙四十一年（1702 年），碣石水师镇标左营游击傅为斗，与左营守备王玟等驻防捷胜所城。

康熙四十三年（1704 年），设右营游击驻防捷胜所城。同年，外放广东碣石水师镇标右营守备章茂隆驻防捷胜所城。

康熙五十六年（1717 年），添设捷径（捷胜）、遮浪营房 21 间，拨右营把总 1 名，兵 63 名防守；添设牛脚川营房 6 间，拨兵 22 名防守。添设白沙湖、石狮头营房 6 间，拨兵 22 名防守。添设桥仔头营房 6 间，投兵 22 名防守。

雍正十二年（1734 年）四月，碣石镇标右营游击赖天祥驻防捷胜所城。

雍正末年，碣石镇右营都司陈谢勇驻防捷胜所城。

乾隆六年（1741 年），拨游击 1 名，驻防捷胜所城。同年，拨把总 1 名，驻遮浪港，官兵 50 人防守。

乾隆初年，碣石镇标水师右营守备陈定举驻防捷胜所城。

乾隆四十八年（1783 年）至五十年（1785 年），碣石镇标右营游击林国良驻防捷胜所城。

乾隆五十八年（1793 年），碣石镇标右营都司黄标驻防捷胜所城。

嘉庆末年，碣石镇标右营都司毛国斌驻防捷胜所城。

道光十五年（1835 年），碣石镇标右营守备羊英科驻防捷胜所城。同年底，碣石镇标右营都司庄起凤驻防捷胜所城。

道光十七年（1837 年），碣石镇右营都司吴占驻防捷胜所城。

道光十九年（1839 年）正月，碣石镇标右营都司黄琮驻防捷胜所城。

道光二十年（1840 年），碣石镇标右营都司黄庆元驻防捷胜所城。

道光年间，碣石镇标右营千总刘玉锦驻防捷胜所城。

道光年间，碣石镇标右营守备刘大忠驻防捷胜所城。

咸丰五年（1855 年）三月，碣石镇水师右营都司蔡先攀驻防捷胜所城。

咸丰初年，碣石镇标右营都司郑耀祥驻防捷胜所城。

光绪十三年（1887年），碣石镇标右营都司郑鹏飞驻防捷胜所城。

光绪三十二年（1906年），水师右营游击吴祥光驻防捷胜所城。

光绪年间，碣石镇右营都司吴祥达驻防捷胜所城。

二、民国时期驻军

民国元年（1912年），捷胜所城大井头设有海丰警察局汕尾警察所捷胜分驻所，内驻国民党军队，设巡官，下辖警长2名，兵10多名。至民国三十七年（1948年）3月，分驻所为“天雷”“海鹰”两支短枪队端掉。

民国十六年（1927年），国民党官兵（保安团）420多人驻捷胜城。

民国二十五年（1936年）底至二十六年（1937年），国民党工兵连连长龙质彬率该连驻观音堂。

民国二十六年（1937年）底，国民党某连卢连长率兵驻于观音堂。

民国二十九年（1940年）底至民国三十年（1941年），海匪（原系国民党余部）首领陈铁率兵29名驻龟龄岛。

民国三十年（1941年）农历三月五日，陈铁部约300人驻防捷胜文亭。同年农历十月至民国三十三年（1944年）12月，陈铁部下凌炳权、余少廷余部驻龟龄岛。

民国三十一年（1942年）初冬，国民政府海陆丰守备区指挥官欧剑城率领保安团第二团（团长梁幼春）一大队共约500人，进驻捷胜观音堂，准备围攻龟龄岛海匪凌炳权、余少廷部。后海匪通知日本侵略者，日本遂派出两架飞机投弹轰炸捷胜，欲消灭国民党保安团。欧剑城慑于日本游弋于龟龄岛外的军舰，加之龟龄岛易守难攻，不久即撤出捷胜。

民国三十三年（1944年）12月16日晚，凌炳权、余少廷率兵入捷胜，驻东门街蔡氏祖祠。

民国三十五年（1946年），许友率海匪驻龟龄岛。

民国三十八年（1949年），海匪吴奇率众驻龟龄岛。同年11月28日，吴奇部为汕尾游击队消灭。同年，驻于捷胜赖氏家塾的海匪梁忠部经地下工作者赖茂松说服后，率部起义。

三、地方武装

（一）明清时期乡勇团练

明正统十四年（1449 年）招募乡兵，称为“民壮”，以本地官司领之，鞍马器械悉从官与，课以操练遇警调用，事已为民，代力役之征，无固定名额。明成化初年，用兵部奏例，分三班，一班上官，二班归农。清咸丰以后，当局为对付天地会会党，支持豪绅举办团练，平时防盗匪，遇警则受政府指挥。

（二）民国时期地方武装

地方警卫队 民国十七年（1928 年）春，海丰县政府成立“地方警卫队编练筹备处”并着手组建警卫队。民国十八年（1929 年），第七区（捷胜）民团改称警卫队，至民国二十五年（1936 年）秋，警卫队改称保安队。

联防队 民国三十七年（1948 年）2 月，国民党海丰县长黄干英串通张诚、曾广聘等，利用封建势力，成立第七区（捷胜）联防队对抗人民武装。联防队多驻于本区镇治所及若干大乡据点。

（三）中国共产党领导下的人民武装

赤卫队 民国十四年（1925 年）夏，中共海丰特支委派杨江来东坑组建农民革命武装“东坑赤卫队”（属自卫军性质），队长何火照，副队长邝妈语、朱厂，队员有李生、朱若常、梁德、刘妈锦、莫念梯、莫娘添、何得、郭火庚、罗邦、张丁、莫创、莫长、吴浮等 40 多人。民国十六年（1927 年）11 月，海丰县工农兵苏维埃政府成立后，决定扩大武装。在其号召下，第七区（捷胜）各乡村又相继成立赤卫队，参加武装起义，保卫新生人民政权。当时，全区赤卫队员 9 130 人，常驻城里的队员 50 人，配枪 72 支、粉枪 1 270 支、尖串 10 032 支、子弹 800 发、火药 600 斤。民国十八年（1929 年）以后，赤卫队分为县、区掌握的常备赤卫队、可统一调动的赤卫队、由乡掌握的普通赤卫队 3 种。时第七区

（捷胜）城内及各村赤卫队正副队长为：捷胜镇（城内）队长姚妈员。东村队长柯乃福、副队长蒲乃法。南村队长黄财、副队长蔡依。西村队长黄良成（兼）、副队长何位良。北村队长林石（兼）。五爱村队长柯乃福（兼）。大塘村队长蒲乃法。隔塘村队长周汉明（周潮州）、副队长周华兴。马鞍山村队长李潭佛。大流村队长周娘炳，副队长陈关胜、何位良。石岗南门外村队长刘娘照、副队长刘万谦。南山岗村队长周合。双湖村队长周妈萍。石厝村队长周胜、副队长蔡佑。石头村队长蒙宝。牛肚村正副队长不详。沙坑村队长陈妈营（兼）、副队长蔡层。东坑村队长何火照，副队长邝妈语、朱厂。前进村队长林妈祐。埔尾村队长叶明山、副队长冯铁。

警卫排 民国三十八年（1949 年）7 月 1 日，捷胜镇成立人民政府。为稳定社会治安，设立警卫排，排长何九炯。警卫排主要由有志于革命的青年组成，共 10 多人。1951 年撤销。

民兵 民国三十八年（1949 年）7 月，捷胜建政后即有民兵组织，隶属镇武装部统辖。民兵分普通民兵和基干民兵，每年由镇武装部组织进行军事训练。2007 年，全镇民兵 5 703 人，其中普通民兵 5 303 人、基干民兵 400 人。民兵建制为 18 个民兵营（以村委会、居委会为建制单位）、29 个基干民兵连。基干民兵连下辖 8 个基干排，27 个基干班，分设连长、排长、班长及副职。至 2017 年，全镇有民兵营 18 个，民兵连 37 个，民兵排 111 个，民兵总数 5 635 人。普通民兵 5 385 人，基干民兵 250 人，应急分队一连 40 人，兵役登记 365 人。2016—2017 年度，捷胜镇武装部被市军分区评为先进基层武装部。

第三节　革命老区村庄

捷胜历来具有光荣的革命传统。在国内革命战争、抗日战争及解放战争时期，捷胜先烈们为推翻三座大山压迫，争取民族解放，前仆后继，与敌人进行了长期艰苦卓绝的斗争。捷胜人民在中国共产党的领导下，为中国人民解放事业付出了巨大的代价，做出了重大的贡献。据 1997 年 9 月版《广东省革命老区村庄名册》（上卷）记载，建区前，捷胜革命老区村庄有 31 个，其中二战时期老区村 28 个，解放战争时期老区村 3 个。建区后，在 1989 年革命老区评审中，捷胜老区村只有东坑、南村 2 个。

附录：建区前捷胜革命老区村庄统计表

（1997 年 9 月版《广东省革命老区村庄名册》上卷）

所在乡镇	所　在 管理区	老区 村庄名称	人口 （人）	耕地 （公顷）	山地 （公顷）	时间	备　注
捷胜	五爱	大塘	950	23.27		1931—1945 年	
		坣头	831	20.66			
		格塘	449	16			
		马鞍山	420	11.33			
	石岗	南门外	2616	34.33			
		石头	2403	24.93			
		石厝	727	9.4			
		大淋	412	8.47			
		南门岗	229	5.47			
		双湖	376	3.2			
	前进	新兴	451	10.47	19.67		原猫洞村
		屈兰	187	7.87	11.2		
		内坑	255	9	13.2		
		大富	468	12.8	22.53		原大布村
		大水沟	574	15.73	27.46		
		程厝	353	9.67	15.93		
		格坑	109	5.93	8.8		原吉坑村
		乌塗	52	5.33	8.06		
		李厝	160	6.33	9.8		

续表

所在乡镇	所 在 管理区	老区 村庄名称	人口 （人）	耕地 （公顷）	山地 （公顷）	时间	备 注
捷胜	东门	东门	4150	56	41.6	1931—1945 年	
	西门	西村	2033	25.8	13.33		
	南门	南村	2570	44.47	1.67		
	北门	北村	5231	88.93	33.33		
	大流	大流	3133	43	80		原水阁村并入
	埔尾	埔尾	3118	38.67	13.33		原公兴、竻仔村并入
	沙坑	沙坑	1473	31.87	4		
	东坑	东坑	3299	120.67	533.33		
	联安	联安	2598	37.67	146.67		
	牛肚	牛肚	1417	31.87	13.33	1946—1949 年	
	沙角尾	沙角尾	2437	47	200		
	联星	联星	1591	27.73	93.33		

第四节　捷胜镇人民武装部

民国三十八年（1949 年）7 月，第七区（捷胜）人民政府成立，设武装干事 1 名。1952 年 7 月，改设武装委员 1 名。1963 年，捷胜公社成立人民武装部，设专职武装干部 1—3 人。1986 年，捷胜区人民武装部改归地方建制。2003 年 5 月，武装部被广东省军区评为民兵预备役基层建设先进单位。2004 年 7 月，被汕尾市城区委、城区人民政府、城区人民武装部评为保障部队海训演习先进单位。2007 年，武装部设部长 1 名、副部长 1 名、武装干事 1 名。2017 年，武装部设部长 1 名，副部长、武装干事各 1 名。

武装部是军事部门的地方组织，受同级政府和上一级军事机构（武装部门）管辖，其职责是根据上级军事机关以及同级党政的指示，协助党委、政府做好平时的征兵工作，承办民兵建设的各项工作和复退伍军人的安置，组织和领导民兵参加生产劳动，负责战备及治安勤务，战时带领民兵参军参战。

第十四章 民 政

第一节 机构

民国二十六年（1937 年）以前，本镇没有设立民政组织，一般民政事务由海丰县总务科、自治科、公安局等办理；有关社会福利、救济和移风易俗概由乡（区）、团总主持办理。民国二十七年（1938 年）7 月，废区并乡（后又恢复区建制），乡（区）公所内设民政股，设主任 1 人、干事 1 人，管理全区、乡民政事务，直至中华人民共和国成立。1950 年，区（镇）设民政办公室，设民政助理 1 名（掌管政府印鉴），乡设文书 1 名，主管民政工作。1957 年，撤区并大乡镇，乡（镇）设民政助理 1 名。1958 年，撤乡建立人民公社，公社设民政助理 1 名，大队设民政小组，由文书（会计）主管民政工作。1968 年，公社革命委员会成立，民政办撤销，于革命委员会办事组下设民政小组。1973 年 3 月恢复。1984 年 4 月，公社改为区公所，仍设民政助理 1 名，大队改乡后，各乡由文书管理民政工作。至 2007 年，其干部编制未变。现在，已取消民政助理，由社会事务办公室管理。设民政室主任 1 人，工作人员若干人，各村（社区）设文书员。

第二节 优抚

优抚是中国共产党的优良传统，历来为人民政府高度重视，也受各界人士的大力支持。中华人民共和国成立以来，镇人民政府及各村委会在每年的八一建军节和春节，都会组织干部进行拥军优属慰问活动。近年来，还附送一定数额的慰问金。对烈军属除重大节日外，在平时生活中也给予优待和照顾，但各个历史时期有所不同。中华人民共和国成立初期，对于缺乏劳动力的烈军属，由乡和村委会组织群众给予临时援工，当时称为“代耕”。农业高级合作社成立后，又按烈军属的田亩数折算成劳动工日，参加年终分配。人民公社成立后，则以“优待劳动工日的方式”给予补贴。同时，农村生产大队和生产小队还给予一定的“优待粮食”优抚。1981 年，广东省人民政府颁发《关于优待烈军属、残废军人的暂行办法》，明文规定对军属实行优待，以当地半个或一个劳动力的正常收入为标准，发给优抚金。同时，对复员退伍军人亦实行优抚。2017 年，全镇有优抚对象 224 户，复退军人 250 人，优抚金由上级按条件标准发给。同时，镇设立残联办公室，由区残联局直接领导，聘请工作人员直接负责残联工作。

第三节 救济扶贫

一、社会救济

自然灾害救济 中华人民共和国成立后，中共各级组织和地方各级人民政府，按照中共中央“生产自救、节约度荒、群众互助、以工代赈”的方针，落实社会救灾。灾前预测灾情，加强防止自然灾害发生的危害和各种防灾措施；灾后组织群众生产自救及消除灾害影响，并组织群众救灾，减少灾害造成的损失。同时，人民政府拨出专款，实行灾后救济或发放救济粮食，以解灾情。

贫困救济 中华人民共和国成立后，农业生产有较大发展，群众生活有较大改善，但亦存在因农业人口多而劳动力少及收入低的困难户、孤寡老人（五保老人）等贫困户。为此，政府根据实际对孤寡老人实行“五保”政策（即保衣、保食、保住、保医、保葬），镇政府和各村委会亦给一定的贫困救济；对困难户则实行定期救济和临时救济。2017 年，全镇有贫困低保户 935 户，1 876 人，发放资金 556.4 万元。

二、老区扶贫

中华人民共和国成立后，政府对贫困地区，特别是在各个战争时期为社会主义革命事业做出贡献的革命老区，进行扶贫建设，即按免息或低息、有偿和无偿等贷款方式，分批分期帮老区发展生产，提高自身的生产能力。1988 年至 2017 年，国家提供无偿资金，帮部分村委会修建学校、公路、公厕、排污沟及水电等。

第四节 社会福利

捷胜敬老院创办于公社化时期，设院长、护理员及炊事员各 1 名。后因条件不足，至 1962 年停办。1984 年开始，镇政府和民政部门把办好敬老院当作精神文明建设的一项重要内容来抓。敬老院的经费以民政事业费为主，各大队筹集为辅，进院的老人每人月基本生活费为 88 元（救济粮除外），其中伙食费 55 元，医药费 10 元，办公费 8 元，零用钱 15 元。资金来源除民政部门提供每人每月 30 元外，其余均由镇人民政府基金会承担。除敬老院集中供养的五保老人外，对于分散供养的五保户，亦实行区乡统筹供养形式。2017 年，中央直拨经费 92 万元，扩建原敬老院。

第五节 殡葬改革

根据国务院《殡葬管理条例》及汕尾市、城区《关于殡葬管理暂行办法》，本镇从实际出发，制定殡葬改革相关规定。1998 年 7 月，镇成立殡葬改革领导小组、办公室和监察队。领导小组组长由书记、镇长担任；办公室主任、监察队队长由副镇长担任。1999 年 3 月 20 日，本镇颁布《殡葬管理暂行规定》，提倡遗体火化，遏制丧事大操大办；提倡新办、简办及厚养薄葬；规定每宗丧事祭席 3 张、花圈 3 个、旌旗 1 幅；严禁雇请仪仗队、机动车辆送葬；禁止建造活人坟及耕地、山园做坟墓；统一规划，限制乱葬。2001 年 1 月 1 日起，镇政府统一规划东门岭山、牛肚尖岭栏、前进大富村丁心墓栏、东坑村、沙角尾村等 5 个临时性墓园。同年 12 月，经区民政局批准，又辟建长盆山公益性墓园。期间，本镇为进一步贯彻落实国务院《殡葬管理条例》，维护殡葬法规，制止乱埋乱葬，促进两个文明建设，根据省、市、区关于清理“三道四区”乱葬坟墓的工作要求，特制定“三道四区”乱葬清理工作的方案，除受国家保护的具有历史、艺术、科学价值的墓地予以保留外，余者则以“平迁结合，以迁为主”的原则，对其进行清理。2016 年，推行“火化一刀切”政策，铲除私制棺木铺。现全镇火化基本成风。

第六节　社会治安

一、概况

元末明初，土匪、海匪及倭寇之患频仍，捷胜人民不堪其扰。明洪武二十八年（1395 年），捷琅埔设所置防后，茅埔墟、大石牯村居民即迁入城内，生活稍为安定。然所城戍兵亦时有肇斗殴打之祸。嘉靖二年（1523 年），倭患又起。因明朝采取闭关政策，禁止国人与日本通商，故倭寇即与沿海奸商、土豪交结，入内地劫掠骚扰。因此，捷胜是倭患深重的地区。嘉靖三十九年（1560 年），倭寇进犯捷胜。据载：“国初时民罹于山贼，海犹晏然，厥后数十年，则有海寇之警，然未有倭寇入境，自近岁始继。”“迩者倭寇自捷胜登陆，仅三百余徒尔，通邑竭作，甫能逐之出境。”当年，潮贼张琏使其党王伯宣诱倭助己，倭至潮，侵入海丰界，其烽甚炽。“百里之内，所过歼灭，可为流涕。”至清代，海匪、倭寇犹侵袭不绝，捷胜人民深受其害。此外，道光至宣统期间，捷胜乌红旗村亦械斗不绝。

民国初，捷胜治安事端时有发生。民国十七年（1928 年），大革命失败后，国民党在捷胜设立“清共委员会”，四处搜捕革命志士，搞得人人自危。以陈铁、凌炳权（自称先遣军司令部）为首的龟龄岛海匪，又在捷胜海域大肆抢劫来往船只，特别是日本侵犯中国，捷胜两度沦陷，日军奸淫掳掠，无恶不作，人民苦不堪言。

中华人民共和国成立后，党和政府对社会治安十分重视。1951 年春，开展“清匪反霸”运动，镇压恶霸地主和反革命分子。20 世纪 60 年代初，又开展打击流窜犯罪活动和封建迷信活动，时民事纠纷、偷窃案件大为减少，社会治安逐步好转。夜不闭户、路不拾遗，已呈太平安定、人心思齐之象。

十一届三中全会后，党和政府采取一系列整顿社会治安的方针、措施；捷胜镇亦逐步开展法制教育，提高人民法治观念，加强对青少年思想品德和国情教育，青少年违法犯罪行为大为减少。同时，还开展除“七害”（贩毒吸毒、淫秽录像、卖淫嫖娼、拐卖妇女儿童、聚众赌博、封建迷信、黄色书籍）的运动。20 世纪 90 年代后，政府开展各种“严打”专项斗争，依法严惩各种违法犯罪分子，批评教育一批法治观念薄弱的人，维护了地方社会治安秩序。2010 年，全镇建立维稳信访综治中心，负责全镇社会治安综合治理工作。

二、公安机关

警察所 民国三十年（1941 年），民国政府在西门街大井头设立警察所，配所长、所员，所长兼任区军事指导员；乡设警察股主任，实行警保联防。民国三十二年（1943 年），改设警察分局，设警长 1 名，官兵若干名。民国三十七年（1948 年）3 月撤销。

派出所 1955年，捷胜设立派出所，所址设于西门街大井头（原国民党警察所），隶属海丰县公安局。设公安特派员1名，负责全区户籍、民事纠纷及治安等工作。1968年3月，捷胜设立公社革命委员会，实行军事管制。同年5月，公社革命委员会设立保卫组，取代派出所，并将所址迁至北门街（今信用社）。1972年撤销保卫组，恢复派出所建制。1979年，派出所改隶海丰县边防武警大队，并转为部队建制，警员实行义务兵役制。1984年，所址迁至后山头新办公大楼。1988年建区后，派出所改隶汕尾市城区公安分局，主要职责是配合上级公安机关和有关部门侦破各种治安、刑事及经济案件；惩治违法犯罪分子，做好户籍管理，加强边防防卫工作，维护社会治安的稳定。2006年9月27日，所址迁至北门外车站路，占地面积5 500平方米，建筑面积1 100平方米。现派出所设所长1名（兼镇党委委员），副所长2名，指导员1名，警员12名。

三、司法机关

法　庭 1951年7月，设立第七区（捷胜）土改法庭，属海丰县法院派出机构，设正副审判长2名，审判员5名，书记员2名，庭址设于北门街红楼。1952年9月，第七区土改法庭撤销，设立第八区普选法庭，由区委书记、副书记兼任庭长，区委公安员兼任审判员和书记员。1954年6月，设立第八区审判固定站，由区委委托本区民政收案。至翌年5月，固定站因巡回法庭撤销而撤销。1959年5月，设立捷胜法庭（一社一庭制的公社法庭）。1963年，捷胜法庭撤销，并入田墘法庭，各种案件划归海丰县法庭受理。1976年，恢复捷胜法庭。至1978年11月10日，又并入田墘法庭，旋又恢复，设庭长1名，书记员1名，工作人员1名，庭址仍设于红楼。1988年，从海丰县人民法院析出，改隶城区人民法院。1993年，迁址于城西新公路。2003年撤销。

司法所 1979年，设立司法办公室，隶属镇人民政府管辖，所址设于镇政府内，配有助理1名，工作人员3名。1993年，司法办公室改称司法所。2005年，从镇政府析出，改为城区司法局派出机构，人员均由城区司法局配置管理。同年，迁址于城西新公路，其主要职责为普法宣传、调处民间纠纷、法律服务、安置帮教及参与社会治安综合治理。该所下辖法律服务所、法律援助站、人民调解委员会 3 个机构。

（1）**法律服务所** 1979 年设立，配主任 1 名。职责为参与调处民事纠纷、法律见证、法律顾问、法律咨询、代书及法律宣传。2015 年开始，全镇各村（社区）聘请法律顾问 1 人。

（2）**人民调解委员会** 1979 年成立，设主任 1 名，副主任 1 名，委员 10 多名。职责是调解及化解人民内部矛盾。全镇现保留中心调委由司法所组织领导。

（3）**法律援助站** 2006 年设立，配站长 1 名。职责是为弱势群体提供法律援助。

四、治安管理

民国三十八年（1949 年）7 月，捷胜建政后，成立警卫排，设排长 1 名，警卫若干名，协助镇人民政府维护社会治安，不久即解散。1984 年，镇人民政府又抽调人员成立保安队，设队长 1 名，队员 10 多名，因经济问题亦于几年后解散。20 世纪 80 年代末，镇人民政府成立治安队，设队长 1 名，队员 12 名，负责全镇治安、民事调处等工作。同时，对私宰生猪、计划生育工作亦予以协调配合。至 1991 年，又因经济及管理等原因而解散。1992 年，根据中央关于加强社会治安综合治理和群防群治队伍建设的指示，镇人民政府重新成立治安队，队员编制改为聘用合同性质，行政管理隶属镇人民政府；业务归派出所管理。该队职责是反吸毒贩毒、反走私、扫七害、维护社会治安稳定及民事调解等。2014 年，治安队取消，各村（社区）设立治保会，各设治保主任 1 人，组建治安巡逻队，配合派出所，维护社会治安。

第十五章 民俗 宗教

第一节 民俗

一、岁时民俗

（一）传统节日

春节 是一年中最隆重的节日。十二月二十三日或二十四日祭灶神，然后扫尘、置办年货、做年糕等。年糕主要有甜粿、发粿和松粿。

除夕，俗称“三十冥”。是日，家家户户贴春联，更年画，有的还置放柑橘、鲜花。早上，备祭品到神庙“团年”；下午，又备祭品祭拜天地、祖宗；晚上，合家围炉团聚。晚饭后，家中长辈给小孩“压岁钱”，而能赚钱的小辈亦要给老人送红包，称为“压腰兜”。交子时，便打开大门，说声“开门大吉”，燃放爆竹，谓“放开门炮”。随后，家家户户要到神庙争点“头炉香”，以祈新的一年平安富贵。随之，坐饮至更阑不睡，曰“守岁”。

正月初一，起早身，拜祖宗，穿新衣，并要吃素一餐（旧时二餐）。早饭后，亲友往来互相拜年，并带几对柑橘等作为礼物。客人登门时，主人以糖果等甜食招待，以示圆满甜蜜。如有小孩要赏给红包。客人告辞时，主人以同样的礼物回赠，表示互送吉祥。

初二至初五，到各地亲戚家拜年，俗叫“相巡”，主人盛席款待客人。

春节期间，各乡村有舞虎狮、曲班走唱、猜谜等活动。

人日 正月初七，古称“人日”。是日，要吃七样菜，即七种蔬菜一起烹调，作为佐餐之料。俗传，吃后可吉利得财，亦可拂邪气，治百病。

元宵 农历正月十五日，古称“上元”，是夜通宵，故名元宵。俗称“正月半”。旧时，捷胜有“闹灯棚”的习俗。全城男女在彩灯下，进行舞狮、舞龙、猜谜等各种娱乐活动。从正月初八至正月十六日期间，各村陆续“开灯”，“泡灯茶”互宴。今燃放烟花已成为时尚。

正月二十日 是继春节之后的又一盛节。旧时有游神赛会习俗，俗有“公平灯，捷胜景”之称。主人在这天盛馔宴请亲戚朋友。

春分 无定日，按节气而定。常年春分在农历二月。是日，各家各户要做层糕粿，晚上要备办祭品祭拜祖宗，与秋分称为“春秋两祭”。

清明节 又称“寒食节”，时在农历三月（即阳历4月5日前后），无定日。民间有扫墓习俗，称“拜祖”或“挂（音过）纸”。乾隆版《海丰县志》载:“清明有事祖先，烝尝多者，始祖传下，无不遍祭，祭则置楮于墓，红白满山，曰‘挂纸’。”民间扫墓分私祖、公祖两种形式，祭拜时都要献祭品，焚纸钱。机关学校等于清明节前一两天到烈士陵园扫墓，缅怀革命先烈，有献花圈、致词等仪式。

端午节 俗称“五月节”，时在农历五月初五。节前互送粽子拜节。节日有吃粽子、桃子等。门户插榕枝、芒仔、火凤、香蒲、艾等驱邪。有的还要把榕枝、香蒲和艾，用五色丝线扎成圆圈，挂在小孩胸前，俗谓之“带上松，健过龙”。午时一到，各家各户接午时水。俗传，“午时水”要经日头晒过午时，方可挑进屋里藏起，且经年不变质，可入药；清甜可口，纵没有煮沸亦可饮用。旧时在沙角尾海、双湖海有赛龙舟习俗，相传是为纪念屈原而渐形成的（实源于古越人驱除瘟神的宗教仪式）比赛形式。20世纪70年代后，赛龙舟习俗已不存在。

六月六 俗称“日头爷生”。古时有富家晒银、穷人曝书衣的习俗，现民间大多于此日晒衣服。俗信此日午时水可配药。

七月七 俗称“婆生”，相传为牛郎织女聚会之夜。现俗于是日做粉食、接午时水，女子向空穿针，夜间葡萄架下“听私语”“接牛女泪”，次日晓起“洗花水”。

中元节 俗称“七月半”，时在农历七月十五日（或十三、十四）。原为佛门诞会，为追荐祖先孤魂而举行，称“盂兰盆节”，“盂兰盆”意为“解救倒悬”。旧时要建醮祭孤，祭祀后所有祭品让人抢走，谓“抢孤”；另每三年做一次“祭孤戏”。现俗于节日前后举行祭孤活动；是日拜祖宗。

中秋节 俗称“八月半”，时在农历八月十五日。节前（初一至十四日）持月饼等登门祝贺，谓“拜节”。是日祭祖宗，夜祭月、赏月、品饼剥芋，听老人讲“八月十五刣元番”的故事。彻夜游行以为乐。今又时兴于夜晚燃放烟花。

秋分 无定日，按节气而定。常年秋分在农历八月。是日，各家各户要做层糕粿，晚上要备办菜肴祭祀祖宗。

重阳节 又称“重九节”，在农历九月初九。有出游登高及放风筝的习俗，谚曰:“九月九，风筝半天走。”近年，又将重阳节确立为老人节，以表对老人的尊敬。

冬至节 俗称“冬节”，时在阳历12月22日前后。是日，家人团聚，备办佳肴，祭拜祖先。祭拜时间大多在早上。节日前一天吃“冬节蛤”(冬节粿)，谓可御寒；冬节日吃“冬节丸”，谓添一岁。俗有“清明无返无祖，冬节无返无嬷”之谚。农家要用菜叶包糯米丸填入牛口“酬劳”之。

腊月二十四 称小年节，祀灶焚纸马以送神，俗谓诸神朝天，预于此日。

（二）神诞

捷胜临海，期望神灵保佑，各种宗教活动得以兴盛，也是捷胜人长期养成的一种民俗文化心态。村头社尾，神宫佛庙必不可少。婚姻生育、建屋经商等，都向神明祷告。每逢神诞，进庙烧香者更是络绎不绝，并演戏娱神。旧时还有抬神出游（俗称“擎神”）等迷信活动。中华人民共和国成立后，迷信活动曾一度被扫除，然自改革开放以来，国家恢复宗教信仰自由，民俗、经济、文化等复兴。现就捷胜民间诸神祇，择其影响较大者如下。

正月初九、十九、廿九，天地诞。

正月十五日（元宵节）、上元节（埔尾三界爷诞）。

二月十九、六月十九、九月十九，观音娘生，即观音诞。上述三日分别为观音菩萨行日、成道日、涅槃日。

三月廿三，妈祖生，即天后诞。石头、沙角尾、牛肚、南门外、大水沟、龟龄岛等天后宫有演戏、摆席活动，尤以石头、沙角尾为隆重。

四月初八，佛仔生，即释迦诞，又称浴佛节。是日，家家截米粉为粿条，煮以私祝。

五月十三，关爷生，即关帝诞。

七月十五，中元节，三界爷诞。

七月廿九，地藏王佛祖生，即地藏王诞。

八月十五，城隍爷生，又称老爷公生。

八月十五，中秋节（太阴娘）。

十月十五，下元节，三界爷诞。

附：捷胜民间节令及主要诞会

正月

初一 春节

初七 人日

初九 天地诞

十五 元宵节

十九 天地诞

二十 游神赛会

廿六 吴爷公生

廿九 天地诞

三十 月尽

二月

初二 土地公（伯爷）生

十九 观音娘生，即观音诞

廿五 王爷诞

三月

初三前 清明节（阳历 4 月 5 日前后）

初三 帝爷公生，即北帝诞

十五 真君大帝诞

廿三 妈祖生，即天后诞

廿九 土地公生

四月

初一 四季节

初八 佛仔生，即释迦牟尼佛诞辰，又称浴佛节

廿六 五谷母生，即芒种节

五月

初二 福德爷诞

初五 五月节，即端午节

十三 关爷生，即关帝诞

六月

初六　日头爷生

十八　琵琶生

十九　观音娘生，即观音诞

廿六　谭公爷生，即二郎星君诞

七月

初一　四季节

初七　婆诞

十五　七月半，即中元节（或十四）

廿二　招财爷生

三十　地藏王佛祖生，即地藏王诞（或廿九）

八月

初三　司命公生，即司例子灶君诞

十五　城隍爷生，又称老爷公生

九月

初九　重阳节

十九　观音娘生，即观音诞

廿八　大帝公生，即华光大帝诞

十月

初一　四季节

初五　达摩祖师诞

初十　水仙爷生

十五　五谷母生，即芒种节

十一月

十一月下旬 冬节（公历12月22日前后）

十二月

廿四 送灶节

三十 三十冥，即除夕

二、礼仪民俗

（一）嫁娶习俗

旧时婚嫁，同姓不婚配，讲究门当户对，属包办式的媒人撮合，即所谓“父母之命，媒妁之言”的婚嫁。其礼仪相当繁杂，与其他地方差异不大。

求婚 男女青年经媒人撮合后，通过“踏家风”（探访对方家庭情况），如果双方同意，男方长辈和媒人就带着“四式礼”到女方家求婚。礼物一般是猪肉4斤4两、酒4瓶、饼4包、柑橘4对，即尾数要带“4”，以示成双成对。经寒暄后，男方长辈说明来意，女方家长若不同意，就不接受礼物；若同意，就做甜丸招待客人。

订婚 俗称“担酒”“哲（音多客切）婚”。男方于订婚日，用“感篮”（一种竹器，现多由红塑料桶代之）盛着订婚礼物送至女方家。礼物一般包括酒4瓶、墨鱼脯（大）2对、鱼（小）2对、阉鸡1对、茶叶若干斤、花生若干斤、油麻若干斤、猪肉若干斤、饼若干个、聘金若干，但其末尾应为“4”。款茶后，媒人将男方送来的订婚礼物点交给女方家长。女方家长收礼物后，应把其中1对较小的墨鱼脯和鱼回送给男方，另加送糖豆1撮、使君子及草头香（香附子）1撮（表示白头偕老）、原招1对（表示黄花闺女）、带路鸡1对。女方的婚书也在此时交给男方。由于订婚时间都在上午，因此习惯上女方要准备午宴招待客人。

订婚后，女方就把礼饼分赠平常有来往的亲友，亲友接到礼饼，应送礼物给新娘做嫁妆。男方则把婚书和自己及父母的八字送去请算命先生择结婚吉日，并把择定的日子写于红帖送至女方家（即送日）。女方如不满意，可另择日。

迎娶 结婚前，男方选好时辰安床，用 4 块新砖垫床脚，每 2 块砖相互之间成“丁”字形，以祈出丁。新娘出嫁前，要挽面，俗称“开面”；且要沐浴，然后，坐在娘家“胡感”（一种宽竹器）中央更衣，一般是上衣穿 3 件（有的是 5 件或 7 件），最外 1 件是男方送来的礼服；第 2 件是苎麻衣，要反面穿上；第 3 件是白衫。迎亲队伍到时，女方家长端“春酒”给轿夫，每个碗中放 4 个熟鸡蛋，但只能吃掉 2 个；新娘则与姐妹同桌吃 1 餐话别，俗叫“姐妹饭”，并分送姐妹红包。新娘出嫁时，向父母亲拜别，头盖红巾，哭泣着由好命妈扶着上轿，出家门时，门顶拱放 1 支“平担”（扁担），示男女发展平衡。送嫁舅、送嫁姨陪带，嫁妆随发。好命妈身背老布袋和纸雨伞（红雨伞）。老布袋可给新娘入新郎家门时垫脚，寓意“传宗接代”；纸雨伞谓可辟邪。送嫁舅则拖着 1 枝青竹枝或榕树枝，俗称“拖青”。

当轿子按择定的时辰到达男家后，送嫁舅把拖来的“青”放到新娘轿顶，由好命妈做四句（吉利话，属顺口溜），如“青镖上去，五男二女，白头到老，美满如意”等祝语。穿长衫、戴礼帽的新郎，持扇子在轿门上敲 3 下，脚踢轿门下面 3 下，俗称“踢轿门”。完毕，新娘即由好命妈扶着出轿入男方家门。新娘入家门时，应右脚先进，并忌踩着门槛。送嫁舅及送嫁姨待嫁妆搬好后，把锁嫁妆的钥匙交给新郎，新郎应各送他们 1 个红包，俗称“手（赎）锁匙”。新郎父母各送其红包。

设宴 男方摆酒席招待宾客。厨师要专办 1 桌“酒婚桌”送进洞房供新娘用，也有的新娘到洞房外与宾客一同用餐，新娘送嫁舅坐大位。好命妈夹起 1 块鸡肉，按反时针方向蘸桌上的 4 碟酱油，叫“四碟”，然后放到新娘碗中，说“食头生，敬大家（指家公、家婆）”。其他宾客亦接着“做四句”。新娘动筷子后，所有的酒席才能开席。

宴后，亲朋好友闹洞房。毕，请邻居老妇人吃甜丸，被请者应“做四句”祝福新婚夫妇，称“圆房”。

礼仪 第2天，新娘捧茶敬大家官（家公）、大家婆（家婆）。家公、家婆接茶时应放金耳环或红包于茶盘，叫“砻茶盘”。新娘过门后第3天，要偕同新郎携带礼品，前往娘家拜望父母、长辈，俗称“走朝”。娘家还要组织一些妇女到男方家中吃“三朝”。十二朝或满月之日，新郎陪新娘回娘家，吃过午饭，于乡村炊烟升起前离开娘家。同时，女方娘家还要组织亲邻妇女到新郎家做客，俗称“吃出月”。

旧时，还有“童养媳”“指腹婚”及“娶冥婚”等封建婚姻形式，“童养媳”“指腹婚”，今已绝迹。“娶冥婚”其中一种主要形式是凡订过亲未成婚的女子死殇，其未婚夫在另娶新人前，须先迎死者神主回家，举行娶神主仪式，然后再娶新人。鬼妻为正室，新妇做偏房。否则鬼妻会作祟。

封建婚姻多繁文缛节，为陋俗。中华人民共和国成立后，实行婚姻自主，提倡新事新办，男女青年自择对象，谈情说爱。恋爱成熟，达到法定年龄后，即可求婚、迎娶，然后到民政处登记，领取结婚证书。结婚仪式弃繁从简，有的新婚夫妇则相偕到外地旅游，欢度蜜月，即所谓“旅游结婚”。随着经济的发展，20世纪80年代后，结婚大讲排场，互相攀比之风越吹越劲，并普遍以小车代替花轿，还于酒楼大摆高级酒席，新房是高档时髦设置，费用惊人。有的亲朋好友亦以高档电器或高级家具作为礼品，呈现了“超前消费”的景观。

（二）丧葬习俗

捷胜民间丧葬习俗，礼仪较繁杂。

临终 发现老人将终时，家人立即将其移至大厅或祠堂，躺在临时设置的床上，并应及时为弥留者更换清洁衣服。最后为死者穿“寿衣”，男的为长衣马褂；女的为白裙褂，鞋帽亦应穿戴齐全。

初终 凡老人初终，家中男女等后辈下跪哭泣尽哀，并在死者床前烧纸钱，点“脚尾灯”。为使外人知道，门口贴蓝纸白字的丧联，并在屋前搭棚请吹班奏哀乐。

报丧 请师公择好出殡时间后，即派员前往亲戚家报丧，俗称“赶老”，报丧者应在门外告知。对方就有人来接丧，并派员参与吊丧，吊丧者送来奠银或花圈、挽联等。

成殓

1. 孝子一律要剃头，孝女要挽面毛和洗头，谓之“尽孝”。

2. 死者装身后，应从床板上移落到地面布席上，头向内足朝外，俗称“落地”，又称“倒处”。面盖上布帛，尸体盖被，头前点灯，叫“长明灯”。

3. 买水入殓。尸体落地后，孝子身穿孝服，长子还须戴大斗笠，捧着钵头，随吹班走一定的路线到河边，投下几个硬币，舀回 1 钵水给死者洗脸；去时哭泣，回时静默。棺材入屋，师公诵经念咒语，敲法器。丧家下辈对着死者哀号，头部向前后左右微摆，表示悲痛。哀号后，由孝子 4 人捏住席角，将死者放入棺内，称“入殓”。如果死者是女性，入殓前须通知外（娘）家，经外家来人许可后，方可入殓。

4. 入殓后未盖棺之前，由师公主持，孝子手持香烛绕棺 1 周，然后各投一两个金锞入棺内。另还有孝子“增饭菜”之举，死者是男的，由儿子喂；死者是女的，由媳妇喂，并比 3 下手势为死者梳头发，然后盖棺。

5. 入殓盖棺时，如有生肖与死者相忌的要避开，以免“相冲”。成服收殓后，丧家男女均跪下举行送亡仪式。师公等敲击法器，吹奏哀乐，随之将纸钱焚化，同时摆设死者灵台，挂上遗像，设神主、香炉，摆上祭品。

送柩 先将棺材移到街巷，以便“大力”捆绑抬杠。出殡时，由一个“行家”引路，沿途抛撒“买路钱”，意为用钱买路，打发众野鬼，以求顺利通过。吹班、铭旌、花圈、相亭、祭席、棺材相随；孝长子捧神主牌，其余孝子分两边扶棺而行，家人、亲戚随后。到村外时，女眷和一些行路不便的亲戚举行辞灵仪式，先回家。到事先择好的墓地下棺后（墓穴一般已先挖好），孝子孙们手持一把黄土绕葬穴走1圈，把黄土撒向棺材，师公敲打法器为丧家颂吉利之词，然后掩土埋葬。

送葬后的当晚，丧家一般都要置办饭菜招待亲友，谓之“吃乡里”。

做忏 送柩还山当晚，请师公做公德。

做七 从人死之日算起，每7日举行1次祭祀，并给死者绕金银纸箔，一直到“七七”49天才结束。

二次葬 在死者入土若干年后，开墓把尸骨取出，用刷子刷干净后，按人体的结构，脚下头上装入“金丹瓮”中，再择地改葬，俗谓“挈（音“约”连读）金”。

（三）生育习俗

民间为求生育“出丁”，普遍在元宵节举办以神社为单位的“求灯（丁）”“送灯”等活动。每年元宵节，各村社或腾出祠堂，或临时搭盖“灯棚”，请来各庙的神像，挂上各式灯彩。这些灯彩或灯笼，都是上年得子者送的，或为求贵子，向神许愿进献。至正月十三或十五晚，祈子者即跪向神明表示欲求某灯，若得“圣杯”许诺，吹鼓乐队便把灯送至这户家里去，挂于门楼或中厅，俗称“送灯”。或在正月十五晚，欲得子的妇女到神宫灯下绕行1圈，并偷偷拿走一两条灯穗，谓“串灯脚”，俗信可得子。凡有“出丁”的人家，元宵节要备酒席宴请耆老，叫“请丁酒”。旧时贫穷人家虽喜得一男孩，然为这顿酒席不得不变卖家产，甚至不惜把儿子卖掉，谚云“生阿弟，卖阿兄”。

产妇分娩前，家人拿榕叶、茅草、菖蒲扎成小圆圈，加上仙人掌、符纸之类东西，悬挂于产房窗户等处避邪，亦起告示外人不要贸然进入的作用。

婴儿出生后，父亲应向产妇母家报喜。产妇分娩后，头圈布条，脚穿木屐，俗谓“做月”（坐月）。第3天，家人采集龙眼叶、大丹草、艾叶等煮水为婴儿洗身，俗叫“洗朝”。洗毕，用姜片、艾团擦关节，并拿葱轻打几下，取聪明之意。产妇母家则于这天送婴儿衣裤鞋袜、尿布背带等给女婿家（如是男孩，则送1只公鸡），谓“开生”。女婿家设宴款待客人，俗称“三朝酒”“食三朝”。第12天，又设酒席宴请客人。从这天起，亲友邻居陆续送来鸡蛋等贺喜，俗谓“送羹”，家人则请客人吃“咸茶”或“甜酒糟”。婴儿出生满月，如是男孩，家人再设宴庆贺，谓“做出月”或“做够月”。产妇坐月期间，须吃大量姜醋和鸡蛋。

婴儿出生后，家人就要在床下供奉“眠床脚婆”，以祈保佑婴儿健康成长。直到孩子16岁“出花园”时，才取走供牌、香炉。

婴儿1周岁，叫“对岁”，有的人家用五彩丝绾符纸1道，拴在小孩颈上，并为其穿耳环、拴脚环（男左女右），含避祸驱邪、祝福长寿之意。是日亲朋带玩具、童装等来贺。旧时外祖父家为小孩备笔墨纸砚、银元算盘等置于筛中，家人请师公为其奉神。其时，将置满物件的筛子敬献神前，使婴儿伸手拾取筛中任何一物，从所择捡之物预测婴儿日后的志趣。毕，主家设宴招待贺客。

男孩子小名大多叫“乖”“牯”“戆”等，含取贱名易养活之意。旧时名字中嵌上“谭、妈、佛、娘”的较多，如“谭龙、妈黑、佛赠、娘伍”等，这种名字反映了揵胜民间普遍信仰妈祖、观音娘娘的民俗。女孩子小名大多叫“妹”，名字不与“谭、妈、佛、娘”等沾边。现受香港等地影响，“BB”（英语baby的音译）的叫法亦逐渐流行。

如果孩子的生辰八字与父母相克，孩子就要拜义父母或转过房。

（四）宴请习俗

乡民嫁娶、寿诞、满月、乔迁时置办筵席，宴请宾客，谓“做席”。席数多少视家况而定，上席之菜肴，均为名贵食物。旧时为16菜，今为12菜。请客均为午、晚餐，午餐谓之“食正席”，晚餐谓之“食配脚”。做席之桌为大四方桌，俗称“八仙桌”，每桌8人。入席排座次，分上下左右。上座左为大位，由长辈或贵宾坐，称为“坐大位”，后按上座左2

位依次排列，坐于最次位者为伴客位，负责筛酒，俗称“提瓶位”。开席由坐大位者先开箸，散席亦需坐大位者先行起身离席，余者方能散去。今例则较随便，而男女同席者亦较常见。

三、生活民俗

（一）穿戴习俗

清代，男人头留长辫，脚着草鞋、木屐（用苦楝树、樟树、江[illegible]树等木料制成，初为棕索木屐，不分左右足，俗称“棕屐头”；后用汽车内轮胎、橡胶纱切制加工成屐皮，代替棕索，造型始有左右之分）或跣足，有钱人家和知识分子则穿布鞋及穿对襟衫或大筒衫和“关门裤”，“惟年节庆贺一服，余尽布衣”。有钱人家还置有绫罗绸缎、棉绒、长衫、马褂。姑娘头梳辫子，婚后留髻，俗称“摁瓠”。富有者加金钗、银簪等饰物；而贫者仅一头帕而已，耳挂耳环，大多不缠足（富家闺秀始缠足），穿单裾衫和合裤。农民、渔民劳动时多戴尖头笠或大头笠，也有穿蓑衣者。

民国时期，男人剪去辫子，留短发，公务人员及教师逐渐盛行穿中山装、西装，平民多穿唐装，拖鞋、皮鞋亦慢慢流行。女子逐渐盛行剪短发，缠足者也开始撤去脚缠，穿各种平底绣花鞋，贫者仍为草鞋、木屐。上层女士则盛行旗袍。

中华人民共和国成立初期，男公务员和教师盛行穿中山装、干部服和军便服，夏天穿白恤衫、短袖夏威夷恤衫；女的盛行穿列宁装。男青年盛行穿西装领、3个口袋的青年装；妇女盛行穿反领、对襟、2个斜袋、冬夏可穿的两用衫。衣服花样单调，色彩多为蓝、白、灰等，已有的确良、灯芯绒、卡其等布料制成的服装。男女青年都盛行穿凉鞋、拖鞋、布鞋。20世纪80年代开始，男女服装的面料以呢、羽、尼龙、毛料、合成涤纶、丝绸等为主，款式多样，有西装、猎装、茄克衫、恤衣、蝙蝠衫；喇叭裤、牛仔裤、直筒裤；登山服、运动服、泳装等。女青年还有各式各样的连衣裙、褶裙、短裙、超短裙、牛仔裙、西装套裙、旗袍、蝶式衣等。男青年多着皮鞋、运动鞋；女士多佩戴戒指、金项链、金手链、手环及耳环。改革开放以来，随着生活水平的提高，人们穿戴越来越讲究时髦，各式服装打扮都有，样式、色彩、质料多种多样。

（二）饮食习俗

捷胜古代为“饭稻羹鱼”；至明代末期，番薯逐渐成为主食，故捷胜有“捷胜雷公响三顿”之称；大米、瓜菜为副粮；以自制咸菜、萝卜干、姜盐及小咸鱼等为佐料；又常以咸茶为午餐。逢年过节，菜头丸、茨粉签、豆干片为常菜，自养自用的鸡、鸭，一般出现在极少数人家(食用只能一年一度)。若遇灾年，幸运人家“三块番薯杠粒米”，日吃两餐；普遍人家，都以瓜菜、野菜、番薯丝水充饥。俗云:“凶年出富贵。”地主、富商及官吏，长年三餐仍是白米干饭，酒肉鱼虾，山珍海味。

中华人民共和国成立后，人民生活水平提高，但起伏不定。至1959年，人民生活才初步得到改善。1960年至1962年（俗称三年困难时期），人民生活水平下降，出现以“瓜菜代”“西施粉”（海生植物）充饥的状况。1963年至1965年国民经济调整时期，人民生活又有改善。“文革”十年，生活水平再次下降。十一届三中全会后，人民生活水平大幅度提高，特别是改革开放后，更有很大的改善。大米代替番薯，海鲜、河鲜取代咸菜和萝卜干，一年四季，都能吃到时鲜蔬菜。因受省、港习俗影响，亦有吃早茶点及夜间到大排档“宵夜”的习惯。除主食外，部分家庭还以面包、蛋糕等面制品代早餐。对食物、菜式也是越来越讲究，所谓“猛火热鼎”“滚汤快煲”“文火慢炖”“红烧白切”等烹调法，亦进入家庭饮食之中。

居家食俗较为随便、节俭，菜肴多为时菜、鱼肉，俭省者佐以咸菜、菜脯和榨菜等。节日食俗和礼仪食俗则较为丰盛、铺张，俗称“食排场”或“食九簋”。为讲义气和体面，亲友往来，常备家宴款待。饮食口味清淡、浓醇并重，以生脆、爽口为佳。喜吃蚌蚝、虾蟹等，传统菜式有大三仙（猪脚、墨脯、鸡）、小三仙（猪肉、鳗鱼、蚝）、大粒参、鳗鱼咸菜汤、鱼丸、肉丸、蒸膏蟹、蒸龙虾、蒸排骨、炒鱿鱼、炒鲜蚝、炒丝蚶、白斩鸡等。

捷胜传统副食，款式众多，诸味俱全，其中较具特色的糕点有纸牌糕（书册糕）、绿豆糕、五仁糕、瓜碧糕、乌麻糕、云片糕、玉带糕、吊筛糕、冬季糍、酸梅糍、乌麻糕、扇糕、松糕、水糕等；糖货有豆酥、麻酥、春花酥、酥糖、金含糖、豆仁花、贡糖、明糖、糖方、豆软糖、开心糖、控糖、香姜糖、塑糖艺老猴、花样糖条等；甜饯类有瓜冬、瓜碧、柿饼、冬菇饯、橘饼、甜山楂、麦芽糖（饴糖）等；粉制类有层糕粿、粿卷、粿条、粉虫、粉签、米粉、猪肠粿、大粒丸、扎头糕等；冷食类有豆花、草粿、枸毛糕、凉粉丸、凉粉粽、马蹄粽、芝麻糊等；饼食有月饼（石隆饼）、五仁饼、绿豆饼、朥饼、咸成香、紫菜饼、白莲蓉饼、豆沙饼、寿饼、发饼、大寿饼、龙舌酥、菠萝饼、江南酥、剪花、白糖饼、咸蛋酥、鸡仔饼、摩啰酥、竹挑饼等；油炸类有码仔、油条、油支、油角、煎堆、老花、麻花、笑枣、油炸鬼、冰花蛋球（洒绒）、咸水角等；蒸类有鸡蛋糕、芋包、馒头、薄饼、发粿、甜粿、莲蓉包、豆沙包、五仁包、咸甜包、糯米卷、南乳卷等；小点类有饺子、云吞、烧卖、糯米鸡、菜饺、冬节蛤、虾饺、鱼饺、菜头丸、菜头粿、凤眼饺、凤尾饺等。

妇女传统日常饮料是“牙钵茶”，把茶叶放置牙钵（一种陶器，内有锯纹）内，稍擂几下，放几粒盐，将开水冲下即可。稍高级的叫“炒米茶”“油麻茶”，即于“牙钵茶”上撒以油麻、炒米、花生。“菜茶”过去于每年元宵节才品尝，现在一般人家闲时也做菜茶，以猪肉、鲜虾、鱿鱼、鱼脯、菠菜等为料，置于碗中，撒上花生、炒米，淋上淡茶或猪骨汤，再以胡椒粉调味，便成喷香可口的菜茶。家中遇有喜庆之事，如婴儿出生、病人出院、喜迁新居等，亦须泡菜茶请亲朋戚友。“食茶”成了一种沟通邻里亲友感情的好方式。

（三）居住习俗

1. 中华人民共和国成立前居住状况

捷胜房屋旧时以瓦木结构居多，泥草木结构和砖木结构较少。屋顶多穿斗式，架梁盖瓦，多为双泄水的硬山顶结构。常见屋式有“双背剑”“单背剑”“三间齐头”“四点金”等。

双背剑 也称“下山虎”，俗称“三间过两伸手”。进门为天井（阳井），天井进入为1厅2房，天井两侧各1厢房。

单背剑 即比“双背剑”少1厢房。

三间齐头 三间房屋横排，两侧房门开向中厅，或各立门户。

四点金 整座屋外观为方形，对称分建，进门两侧各1厢房，门厅上去是天井，天井左右有厢厅、厢房，天井上去是1大厅2大房。

九包五 以1厅2房或1厅4房为一进，一连3进或5进，两侧各有厢房对称。大型者外围加巷厝和后包。

此外，涂角厝、草寮亦常见。

涂角厝 旧时乡村多采用，黏性土掺沙，加碎稻草或稻壳，拌成泥浆，用一定规格的木圈压印成泥砖，经太阳晒干即成。建屋时，按品字式垒成墙。

草　寮 用竹或杂木搭好屋架，屋墙四周用茅草或稻草编围起来，有的在草上糊些泥浆，使它更加稳固和耐风雨，屋顶也用草铺。

2. 中华人民共和国成立后居住状况

中华人民共和国成立初至20世纪70年代，楼房建筑甚少。20世纪80年代后，钢筋混凝土框架结构或混合结构的楼房迅速兴起，居住条件大为改观。人多以这种多层楼房作私宅。楼房多为2房1厅、3房1厅的套房，均配有厨房、厕所、阳台及供电、供水设施。

建房要请堪舆先生定方向，择吉日。动工叫“兴工”，动工时屋主用茶叶、大米等祭土地神，拈香烧纸放鞭炮，以示镇邪。上梁要择吉时，梁中间扎有红绸、葱、蒜、米、橘子等，贴“上梁大吉”等红纸幅，在建筑师傅唱利市话中上梁。上梁完毕，请亲友和帮工吃红丸（甜丸）。新居竣工后，请师公来驱邪，俗称“退土”或“出煞”。

另外，迁新居（俗称“入新厝”）要择吉日。入新居时，主妇先用竹圈1个、蒜头1对及柑橘1对，悬挂于门砻斗。然后，屋主提灯（或炉火），担着柴米油盐等东西先入，家人依序进屋，然后燃放鞭炮。迁新居要宴请亲朋戚友。亲友上门作贺者必送贺礼。

四、信仰民俗

（一）巫术 祭祀

开光 佛像落成时举行的仪式。新建庙宇塑造神像或旧庙宇中佛像重新修缮、贴金或重塑后，要择日致礼，开始奉祀。奏乐后，方丈和众僧诵经，并揭去蒙在佛像头上的红纱巾，然后洒些吉祥水在佛像身上，接着领着众和尚及一些香客出殿游行1圈，一路并洒吉祥水。回殿再诵经后，方丈或用笔向佛像眼睛一指，或用新笔蘸水点佛像眼珠子，或用新笔蘸丹水在镜子画1字符，把镜子对着佛像一照，算是为佛开眼，表示神灵已经上位。

许愿、还愿 “许愿”即为诉求神灵保佑而下酬谢的诺言；“还愿”，又称“解纸”“还神”，即求神保佑者在心愿得到满足后，实践对神许下的诺言。民间以为世间一切无不与鬼神之力有关，若要避凶趋吉，心事先要向鬼神有所表示，因而凡遇凶灾、染疾、求子乃至灾荒均需许愿。许愿得应必还愿，否则，将受到神的惩罚，或者再有求于神时便不灵验。还愿有“重塑金身”“重礼祭祀”“演戏”等。

喊精神 孩子在某地方受了惊，回家后不思饮食，睡觉不安宁，民间以为他的灵魂已被野鬼摄走。于是，老人就拿孩子穿过的衣服在受惊处烧香，跺脚叫魂。往回走时，边扇衣服，边喊：“×××（孩子名字），转来啊，转来啊！”回到家里，即把招回孩子灵魂的衣服给他穿上，俗信此举可使孩子安康。

洗面水 小孩子若被某个生人惊吓而精神恍惚时，其亲人即盛1盆水，要那个生人洗一洗脸，然后用这些水给小孩洗脸，俗以为可使小孩精神恢复。

驱天狗 旧时发生日食或月食时，以为是被“天狗”所食，大家便敲锣击鼓，焚香跪拜，祈“天狗”吐出太阳或月亮。太阳或月亮一复圆，即认为“天狗”已被驱走。今此俗已绝，但还称日食为“天狗食日”，月食为“天狗食月”。

落同 巫婆、神汉称神灵下凡附体于己身，即己身为“同身”，可为人解答吉凶祸福。

（二）占卜

卜圣杯 圣杯一般用竹木削成蚌壳形，有两具，外突内平，外称乌，内称白。卜时先将圣杯合拢，捧至胸前，诉说卜问何事后掷于面前地上，观其乌白以决休咎。两片皆乌为“乌古”，表示凶多吉少；两片皆白为“笑杯”，表示凶吉未明；一乌一白为“圣杯”，表示神明许诺之意。通常需连掷 3 次才有效。民间造房嫁娶、染病遇凶、经商远行等多卜之。

求签 俗称“求签诗”。签为竹制卜具，贮于签筒，备于寺庙神案上供香客占卜用。每 1 竹签上都刻有编号；另备纸片，写上诗语，编号与竹签相符，汇集悬在庙壁上或放于柜中，称为“签诗”。求签时，问卜者先虔诚向神佛磕头祷告，诉明求何事，然后不断摇动签筒，取先掉出筒外的签，以 2 圣杯掷地，连续 3 次，若都为一俯一仰，则为神诺，即照签号取签诗，凭其诗语以卜休咎。签分上、中、下三等，俗信求得上签得福，求得下签不吉利。

扶乩 俗称“插箕神”。工具有扶架、平尺、乩盘各一。举行时，焚香请土地公前来监盘，烧符纸，然后把扶架置于乩盘上，2 人以手指扶住两端，1 人跪着口念咒语请神明显灵，扶架下垂部分在沙上画出字样符号，作为神明的启示，用以占卜吉凶，或与人唱和。

睇日 选择吉日以图趋吉避凶的活动。本星命之说，以为每天都有星神值日，逢青龙、明堂、金匮、天德、玉堂、司命等吉辰值日为“黄道吉日”；如遇天罡、地煞、天牢等凶辰当道则为“黑道凶日”。或将记年、月、日和时辰的天干、地支、二十四节气与五行（金、木、水、火、土）相联系，按相生相克之说，把一年总天数分为吉凶两类。凡婚娶、丧葬、造屋、远行等无不翻皇历或请风水先生择宜。逢吉方行，遇凶即止。

睇相 审察人的形貌以判断其命运的方法，包括相面、相手、相骨、相声、相气色等。

八字 民间认为一个人出生的年、月、日、时（四柱）各有天干、地支相配，每项用两个干支字代替，合为八字。根据这八个字，可推算一个人的命运，称为“掐八字”。民间订婚须先交换八字帖。

（三）禁 忌

语言禁忌

大年初一禁止说“死”“衰”等不吉利话。

渔民除忌“沉”同音的字眼外，“帆”本读“翻”，因“翻”不吉祥，故“帆”改读“航”。“漂尸鬼”“漂尸露骨”“顺风行船对路转（返）”等，也是渔民所避忌的话语。

做喜事，忌说“死”“猫”等不吉利话。

生活禁忌

经商、外出忌逢新娘，以为将运气不佳；如果逢着出殡队伍，则认为将有好运。

生病时，忌将碗子放在地上倒药，以为这样病将难愈。探望病人，忌壬寅、壬午、庚午、甲寅、乙卯、己卯日，据说若在此6日探望病人，会给自己带来不幸；亦忌下午探望病人，据说下午属阴，恐使病人病情加重。

每月农历初一、十五，妇女不洗发。逢做喜事送礼相贺，礼物数目尾数为“4”“8”等双数。

大年初一不能倒垃圾，以为这样将会把一年的财气都倒掉；忌打破器物，如有小孩不慎打破，家人则赶紧说“大吉利市”。

盖屋择日忌冲太岁。在同一处聚居的各家，每栋住房的高度要大体一致，忌讳某家房子高于其他人家。垂线忌对门，如果是这样，则要竖一“泰山石敢当”石碑破去邪气。忌讳匠人在房内埋藏“祟物”。盖瓦房覆顶，瓦的行数喜单忌双，传说木工祖师鲁班乳名叫“双”，为避其讳，房瓦忌双行。

婴儿出生一个月内，家中应保持安静，生人不得入产房，生人若贸然入“月内间”，亦认为将有晦气。

新娘出嫁进新郎家门要择时，忌超过中午 12 时。娶新娘途中，若遇另一家新娘时，则要以“盐米”避煞。新娘入洞房后，忌坐床，而坐在一椅凳上。

家有丧事，外人不能进其家门，事主也不能随便进别人家门。报丧人不能进亲友家报丧，而应站在门外。人如在外地死去，尸体不能运进乡里。尸体未入殓，应派人守尸，防猫狗从尸身越过，引起“诈尸”。丧期如逢春节，不可炊甜粿、贴对联。

第二节　宗教

一、佛教

佛教传入捷胜，源于南宋末期。宋景炎、祥兴年间，释兰师（觉龙公主）在东坑村郊白石庵山开山门建庵修行，弘扬佛法。

捷胜佛教属汉传佛教。明末清初是捷胜佛教发展的鼎盛时期，后因政局动荡，士庶出家者众。清末至民国时期，捷胜佛教衰落，全镇寺庵有 4 座。中华人民共和国成立前，寺庵因受战火之灾而被毁。

十一届三中全会以来，党中央贯彻落实宗教政策，有些寺庵逐渐修复，如宋代寺庵白石庵，明代寺庵凝波寺、得道庵、云海寺等，还有新建的沙角尾童山甘露寺亦于 2019 年 8 月 31 日落成。

二、道教

唐代时，道教自罗浮山传入海丰。清代，又传入捷胜。清光绪中叶，道教活动场所附设于得道庵前殿。光绪年间，生员何湘峪亦于长春洞弘扬道教。民国时期，捷胜道教衰落。改革开放后，政府落实宗教政策，修建坤灵宫（云山观），扩展道教活动场所。2004 年 7 月，汕尾市道教协会在坤灵宫成立。

三、天主教

捷胜人信奉天主教始于清光绪六年（1880 年）。自鸦片战争后，清政府被迫开放门户，外国基督教各派系，即乘势进入我国，在我国各行政区域设立教区。光绪十二年 (1886 年)，传入捷胜遮浪半岛的基督教西部教系，即所谓“公教”，在中国称为“天主教”。时广东南海籍神甫符玛窦来海丰、捷胜等地传教，仅于十几年时间，就吸收了数以百计的群众入教。继町前村陈道本等人入教后，捷胜黄泳等人亦于光绪六年（1880 年）跟着奉教。光绪二十一年（1895 年），符玛窦在捷胜所城西门外联星村流巷筹建天主教堂。光绪二十六年（1900 年），意大利籍神父白方各又在田墘建教堂布教。光绪二十九年（1903 年），白方各卒于海丰，由意大利籍神父师多敏接任教务。

民国二年（1913 年），意大利籍神父陆伯祥、恩理觉到海丰，将海丰、汕尾、捷胜等地划为南部传教区。民国七年（1918 年），汕尾举行“圣神降临占礼”活动，参庆者万余人。民国十六年（1927 年），海丰苏维埃政权成立，外籍神父返回香港，宗教活动停止。民国十七年（1928 年），陆伯祥、白英奇又返回海丰，在汕尾、捷胜町前、牛皮地等组织“公教青年进行会”“玫瑰会”等传教活动。随后，又有意大利神甫麦兆汉等人流动到捷胜传教，其时捷胜有教徒 100 多人。抗日战争期间，国民党政府曾一度将海丰、捷胜外籍神父集中梅县，教务由华籍神父余远之、魏蕴珲负责。民国十九年（1930 年）后，以汕尾教堂为总堂，并组建海丰公教进行会，作为全县性管理机构。由于香港教区派来的神甫，以捷胜、町前和田墘等教堂为支柱，并搭起各区域教堂的框架，因而，清代、民国期间，天主教的宗教网络甚为严密。至1949年前夕，捷胜天主教会教徒已发展至200多人。

捷胜天主教堂，是当时海丰重要的宗教活动场所。教堂属罗马教特征的西欧建筑风格，坐东北向西南，占地面积709.3平方米，总建筑面积136.45平方米。内置圣堂1座，神甫房1栋，圣教学楼1座，书房1间，厨房、厕所各1间，教堂附建1钟楼，通高15米，分5层，1、2层为灰沙夯筑，3、4、5层为砖砌。顶端置有十字架。礼堂前为旷町，堂后和神甫楼连书房西侧均是花园，整座教堂布局协调，建筑华丽，环境优美。

中华人民共和国成立后，我国天主教摆脱了罗马教廷的控制。1950年，传教神甫撤离捷胜，教堂由政府接管使用，实行独立自主，自立章程，自办教会。1951年6月，土改运动开始，教会活动停止。1980年开始，中央落实宗教政策，为宗教人士平反，恢复名誉和工作，归还房产。至此，教会活动逐年恢复发展。1990年3月经申请，上级政府批准归还教堂产业，教会恢复活动。1994年重修，1995年举行进堂仪式。2007年，捷胜天主教徒有50多户，200多人。

四、基督教

基督教，又称耶稣教，清宣统元年（1909年），由英籍牧师兰大卫传入捷胜。1949年前，基督教徒有100多人。民国十六年（1927年），教会转入秘密分散活动。民国十七年（1928年），教会活动恢复正常。1949年后，基督教会解散，教徒活动终止，教堂由政府接管使用。土地改革时期，教堂被政府分给农民和学校使用，后房产权发生变更，无法归还。十一届三中全会后，政府落实宗教政策，教会活动逐年恢复。1988年，捷胜基督教徒恢复上课活动，但缺乏场所，遂暂设于翁芳家。

捷胜基督教堂隶属汕尾基督教会分堂，原址位于捷胜城西郊联安村乌鸦树脚处（现翁芳家），占地面积约1 000平方米。教堂坐西向东，有礼堂 1 间，屋宇 5 间，前为大町，建筑属瓦木石结构，总面积为 800 平方米。现教堂称“捷胜堂”，理事会成员 5 人，教众 107 人。

第十六章 文 化

第一节 概述

新石器中晚期，捷胜先民创造了沙坑文化、沙角尾文化、东坑文化及牛肚文化等文化载体，成为华夏文明不可缺少的组成部分。秦平百越置郡县，海丰被纳入中原建制，中原人口开始迁入海丰，时捷胜百越文化受秦晋文化的影响犹不大。唐宋以后，中原太湖地区以及东南闽浙沿海人口大举南下，捷胜才有初步开发，加速了“汉化”“唐化”的进程。但这一时期，捷胜还未完全进入重要而发达的文明时期。迨至明洪武二十八年（1395 年），捷胜建置城所后，才成为军政要地。随之内外多元素的经济、文化冲击，改变了原先愚昧落后的状态，为捷胜人文蔚起，奠定了扎实的文化艺术基座。

捷胜由于具有特殊时代背景及地缘要素，才有所城的建置及悠久的人文积淀。究其原因，具体有三：一为建置后，官兵们屯田戍守。他们多来自中原及东部各省，各自带来当地的才识、技艺及习俗等文化。每期退役，均有部分官兵留居捷胜，繁衍生息。数百年来，内外文化相互促进、交融，积淀成较深厚且颇具包容性的文化底蕴。二是捷胜所城是周边乡村政治、经济和文化的中心，最突出的一点是改变了传统单一的小农生产结构，而百工诸业亦随之逐渐兴起。这些变化对捷胜人的生存和发展提出了新的要求，同时亦促进了捷胜人民自身素质的提高以及对文化的热切需求。三是重视倡学育才，地方教育事业繁荣，学子好学成风。清乾隆以后，捷胜文化已进入鼎盛时期，举人、贡生、秀才等科第人才及诗词、书画、戏剧等人才大量涌现，形成一个以儒为主体的文化群体。其间，儒、释、道三教相互渗透，最终形成独特的捷胜文化。但在整个文化体系中，道在民间，儒在官方及民间，释则为儒道所吸纳。进入近现代后，随着国际海上贸易、海洋战争及西方天主教、基督新教的传入，捷胜文化又与西方文化产生碰撞和整合，使之带有时代的文化烙印。中华人民共和国成立后，由于马列主义文化的大力宣传，捷胜文化又披有一层红色文化色彩。又因捷胜地形复杂、民俗独特、武术风行，加之政治、文化多层次的冲击，最终形成了捷胜人朴素大方、勤劳机智、勇敢强悍的性格特征。这种性格特征与捷胜古代为百越之地有很深的渊源关系。

中华人民共和国成立后，随着经济逐渐好转，文化生活日渐丰富多彩。20 世纪 50 年代初，公社组织文艺骨干成立宣艺团到全镇各学校演出《赤叶河》《白毛女》等剧目，至 20 世纪 60 年代到 70 年代，公社电影队除在镇内放映外，还分期到各村放映。一些乡村及组织毛泽东思想文艺宣传队为群众献艺。各乡村还办起文化室，社员们均可读书、看报、唱歌、讲故事或弹琴吹箫。十一届三中全会后，随着社会经济的迅速发展，捷胜镇的美术、书法、绘画、戏剧、曲艺、舞蹈、摄影及民间纸扎、雕塑等文化艺术被发扬光大。相应的文化机构和民间文化社团先后建立；而一些文化设施如新华书店、个体书店、电影院、桌球场、电子游戏机室等亦应运而生。外地剧团、歌舞团亦频频到本镇演出；镇政府各机关单位也时常组织文艺晚会、球类和棋类比赛、书画比赛等。人民文化生活极为丰富，已出现“百花齐放”的景象。

第二节　文化机构

一、文化站

1953 年，捷胜文化站设于东门街蔡氏宗祠，20 世纪 60 年代中后期撤销。1978 年重建。文化站是全镇文化事业管理机构，其职责是宣传、贯彻、执行党和国家的文化、文艺方针政策；开展全镇文化、文艺工作；及时向上级推荐优秀人才和作品；加强对社会文化市场的管理，负责组织各种类型的文体活动。1957—1958 年，文化站组织举行拔河比赛。1959 年，又于沙角尾海、双湖举行龙舟比赛。1971 年春节，举办猜谜、篮球、象棋、乒乓球比赛。此后，每年均有举办各种比赛。20 世纪 70 年代末，文化站组织电影放映队到各村放映电影，丰富农村文娱生活。1987 年，全国首届农民篮球赛在紫金县南塘举行初赛，捷胜队在文化站组织下，由海丰县体委陈天喜带队，代表海丰县参加比赛，结果胜陆丰队，负东莞队（全国冠军）。建区后，在文化站带动下，捷胜电影院、影剧院相继建成，使全镇文娱生活更为丰富。而每年春节举行的猜谜、象棋、篮球、排球等赛事，亦为群众所喜欢。近年来，文化站还举办书画、摄影作品展；恢复和发展民间业余剧团及新的文化事业。2015 年，投入资金 90 多万元，建设文化综合楼，打造文化品牌。该站多次被评为文化系统先进单位。历任文化站负责人有朱玉、刘淦（挂名）、祝建川、徐得志、刘尧、沈珠珍等。

二、广播站

1958 年下半年，捷胜广播站设立，设工作人员 2 名，分别负责机务、线路及播音。该站行政受镇党委领导，业务受海丰县广播站指导。1988 年建区后，业务改受汕尾市城区科技文体局指导，其主要任务是围绕党的中心任务，宣传党和国家的政策、法令；转播上级广播站的联播节目；协调全镇广播工作。1992 年，开展社会主义思想教育工作，全镇各管区普及了广播喇叭。广播站有 250 瓦扩音机 1 部、录放音机 1 部及前置放大器等设备；设站长 1 人、机线员 1 人、播音员 1 人。现负责人为罗海青，机线员为邓进引，播音员取消。

三、沙坑文化博物馆

2018 年 8 月，捷胜镇人民政府筹资 1 900 万元，建设沙坑文化博物馆，馆址设于沙坑村，以原沙坑小学校舍改造而成。建筑面积有 3 080 平方米。该馆设有 VR(虚拟现实）展厅、捷胜所城展厅、渔猎耕殖展厅、捷胜镇党史展厅及创客中心。

第三节　民间文化团体

清末民初，民间文化团体有罾城诗社、凤园诗社等。中华人民共和国成立后，民间文化团体不断发展。至 2017 年，先后成立有捷胜诗词社、捷胜书画社、捷胜群乐社、黎明书院、文昌中学海潮文学社、捷胜中学鸿雁文学社、捷胜中学三角梅文学社等文化团体，其中较突出者有捷胜诗词社、书画社、黎明书院、群乐社。

捷胜诗词社　1994 年 1 月 5 日，经汕尾市城区民政局注册成立，主管单位是汕尾市城区文化广电旅游体育局。现社址设于综合文化站。社长为何大海。创社主旨是弘扬古城文化，繁荣诗词创作，传承中华国粹，扶掖新生力量。现有社员 56 人，其中广东中华诗词学会会员有蔡贤、蔡时夏、刘乘龙、周富然、刘汉承、何大海、赖在衍、何秀锄、刘淦、王松林、梁良晓、何朝晖、阙新民、赖杉昌、何秀荣、何荣权、王珏瑜、曾俊铭、林宏生、梁玉龙等 20 人。全国中华诗词学会会员有何大海、王松林、何朝晖、赖杉昌等 4 人。捷胜诗词社通过定期发表《捷胜诗词》报纸和《捷胜》杂志（内部刊物)，与全国 800 多个诗词或文学社团及个人交流探研，在省内外诗词界有一定影响力。2008 年曾结集出版《捷胜诗词选集》。

捷胜书画社 成立于1998年5月，社址设于综合文化站。社长为周仲富。社员100多人，其中广东省书法家协会会员有何秀锄、蔡绍明、黄兴利、许昌林、黄隆恩、黄隆琰、戴贵端、黄锦秋、周贵斌、何世盛、陈古、黄建军等12人。中国书法家协会会员有周雄、何世新2人。该社每年举办迎春书画笔会，定期出版《捷胜书画》报，并已举办4届“古城风”书画作品展及出版4册《“古城风”捷胜书画作品集》。

捷胜群乐社 成立于2003年，属捷胜群众乐器组织，宗旨是传承地方戏曲文化。现址设于综合文化站。

黎明书院 成立于2012年11月11日，发起人为何世鸿。因原址在黎明洞附近，故取名黎明书院。设《黎明》杂志编辑部。2014年8月，迁址于大流文化中心。现址设于综合文化站。已出版刊物4期。

第四节 文学选编

一、诗 词

（主要选录有关人文题材的诗词作品）

游石山

明・刘松

石室云深古洞赊，乾坤今喜到天涯。

涛声彻夜谐歌咏，山色腾空结露霞。

人在壶中春浩荡，剑于阃外日光华。

停骖缓步高岗上，入望沧溟起浪花。

题罗浮山玉女峰

明・任可容

绝巘嶙峋一振衣，仙姝避客锁岩扉。

月中环珮归何处，天上霓裳事已非。
杳霭远从青嶂起，多心忽傍白云飞。
惭无谢朓惊人句，搔首峰头问太微。

题鲘门将军石

明·任可容

峭壁嶙峋俯碧湍，将军战罢卸征鞍。
云生铁甲晴峰敛，岚湿兜鍪夜壑寒。
肯为悬金驰绝塞，独峙介石障狂澜。
英雄不共风霜老，留得苍颜万古看。

黎明洞石刻诗

明·廖天佐

旹，天启乙丑冬，蒙梁壮廷、朱斗曜、黄拙含见招，偕同蔡渭熊、朱璜渚、黄振鸣、钟心发酌此留题：

水尽山穷处，天空雪◇时。
桴因观海泛，酒◇傲游賫。
留石非供◇，临题若寄思。
圣明余暇日，有截和毛诗。

题海门莲花峰文天祥“终南”剑刻处

清·黄庆元

铁胆寒北军，黑云暗柴市。
先生配春秋，元室何处是?

得道庵八景诗

清·虞赓起

虹桥捷步

欲到桃源隔一层，空山流水碧澄澄。
长虹饮涧中间跨，游客披烟此处登。
觉岸可堪无接引，西天原自有阶升。
更爱梅花春雪里，骑驴独过晚归僧。

曲径通幽

名山自辟洞中天，洞口云封不计年。
一线苔痕明曲磴，几层萝径绕深烟。
林开绝壁僧堂出，路过寒溪呗响传。
到此已无尘念在，支公何必更谈禅。

壁涧流泉

寻幽相约入桃源，径绕寒流锁寺门。
琴筑细传空谷响，龙蛇倒影一溪痕。
层层碧漱仙人齿，点点珠霏玉女盆。
试取松萝烹活水，梅花犹胜和霜吞。

莲池印月

林端风静露华凝，十丈莲池夜气清。
看去波光涵菡萏，印来蟾影最分明。
诸天色相冯空拟，一点心源彻底呈。
水月象中能妙悟，不妨禅里说书生。

胜地灵岩

窈窕深岩灵迹真，海边胜地动游人。
朝光乍射玲珑窟，花影频添锦绣茵。
古洞云霞封石乳，阴崖风雨落龙鳞。

当年卓锡谁天社，从此祇林可问津。

古壁苍松

古寺阴森万木青，老松倚壁不知龄。
龙蛇影向闲阶动，鸾鹤音常静夜听。
斗雨有时飞屋瓦，擎云直欲入苍冥。
如今已乘达摩去，风卷寒烟月满庭。

石船泛陆

崭岩怪石簇峰峦，中有艨艟向碧澜。
地近双林疑筏化，师来一渡比杯宽。
云霞万丈春航阔，松柏千章画楫攒。
应是风波怜苦海，教人系缆得身安。

仙井盘空

更寻仙井涉高岗，磐石中空荡玉浆。
宝瓮疑从衡岳运，金茎似到汉苔尝。
中泠泉逊清虚气，六一丹涵齿颊香。
何代群真练铅汞，犹余修绠在栏旁。

黎明洞

清·刘 英

明季刘总戎，讳岳公，才侪管乐，智亚孙吞，而生不逢时。早知气运非人力所挽，舍轩冕之荣，作山林之想，避世于斯。迄今口碑载道，有首阳遗风焉。

剑气龙藏夜罢吟，黎明洞口白云深。
搀枪欲扫空遗恨，入眼河山变古今。

光武中兴

清·陈勉洲

十二帝西十二东，天留半截待英雄。
骑牛逐得中原鹿，莫怪冯侯不论功。

光武中兴

清·许兆寅

解纽王纲十八秋，江山主治已非刘。
骑牛逐得中原鹿，洛水东连汉水流。

申包胥哭秦庭

清·陈春熙（蔼如）

纪良妻哭感城崩，复楚包胥泪洒庭。
嫠妇孤臣同一哭，千秋忠烈炳麟经。

罾城咏

清·陈春熙

一城如斗傍山丘，岭表钟灵此地收。
龟海碧波盈万顷，羊峰翠黛壮千秋。
夕阳西照禅宫古，风景南来隐洞幽。
最喜娄湖漂胜溉，昂然石狗镇中流。

题岳飞奉诏班师二首

清·林荫庭

其一

誓捣黄龙志未伸，金牌十二诏归频。

郾城胜战功谁毁，带恨班师取义仁。

其二

贼桧甘心主议和，访公误国起风波。
十二金牌诏归旅，忠心怎奈贼心何。

忧愤诗十二首（选十）

清·林慎三

光绪庚子，八国联军攻陷北京城。

其一

漫天风雨漫天愁，万甲齐飞入亚洲。
睇彼山河非旧日，谁为砥柱挽中流。

其二

积弱中原倒太阿，四夷蹂躏据山河。
挑灯怒目诸条约，拍案长伤恨最多。

其三

怅望中原势欲倾，诸夷割据逞强横。
阿谁拨乱回天力，溥海同风颂太平。

其四

蒿目时艰感慨多，南征北割恨如何。
扶危自愧无权力，一度思量一度歌。

其五

太息燕云十六州，欧风美雨满天愁。
黄人何日离羁绊，击剑狂歌独自由。

其六

干戈盗贼满边隅，爱众保群竟不图。
专事杂捐行弊政，民心一散赖谁扶。

其七

张牙猛虎入亚洲，击剑男儿切此仇。
须振合群团体力，追南逐北扫冠酋。

其八

庸臣误国罪非轻，割地输金饰太平。
怜我亚洲黄种族，致教白种肆兼并。

其九

四万万人刀炮中，中原遽变战场红。
金州旅顺先俄惨，毕竟东亚处处同。

其十

神州积弱古今无，势迫瓜分据野孤。
热血满腔何处诉，遂同贾谊哭当途。

赠许家梅

清·林大彬

不染纷华别有神，数枝月夜吐清新。
旷如魏晋之间士，高比羲皇以上人。
独立风前唯索笑，能超世外自归真。
孤芳莫道逋林晚，泼墨淋漓许占春。

赞黄烈女诗并序

清·许兆寅

认真节义，今古为难，即在官宦士林，不可多觏，况夫许字未婚之女子。余因昨过遵经家塾，见何彝训先生案置缮本一册，检阅始终，谂悉系其令先祖妣黄烈女，为夫殉节，诸长官大吏请旌题文，及诸缙绅乡先生吊挽诗歌章叙，捧读之下，如立冰霜地上，严冽之气砭人胸襟，井上贞魂活现眉宇，不禁起立拱揖而叹曰：卓哉！黄贞烈乎巾帼之中竟有如是奇女子乎，伊古以来亦少有是烈女子也！既宛转以从亲，乃从容而就义，是特节也兼孝矣。人虽死而魄犹生，且其死也，能使父母无子而有子，故夫无妇而有妇，生死两安者，风洵足千古矣。维是玺纸虽精，蠹鱼易蚀，深虑鲁鱼亥豕，历久湮讹，亟宜寿之梨枣，永作史乘光也。至其节烈事迹，曲折颠末，先辈叙述綦详，不事余赘，谨赋七律二首，聊表敬慕区区，工拙勿计之。

其一

细检题章吊诔词，千秋不尽敬恭思。
呼天祈已难天谅，入地从夫独地知。
节重岂关文字价，风高还剩石亭碑。
迄今井外青天月，照见冰心一颗奇。

其二

皇皇天诏下金门，屹立贞坊万古存。
眢井难埋春去魄，庐江时有夜归魂。
无双节操斯人仰，不二纲常自此尊。
白水一泓源邃远，长流芳泽溉兰荪。

和友人游南岗石洞原韵三首

清 • 许兆寅

其一

有客南岗去，人谁扫径迎。
隐居遗石洞，避世怅前明。
海阔舟难济，岩空梦不惊。
如何高着眼，仆仆尚劳形。

其二

洞古清风锁，仙家惮送迎。
山烟消石瘦，海日入波明。
世任沧桑变，人奚宠辱惊。
音流弦外意，相赏在无形。

其三

登临谁巨眼，日月豁双眸。
块垒全胸化，湖山一掌收。
仙踪留弈局，海气逼谯楼。
拔剑还歌舞，余情付十洲。

自题梅花图诗

清·许兆寅

画梅说要老，写花须少好。
老少两相宜，休分春迟早。
早好迟更好，笔墨寄怀抱。
迟早总算春，老少皆天造。
识破造化机，于予何烦恼。

题许兆寅梅花图诗

清·陈春熙

南枝先放北枝迟，心事分明画与诗。
笑问先生清福处，几生修得美人知。

涠园答谢斗翁画梅诗

清·何次韩

先生画梅兼画骨，一株两株神出没。

濡染大笔似淋漓，暗香浮动黄昏月。

咏严子灵钓台

民国·周维邦

遁迹富春且避名，一竿风月一台清。

江潮别有升沉意，不是严公不解情。

注：民国七年（1918 年），海丰县长张友仁以严子灵钓台为题，举行诗赛，此诗被评为第一名。

海岸第一山

民国·何成濬

海岸亘称第一山，潜龙雾豹两相闲。

西来宝刹凌空起，石也点头木也斓。

题得道庵“点头石”诗刻

民国·林襄侯

经从古佛撰，妙法石能转。

这里探禅机，恍然头一点。

题海丰莲花山

民国·何镜湖

文山跑马四泉来，朵朵莲花向玉台。

极目云天岭表外，人间正是一蓬莱。

苏武牧羊

何镜湖

关山万里夜迢迢，海上牧羊慨寂寥。

只恐云迷胡月淡，流晖照不到天朝。

申包胥哭秦庭

何镜湖

古来善哭姓名留，变俗兴邦总有由。

若把纪良妻比拟，英雄儿女各千秋。

按：此诗获民国二十七年（1938年）海丰、陆丰、惠来三县诗会第一名。

题得道庵“点头石”诗刻

民国·释根慧

挂锡西山乐有余，到头名利总空虚。

山僧自愧根苗浅，六贼纠缠费扫除。

秋游云山寺

民国·黄澄波

老弱自知愿不如，扶筇犹爱登郊西。

黄花岭上金风瘦，绿树桥边玉露滋。

知足平生甘淡薄，无求命运任推移。

逍遥博得余心乐，古刹梵音雅韵怡。

题祖禧庙

佚名

白沙湖上裹苍烟，卧听涛声三百年。

漫卷春云飘玉带，空吟碧血染红舷。

魂归净土随风憩，海不扬波抱石眠。

芳草凋零遗胜迹，狮山佩剑倚南天。

欢送抗日远征军

陈宝琬

夫婿从征振义师，灯前惜别订心期。
久闻岛国樱花艳，莫趁归装折一枝。

欢送抗日远征军二首

刘 健

其一

远别何须泪雨纷，好凭壮志靖倭氛。
东风也有豪情在，一路莺花为送君。

其二

剑佩匆匆事远征，男儿慷慨请长缨。
凭将爱国千行泪，洒向春江送一程。

庆祝捷胜建城六百周年

何香荷

洪武建城防倭寇，海疆绥靖建奇功。
星移物换明朝易，坤转乾回清祚终。
六百周年稽往事，九州一统庆兴隆。
敦诗说礼盛文史，携手并肩进大同。

黎明洞怀古

何香荷

黎明古洞锁烟霞，居士当年此作家。
恍惚一窑天地阔，浑疑半壁日星斜。
预知明祚终难复，准拟林泉行可嘉。

斗转柄移沧海事，廖翁遗迹不胜嗟。

得道庵八景

何香荷

胜地灵岩风景幽，层峦叠翠白云浮。
石船泛陆松涛静，壁涧流泉瑟韵悠。
曲径通幽花木茂，虹桥捷步旅游稠。
莲池印月锦鳞泳，仙井盘空玉液流。
海岸名山称第一，天然八景有谁俦？
遇缘卓锡皈依去，汕捷人民壮厥猷。

捷胜风光八咏

蔡镇藩

罾城风光

地近滨沿景致清，儒风今古蔚罾城。
前贤翰墨扬家国，今辈文传捷胜名。
街道康庄成十字，电灯横直彻宵明。
更深人静登楼望，极目全城无限情！

石室洞天

城南踏遍路迢迢，觅得隐居号一窑。
怪石巍峨藏古洞，浓烟笼罩远皇朝。
诗铭石壁凌霄汉，风触棋台响类潮。
一自寻幽人去后，残碑遗迹到今朝。

云山曙色

游庵登岭望朝曦，将出丛林鸟俱啼。
蟋蟀翅音扬草外，猛鹰翼展上云涯。
海浮浴日随波起，风送渔舟逐浪驰。

入目云山呈曙色，晨钟声响众生知。

石鸡啼岭

石鸡啼岭古于兹，偶尔游观到岫隅。
昂首每年风雨斗，只身常于雪霜栖。
山风触峡开鸣叫，空谷回音应喔咿。
宇宙茫茫多怪事，自然物理亦神奇。

鹤岭望远

斜晖引兴步山丘，远眺汪洋荡碧流。
沧海深溟舟泛绿，白云拥阵雁横秋。
耳余嘈鹤音如昨，目探驼榕影不留。
樽酒何妨留待月，寒蛩鸣晚夜悠悠。

娄湖夕照

为爱晚晖问碧津，石娄如虎挺精神。
势摧汹浪援沙角，威震汪洋镇海滨。
日落湖心书雁字，风轻水面绘鱼鳞。
借将霞彩同游泳，涤净轮蹄逐客尘。

古山聊夜

古山百折未全更，遗夜曾闻旧擅名。
踏月情俦常话旧，穿空唳鹤亦宵征。
风号绿野虫竞韵，露冷白头鸟互鸣。
心思苍茫谁与问，沉沉蛙鼓一声声。

龟龄浪海

时序当春龟岛青，每闻云水浪花腥。
帆樯依岸株株柏，渔火连天点点星。
移月有时窥北斗，冲涛镇日奋南溟。
如今祖国升平日，建岛繁荣新旅程。

春晨游云山寺

蔡 贤

斜径攀登尽，野花烂漫开。
山门夜未锁，或有探春来。

黎明洞怀古

蔡 贤

国破山河改，遗臣隐海边。
昔人驾鹤去，此地留洞天。

题鸡啼岭

刘湘浦

怪石浑然类一鸡，山巅昂首向天啼。
虽经风雨遭磨损，犹带烟霞化喜悲。
屹立雄威空色相，悠闲自在沐春曦。
娲皇留我非无意，为保罾城镇岭西。

罾城形胜

何汉芝

宝楼发脉气潜行，凤舞龙腾入捷城。
板岭朝宗开胜地，涌流绕卫注水生。
鸡啼西麓舒清镜，鼓响东隅奏太平。
虎踞南岗驱恶煞，犬蹲北廊捍门庭。
离峰翠秀文星耀，魁阁堂皇毓俊英。
水纳娄湖归一局，石獒镇口永安宁。

长春洞怀古

何汉芝

怪石奇峰辟洞天，流行正气养浩然。
清虚胜境开玄府，缥缈闲云幻碧烟。
幽窟灵岩藏蝙蝠，壁泉通窍滴龙涎。
翠峦毓秀奠元武，蕊阁祥光驻吕仙。
居士善缘培福地，道姑法戒悟真诠。
黄庭经诵松风动，晓磬声鸣鹤影翩。
苍柏修篁延曲径，琪花瑶草缀篱边。
端阳消夏敲棋局，重九登高放纸鸢。
最是中秋明月夜，豪吟学子咏婵娟。
依稀往事成追忆，故垒萧萧景已迁。

娄湖夕照

陈 垣

银浪穿梭隔一层，沙洲涵闸制潮平。
蒲帆浴日归程急，石狗沉辉暝色生。
野鹤停矶常布阵，回鸥点水戏波轻。
渔人惯过娄湖夜，窥得婵娟几许情?

捷胜景观八首

黄耿光

鹤岭描真

晴岗翠翳屹苍台，次第游人趣眼开。
曲磴迂回蜒古岭，丛林隐约误蓬莱。
风摧坡草惊莺起，月照岩松惹鹤偎。
远水穷天混一色，归帆仿似碧空来。

石室洞天

桃源史外更逢奇，风月无边仙子痴。
下甬双门空色相，上通独井旷清虚。
雾弥石室疑蜃影，林拥岗陵赛峨嵋。
魁斗星辉文物灿，仓皇遗老悔来迟。

古井夜山

山形似井蕴天娇，绿海苍波绕过腰。
云散林梢篁倒扫，风飘树影坞醺摇。
千寻玉魄迷芳峪，百尺银流锁画娇。
万籁消沉堪入兴，每予借此度清宵。

鸡啼峻岭

着意西郊好地方，苔痕叠翠倚天旁。
盈岗嫩草如毛腋，两臂斜坡类羽裳。
脑束雄冠尤嶂耸，音回寂峪俨鸡吭。
游人若问丹山路，岭上声啼亚凤凰。

娄湖秋夕

南陲嫉俗独推妍，蓼岸披霞入水天。
几朵落英弹泊影，数竿疏竹拂轻烟。
游鱼巧织湖心绢，归鸟迷离陌上鸢。
幕闭夜门蛙破寂，憾惟石狗未知然。

云山曙色

名山拂晓倍清幽，薄雾乘风冉冉浮。
鸟逐残星穹底尽，云弥钩月曙前收。
勿抽天际红罗象，隐约湖心素影柔。
滑辘一轮腾浪起，缤纷霞彩弄金球。

南滨神韵

白絮横披海岸边，晶莹点化类盐田。

龙鳞漫卷千层雪，羊角狂呼百里烟。
烽火墩痕遗胜土，捷琅埔址有余廛。
旅程独此真天厚，应道先缘后始然。

龟龄浪海

驼形小岛不知秋，鹰屿卫门排激流。
骇浪礁边漂白绢，惊涛滩上晒蓝绸。
波晴易见千帆影，风涌难容一叶舟。
极目开澜无至境，天工巨幅焕神州。

黎明洞

何景衡

一饮醇醑四百年，后人到此尚流香。
海潮终古无停息，洞里依然日月长。

湖海度假村

陈新华

荒滩广辟启琼园，湖海命名度假村。
曲奏卡房情脉脉，筵开玉宇意敦敦。
清湛砌水栖灵蔡，幽邃庭林引采鹓。
且喜海洋新技术，鲍鱼养出好评论。

云海寺

周 雍

南滨生古寺，独立自清高。
香卉随身转，风林把手招。
云帆沧海远，飞鸟夕阳骄。
何日月光里，银滩听夜潮。

罾城即景

周 雍

云山寺外钟声远，石狗湖边夕照红。
一叶扁舟浪波里，渔村四月正东风。

捷胜建城六百年志庆

何大海

六百沧桑岁月驱，依然名镇立边隅。
金风海角鸣残垒，丽日天涯照古墟。
往昔人文留胜迹，于今俊彦写宏图。
罾城拓展途无限，端赖吾侪手共扶。

七老将公殉国处

何大海

戍边天职岂能忘，刀簇穿心海雨凉。
万念皆无唯一念，不教倭匪进南疆。

烟墩山

何大海

危峰寂寞不知年，仰首无言对碧天。
欲向山灵通一语：中华久已息狼烟。

叮咚鼓石

何大海

常常午夜响叮咚，唤醒渔人梦正浓。
赶早备将渔具去，好开帆楫趁长风。

老鼠嘴礁

何大海

不去田园偷稻黍，窜来海岬作航灯。

怒潮急浪冲身过，甘为同侪洗骂名。

鸭舌礁

何大海

长舌直伸深海中，群礁列阵我前锋。

峭崖水下三千尺，倭艇撞沉不见踪。

文亭二首

何秀锄

文亭，余少读于斯，后教于斯。近过其间，人物皆非，步陆游《沈园二首》韵记之。

其一

独步园庭别意哀，新楼难觅旧阶台。

相思最忆门前月，犹照青春脚影来。

其二

一去文亭三十年，亲情唯有老红棉。

欲将心事诉知己，只是当时已黯然。

戊寅夏偕同仁游龟龄岛口占

赖在衍

划出归舟近午天，烟尘洗尽得怡然。

清风丽日本无价，更有渔人歌扣舷。

题巡抚爷宫碑记

刘 淦

清廷惧郑扰南国，皇令封船逐户迁。
海岸哀声鸿遍野，渔家背井苦连天。
巡爷总督齐章奏，居士大人陈泪篇。
仗义成仁救百姓，光辉政绩照人间。

咏双湖海

张武钳

夏日郊游雨后晴，双湖景物若丹青。
千帆竞逐浮云去，依卧流沙听海声。

咏许家梅二首

何朝晖

其一

南台侍者擅梅花，百载风骚属许家。
万斛寒香疏影出，半溪清梦幂晴沙。

其二

素心独抱远尘埃，造化匀分带雪开。
却月凌风荐玉骨，飞花画出到南台。

赠昌林兄梅花二首

何朝晖

其一

从君笔底觅春光，淡墨疏花独傲霜。
长使元章豪气折，凤箫吹坠一庭香。

其二

玉骨高标出世尘，君和水墨写风神。

灵根代有栽云手，各领罾城一段春。

注：许家梅，以许贡爷兆寅老为代表人物，风骨高标，通融南北，为画梅圣手，代有承传，至清客昌林兄又一变，出新而不泥古，直追乃祖，诚可嘉也！

题得道庵

何秀荣

晓日西山古寺幽，寻芳特特览高楼。

清风一曲云岩上，卅里浮图已入秋。

题龟龄岛

何秀荣

碧海茫茫一屿临，仙踪驻此播真音。

悠悠千载恩波在，遗庙慈航护古今。

题白石庵

何秀荣

残山剩水日初曛，收拾荒烟锁海门。

帝女行踪今在否？古庵寂寂伴晨昏。

题魁星楼

何秀荣

旧阁荒台夜入秋，魁星明月照来愁。

石碑草草斯文在，不见烟笼王粲楼。

题赤鸪嘴

何秀荣

岬角如鹧鸪，欲飞孰与扶。
只因翅膀湿，戍此作兵夫。

黎明洞怀古

何秀荣

一抹残阳入洞幽，芊芊草木碧如油。
摩崖诗缺空新月，沧海舟横数老鸥。
余得南柯惊逝梦，屡经尘世怯来愁。
而今山色非畴昔，敢问贤人忧不忧。

秋日谒郑祖禧庙

何秀荣

虎踞龙盘天外峰，英灵驻此庙崇崇。
烟生玉屿秋声起，雁过海门残照空。
碧血当年酬故国，狮山何幸葬孤忠。
清游不负西风意，怀古悠悠对暮红。

偕华侨城诸君谒黎明洞

赖杉昌

绝壁地形藏智略，登临极目海天浮。
碧崖诗缺漉新雨，白水舟横列老鸥。
德仰泰山昭日月，名留石洞著春秋。
今逢盛世多风雅，廖子何时共唱酬?

东坑龙潭

赖杉昌

我性耽佳景，寻幽到此潭。
峰遮千里目，路转九连环。
瀑作飞花戏，松操锦瑟欢。
鬼才多寄意，山水满征鞍。

黎明洞怀古

何荣权

人间是何世？鬼出舞群魔。
用既不能行，舍之藏亦可。
举世皆浑浊，汩泥扬其波。
波接南海潮，极目千帆过。
守拙黎明洞，有待毛诗和。
一窑天地阔，阃外光华多。
来径披荒草，石壁结藤萝。
月出室生白，浪涌树婆娑。
隐居岂隐世？归去其奈何！
陶公犹吊古，慷慨咏荆轲。
廖子忧民切，作文刺政苛。
挥泪请命后，谁与和而歌？
黎明终放晓，红日照山阿。

乙酉春题凝波寺

海丰·吴福钦

其一

海色凝波风浪平，潮音隐约演梵声。

招提经古是文物，法运欣随国运兴。

其二

罾城雅寺号凝波，信是圆通妙法多。

六百年来留胜迹，禅机浩荡遍山河。

鹧鸪天·早游云岭

蔡时夏

癖抱烟霞卧不成，拖双破履入山青。莎蹊露湿林风软，天脚云消远水平。　　烟薄薄，鸟嘤嘤。度冈越涧逐晴明。不知樵女岩边笑，笑道先生慢慢行。

调寄望海潮

刘　健

云山风物，揵城佳胜，回峦翠拥禅关。巍殿缦廊，嫣红姹紫，时来莺燕翩跹。香远绕清泉。倚虹桥写照，玉柳轻烟。秋泛流风，石船远眺海云天。　　层林叠荫山前，有通幽曲径，游士留连。清露映晴，莲池弄影，依依千里婵娟。碑刻赏遗篇。登盘空仙井，吟意绵绵。今日重修胜景，诗酒咸丰年。

望海潮·思乡

刘　健

南疆旧垒，边陲古镇，小城自有春秋。烟锁娄湖，云横板岭，禅林顽石点头。天际涌波涛。记沙滩拾贝，曲径寻幽。遥指卧波龟屿，阅尽几沉浮。　　欣欣绿绣田畴，喜书乡日丽，诗圃风柔。石洞依然，魁楼无恙，相邀笔侣吟俦。酬唱韵悠悠。看开来继往，一代风流。江上烟波远客，日暮恁凝眸。

满庭芳

刘焕民

揽史寻幽，陟冈探古，海滨天气清新。巨岩支叠，石室自天成。洞口双扉不禁，长默对，寒暑阴晴。台床外，苍天碧海，帆影逐云行。

抚岩，残律在，依稀字刻，洒脱风情。当年廖居士，曾此埋名。义胆难随迹隐，发悲愤，洞署“黎明”。“迁图说”，为民请命，人去世蜚声。

浪淘沙·捷城鹤岭

刘焕民

白鹤去销声，岭自留名。老榕疏落石岩崩。日暮渔舟归也未？伫眺难瀛。　傍岭古衙陵，楼宇峥嵘。城隍还庙鼓钟鸣。木叶萧萧明月夜，如诉幽情。

二、对联

七老将公祠对联

精忠垂青史；战绩著南疆。

——明·佚名

守土捐躯丹心一片昭千古；
戍边殉节义气长存纪七人。

——明·佚名

凝波寺对联

禅机南海月；佛力上方钟。（寺门联）

——明·佚名

凝翠贮杨瓶，甘露洒为民物福；
波光摇宝筏，慈航渡遍海山春。（大雄宝殿联）

—— 许兆寅

寺号凝波，面南海慈航，遍渡迷津登彼岸；
灵钟胜地，目西天皓月，宏昭觉路现沙门。（大雄宝殿联）

—— 清嘉庆戊午年刘天锡偕男生香题

色是空，尘世虚荣皆幻化；
空即色，禅机妙谛永恒真。（大雄宝殿联）

—— 佚名

心发菩提行愿广；身缘善义布施多。（观音殿联）

—— 佚名

黎明洞对联

石洞烟霞古；乾坤日月长。

—— 明·刘松

德仰泰山千古在；名留石洞万年芳。

—— 清·刘向魁

西山吟南山咏大明秀才也不惭孤竹庶子；
陶公酒廖公棋一窑居士者无愧五柳先生。

—— 清·林尧云

得道庵对联

百万人家福地；三千世界丛林。（寺门联）

得解脱时山海小；道元妙处地天空。（寺门联）

—— 清光绪三十二年 碣石卫中衡游府水师提标前营吴祥光撰

宝相示庄严，上界澄空，黼座莲花时涌现；
法轮藏元妙，灵台悟澈，金经贝叶有真传。（大雄宝殿联）

—— 佚名

海甸涌灵岩，盼水光接天一片，清虚照彻大千世界；
罾城崇古刹，瞻云气横嶂万重，缥缈蔚成不二法门。
（大雄宝殿联）

—— 佚名

得其所哉，八景无边同般若；
道则高矣，一尘不染证真如。

—— 佚名

旦烛耀禅灯，清净法门光道学；
桃园生善果，慈悲心地大英雄。（伽蓝关帝庙原联）

—— 佚名

谩云顽作筏能登道；何其大微波可渡人。

—— 佚名

紫竹林中观自在；白莲座上现如来。

—— 佚名

得门而入清门第；道岸先登彼岸山。

—— 佚名

大道本归心，慈善真光施普度；
真情原属佛，修持大觉拯群生。

—— 佚名

得道本无奇放下屠刀便成佛；
修行何患晚肯栽仙果即成仙。

—— 佚名

胜地隐禅机，霞染丛林光法界；
云山开觉路，香萦妙土遍人间。（千佛殿联）

—— 佚名

胜地辟三门，清风来四面，遥瞻海天一色千航过；
灵山开八景，游客聚五方，伫看霞鹜齐飞万木春。（山门联）

—— 何香荷 撰并书

观空有色西方月；听世无声南海潮。

——南海东佛祖庙对联，佚名撰，
弟子余祖素敬送，何香荷书

晴日开林烟，看三十里云山，灵迹仙踪，嘉树奇岩，洒洒风光，占取南疆称一胜；

慧灯耀宝座，喜四百年古刹，钟音磬韵，经文梵呗，声声妙理，引教含识向三尊。（山门联）

——蔡时夏 撰

琼花宫门对联

金砖显化；画戟昭灵。

——佚名

城隍庙戏台对联

捷报好音多喜罾城日暖榜领风和二十韶光人极乐；

胜常嘉瑞应庆龟屿波平娄湖水秀三千世界景长春。

——清·许兆寅

台城路喜少年游绣鞋儿步步娇调笑令翻金错落；

人月圆欢好事近修箫谱声声慢清平乐奏玉玲珑。

——许兆寅

中秋节戏台对联

嫦娥懒出宫吩咐灯光陪月色；

上帝净清界安排细雨洒尘埃。

——许兆寅

石头村天太后宫对联

南国有生皆圣德；海天无处不慈航。

——明·佚名

升阶已肃天颜近；到此方知母德深。

—— 明·佚名

册镌华玉恩波阔；飏挂慈航福海清。

—— 清道光二十七年敬，黎汝霖监题

龟龄岛妈祖庙对联

圣恩施百代千载；

母德遍三岛十洲。

——佚名 撰，周仲富 书

牛肚村妈祖宫拜亭对联

德可配天临有赫；

恩深如海不扬波。

—— 佚名 撰，陈道燕 书

关帝庙对联

庙宇巍然宛如季汉偏安局；

威灵永在应与中华万古存。

—— 佚名

大埔头二福德老爷宫对联

福受万民敬；德施有缘人。

—— 佚名

福与土并厚；德配地无疆。

——佚名

外文祠对联

志在春秋前圣后圣；

星联魁璧天文人文。

——清·傅鹤 撰　黄汉宗 书

烈女亭对联

尽节赴黄泉井水早酬黄鹄志；

全贞扬紫禁纶扉特降紫鸾章。

——清·佚名

进修书房对联

进学只缘尊古训；

修身端不让前贤。

——清·陈二南

进前些升堂入室；

修到此希圣达天。

——陈二南

东门街花心园守拙窝对联

守道不阿真士节；

拙缘无摄快吾心。

——清·林荫庭

守己浑忘尘世事；

拙人不弄巧机关。

—— 清·何舜予

题天太后圣母诞辰对联

听九十日之春声，燕舞莺歌荣寿宇；

挹廿四方之风讯，波平浪静显慈光。

—— 清·张德模

庆设帨之佳辰，桃艳桐华，九十春光荣寿宇；

挹模携之腔调，声和曲妙，二三檀板拍歌台。

—— 清·张德模

沙坑文化博物馆对联

拓海开荒，满眼舆图留胜概；

溯源立本，一堂文物耀南疆。

—— 何秀荣 撰

三、文赋

迁移图记

明·廖天佐

历自康熙元年初迁，三年再迁，举淮、浙、闽、粤四省沿海居民迁入内地，凋残罔极。他省远不可知，姑不具论。如我粤东：首福建交界起，以至广西交界止，延袤四千余里，绵亘万有余乡，附近沿海路南一带，经京差大人科介会同藩院提镇，勘立边界，竖旗订设墩台处所，遇溪河港汊，插桩立栅，不许人民越边行走，不许寸板下河往来，方其庭议初下，耄耋父老传为讹言；及其会勘既定，蚩蚩儿童惊为实事。

及至是年仲春上旬，王将军之兵自潮至靖海；省会之兵自惠抵南塘。天戈所指，不旬日而苏逆授首，土弁荡平。严令督迁，沿海乡民纷纷俱欲迁入内地；弃其室庐田畴，抛其器用家资。富者有银，惟挟肢体，密藏囊橐；贫者徒手，锅甑一口，米粮衣服；扶老挈幼，携妻带子，鸟惊兽散，逐队迁居，阵阵拥入。及至界边，栖迟路旁，寄宿荒郊；蜂屯蚁聚，不顾餐风露宿，那管带雪披霜。数日之内，或同比邻寄宿庙宇，或同亲知屯聚山头。日则被打被骗，指为海逆散党；夜则被搜被抢，声言寻取盔甲，数日以外，别寻界内旧居，觅屋居住，人人皆称屋窄，不能支持；再寻土著故知，顿寄妻子，家家俱说亲属先至，无堪再并。留一餐尚属勉强款应，求一文，无肯借贷相周，不得已，卜择塞外旷土，另立围栅；近乡蹩蹩靡骋，惶惶无依；如鸟之离巢，无枝可栖；如鼠之失穴，无旷可藏。虽有草茅遮雨，那比大厦高堂；仅借苫块眠地，不失床枕高架，风寒暑温，坐卧不安。形影已随躯壳，魂魄尚绕故乡。来居不久，家室萧条；疾病相连，性命从今将倾矣！此则迁移未久，安插附近者之情形也。

又有思寻远方居住，别寻乐土安生。贸贸然来，攘攘然往，有如伤弓之鸟，高飞远举，老者前而少者后，肩相摩也；甚于丧家之犬，摇尾乞怜，形猬疲，衣服碎，踵相接也。此一时遇悍兵强徒，挞打任其自然，抢夺由其好恶。栖止未有定所，漂流不知所之。身如飞蓬，心如荼苦。或言彼处腴饶，可以耕种度活；或言此处仁里，可以安插妻孥。听其引诱而去，任其扳扯而往。不知所之，去而无定。嗟乎！鸿雁哀鸣，子规啼血，此其时乎！故自八月以至年终，崩山坎一带大路，迁民络绎不绝，日以千计。此则迁移远方者之情形也。

越岁次康熙四年乙巳。时有龙化为蛇，人变为鬼之谣。果尔幅员既窄，田畴稀少，米贵如珠。横石矶口子未开，乃题定出界煎盐。路口人多淡食，盐贵如玉，天灾与人祸并至，师旅兼饥馑荐臻。流离苦惨，尽是界外穷徒；情形颠沛，无非迁移野仆。三餐不给，乞丐无门，势穷力绝，计无所生。思卖其女儿，或卖为奴婢，或养为儿孙，不过鬻银二钱，或米一斗。不十日钱米俱空，儿女又无。又思嫁其妻媳，或卖为婢妾，或贩于远方，不过易银一两，易谷一石，未满月而银谷乌有，妻媳离散，既而茕茕无依，单形只影，又无期功手足之亲，又无箕帚井臼之妇；起止举动，如梦如痴。

至于读书之人，殆有甚焉。方迁移之后，望门求济，惟怜失路之人；沿街叫乞，羞惭儒生之体。砚田抛荒，舌耕无门，命卜小数，生财非道。不得已，呈官求赈，求吏报名，守候日久，领给无多，又成画饼充饥，望梅止渴。且常平之仓，不可再开，棠邑之粟，无堪再发，二釜不登，叹斯文多在陈之厄，三丧在望，悲世谊无助麦之舟。昔之管鲍，今成秦越。通财之义，于斯绝闻。

不但此也：男尽鸠形鹄面，带菜色之忧容；女皆蹙额皱眉，甚于无盐之陋，或有合家同登鬼录，不论士农工商；举室共丧沟壑，不择老少贤丑；殇之夭，彭之寿，一辙同归；坟之鼓，河之泪，同时共见。屈指而数：十乡之中存无四五，十室之内死有六七，嗟乎！木迁异地，叶落枝衰，人迁别土，家丧身亡。虽理势之自然，亦遭逢之奇厄。故饥非瘴病，而瘴疠丛生，寒非瘟疫，而瘟疫杂至，昔之埋人以棺，今之埋人以荐；昔日葬人以亲戚子孙，今之葬人以修行施舍。读王阳明《瘗旅》之文，悲哀至矣，不过怜其一家之同归；诵李华《战场》之事，伤心极矣，总是叹其今古之同处。此则今年五、六、七月之间，举三四关之内，饥殍无人葬埋，尽被裹荐掩土者，日以数十，月以数百。时有修行姓林字端素一人，专事雇工带锄荐修埋无亲之尸。登记名数，六月内一月约有六百余人。一邑如是，邑邑皆然。合而观之，长平亢卒之数未足多也。肥水断流之众，尚犹少焉。皇天若从此无所底极，迁民不几于靡有孑遗乎！幸过此以往则无甚酷烈矣。此则迁移二三年内之情形也。

嗣后，界外荒芜景况，则有可述而志者；方其遭兵纵焚，处处受回禄之灾；人绝兵毁，百室无安宁之庆。甚至宫庙拆毁，神明化为厉鬼；寺观无存，弥陀变为夜叉。久则屋宇丘圩，人烟断绝。蔓草遍生，萑苇密蔽；一望渺无际涯，四境那有鸡犬之声；四顾浑无畔岸，郊圻不见阡陌之址。山则奇峰矗矗，怪石嶙嶙，牛眠空称吉壤，马邋徒有厚封。翁仲寂守幽阴地，寒食不飞蛱蝶之灰；郭嘉不识汾阳墓，子孙孰辨鸠饕之棘？水则野渡既无舟楫，泽畔谁为问津。深渊已绝渔父，钓台谁系丝纶？蜃楼空结海市，滨滋谁人敢至？鹢首不游碧波，数罟何时可入？野则燕寻王谢失旧巢，队队已成衡阳之雁；虎无冯妇深藏穴，处处皆是负隅之区。百谷不生，腴沃鞠为茂草；五味缺一，斥卤变为荒丘。夜则山长峙，水长流，空有水光接天，月影连地；日则陵谷变，沧海动，宛如洪荒世界，虚无景象。将谓混沌未开乎？两仪既判，四象攸分，将谓天地未减乎？三才缺一，两大徒存。如此凄凉万状，罄笔难尽。总因迁移立界，浚河开沟，咫尺分生死之关，跬步判阴阳之路，入则生，出则死。令严于徙木弃灰。无奈孑遗迁民，尚思故乡为巡视之地，鱼盐共鼎鼐之资，恋恋不舍，屡屡闯越，或毁于兵，或投于河，具陷禁令之森严；或死于虎，或困于刑，多因饥寒所交迫。更可异者，郊外之虎，本无种类而生，传言饿鬼所变。日方中，则张牙舞爪，猛而且多；天未黑，则闯地噬人，去来无踪。边外噬人犹少，边内噬人更多，此则迁移界外之情形也。

至于界内之人，则有交相困苦者焉；富者当排点筑墩台，贫者烟灶编出人夫，排年供兵日食，送差公理，限日报竣，求宽求帮，刑责不免。财倾家破，卖田鬻产，欲壑难填。每立一墩，非三五百金不得落成；出夫之人抬运砖石，搬挑灰土，夜以继日，劳瘁亦无极矣。然又专意编近筑远，百般刁难。不得已，每一名放银一两，夫数既少，工费益久矣。兼此时军工频仍，百务烦兴；墩台之后，继以寨堡，开浚边沟，差官往来如织，羽檄交驰不休，日日派应，以致钱粮繁重，有田无人敢买，有业无人敢受。富者苦于钱粮追比之不前，贫者迫于地方月用之太重。正所谓“任是深山最深处，亦应无计避征徭”。此时求其囹圄空虚，省刑薄敛不可得矣。无怪大官贪酷，吏兵强暴而民贫矣！此则界内困迁移交相困苦之情形也。

嗟嗟！愁肠九转，难忍当年之郁结；泪血满斗，未尽当日之涕泪，所幸天运循环，无往不复。王大中丞尽忠报国，我大清圣天子纳谏如流，血疏上陈，瘛旨下颁。边界大展，人民复业，三年迁，八年复。时不佞自乡迁至邑，自惠逃至潮，挈眷迁居，将腊始归。若非身亲经历者，不敢虚陈只字，行年将近八十，所过市埠镇城，各立祠报德，备抄当日原疏，并不揣愚昧，撰述图说情形，合并刊刻。使后之君子，不生于其时，不履于其地者，旁观览诵，共相感慨，益知民之所苦，公之恩所大也。此非敢为虚言妄诞，混效齐语志怪之书，实欲确传于世，是以为记。

得道庵拟建望日亭归宗室并整路关序

清·许兆寅

天下古今，地无论僻壤名区，纵极古雅清奇，天然佳趣，不有人焉起而经营布置之，其趣不彰也；不有人焉踵而增修润色之，其趣弗传也。

予曾游胜地，特访灵山，山中有庵，名曰得道。见其通幽曲径，层碧流甘。抚东岭之清风，松阴覆绿；挹西山之爽气，嶂影拖岚。殿恰枕斗之北，门则面海之南。昼而流顺风晴，帆耸成行，波间出没；夜而潮翻月朗，金蛇万道，关口回环。石成井而仙名，俨是天池玉液；船成石而佛驾，居然陆地慈帆。印月池空，莲花漾碧；粘云壁古，松荫留苍。诸多奇胜，远瞩高瞻，爽神豁目，此山之所以为灵，而得道之名所由来。向使前无创者，后不加修，则雨剥风摧，颓败荒落，山川草木，黯然无色也。顷和尚遇缘来辕具禀称，自丙申迄庚戌越十余寒暑，历百般经营，殿宇粗幸告成，而墙围路关等项仍未完竣，更拟建造望日亭、归宗室。夫亭曰望日，虽方外尚有向日之心；室号归宗，即皈依不忘朝宗之义。斯举也，动虽多费，志实可嘉，惟兹土木方兴，该僧欲效济颠募化，而青丹未竟，斯世岂无檀越输诚，境不必祇园鹫岭，但多辟一善地，即广置一福田，人不拘士贾农工，欲问我前因，须预修我后果。愿倾囊箧，共种菩提。慷慨乐捐，襄成美举。幸甚幸甚，以是为序。

庚戌冬代撰

中元节正直老爷出游祭文

清·许兆寅

正直城隍尊神之前曰：维神聪明正直，佐佑裁成。植善扶良，万姓咸叨福庇；驱魔逐魅，四境共仰英灵。肃排鹤驭，敬迓龙旌。法驾时巡，恩周户甲。清风载道，化洽由庚。久沐洪慈，莫伸菲报，爰借鼓乐，聊写欢迎。惟兹不腆，乞鉴微诚。从此欃枪净扫，福禄频增。家余吉庆，年颂丰穰。民庆安堵，世兆祥祯。尚飨。

天地祭文

清·许兆寅

致祭于天地神祇列圣之前曰：恭维穆穆皇皇，包八方而莫外；巍巍荡荡，周万物以无遗。大德洪仁，曷能名状。昨因阴阳不调，当空叩祷。经蒙杯珓示准，尚未虔酬，兹众等荷天地之洪慈，体阴阳之一理。奉道建醮，一昼连宵。植福祈安，众诚具竭。拜经礼谶，功果完成。给食施衣，幽魂普度。是早寅具斋筵果品，牲醴肴馔。素馐香帛，刚鬣柔毛。聊表微忱，敬答鸿造。惟兹不腆，伏乞鉴原。大开赦宥，广活民生。灾厄潜消，安康同庆。尚飨。

祭大士爷文

清·许兆寅

维天运丁巳之岁，月建戊申，月朔壬辰，越祭日己亥，捷胜所城内外总理暨蒙信人等谨以刚鬣柔毛，牲醴肴馔，素馐果品，香帛之仪致祭于西国大士之前曰：伏维大士生自佛国，法本西天。貌古形奇，作阴司之管领；心慈情恕，体造化之公平。众信等念覆载之功，乐捐普祭；思阴阳之一理，竭悃遍施。当此新秋，尤深感动。爰建道坛，咒诵经谶。素馐肴馔，列席分行。信宝冥衣，实筐盈笥。凡兹客鬼游魂，寒神滞魄。敢邀醉饱，伏冀格尝。聊备领享，更代舍施。从此各安泉壤，幸毋混扰地方。俾万姓同登仁寿域，四方共乐太平秋。维兹不腆，伏乞鉴原。尚飨。

得道庵序

清·林大蔚

捷之西山得道庵即昔之云山寺，前明崇祯时鼎建也。溯厥创始之由，或云朱翁伯扶，或云洪师达上，未详也。吾捷前辈黄飘香先生曾读书其间，庵侧有达上禅师墓碑记存焉，公摹而读之，始知朱氏以地资之，摹是庵者达上禅师力也，而自沕为明之茂才。夫师浮云宝贵隐栖于此，盖亦非常人也。当时院可数椽，仅避风雨，越百余载，迨乾隆年间始增三宝佛殿及下两庑，续后风雨摧残，历有增修。至光绪七年，住持僧遇缘和尚始平基而废旧制，益见净土庄严，灵光焕发，斯诚是庵一时盛事也。况夫地拓三弓，却萃西山之秀；天开八景，洵增南国之光。虽蕞尔微区，实吾邑名胜。所以君子来游，不少他乡之客；都人至此，间多大雅之士。有此风景端赖保存，今虽苟完苟美，尤须尽善尽美。嗟乎，创始之难，守成不易。后之视今，当犹今之视昔。愿后之君子共相保守勿替焉。

余少时亦读书是庵时，达上和尚碑文大半消磨，惟塔铭颇有可观。余赏录而存之。今之五叶流芳处即其墓焉。其旧寿塔铭失考，此乃嗣其法门人通衢所拜撰也。

民国甲子一九二四年撰

酬谢甘雨

清·林襄侯

岁在壬子，月在丙午，越癸日丙子，某等谨以刚鬣、柔毛、果品、素馐、酒醴、香帛之仪致祭于皇天后土佛尊神之前，日覆帱无私显道降渥优之泽。戴持不二，广生舒畅遂之机。从可知乾健之仁民，亦足见坤柔之育物矣。我捷往者云汉告象，星嘒呈形，敢申祷祝于郊宫，竟沐滂沱于亩亩。符豕涉之征，恰既沾而既足，应鹳鸣之兆，复不疾而不徐。爰趋鳞原交错，操黛耜以出耕。犬壤毗连，戴绀辕而有事，万绿攒华，北陌之桑麻垂款。千红吐绣，东郊之添稷铺菜。等年欣乎大有，郊雀跃以胪欢。时共展其中孚，法骏奔而襄祀。伏冀天地列圣尊神，鑑此葵诚，繇兹芹悰，保我苍生，佑吾赤子，以享以侑。锡五风十雨之祥，来格来尝。敷三农九谷之庆，乃亦有裕。同赓梦鱼之句，岁则大熟。咸诵覆雉之章，渊乎铄哉。

合所建醮榜序

清·林荫庭

盖闻苏五谷育万物者天也，天藉神以通，神佑人以显，人祀神以安，故祈祷祥于经传，蜡腊著于周秦。伊古以来，赛会崇祠，礼神集福，良有以也。我捷一隅，告警迭经两次，客春则田叹干旱。今夏则人虞眚灾，均叨上帝鸿慈，列圣骏德。物阜成书，民康致颂，谨捐子月中旬，延定司巫设醮，三昼连宵，四民共恪。只感生成厚泽。恭酬覆载殊恩。惟是赀费所需，成裘端赖集腋。捐题既◇，标榜恰悬通衢。所期甲第丁男，倾囊供献，庶竭寅衷早报，捧锦赞襄。崇台结榭，舞巷歌衢，龙旗蟒服，感瞻绮缦之纷披。鼍鼓凤箫，共听韶韺之响应。际兹桂馥临开，蕒花渐睹。谐维度支，尽待给发。伏冀腰缠速解，心果同培。不胜福祉增绥。祯祥备致矣。爰撰序语数行，并列芳衔如左。

东城建醮捐资序

林荫庭

东于八卦为震，震占致福之机。东于五行为木，木纪向荣之象。凡处东隅之人物，皆为天地所生成。是以法雨东垂，则东郊庆惠。斗星东指，则东土以宁。既有阜康之吉兆。能无蜡腊以虔酬乎。我捷戍亥两年，旱灾交警，爰祷鸠安之愿。欣承象吉之庥。谨捐葭月，恰值芳辰，通城设醮，仰答鸿慈。我社输诚，赞酬骏德，舞遍东阶，筵陈东序，色辉东里，歌唱东楼。击鼓吹笙，恍作东都之礼乐。翻衣拂袖，焕然东国之文明。惟兹锦绣之铺张，尚赖金囊之发给。因思集腋之裘，需由震出；所愿缠腰之贯，解切巽齐，庶几保彼东方，永受福田之庆。尹兹东土，同标榜蕊之芳。是为序。

宣统辛亥年（1911 年）庚子月丁丑日

北城建醮榜序

清·邝戢庵

闻之有国者，殷荐于天地，则灾沴不生。有家者，严禋于鬼神，则福佑斯应。是以和风播烈，景星扬光。天地泰而庶类贞洁，雷雨解而品物感亨。此实叨百神呵护之灵，当莫昧下民展报之义。缅维我捷，时值金狗，雩祷而赋鹤鸣；岁在金豚，傩让而占象吉。辰星彩绚，得垂天地之光；昂毕精莹，尤沐安天之庇。迭次祈祷，均荷洪庥。虽极献曝微忱，难报资生厚德。虔修三昼，通城藉以申心；结彩层台，我社同兹寅念。但念狐貉厚裘，固资集腋；鲛绡片锦，亦藉合缘。绿柳分栽，连荣于北魏之馆；青钱入选，增辉乎北落之门。从此梅放岭头，灿萼爰分先后。

试看花簪榜上，登名何论高低。惟是念梁雪之呈祥，睹鲁云之志瑞。醮期信伊迩矣，浩费恰方兴哉。兜许擘鸾题成，应效郦原之系。迅将舞蝶飞到，无劳葛洪之呼。庶几姚黄魏紫，丽藻耀乎离南；楚曲吴歌，欢声腾于坎北。鼙乎鼓而轩乎舞，咸瞻烂缦之风光。巷也祝而衢也讴，共庆休嘉图谶矣。是为序。

宣统辛亥年十一月十三日子时

四、逸事

杨文广救狄青 宋仁宗时，南蛮十八峒作乱。朝廷派军进剿浙江、福建、广东等地，先后灭十七峒，唯水龟峒未平定。惠州团练副使杨文广派狄青率兵进剿，九战九败，第九次被围于九败岭，后文广驰援取胜。

神算的钦天监 明洪武二十七年（1394 年），程姓钦天监赴捷胜堪舆取土，绘制城图。初拟围“内外狗、内外鼓”。后算及五百年后城毁，遂舍外狗，围内狗；舍外鼓，围内鼓。后又舍内狗、内鼓以建。五百年后，城果毁。

建文帝龙隐于野 相传明初靖难之役中，建文帝朱允炆在金吾卫朱英掩护下避难捷胜城西山栖云居，潜心礼佛，自号“不行僧”，曾作有《夜怀》一诗传世:“风尘一夕忽南侵，天命潜移守素心。凤返丹丘红日远，龙归沧海碧云深。紫微有象星还拱，玉漏无声水自沉。遥想金陵今夜月，六宫犹望翠华临。”待考。

石狗、石鼓、石鸡报警 明洪武年间，倭寇作乱，湖中石狗作吠声，旋石鼓与叮咚鼓响，石鸡高啼。霎时，声如战鼓。倭寇惊遁。朝廷赞为捷捷胜利，故有传捷胜名缘于此。

石狗流血 明代时，倭寇袭捷胜常败。后知石狗报警致之，乃于雷雨夜，以铁钎凿狗眼，血流数日。自此，狗盲不吠，石鸡不啼，石鼓不响，海寇猖獗。

一百个龙锅鼎 明成化十七年（1481 年）仲秋，石头村建天太后宫，中途缺资停建。龙都廖了哥献计:“买100龙锅鼎，有人送钱来。”理事会老大照办。廖藏井底作法，村人盖100鼎于井口。时有大货轮行至菜屿，忽然难以航行。船上仙行知有能人施法，往廖藏身处发出100神针，其速极快，穿透99鼎，至最后1鼎时，针皆断。仙行偕船老大上岸，请求放行。廖告以建宫事。船老大欣然捐资，宫如期建成。

上天放水 明成化年间，大旱，乡人请龙都廖了哥上天放水。廖嘱夫人:“我今上天放银河水，需睡七天，若成功，天下雨，我即醒。如及第六天未雨，鼻内有虫动，切莫哭矣！”六天后，犹未雨，乡人皆急。时有一乞者，告知廖夫人:“汝夫鼻内有虫，已死矣。”夫人大哭，廖亡去。

城隍爷显圣解难 清初，为防汉民反清复明，清廷于民间划分乌红旗村，致互为残杀。时有城外乌旗村，率众夜袭近邻红旗村。红旗村民不敌，跪求捷胜城隍解难。忽见风作土扬、旌旗密布，有人马自北门无月城奔来。乌旗村退兵，后不见人马追来，极惊异！寻城内红旗村往救，至马巷山，见一官爷骑高头大马；一将军握马绳，扬鞭拦路，示意回城。众人一看，乃城隍爷神与驭马将军，众人跪拜返城。隍爷显灵，相传至今。

黄百万义救东洲坑 清康熙年间，广州行商货船集于白沙湖，有流氓收镫头金不成，偷了货物。省城派兵围东洲。黄百万应东洲村民之请求，赴省告行商，财耗尽。黄回家借钱。按其细母计，装大银、石块于大箱，船靠广州码头，于一箱底凿孔，漏银不拾。为造声势，黄又四处作游玩，以耀财力，重金购棉，名扬省城。而后行商议和，东洲免祸。为报其恩，赠“急公卫里”匾，立长生禄位，勒石以记:“控平私抽，海疆被泽，遗爱不忘，名登金石。”

胡仙寻祖 清道光年间，胡母怀孕时，被惠来海贼据为老婆。胡及长，拜名师，学道术。弱冠道行高深。遵母嘱寻祖。初误寻至东洲坑。后按其母“大升叠小升，菜屿叠龟龄，独石对马宫，赤菇岩岩是户伞，太阳倒落滴水亭”之话，终寻至东坑认祖。

会魁楼上梁 清同治六年（1867 年）十月某吉日午时，文祠的会魁楼准备上梁。时在圩市卖草的胡仙见后，叹道：“有人戴乌帽过时，不上；有人骑马过时，又不上；现在上，何用？”老大与睇日先生听后，反问胡仙。胡仙道：“刚才那个扛鼎的就是戴乌帽，那个扛木工椅的就是骑马！大官骑马经过之时，却未上梁！现在上梁，魁星已离开了。”老大与睇日先生听后，知胡仙是高人，就请问补救之法。胡仙道：“要在黎明洞魁星石上糊魁星头像，对准会魁楼圆窗；还要在北门外建‘催官爷宫’。另外，捷胜自得道庵降龙，过白虎边，乾龙过脉，受午方曜煞冲伤，建议在城西另建文祠，配祀医龙爷。如此，魁星可拦回。”然因上梁错过时辰，捷胜连续三年未有人登科，至第四年才有人中试。

四大天地 清末，捷胜有个衙门大佬，极贪。离任时，朝廷派人来听政，召集文人乡绅座谈。当时，有个文人送匾，上书“四大天地”4 字。听证官不解其义。文人道：“当初，听说大佬来上任，百姓‘欢天喜地’；大佬到任后‘花天酒地’；办起事来又‘昏天暗地’；今日要离开了，百姓要‘谢天谢地’。”

傲慢的衙门大佬 清代，有个官员到捷胜衙门上任，恃才高傲，招人讨厌。当时，有几个文人商讨一计，用“钓蛤卖钱”之过程，写成状词，告到衙门。状词为：“被告人姓株名竹，将伊小弟弄到馋牙灿齿，五爪擒起，掠到竹丝篮里，将他捆缚游街。遇着孔方兄聚财作胆，掠回家中，一刀宰杀，皮毛无留。姜夫人并同酸醋，三六口对衙（牙）门经过，含冤极惨！请大老爷雪冤！”大佬不懂其义，问原告。原告笑道：“老爷，这是一宗‘蛤案’。姓株名竹，是指钓蛤杆，青蛙被人钓起后，张牙裂齿，五爪欲擒，虽有一肚气，但还是被掠入竹丝篮中，上街叫卖。遇着要买之人，又被掠回家中宰杀，再佐以姜、醋等配料，在鼎中炒熟，一下子，在人们牙门经过，消失得无影无踪！老爷，您说它是不是很冤？”大佬听后，才知是在讽刺自己，忍气退堂。

佛爷治疴痨 民国三十二年(1943年)农历七月廿四日，捷胜疴痨(霍乱)肆虐，得病者熬不过3日，日有10多人死去，极恐！乃寄望于神明。一夜，地藏王（佛爷）托梦于老大，嘱于城东南建佛爷宫，疴痨即去。翌日，风水先生寻龙至石头村天太后宫后，见龙行至此结穴，即跪地当天问杯，佛爷显灵赐准，宫成。入伙前，捷胜全城禁屠10日。理事会到陆丰西来岩请来佛爷，开光入伙。翌日，瓢泼西北雨，晦气涤尽，瘟疫既消，病者皆愈。

龟龄岛山羊 相传山羊为妈祖养，繁殖不过百只，人皆未敢捕杀。旧时有商船泊此，偷了山羊，无法离岛。船老大归还山羊，跪求请恕乃成。又，每年农历三月廿三日妈祖诞辰演戏祭礼时，祭礼者祈于庙前，即有一山羊就缚宰杀为祭品，无须追捕。

贴某贴眠床 清末民初，陈公露年三十，因贫未娶妻。某日赶圩，有商户叶好古，女方十六，天姿国色。好古有识人之能，请公露为婿。公露道:“我年三十，与您女儿相差太大！”好古道:“无妨，老安（丈夫）惜细某（老婆）！”公露道:“我家太穷，眠床都没！”“无妨，我贴(送）某贴眠床！”公露遂婚，后经商致富。“贴某贴眠床”，遂成佳话。

冤家宜解不宜结 清末民初，汕尾东西社械斗激烈。陈公露常责铳榧，规劝行善，被打。半年后，捷胜元宵扮景，汕尾二铳榧来看热闹，歇于公露店门口。遇公露，面无人色，欲遁。公露热情款待留宿。翌日，各赠礼物，送渡口坐船返汕尾。公露儿子不解。公露道:“他们是堂兄弟，曾打我，算了，冤家宜解不宜结！”二铳榧爷爷得悉后道:“公露非常人也！我们家要好好感谢他！”翌日，访公露，二铳榧拜其为谊父(干爹)，二家交好至今。

“戏雕刀”刀下留情 民国三十五年（1946年)，白字戏新荣喜班于捷胜城隍庙演《三破幽州》，本来，“金花打猎”场应奏【召昌】牌子，可年仅十六岁的司鼓胡礼文，错打起【滴流子】鼓介。吹唢呐的老艺人吴覃青察觉，马上奏【召昌】纠正。此漏洞，为戏雕刀刘万荣识破，他捡石对胡礼文欲抛又放下。翌日，万荣于茶楼遇胡礼文:“小弟，你今年多少岁？”礼文道:“十六。”万荣道:“了不起，了不起，今后可要向覃青师傅多多学习，切莫再把【召昌】错打成【滴流子】啊！”礼文闻言，冷汗直出，恭立致谢。

池丑“问路”免问 池丑（正字戏丑角徐池）随白字戏班来捷胜城隍庙演戏，扮《梁山伯与祝英台》书童四九。其时，山伯带书童四九到祝家庄访英台，一出场，叫“阿童行先”，阿童走不出路来。山伯教他问路，他望见远处有个老人，大声问:“老伯，祝家庄走哪条路？”老伯（不出场的人物）在内棚道:“过一沟，跳一隙，行过去，有个尖山岭，尖山岭行过去，有个田廊仔，田廊仔行过去，还有一条坑沟仔，坑沟仔行过去，还有一丛黄丝竹仔，黄丝竹仔行过去，还有一株橄榄树，橄榄树行过去，还有个照壁仔，画只水牛牯……”诙谐生动，极饶风趣，故捷胜人经常点演池丑“问路”。一晚又一晚，至第三个晚上，还是要他演，池丑敢怒不敢言，强憋一肚子气。一出场，听山伯叫道:“阿童行先”，但池丑却爱理不理地道:“阿官随我来。”并气咻咻地直往祝家庄跑。山伯看出了岔子，连忙救场插问:“阿童咋不问路？”池丑不紧不慢，摇摇头道:“阿官，你放心！俺来熟了，今晚免问啰！”初生牛犊不怕虎，这简直是欺台，是要受罪的，尤其是捷胜的戏雕刀们，更饶不得他这样放肆！然而，观众看了，听了，却爆发出一连串掌声，大加喝彩！大家认为这个小丑有心窍，日后必成大器。从此，池丑“问路”免问，遂成佳话，传遍海陆丰。

五、城歌

城歌城咦咦，爱到[①]城歌坐两边；
一千八百跟你到，到你一群昌仔儿[②]。
城歌城唉唉，爱到城歌坐两排；
一千八百跟你到，到你一群昌仔崽。

①爱到：要对。②㫜仔儿：女孩子。

东边一点红，俺兄割草养牛犢[1]。
牛犢养大真好使，俺妹养大嫁别郎。
东边一点青，俺兄割草养牛咩。
牛咩[2]养大真好使，俺妹养大嫁别家。

①牛犢：小公牛。②牛咩：小母牛。

大嫂刣鱼二嫂煎，姑仔行过嫌臭烟[1]。
姑你后日做人嫂，胶地[2]刣鱼胶地煎。
俺爹有钱喝双囡，一囡刣鱼一囡煎。
大嫂刣鱼二嫂科[3]，姑仔行过嫌臭初[4]。
姑你后日做人嫂，胶地刣鱼胶地科。
俺爹有钱喝[5]双囡，一囡刣鱼一囡科。

①臭烟：臭味。 ②胶地：自个。③科：煮。④臭初：腥味。⑤喝：买。

一只鸡仔箍[1]啊箍，箍到大路等大姑。
大姑行路我会识，花花裙带结葫芦。
一只鸡仔啼啊啼，啼到大路等大姨。
大姨行路我会识，花花裙带结彩旗。

①箍：呼声。

一支竹子镖[1]落河，共[2]娘讨水娘应“无”。
俺是喉干来讨水，唔是[3]专挑来睇娘。
一支竹子镖落潭，共娘讨水娘唔甘[4]。
俺是喉干来讨水，唔是专挑[5]来睇人！

①镖：投。②共：跟、同。③唔是：不是。④唔甘：不甘愿、舍不得。⑤专挑：特意挑。

蕹菜[①]开花白抛抛，阮兄种花着[②]井头。
人人行过唔敢摘，阮妹行过拗[③]双苞[④]。
蕹菜开花白披披，阮兄种花着井边。
人人行过唔敢摘，阮妹行过拗双枝。

①蕹菜：空心菜。②着：在。③拗：折。④双苞：并蒂花。

新拍[①]薄刀[②]解细葱，心想爱嫁秀才郎。
白衫白白替君洗，乌衫乌乌替君逢。
新拍薄刀解细姜，心想爱做秀才娘。
白衫白白替君洗，乌衫乌乌替君浆。

①拍：打。②薄刀：菜刀。

头帆扯起高映映，二帆扯起船爱[①]行。
大船细船行到了[②]，放掉小妹无心情。
头帆扯起高荷荷，二帆扯起船爱疏。
大船细船行到了，放掉小妹无奈何！

①爱：要。②了：尽。

海水一片绿苍苍，眺望湾外三领帆。
眺望湾外六片桨，阿妹睇着心头松。
海水一片白微微，眺望湾外三枝桅。
眺望湾外六片桨，阿妹睇着心花开。

阿妹唱歌声娇娇，花针刺目睇唔匀[①]。
花针藏着花篮底，有针无线真难搜。
阿妹唱歌声轻轻，花针刺目睇唔真。
花针藏着花篮底，有针无线真难寻。

①睇唔匀：看不清。

清水清幽幽，阿兄踏岭妹踏舟。
着山像是比翼鸟，着水像是双鲤泅。
清水清哩哩，阿兄种田妹掠鱼。
着山像是双飞鸟，着水像是比目鱼。

六、谚语

恶过妲己：《封神演义》中的妲己为人险恶，为比喻义。

棚顶一霎时，棚下练一世：与“台上三分钟，台下百日功”同义。棚顶，捷胜方言中意为舞台上。

沉暗狗仔咬死人：阴险之人不大声说话，但会害人，为比喻义。沉暗狗，不大声叫的狗。

一日掠鱼，三日曝网：形容懒惰或做事缺乏恒心，时断时续。

十年水流东，十年水流西：比喻义，意为随时间的推移，人的命运会朝相反方向变化。

人无二世再少年，唔比春草年年生：青春时光十分宝贵，一去不复返。劝喻青年人要珍惜好年华。

人情好，吃水甜：人情好，即使待客简单，彼此间也会感到很愉快。

入门三不掀：指到别人家做客的禁忌。三不掀，即不掀饭锅，不掀蚊帐，不掀挂橱（放碗、食物的柜）。

三日西南风，必有大雨冲：西南风连刮三天，兆示有大雨。

六月无闲，家神牌请出来：形容六月农忙，家里无人看门，只好请出家神牌（祖先牌位）看门。

官字双个口，人字双脚走：形容当官的随便说话，而老百姓为此跑断腿。

三日无雨火烧埔，一日大雨船上路：三天不下雨，捷琅埔炙热无比，犹如火烤。若大雨下一整天，因河渠不畅，船只则会随水漂行于路上。

一年咸水上，三年免眺想：意为田园若被海水浸透，则三年内会失收，甚至不能耕种。

无食五月节粽，破棉袄唔放：意谓五月端午节未过，天气仍会寒冷。

春分秋分，日夜平分：意谓逢“春分”“秋分”这两个节气时，白天与黑夜的时间一样长。

早雨早晴，暗雨连夜：意为早晨下雨不会太久，天气可望早晴；若傍晚下雨，则可能会通宵达旦。

早日不成天：久雨天气，早晨虽有太阳，但有可能还要下雨。

六月一雷压九台，台风跟雷来：六月天气恶劣，如有响雷恐怕要发生台风。台风发生后响雷，则预示台风已消失。

正月寒死牛，二月寒死马，三月寒死浪荡假：浪荡假，指自以为身体很强壮而少穿衣服的人。形容正月、二月、三月天气寒冷。

初一十五当午可：每月初一、十五日正午开始退潮。可，为“退潮”义。

廿一廿二当午𣶏：每月廿一、廿二中午满潮。

三、六、九饶：三月、六月、九月是饶仔鱼（公鱼类）的旺发期。

正月虾姑、二月九再、三月咸蚬：正月、二月、三月为虾姑、九再、咸蚬三种甲壳类怀卵成熟期，体内有膏，肉味肥美。

好退唔退，好钻唔钻：鲳鱼体如棱形，上刺网后老往前挤，结果越挤越被缚得紧，故说它“好退唔退”。马鲛鱼体为侧扁圆锤形，上刺网后往后退缩，结果胸鳍被挂住无法脱身，故说它“好钻唔钻”。

官令军令不如船令：海上作业必须密切配合，对组织性、纪律性要求甚高，船员一定要服从指挥。

讨海无三声喊：海上航行和渔捞作业常有危险隐伏，各种操作行动都要快捷，才能预防万一。三声喊，形容动作迅速，船长下达命令不超过三声。

行船开铺，不离半步：提早出海，有充裕时间选择渔场，有利于生产。

大寒正二月：正二月气温最低，加上冷空气南下形成阴雨天气，所以会感到比冬天的气候更寒冷。

大寒小寒，无风自己寒：大寒小寒已处于隆冬季节，虽无刮风天气但亦寒冷。

早透一，晚透七，半夜透风唔过日：冬天的北风，在早晨发生的吹一天即会减弱，在中午前后发生的要一连刮几天，在半夜发生的则刮不了一天就减弱。

避风头，追风尾：大风（台风或强风）来临之际，其势迅猛，渔船必须迅速返港防范，以避其锐；大风一过，则必须抓紧有利时机，及早出海抢收渔汛，夺取高产。这是中华人民共和国成立以来渔民在生产实践中所采取的一条既安全又能夺取高产的有效措施。

东闪西闪，唔当南肚一下闪：夏天时，东、西方纵有闪电也没有雨下，而南方有闪电则有雷阵雨。

第五节　艺术

一、戏剧

明清以来，海陆丰有三处大棚脚，即碣石玄山、汕尾凤山、捷胜后山，时人称为“三山”。相传当时的演员需有“过三山”的经验，方可加入大班。捷胜作为海陆丰大棚脚之一，每年演戏达200多台，正字戏、白字戏、西秦戏及潮剧，均在捷胜频繁演出，时捷胜看戏、评戏成风。捷胜人亦善于演戏，名伶辈出。

捷胜每逢节庆神诞，演戏庆贺较为隆重。小神庙多演白字戏、西秦戏；而大宫庙多演正字戏，若多棚演出，则间以白字戏。如北门外帝爷、九王爷及城隍庙等大神庙就以演正字戏为主。这主要是因为“正字讲究、西秦散溜、白字幼秀”。特别是城隍庙，每逢农历正月初四及八月中秋（8月14日至10月底），皆以演正字戏为主。明清至民国期间，捷胜城36社均要标戏1本，并加摆席。据考，城隍庙演戏有一个规矩：如正月初四公落天演落马戏时，若未请到外地正字戏班，捷胜本地的正字戏演员即会被召集，组成戏班，先演三本（1晚1本）。第一本演渔家乐（约1小时），属上寿戏；第二本演应日戏；第三本演完台戏。另如八月中秋演戏，至10月底最后1本完台戏，则规定看戏人要买甘蔗回家（数量不论），头尾不准削掉，看完戏后回家方可食用，其寓意为一年四季平平安安，有头有尾。此习俗至中华人民共和国成立后已不存在。

捷胜是正字戏、西秦戏、白字戏三大稀有剧种发祥地之一，历来对演戏甚为重视。明嘉靖年间，捷胜即建有戏馆（位于七曲巷蜘蛛石边），以备外来各戏班居住。中华人民共和国成立前后，捷胜本地的正字戏、西秦戏及白字戏剧团，均先后解散。但捷胜人善演戏、看戏、评戏的本领及风尚，却于海陆丰地区盛传不绝。

（一）正字戏

捷胜是海陆丰正字戏的主要发源地。明嘉靖《碣石卫志·民俗》（卷五）载："洪武年间，卫所戍兵军曹万有余人，均籍皖赣，既不懂我家乡话，当亦不谙我乡音；吾邑虽有白字之乡戏，亦未能引其聚观。卫所戍兵散荡饮酒聚赌博弈，时有肇斗殴打之祸；军曹总官有见及此，乃先后数抵弋阳、泉州、温州等地，聘来正音戏班，至此每演之际，戍兵蜂拥蚁集。闻正音戏初来时，邑人观者仅士子文人，近则凡平民之辈亦乐观焉。世宗以来，邑人有白字戏童伶年稍长者，复到正音戏班学戏，其数逐年增多，可凑集为本邑正音戏班矣。"由此可见，正字戏于明朝初年（1380 年）已在海丰、捷胜等地播下戏种。迨至清代、民国，正字戏均为官僚士大夫所喜爱。

正字戏源于吴越戏曲，声腔清柔、婉转，唱词以宋词为主，曲词很讲究。曲调分四种：一为宫马，用横品、笛子对曲谱演奏，与昆曲同宗；二为大板曲；三为小调，用小锣鼓；四为大吹宫马，用大锣鼓，对牌只唱曲，与宫马不同。四种曲调皆用翘板起，与西秦、白字不同。还有红面、乌面、白面、丑、武儿（武生）、白扇、公、老生、帅主、乌衫、花旦、婆 12 个行当。20 世纪 40 年代，捷胜何娘安创办新永丰正字戏剧团，中华人民共和国成立初期解散。至 20 世纪 80 年代，捷胜又创办 2 个正字戏剧团。一为捷兴社刘锦泰创办（后为刘桃接手），于 20 世纪 90 年代解散；一为刘万森于 1981 年创办的新丰正字戏剧团，后转为海丰县民间职业剧团，旋又转为海丰县正字戏剧团，曾于香港、福建及粤东一带演出，甚有好评，1997 年，该剧团亦解散。

1985 年，海丰县文化局鉴于正字戏传统伴奏音乐濒临失传，经广东省文化厅支持，组织刘采等进行抢救。从大唢呐吹打牌子到小唢呐昆曲牌子乃至笛套，共录制音带 7 盒 14 面，存藏于广东省文化厅艺术档案室，成为研究正字戏的第一手资料。

捷胜正字戏名伶有张细抱、林友平、刘妈倩、赖佛良、刘采、何娘安、刘泰、刘富、亚树、赖益、刘暖、吴平、癸丑、何娘顺、范（杨）茂麟、陈顺、陈邦吉、陈寿、黄慎、四霞、刘古、刘继顺、邝盛、张祖成、叶溜、度净、娘潭、刘锦泰、刘娘静、刘铁、林槐、蔡永兰、刘万森等。

（二）白字戏

白字戏称为“海陆丰白字”，又称“南下白字”，是用广东海丰、陆丰方言演唱的地方剧种，它原为宋元南戏的一种。元末明初从闽南流入海陆丰等粤东地区，后来吸纳竹马、钱鼓、渔歌和潮剧音乐等民间艺术，改用当地方言演唱，逐步形成了自己的风格特点。白字戏在行当上，与正字戏相同。故事多取材于爱情生活、婚姻家庭问题，与传奇南戏路子相同。文戏用合同脚，武戏则聘请大戏脚，本戏班合同脚多为配角。

自明洪武初年以来，白字戏在捷胜就有演出活动，而且经常与正字戏同台演出。以前捷胜每逢节日神诞，几班戏在一起演出时，正字戏居正棚，白字戏居偏棚。还有一种“半夜反”，即上半夜演正字，下半夜演白字。有所谓“正字母生白字仔”的戏谚。白字戏的开台戏《净棚》《八仙拜寿》《仙姬送子》《跳加官》等，仍以正音演出。这和早期正字白字合班，不无关系。白字戏有“哩”调，有“哩”拉腔。

清代年间，捷胜刘万霞创办白字戏班，有合同脚几十人，后该戏班由其子刘双承办。至民国初年解散。20 世纪 70 年代初，五一大队创办白字戏剧团，70 年代末解散；随后，西村亦创办元丰白字戏剧团，几个月后亦解散；而捷胜公社工交属下的业余白字戏剧团，则影响较大，时在粤东一带均有演出活动。迨至 20 世纪 80 年代，转为个人（先后有蔡茂、刘明、周富淑）承包。不久亦解散。1982 年后，全镇建有群艺（刘明）、新永丰（何群）、捷顺（黄淑芬）、新荣（陈宝荣）4 个业余白字剧团。1985 年，各戏班解散。至 2017 年，全镇在区文化局注册登记并经常演出的戏班有军船头村的新梅盛白字剧团（黄坤宇）、大流村的城区新艺白字剧团（吴墙）、捷丰正字剧团（刘砣）。捷胜白字戏名伶有刘娘青、何循禧、赖一心等。

(三) 西秦戏

明代已有西秦戏。至清代，捷胜西秦戏剧团演出活动极频繁，惜其资料难考，只知清代年间捷胜有一个西秦戏剧团，团长姓周，剧团多为合同脚，至清末即解散。迨至民国，才有关于西秦戏之少许记载。民国三年（1914年），西秦“华天乐”戏班（班主是捷胜人梁世居）招收“合同脚”30多人，在捷胜城外油车间培训，由老生罗益才执教，造就了老生曾月初、文生罗宗满、武生林泳和黄杰、红面陈夸、丑角何念砂和刘宣、花旦黄发、正旦荣华、老旦曾炮等一批名角，中华人民共和国成立后皆成为有贡献的传班带老艺人。“华天乐”西秦剧团设有乌面、红面、丑、武儿（武生）、公、老生、婆、花旦、蓝衫9个行当，该剧团是海丰最早科班之一，后成为海丰西秦剧团发展的底班。捷胜西秦戏名伶有罗益才、罗宗满、罗淑娇、卓衍、何念砂、亚荣、林泳、蔡栗、严福等。

(四) 潮剧

潮剧，又称潮州戏、潮音戏、潮州白字戏，在明代又称为潮腔、潮调（因用潮州方言演唱），它是元明南戏之一种，形成于广东东部、福建南部，流行于中国粤东、闽南、香港、台湾及东南亚等地，是古老地方剧种之一，也是与明代海盐、余姚、弋阳、昆山4大声腔同时流行的又一地方声腔，其音乐唱腔是以曲牌连缀为主的联曲体和板腔制为综合体制，至今犹保留一唱三和、二三人同唱一段和合唱曲尾的帮腔形式。声腔以轻婉见长，曼声折转、清丽悠扬。伴乐的曲牌弦诗保留了许多弦乐诗，又吸收了民间大量锣鼓乐、笛套锣鼓乐、庙堂音乐及民歌小调等。演奏力求工整细致，而唢呐曲、弦诗曲的舞台配音，对人物起衬托作用。潮剧自流入捷胜，逐渐为群众所喜爱。民国年间，捷胜镇曾创办几个业余潮音剧团。但因后来古装戏受排斥，于20世纪60年代解散。

二、曲艺

曲班演唱 属流动形式的定唱班，有正字曲班（北门外）、西秦曲班

(西门外、西门头)、白字曲班及潮曲班四种。唱的都是戏曲剧目，有唱白、乐器伴奏。唱腔和乐器皆同于戏曲，有比戏曲较不完全的公、生、旦、净等行当搭配（以生、旦为主）。正字曲班、西秦曲班、白字曲班和潮曲班都是童音（男唱男角，女唱女角），乐器伴奏为成年人。白字曲是本地方言小戏，比较大众化，易学得，故而白字曲班发展较快，盛行时达 10 多班。曲班教练主要在夜间进行。正式活动主要是在“走正”——年初一至元宵节的 10 多天。中华人民共和国成立后，曲班发展为业余剧团。为了配合土改及清匪反霸运动，演出新剧《赤叶河》，催动了当时运动的进展。至 20 世纪 80 年代，全镇各种业余剧团达 10 多个。业余剧团在服务政治、生产和活跃群众文化生活上起到积极作用。

八音班 是以 8 个人持 8 种乐器（“钹仔”“云锣”“对品”“小吹”“三弦”“秦琴”“椰胡”“提胡”等）组成的演奏小乐队。有管乐器、弦乐器和打击乐器配乐，演奏曲调大多有典型的地方特色。其节奏明快，声调柔缓婉转、清韵，有时则亢奋激越，深为广大群众喜闻乐听。乐曲（俗称“弦诗”）系地方乐曲和融化了的潮州音乐。这种乐队大都是由十几个音乐爱好者组成的“娱乐班”。

师公乐 亦称“鼓首诗”，是民间举行丧事祭奠仪式时，为去世之人吹奏的一种乐曲，曲调婉转悲哀，催人泪下。现捷胜师公鼓班有沈厝坛（俗称“师公巷”）3 班、刘巷 1 班、西门外 1 班、黄厝坛（名曰金印）1 班。

虎狮诗 “舞虎狮”是春节期间民间艺术活动的重要项目之一。清代开始，捷胜各武馆均设有舞虎狮班子，在进行舞狮表演时，配以套拳、棍、刀、尖串、铁尺、盾牌等武术表演，同时，还配以大锣、大鼓和唢呐等伴奏，锣声喧天，鼓声动地。其激昂的乐曲，就是民间所称的“虎狮诗”。它是一种民间曲艺，既有鲜明的民族风格，又有突出的地方特色。每逢过大年，格塘、马鞍山、军船头、埔尾、大流等村仍有出虎狮。这种季节性的民间团体，本镇有几十个。

三、游艺

高技景 又称“高景”，清初民国时期有“梅陇灯、捷胜景”之美称，是捷胜传统庙会节目。其制作过程是用木板等料制成一个2米见方的台架，台架上面又用铁管和钢筋制成约3米长的主体骨架，套在表演者背上，或者让其坐在骨架上。表演者一般为几个男女儿童，按剧情化装成各种人物，比方《青氏白氏盗仙草》，表演者有2人，1人化装成白氏，1人化装成青氏，分别安排在台板骨架上端。高技景历来靠人抬着前进，抬景要用12个身材高大、年轻力壮的人。现在已改用在台架下面安装轮子，由人推之，徐徐前进。高技景的主要特点是：高、险、巧。其表演通常在农历正月二十日游神赛会和七月半祭幽之时。表演时，危险性较大，有不少禁忌。出景前，社头老大要祭拜三山国王，祈求出景时辰及表演者的平安。

1989年2月25日（正月二十日），捷胜镇与区文化局联合举行建区首届民间艺术节，捷胜化装艺术队伍共有1 200多人，表演的民间艺术阵容有大锣鼓队、花舞队、珍禽异鸟队，常规节目有高景八音、《白娘子偷仙草》、《吕洞宾嬉嫦娥》等；地景艺术造型有《七品芝麻官》《西游记——孙悟空降妖》《八仙八骑》和4城门的龙（南门）、虎（北门）、狮（西门）、象（东门）等。

扛大纛 大纛即大旗，用绸布做成，长约5尺，宽2尺有余。纛上端缝有串洞能通过竹竿，下端缝上彩色带，纛面上缝有“国泰民安”“五谷丰登”“丰衣足食”等字样。大纛一般8—10面，每面大纛配以2个表演者，前头扛大纛的是少女，后面扶纛的是少妇。一般扛大纛的少女，均为社头美女，而扛第一面大纛的又是大纛队中最漂亮的人。扛大纛的姑娘均要化装成花旦，扛纛时，竹竿放在右肩，右手顺竿托按竹竿尾，左手手心向外搓腰；扶纛者则用右手扶着，在大锣鼓伴奏下，徐徐前进。

走高跷 俗称“柴脚景”，捷胜传统娱乐节目。高跷用木两根，上支木托而成。表演者将两腿分别绑在其上，一人或数人来往逗舞，用秧歌舞步表演，用锣鼓唢呐等伴奏。表演者 20—40 人不等，按剧情化装成各种人物，如《水浒传》中的武松、鲁智深、李逵、燕青、卢俊义、吴用等，以及《西游记》中的唐僧、孙悟空、猪八戒、沙僧等。

挑花篮 用细竹片制作花篮子，用各种色纸做成花朵，用竹片做成扁担。表演者一般为 10 岁左右的男女儿童，人数 10—20 人不等，均用偶数。男童为武生打扮，女童化装成小丫鬟。表演时，跟着扛大旗和大锣鼓一起行进，一般走在扛大旗前面。表演者挑着花篮，扁担一颤一颤，很有趣风。由于表演者年纪小，表演时要走一段很长的路程，故表演挑花篮的社头，要组织女家长或专门人员护行。

四、舞蹈

走五方 俗称“穿五斗”，相传是周代道家祭祀仪式，在明洪武年间传入捷胜，为道家法师于每年七月祭孤魂及丧事时做大型功德（俗称做斋），祭祀神灵的舞蹈活动。表演“走五方”时，把场地划分为金、木、水、火、土，即中方、东方、西方、南方和北方 5 个方位。每个方位各设祭桌，桌上置椅，椅上置米斗，米斗中放剪刀、尺、米、镜等；桌上还摆有其他供品。西公围绕桌子表演不同动作，变换各种图形，配以唢呐、打击乐，气氛颇为热烈。表演以 5 人为主，有时 7—9 人不等。表演程式有单蝴蝶、双蝴蝶、脱甲、铁索股、梅花、破头支及三脚凳等。中华人民共和国成立后，因其属迷信活动被禁止。20 世纪 80 年代后，又逐渐盛行。

其他舞蹈 中华人民共和国成立前，解放区文艺已在捷胜各小学生根开花，各小学师生开展学习北方秧歌舞活动。中华人民共和国成立初期，群众性舞蹈活动蓬勃开展起来，各机关、学校均学习北方秧歌舞、腰鼓舞、花棍舞，并在传统节日和重大节庆演出。20 世纪 50 年代末至 60 年代初，机关、学校开展以青年为主体的交谊舞活动。1960 年由公社党委委员黎宠作词，分剧团团长何循禧配曲并导演，捷胜中学学生主演的《养猪舞》获得海丰县文艺调演一等奖。20 世纪 80 年代后期，随着舞厅的设立，以青年为主体的交谊舞活动被推上高潮，探戈、迪斯科等舞蹈风行，且逐步普及。

第六节　工艺美术

一、概况

南宋末至清代，中原文化及工艺美术传入捷胜。至民国，古建筑工艺水平有了提高，各种传统手工艺亦有发展，如木雕、石雕、泥塑、陶瓷、书画、彩绘等，共同构成捷胜古城文化的内容和特色。而当地民俗活动，亦为传统手工艺提供丰富的创作题材和表现形式，如纸扎、戏剧、书画、木雕、泥雕等，均寄寓人民的美好愿望，具有地方文化色彩。中华人民共和国成立后，工艺美术有了新的发展。1972 年，五爱贝雕工艺品于广交会展出，产品畅销国外。西村贝雕厂产品小巧玲珑，畅销全国各地。此外，泥塑也是海陆丰传统工艺的典型代表。2012 年，泥塑被列入省级非物质文化遗产名录。捷胜工艺美术，体现了捷胜本土的独特人文精神，是海陆丰文化的重要组成部分。

二、传统建筑

捷胜传统民居样式很多，多用生动形象的名称来命名，如“四点金”“下山虎”“驷马拖车”“竹竿厝”“四厅相向行偏门”等。很多传统民居保留了民间建筑的“营造法式”，还包括“压白尺法”和“丈杆法”等传统设计口诀、程式，虽都沿用传统的文化模式，但万变不离其宗。民居的屋脊墙头沿用“金、木、水、火、土”，其山墙高出屋面，在墙尖下垂带部位，做成层层跌落的线条，以变化的轮廓线，取得装饰的艺术效果；墙头部分，做成“金、木、水、火、土”五行方式，依照五行相生相克的学说，水压火是五行相克论，金生水、水克火是五行相生又相克论，其目的和意图都是为了压火防火。古代建筑因是木结构营造，最怕火灾，所以古代采用压邪这种期望吉祥平安的心理及手法，可见天地观念对民居建筑的深刻影响。另外，捷胜沿海盛产贝灰，以贝灰为主体原料的“三合土”版筑墙体，墙上抹灰泥，用磨石磨平后，晶莹如玉，墙体历一二百年而不坏，是捷胜悠久优秀文化的见证。现存较具典型性、艺术性的古建筑有凝波寺、得道庵、黄百万故居、何氏宗祠、蔡氏宗祠、赖氏家塾等。随着时代的发展变化，人们经济生活水平不断提高和改善，居住环境也相应出现变化。捷胜很多古民居的布局、样式等被改建，失去了本来面貌，甚至有些具有建筑历史研究价值的古建筑群也被人为拆毁或破坏。

清代以来，建筑业是捷胜的重要工业。民国时期，“建筑之乡”埔尾村出现了一批著名古建筑师，其中较有代表性的如罗家珍、廖古吉、廖大林、刘娘喜、罗壹、罗育、冯汤等。中华人民共和国成立后，又出现了一批较优秀的古建筑民间艺人，如罗乃火、何德冒、黄必当、罗浩、冯骈、陈汤、陈家利、赖同、冯枪、陈忠等。在这些建筑师的带动下，捷胜从事建筑的工人逐渐增多。对建筑工人，雇主一般以工日计酬付薪；学徒工薪，一般由师傅抽成。

中华人民共和国成立后，政府对建筑业实行管理。1953 年，埔尾村组织集体建筑队，队长为张义，副队长为冯枪，建筑工人有 140 多名，设 10 个施工组，下设若干个施工小组，承建海丰县施仔山营房、捷胜雨伞亭老鱼市场及捷胜青堤澳营房等工程。1958 年，人民公社化开始，建筑队在业务上受海丰县建筑调配处领导。期间，该队活跃于海丰、平海、惠阳等地，主要承建军队营房、粮仓、办公大楼等。1975 年，转为建造厂房、学校等。后来，建筑队有些队员外出独立承包工程，人员减至 90 多人。1978 年，建筑队归为社办企业，业务上受海丰县建筑管理站领导，行政上隶于捷胜公社。1980 年，体制改革后，建筑队隶属海丰县第四建筑公司，并纳入乡镇企业，经济上成为独立核算单位。1984 年至 1986 年，建筑队实行财政包干，每年上缴镇政府一定的管理费。

1988 年，建筑队从海丰县第四建筑公司析出，改隶汕尾市城区第二建筑公司。随着汕尾建市及经济的发展，建筑队固定人员发展到160多人。1991年，建筑队在汕尾市区通港路海珍酒家斜对面成立建安公司。公司书记为刘赠，经理为黄利溢（均为镇府派出）。1992年后，书记改由彭界担任，经理先后由梁祖荫、罗志担任。公司除临时工外，设有施工员、质检员、预结算人员、初级技术员、中级技术员（助工）及高级技术员（工程师）等，还配有相当数量的设备。期间，公司建筑人员增多，有30多个施工队，每队约200人，业务范围扩展到平山、淡水、龙岗、深圳及韶关一带。近年来，随着建筑形势的发展，建筑业因管理体制不完善，发展前景日渐式微。

三、泥塑

泥塑，也称“彩塑”,中国民间流行的一种传统雕塑工艺。它是在黏土里掺入少许棉花纤维，捣匀后，制成各种人物、鸟兽、虫鱼等泥坯，晾干后，施以彩绘，即为泥塑工艺品，历来是海陆丰传统泥塑工艺的典型代表。

捷胜泥塑可上溯至6000年前的新石器时代。沙坑文化遗址曾出土泥塑，如陶碗、陶罐、瓦片等，展示了中国南方史前文明和捷胜泥塑的悠久历史、高超工艺和独特风格。至宋元及明清时期，大量中原居民的迁入，使捷胜远古文化和中原文化产生碰撞磨合，逐渐形成独具海洋特色的多元文化，促进了泥塑艺术内容、形制的逐步形成，对工艺的要求更精细，定料更严格。创作手法上，它以简朴、夸张、传神为特征，融雕、塑、捏、贴、刻、印、彩等手法于一体，制作出大量形象生动且具有乡土文化气息的传统工艺品。

捷胜泥塑工艺有两大类，一为神佛造像；一为花鸟虫鱼、人物景观（俗称土公仔）。神佛造像形制较大，工艺要求高，按传统造像，要求制作成形，以五彩加金或纯贴金进行装饰，具有鲜艳明快、神态逼真、富丽堂皇的视觉效果。这类泥塑多见于道观、庵寺中；小型泥塑的内容，以戏剧人物、神话人物、戏剧脸谱及各种飞禽走兽、吉祥品等为主，形体较小，品种多样，造型简练、夸张、明快、流畅。这类泥塑工艺品，通常用模子印制或现场捏制，经自然风干后，进行渲染、配色，色彩以红、黄、绿、蓝等为主，互为映衬，成为百姓家中的陈列品和儿童喜欢的玩具。

改革开放后，民间文化和艺术得到政府的高度重视，粤东地区各庵寺、庙观得到修复，泥塑造像热潮随之兴起，各种神佛造像更具艺术内涵和独特风格。此类艺人中，较突出者为周仲富，代表作有汕尾凤山祖庙天后阁“妈祖塑像”及 50 多尊泥塑像、海丰县城隍庙 30 多尊塑像、汕尾“关帝庙”泥塑群像等。

2012 年，捷胜泥塑经广东省人民政府批准，确定为省级第 4 批非物质文化遗产。泥塑新秀有周贵舟、陈民、黄生利、石泽泰、赖原正、周贵彤等。

四、贝雕

捷胜盛产扇贝、红蛋、文蛤、角螺、苦螺、青匙、南丰螺等贝壳，品种繁多，形状各异。捷胜人善于利用贝壳粘制各种工艺品，变废为宝。1971 年，杜国在五爱村创办贝雕工艺厂，有工人 80 名。1972 年，五爱贝雕工艺厂首批工艺品，在广交会受外商青睐。1984 年，西村创办贝雕工艺厂，有工人 50 多名。捷胜贝雕种类有花草、鸟类、禽类、条幅等。

五、木雕

木雕属捷胜民间传统工艺，历史悠久。明清以来，名师辈出。木雕工艺重在追求造型及神态，如仕女温柔秀气的神韵、文职端庄威严的神态、武职威武肃穆的英姿，俱在形态、线条的刻画中展现，讲究棱角鲜明，突显五官神态、衣褶，线条严谨细致，极具美感。其选材也十分严格，需用优质的樟木材料、木根。根据材料大小及形状，由师傅设计，指点徒弟雕刻模像及上漆。师傅以五彩色配画，使其惟妙惟肖，栩栩如生。一般一个师傅带若干个徒弟。民国期间，捷胜木雕技艺较高者有何乃梅、陈双喜。现在，传承艺人有赖原荣、黎志强。

六、纸扎

纸扎属捷胜传统美术工艺。纸扎制品有两大类，一为娱乐活动用的；一为祭神活动用的。娱乐活动用的纸扎，如狮灯、活灯、壁灯、孔明灯、男孙灯等，都是用竹缚成骨架，糊贴上薄棉纸，彩绘而成。纱灯（灯公仔）制作更是别出心裁，与碣石纱灯制作同出一辙。纸扎艺人用小竹和色纸糊成若干小戏台，每个小戏台表现一个戏曲场面，“公仔”戴头盔、披战甲，挥枪弄斧，人物造型小巧玲珑，栩栩如生。祭神活动用的纸扎亦是多种多样，大小不一，有人物、鸟兽、家私、用具等，大者有3米高、1米见方的赤脚大士王，小者有1寸见方的纸花，制品精致逼真，特别是纸制家私，更是惟妙惟肖。较著名的民间纸扎艺人有赖才、许义、周碧杨、林寿等。

现在，捷胜纸扎作坊有很多家，每逢春节、清明和七月半祭孤活动，生意十分兴隆。随着市场经济的发展，人们对纸扎艺术的要求越来越丰富，一些现代交通工具如小汽车、摩托车等，娱乐用具如电视机、收音机等，生活用具如电冰箱、烟具、雨伞等，均被列入制作之列。

七、脸谱

脸谱，是戏曲人物造型中面部化妆的重要艺术表现形式，也是中国民间传统技艺之一。捷胜流行的剧种主要是正字戏、西秦戏、白字戏三种，其戏剧脸谱主要有真人、泥塑和绘制纸扎等样式，真人脸谱是按演员脸膛绘制；泥塑脸谱是将熟泥土放入预先制好的泥模中，塑成脸形泥胎，晾干后着色，依戏曲脸谱样式描绘其上；纸扎脸谱，以纸扎做成人脸型，按戏曲脸谱式着色，此类脸谱多挂在墙上作装饰品。

捷胜戏剧脸谱，图案多样化，线条粗细结合，其种式有200多个，以“目”“眉”和“脸”为类别，主次分明，以黑、白、红三色为主色，兼用灰、青、棕、绿、黄、金等色作佐色。它以不同的颜色、夸张的手法、强烈的色彩对比，昭示人物的忠奸、善恶、美丑及其复杂的性格特征，使戏曲人物脸谱的个性更鲜明，艺术造型更美观，并具有捷胜的地方特色，因而被誉为“艺术中的艺术”。较著名的脸谱艺人有林友平、刘妈倩、何娘安、刘采、刘万参、林槐、周仲富等。

八、书法、篆刻

明清时期，捷胜作为军事要镇，汇聚了众多文臣武将、骚士墨客，他们在凝波寺、城隍庙、得道庵、天太后宫等庙宇，留下了很多碑记、摩崖石刻和牌匾。明洪武初年，有凝波寺碑刻《倡募寺田碑》及其联文碑刻；万历元年有刘松的黎明洞摩崖石刻《山海奇观》；天启年间，有廖天佐的黎明洞摩崖石刻《五言缺字诗》。及至清代，捷胜书法艺术进入鼎盛时期。林大蔚、许兆寅除了绘画，书法亦驰名海陆惠地区，许多寺庙祠堂均有他们的书法墨迹。何式天擅长壁画，其书法艺术亦颇具影响。林襄侯、刘吉如、张岸槎等人的书法也颇有成就。

每年春节，捷胜家家户户的春联，都十分讲究书写的艺术性。常有行家和书法爱好者，还有外来人士等对春联评头品足，这在客观上对捷胜书法风气的形成起到了积极的推动作用。中华人民共和国成立后，由于政府对书法艺术的重视，捷胜的书法传统被发扬光大。文化部门常组织书法爱好者参加各级比赛，举办展览，有力推动了书法学习的热潮。综观捷胜书坛，老一辈较有成就的有林树槎、刘复、许良奎、蔡子东、何香荷、何若炎、刘万晃、何耀光、周为、何源、陈端峰、周仲富、刘尧等。此外，中青年一辈中，何朝晖、周雄、何世新等人的书法亦有成就。

1998 年，捷胜书画社成立后，涌现出一批青年才俊，他们多次在国家、省级书法比赛和展览中获奖或入展，有些人被中国书法家协会、广东省书法家协会吸收为会员。2005 年，文昌中学创办书法兴趣班，何世新为教学导师，黄隆琰为辅导。学生在全国、省、市书法比赛和展览中屡屡获奖，如黎佳钦、梁文兴、陈重坐等已成为新生代书法才俊。文昌中学也因此被广东省评为“书法教育名校”。

篆刻艺术方面，成就较高者有蔡绍明、何朝晖、黄隆恩、黄锦秋、黄建军等。2017 年，黄隆恩创办汕尾印社并担任社长。

九、绘画

捷胜绘画主要有寺庙壁画、文人画两类。寺庙壁画属于宗教艺术。最早出现于捷胜的壁画为南宋年间筑建的真武庙（俗称“古庙”）壁画，另外还有明代建造的凝波寺、城隍庙壁画。这些壁画形象逼真，各具形态，构图极为精巧。

明洪武二十八年（1395年），捷胜所城兴建，军旅文化随着军队的进驻而大量输入，民间绘画有了很大的发展。清代，捷胜宗教文化迅速发展，寺庙修葺之风大兴，壁画艺术又得到发展，几乎所有寺庙都绘有壁画。民国期间，壁画还进入大宗世族祠堂和殷商富户大院。这一时期，知名的壁画代表人物有何光修、罗家珍、罗育、罗乙等。改革开放后，杜国、周仲富、陈仁德等壁画艺人亦闻名海陆丰。

捷胜的文人画，以清代末年的许兆寅、林大蔚的成就较高，均有“宗师”之称。许兆寅擅画梅，林大蔚擅画竹，有“南梅”“南竹”之称，又有“许家梅、林家竹”之誉。至民国，林启宇以画虎驰名粤东，曾在广州举办个人画展。何白涛以版画称誉，被鲁迅称为最有战斗力的版画家。中华人民共和国成立后，旅台画家陈端峰、旅居加拿大的著名画家蔡本坤成就也较高。此外，许义、罗乃火、黄必当、冯骈、林文、许良泳、林镪、刘宗繊、何辉、刘世会、许昌林、何朝晖、蔡时拥、蔡位俊、李钢等亦有较高的绘画水平。

1998年5月，捷胜成立书画社，凝聚了一大批中青年绘画爱好者。同年9月，文昌中学高中部创办“美术班”，培养了一批书画新秀。近20年来，捷胜多次举办绘画展览，在汕尾地区引起很大的反响。现在，捷胜青少年学画之风甚盛，成绩显著者不乏其人。

第十七章 教 育

第一节 旧学

元代末年，战乱频仍，全国各级各类学校、书院多在战乱中毁坏或被迫停废，时人已久不闻礼乐教化。明朝建立之初，明太祖朱元璋认识到“天下可以马上得之，不可以马上治之”的道理，继承了“戡乱以武，定国以仁”的统治经验，注意礼乐教化的作用。因此，他大力提倡儒学，极力尊崇孔子，规定诸生必须学习儒家经典，故于洪武二年（1369 年），诏令全国大建学校，延师育才。自此后，府、州、县之学遍布各地。洪武十五年（1382 年），朱元璋又诏令天下儒学都要祭祀孔子。于是，从京师太学到各府、州、县之学，皆一律建文庙，即使僻处南服尽境之地，亦概莫能外。

按明代规制，凡省、府、县城内必建文庙、城隍庙、关帝庙等建筑与衙署相配套。但其时，捷胜所在行政上隶属海丰县，本不具备配建文庙的资格，然据嘉靖版《海丰县志·署宇》所载之“学署，（海丰、捷胜、甲子三所）以序列于文庙后，嘉靖壬午改建”来看，捷胜所城于嘉靖元年（1522 年）之前，又是建有文庙的。于此，可见捷胜当时已具备配建文庙的资格。究其原因，窃以为捷胜所城的军事级别较高，才有此资格配祀文庙。洪武二十八年（1395 年），捷胜建守御千户所，其军事直接受广东都指挥使司管辖，是一个军事级别极高的海防重地。建城的同时，配建有城隍庙、关帝庙、四大元帅庙及五土四社稷等配套设施，因而，文庙亦应在配建之列。而从当时文庙门前所立的“文武官员至此下马”碑来看，亦可确认文庙的存在。至于它建于何年，何年作为学宫，史书并无记载，但根据洪武初年“改土归流”制度推行后，儒家思想依托科举，将文庙与学校合而为一的办学形式及前庙后学的建制来看，捷胜所城于嘉靖元年（1522 年）之前，是把文庙作为学宫来使用的，而且文庙的规模应与海丰所、甲子所之文庙相同。故余以此持论，捷胜在明初建城后是有设立地方官学的，且文庙作为庙学教育，并以庠序形式出现，当可无疑。后因岁月淹久，文庙圮坏，在所难免。除了庙学教育之外，当时的捷胜城内一些富户巨族，亦设有私塾，聘请塾师教课。迨至嘉靖元年（1522 年），捷胜又于文庙之后，改建学署（属学官官署），是明代官办的教育机构。至于学署由何种建筑改建而成，今未可考。其时，捷胜还没有社学、书院，“旧为缺典”（嘉靖版《海丰县志 · 署宇》），而私塾又为富户家庭和家族所开办，只供族人学习之用，受众面较小，因此，家境贫困者是没有上学机会的。为了普及教育，让贫者有书读，继学署改建之同年（嘉靖元年），督学宪副魏公校改凝波寺（观音堂）为捷胜社学。社学是一种义学性质的教育机构，于明代已成为乡社公众办学的形式，它与私塾一样，均承担启蒙教育的作用，但社学则是面向更广阔的招生范围。私塾分蒙馆、大馆两种。蒙馆招收初入学儿童，授以初、中级课程。初级教《三字经》《千字文》《幼学诗》等；中级教《千家诗》《百家姓》《唐诗》《秋水轩尺牍》《幼学故事琼林》《声律启蒙》等。大馆主要培训童生参加科举考试，教授《大学》《中庸》《论语》《孟子》《孝经》《诗经》等。大馆数量不多。私塾教师多为举人和秀才。上课时，塾师按书本批注讲解，要求学生作八股文或吟诗作对，学习方法主要是读和背，注重学生写毛笔字。社学也是招收童生，为启蒙教学场所，但它又是生员集中培训的场所。生员在学期间，平时所学为“举业”，即科举应试之文，如四书五经、八股文、五言八韵诗等，特别注重经书制艺和八股文，以应付科举考试。每月初一、十五考课，考校生员的举业优劣。社学设有教官，然讲书会课，举皆虚名，略无实效，以致非常之才，未闻一士，学校虽设，名存实亡。因而，捷胜社学至嘉靖三十八年（1559年）春停办。至天启五年（1625年），捷胜又于所城南门内修葺文庙，改称文庙为文祠，仍配祀先师孔子，悬匾“斯文捷胜”，以祀兴教，以教寓祀，二者结合，大力提倡科举兴城。明末清初期间，虽然社会动荡不安，但还是培养出了一些科举人才。

清承明制，捷胜地方官学的设立，仍然依托于祠庙建筑，仍将祭祀孔子的祠庙与教育机构相结合，并增建学宫、会魁楼等地方文化建筑，形成功能完备的庙学体系。清康熙、雍正年间，捷胜许多绅士、富户慷慨解囊，修建学校。如雍正十年（1732年），修建文祠；雍正十三年（1735年），增建圣谕宫及约台；以及同治六年（1867年）十月，明经何宰离、茂才邝肇选捐建会魁楼，并重修圣谕宫（敦化堂）等，都说明时人对文化教育的极大重视。因而，文庙、文祠改建后作为完整的庙学体系的教育机构——内文祠，即成为清代捷胜所城较具规模的学校。至同治七年（1868年），捷胜所城西郊又建外文祠，作为科举考试前举子进行强化训练的场所。而各大姓亦在自家祠堂办私塾，如何姓的“进修书房”和“碧梧山房”及何次韩创办的遵经书轩、蔡姓的“南阳私塾”、赖姓的“赖氏家塾”等。此外，城里各社区还在东西南北各城楼设私塾，可谓各类学馆遍布所城内外。其时，来捷胜任教的有何氏进修书室业师：海丰举人陈二南、禀贡生吕月槎；学海堂业师有海丰岁贡虞赓起；内、外文祠业师有惠州籍贡生祝治祥及海丰贡生罗连辉等，这些业师学问淹通、洞达时务，在他们的悉心教导下，捷胜子弟脱颖而出，学行优敏、堪膺时务者，不计其数。迨至光绪三十一年（1905年）八月四日废科举，外文祠废置，内文祠改为六年制小学，农村则设立中初年部小学，但有些私塾依然存在，直至1949年初才停办。

第二节 普通教育

一、幼儿教育

中华人民共和国成立前，小孩能入学者甚少，而学龄前接受启蒙教育，更为困难。1958 年，为了让家庭妇女参加大跃进运动，部分大队办起托儿所。至 1961 年，因经济困难而停办。20 世纪 90 年代后，幼儿教育发展，全镇设立中心幼儿园，先后建有“新秀”“明爱”“捷蕾”三所幼儿园，主要教学内容有唱歌、跳舞、识字等。近 20 年来，各小学附设学前班，教学内容与幼儿园基本相同。2016 年，原捷胜中心小学改为镇中心幼儿园，有幼师 20 人、儿童 354 人。2017 年 12 月，中心小学改为全镇中心幼儿园。

二、小学教育

明代时，捷胜已有少数私塾招收童生。清代年间，捷胜又建内、外文祠 2 个教学场所，私塾教学亦随之大兴。这些私塾一般由 1 名老师教授 10 名学生，教学内容以“四书”、“五经”、《幼学琼林》、《三字经》及《百家姓》等为主。清光绪三十一年（1905 年）八月四日废科举，内文祠改为文亭高小学校，属完全小学，至民国，又增设西郊小学，这 2 所小学于各村设有分教点。

中华人民共和国成立后，人民政府接管教育，私塾及乡村义学全部撤并，小学教育转为国家承办，还发动群众兴办学校。至 1959 年，全镇共有中心小学、西郊小学、沙塘小学、沙坑小学、东坑小学 5 所，教学点遍布各村落。由于办学资金缺乏，大多数以寺庙、祠堂为校舍，改变了中华人民共和国成立前穷人上学难的历史状况，使大多数适龄儿童能入学读书。随着集体经济发展和人口的增长，生产大队实现独立办学。改革开放以来，各小学先后均有重修、扩建，教学环境得到改善。现全镇有13所小学，共99个教学班，教职工212人，学生5 700多人，适龄儿童入学率为100%。

2016年，全镇实施布局调整，整合教育资源，缩小“麻雀学校”。原前进小学及天宝小学，因无生源停办。全镇实现教育“创强创均”目标，接受省检查验收过关，获优秀等次，并获授捷胜镇“教育强镇”称号。同年，原五一小学改为镇中心小学，投资1 460多万元，新建校舍五层，6 197平方米。2017年12月，为实现教育“创现”，全镇继续实行教育资源整合，镇中心小学校址改设于原捷胜中学。军船头、东坑、沙坑、牛肚等小学，因生源不足，并入中心小学。

三、初中教育

民国三十二年（1943年）9月，海丰县私立捷胜中学创办，校址择于后山头原“自治会”处，为两年制初级中学，设董事会，何懋光任董事长，林悠如任校长。民国三十三年（1944年）春，该校设有春秋两个初中班。民国三十六年（1947年）2月，因经费短缺而停办。1958年，捷胜重新创立民办中学，校址设于得道庵，公社派共青团书记朱玉为学校负责人，聘请何若琰、林森、高伟等老师授课。1959年秋，公办捷胜中学与民办中学，以得道庵为校舍，联合开展教学活动，蔡文礼当班主任教语文，魏忠明教代数。1967年至1970年，政府在红光农场创办农业中学，实行半耕半读。1969年，为了普及初中教育，各小学附设初中班，捷胜中学转为高中教育。1974年春，捷胜中学从得道庵撤出，迁到北门外狗地山新校址。1979年至1980年，小学初中班及联中先后停办，捷胜中学复转为初级中学，并改二年制为三年制初中教育。1994年9月，捷胜创办文昌中学。2008年，2所中学高初中学生约3 000人，教师约200人。捷胜自创办初中教育以来，共培养出初中毕业生4万多人，大大提高了捷胜人民的文化素质。2017年，捷胜中学有9个教学班，学生398人，教师46人；文昌中学有初中生307人，高中生298人，教师122人。同年12月，捷胜中学与文昌中学合并，改名“捷胜中学”，校址为原文昌中学所在地。

四、高中教育

1969 年，捷胜中学改为高级中学，1980 年 8 月后恢复为三年制初级中学。1997 年 5 月，经汕尾市人民政府批准，文昌中学设立高中部，于 1998 年 8 月招收首届高中生。至 2000 年，高一至高三各有 2 个班。2001 年，首届高中生参加高考，前 3 批入围 9 人。此后，入围 3 批 A 线以上人数，每年均有增加。2002 年 11 人，2003 年 19 人，2004 年 24 人，2005 年 33 人，2006 年 43 人，2007 年 48 人，2008 年 73 人。2007 年，文昌中学投资 250 万元，兴建 1 栋 4 000 平方米的综合实验楼，使高中教学环境得到改善。现本镇的高中教育质量正稳步提高。2017 年，文昌中学有高中生 298 人。同年 12 月，文昌中学与捷胜中学合并，仍设高中部。

五、学校简介

捷胜中学 属国有公办全日制中学。民国三十二年（1943 年）9 月，经海丰县政府批准，创办海丰县私立捷胜中学，创始人为林树岳，校址设于后山头。民国三十六年（1947 年）2 月，因经费短缺，捷胜中学停办。1959 年 9 月，重办捷胜中学，校址设于得道庵，实行三年制初中教育。1961 年，迁至大流豆町。1963 年，复迁得道庵。1969 年，因各小学附设初中班，捷胜中学转为二年制高中教育。1974 年，校址迁至狗地埔新校舍。1980 年秋，高中班停办，成为初级中学。现学校占地面积约 17 000 平方米，建筑面积约 7 000 平方米，有综合实验楼 1 栋、教学楼 1 栋（教室 20 间）、教职工宿舍 2 栋、食堂 1 间。学校操场宽阔，有 200 米环形跑道及其他各项运动设施等。学校配有电脑室、多媒体功能室、物理实验室、生化实验室、体育器材室、图书室、音乐室、美术室、历史室、地理室、卫生室及团队室等，全校共有 18 个教学班，学生 1 100 人。公办教师 50 人，其中本科学历 4 人，大专 39 人，中师 7 人。高级职称 5 人，中级职称 17 人，初级职称 12 人，中共党员 18 人。2017 年，捷胜中学有 9 个教学班，学生 398 人，教师 46 人。2017 年 12 月，与文昌中学合并，学校迁往原文昌中学所在地。

文昌中学 属国有公办全日制中学，在西郊得道庵山下，校址原为外文祠。1994 年 8 月建，创办人为何作胜。1997 年 5 月，经汕尾市人民政府批准，设立高中部。1998 年 8 月，招收首届高中生。现该校为科级建制的完全中学，也是广东省书法教育名校。占地面积 45 000 平方米，建筑面积 11 201 平方米，有教学楼 3 栋、教师宿舍 5 栋。2007 年，全校 35 个班，学生 2 578 人，其中初中部 1 733 人，高中部 845 人，在职正式教师 117 人。2017 年，有初中生 307 人，高中生 298 人，教师 122 人。同年 12 月，与捷胜中学合并，改名捷胜中学。

捷胜中心小学 属国有公办全日制小学，在南门内，前身为内文祠。清光绪三十一年（1905 年）8 月 4 日，改名文亭高小学校。中华人民共和国成立初，改名中心小学。1968 年秋，改名西南校。1978 年，改名捷胜中心小学。1984 年，成立捷胜镇教育办公室，领导全镇教育工作。1985 年，中心校拆除左侧走廊，建 1 栋 3 层的教学楼。1989 年，在学校对面建 1 栋 2 层的教学楼。1997 年，拆会魁楼重建新门楼。2003 年，教办撤销，成为中心校制，负责管理全镇小学教学教育指导工作。现该校有教学楼 3 栋，教室 26 间；综合楼 1 栋，内设办公室、会议室、语音室、电脑室等功能室 12 间；厨房 1 间。建筑面积有 1 976 平方米，17 个教学班，学生 1 107 人，教师 65 人，其中本科学历 1 人，大专 59 人，高中 5 人；属小学高级教师者 46 人，一级教师 19 人。2016 年，中心小学校址迁往原五一小学。2017 年 12 月，又迁往原捷胜中学。

五一小学 属国有公办全日制小学，生源地为北门居委、联星管区东南片、五爱管区西北片等。学校前身为联中学校，公社化时期由生产队所办，并于 1968 年划归北村，因其时属“五一大队”，故改称“五一小学”。校址原在东门街蔡氏祖祠。1980 年，迁至北门新建乡粮管所后面。1993 年，又迁至西郊得道庵路水塔边新校址（由捷籍港商刘佛赠捐建）。学校占地 8 520 平方米，建筑面积 2 250 平方米，有 4 层教学大楼 1 栋，教室18间，办公室、会议室及图书室、语音室等功能室共14间。在校生748人，分13个教学班，有专职教师31人，其中本科学历1人，大专17人，中师或高中13人，属高级教师26人，一级教师4人，二级教师1人。2016年，改为捷胜中心小学。2017年12月，改为全镇中心幼儿园。

大流小学 属国有公办全日制小学，原名西郊校，在大巷顶社。民国年间创办。中华人民共和国成立后，改名大流小学。生源地为大流、联安、联星等村。1979年，经海丰县教育局拨款，购买豆町埔（原粮管所仓库）建教室，分2个校点上课。1991年，由城区教育局拨款和学校自筹资金，将豆町埔教室改建成教学楼，占地面积6 056平方米，建筑面积1 486平方米，有教室17间（含办公用房）。而原西郊校教室因属D级危房，已于2000年9月停止使用并封闭。现该校设10个教学班，学生629人，教师22人，其中本科学历1人，大专13人、中师或高中8人。属小学高级教师18人，一级教师4人。

东村小学 属国有公办全日制小学，在东门街中段（原巡抚祠），前身为捷胜中心小学分教点。生源地为东门社区。1968年，教育体制改革，从中心校析出，改设东村小学。占地面积362平方米，有3层教学楼1栋，教室8间，办公室1间。设6个教学班，学生283人，教师13人，其中大专学历8人，中师或高中5人。属中级技术职称的有9人。2016年，并入中心小学。

埔尾小学 属国有公办全日制小学。1951年至1953年为西郊校（现大流小学）分教点，校址设于村中神庙。1954年至1958年为初级小学。1958年9月后为完全小学。1970年，附设初中班。1972年，建有2间瓦木房，学生迁入上课。1980年，撤销附设初中部。1990年，新建1栋2层的教学楼。现有学生330多人，教师14人，其中本科学历3人，大专8人，中师或高中3人。2017年，有6个班，学生71人，教师10人。

石岗小学 属国有公办全日制小学，中华人民共和国成立初期创办，原址设于南门外。生源地为石头、石厝、大淋、双湖、南门外、南门岗等村。1969 年 9 月至 1979 年 9 月，开设初中部，改称石岗学校。1985 年 9 月，迁址于石头村，分石头村、南门外村、双湖村、铁沙场（在石厝村与大淋村之间）4 个教学点。1987 年，合并为石岗小学。2006 年，重建新教学楼，占地面积 4 800 平方米，建筑面积 1 250 平方米，有 2 层教学楼 2 栋，教室 14 间、办公室 2 间、教工宿舍及图书室 4 间。有 11 个教学班，学生 448 人，教师 18 人，其中专科 14 人，中师或高中 4 人，属小学高级教师 16 人，一级教师 1 人，二级教师 1 人。2017 年，有 6 个班，学生 127 人，教师 16 人。

军船头小学 属国有公办全日制小学，中华人民共和国成立初期创办，教室原设于祠堂。1971 年，群众献工献料在村后小山坡上建 6 间简陋的校舍，占地约 800 平方米，建筑面积 440 平方米。1984 年重修。后校舍渗漏，墙体龟裂，成为危房。经省老促会捐款及村两委发动捐资，于 2002 年 6 月 10 日至 10 月 13 日，在村东侧重建 1 栋 2 层的教学楼，占地面积 6 000 平方米，建筑面积 1 030 平方米，共有教室 10 间。同年 11 月 3 日启用。现有学生 255 人，教师 8 人，其中大专学历 5 人，中师 3 人，属小学高级教师 2 人，二级教师 1 人。2017 年，有 5 个班，学生 15 人，教师 9 人。2017 年 12 月，并入中心小学。

沙角尾小学 属国有公办全日制小学，中华人民共和国成立初期创办，校址原设于天后宫，曾与大塘、宝头合并为沙塘小学（一至四年级）。1954 年，改名沙角尾小学。1960 年，村民集资、捐料在天后宫两侧扩建 2 间面积 150 平方米的教室。1962 年，改建为完全小学。1983 年，于村东北重建 1 所占地 2 000 平方米的新校舍。2002 年，又由省老促会拨款新建 1 栋 3 层的教学楼，占地 10 000 平方米，建筑面积 1 019 平方米。2004 年 1 月 1 日启用。有学生 239 人，教师 9 人，属小学高级职称 6 人，中级职称 3 人。2017 年，有 6 个班，学生 75 人，教师 15 人。

天宝小学 属国有公办全日制小学，生源地为五爱村委的大塘村、宝头村。学校前身为沙塘小学教学点。1953年，沙塘小学改为五爱小学，分设大塘、宝头、马格（马鞍山、格塘）3个教学点。1994年12月，各分教点撤销，迁至宝头村东南侧由捷胜籍港澳同胞黄淑政捐建的新校址，并改名天宝小学。占地面积7 200平方米，建筑面积860平方米，有3层教学楼1栋，教室7间、办公室、图书室及仪器室各1间。分设6个教学班，学生161人，教师7人，其中本科学历1人，大专5人，高中1人，属小学高级教师5人，一级教师1人。2016年，因生源不足，并入中心小学。

牛肚小学 属国有公办全日制小学。1959年创办，以村中何厝公厅为校址。1982年9月，低年部与沙坑村合办。1985年9月，牛肚校学生改迁至沙坑村南侧新建校址上课。1986年9月，与沙坑村分开办学，迁回本村新校址，生源地为本村。1998年，在村委及港澳同胞支持下，建北面教室3间。2001年，又集资11万元改建北面教学楼。2003年，由省老促会捐款25万元及村委集资20万元，拆除20世纪80年代建的危房，重建1栋约600平方米的教学楼，占地面2680平方米，建筑面积1280平方米。有6个教学班，学生155人、教师10人。2017年，有2个班，学生7人，教师4人。2017年12月，并入中心小学。

沙坑小学 属国有公办全日制小学。1959年创办，原以村中馆宫为教室。1982年9月，低年部与牛肚村合办。1985年9月，迁于村南侧新建校址。1986年9月，与牛肚村分开办学，生源地为本村。后因陆续有村民迁往海丰、汕尾、深圳等地，生源已逐年减少。现有6个教学班，学生100多人、教师7人。2017年，有1个班，学生1人，教师4人。2017年12月，并入中心小学。

东坑小学 属国有公办全日制小学，1952年9月创办，原址在西社王爷宫，生源地为本村。1968年12月底，于村北侧顶埔建6间教室和1间办公室。1969年，开设二年制初中部。1980年撤销。1986年9月至翌年4月，又扩建教室、办公室各2间。1998年，被定为D级危房。2001

年 12 月，于村南侧重建教学大楼，占地面积 2 万平方米，建筑面积 281 平方米，有教室 14 间，功能室 9 间，会议厅 1 间。有 6 个教学班，学生 250 人，教师 9 人，其中大专学历 5 人，中师 3 人，高中 1 人。2017 年，有 2 个班，学生 5 人，教师 8 人。2017 年 12 月，并入中心小学。

第三节　教育管理

一、管理体制

民国时期，除捷胜中学、文亭高小学校及西郊学校为民国政府管理外，其他私塾及乡村义学，均各自为政。中华人民共和国成立后，人民政府接管教育。1953 年，区政府设立文教组，负责领导全区各小学日常教学工作，后实行“中心小学制”，由中心小学校长负责领导及指导全镇各小学日常教育工作。1968 年至 1978 年，公社设立教育组，由教育组取代中心小学的管理职责。1978 年，又恢复中心小学建制。1987 年，镇成立教育委员会，下设办公室，作为镇政府派出的教育管理机构，全镇中小学日常教育工作由教育办公室（简称“教办”）负责领导。同时，实行“两聘两任，一包一奖”（即聘任校长、聘任教师，校长或教师在聘任期内不合格，主管部门有权解聘，实行财政包干和奖教奖学制度的一包一奖）和教学分级管理制度。2003 年，镇教办撤销，复改为中心小学建制，而中学教育管理权则交回城区教育局。2017 年前，中心小学原辖有小学 12 所，现辖 5 所，负责人仍领导各小学日常教育工作，但人事决定权归城区教育局。

二、机构

教育组　1968 年 12 月，各地学校开始下放，取消中心小学建制，在公社设立教育组，主要职责是负责指导中小学教学日常工作。1978 年，教育组撤销，恢复中心小学建制。

教育办公室　1987 年 8 月，镇教育委员会成立，下设办公室，由镇文教助理兼任办公室主任。教育办公室是镇政府派出的教育管理机构，负责指导全镇各小学教学业务。2003 年撤销教办，改为中心小学制，负责全镇小学教学工作。

第四节 集资办学

中华人民共和国成立后，政府接管教育，发动群众捐工捐料，兴办学校。至 1968 年，基本实现各个行政乡均有 1 所小学。但因资金不足，绝大多数教室、课桌椅及黑板等较为简陋，且经风雨侵蚀日久，有些教室已成危房。1980 年后，镇党委和政府坚持“四个一点”（即国家拨一点、集体出一点、港澳同胞捐一点、学生收一点），广泛发动干部、群众及热心家乡教育事业的各界人士，集资办学。自 1984 年至 1987 年，全镇中小学有 8 所建起新校舍，增添新设备。特别是 20 世纪 90 年代以来，地方更形成兴学风尚。1998 年至 2007 年，全镇共集资约 800 万元，修葺或扩建中小学校舍。全镇中小学已实现楼房化，共有完全中学 1 所、初级中学 1 所、小学 12 所，教学环境和设施得到改善，教学质量稳步提高。2016 年，全镇实行教育资源整合，各小学合并后，共存 5 所，即中心小学、沙角尾小学、大流小学、石岗小学、埔尾小学。

附录：捷胜中学、文昌中学历任校长（负责人）名表

捷胜中学		文昌中学	
姓名	时间	姓名	时间
黄尔奋	1959.9 — 1961.8	何作胜	1994.8 — 1998.8
秦经伟	1961.8 — 1962 底	黎锡祥	1998.8 — 2004.8
陈道燕	1963 初 — 1964.8	梁良晓	2004.8 — 2015.8
彭仲钦	1964.9 — 1966.8	李让举	2015.8 — 2017.4
刘寿泰	1966.8 — 1969.8	王剑	2017.5 — 2017.12
林勤武	1969.8 — 1974.8		

续表

捷胜中学		文昌中学	
姓 名	时 间	姓 名	时 间
黄碧芳	1974.8 — 1977.2		
邹胜棠	1977.2 — 1984.8		
何秀锄	1984.8 — 1996.9		
刘祥熙	1996.9 — 1998.9		
林 拥	1998.9 — 2002.5		
张家隆	2002.5 — 2008.2		
何纯宾	2008.2 — 现在		

第十八章　体育　卫生

第一节　体育

一、群众体育

体育是人民群众在工课之外，进行娱乐、消除疲劳和强健身体的积极活动，历来为人们所喜好。过去，捷胜体育设施差，没有正规的体育场所，但广大群众因陋就简、因地制宜，创造出各种花样的体育活动项目。老、中、青年人的体育活动有放三、象棋、攀臂、顶肚、揽交仔（摔跤）、用棍子顶臂等，较为大型的还有排球、拔河、习拳术及舞虎狮等。儿童体育活动则有跳绳、跳单双、踢毽子、打寸竿、攻小球、弹玻珠、放风筝、捉迷藏、滚小铁环、滚铜钱、独脚跳、追赶跑、投圈圈等。2015 年以来，全镇中学、社会青年组织足球队 6 支。2017 年春节举行捷胜论坛第五届篮球“贺岁杯”比赛和第十届足球“贺岁杯”比赛。

舞狮　一种民间体育，有“虎狮”与“独角麒麟”之分。虎狮本名釜狮，源于军傩中的军狮，以行军釜简单描绘为狮头，作为一种出征破煞、振奋军威的仪式。军狮因其头部状似锅盖，俗称“戆仔狮”。其眉宇间有一个“王”字，额头中间饰有八卦。它历史最长，地位最高，在海陆丰各狮班中被尊为老大。迨至清代，又衍生出其他种类的虎狮。此外，还有一种是独角麒麟，有“青龙白额”之称，在海陆丰也极为闻名。

舞狮表演分二部分进行，上半场“行狮”，进行狮舞表演，下半场“盘伍采”，即武术表演，亦源于军操。“盘”有考查之意，“伍采”即军伍风采。有单人打拳、双人对打，也有单人棍术、双人对打棍术，还有矛（长枪）、盾（藤牌）、铁尺、匕首混打等表演，还伴有高亢粗犷的唢呐锣鼓伴奏。它既有鲜明的民族风格，又有突出的地方特色，是春节期间民间艺术活动的重要项目之一。明清以来，深受群众的喜爱。

狮班本身有一条不成文的规矩：如果两个狮班在路上相遇，就要互相行礼，不打锣鼓，礼毕，各自把狮头搁右手边胸前，全班人员默不出声各靠路边行过。若有一方将狮头抬高，并大敲锣鼓，那便是向对方挑战；另外，狮班在路口或在舞狮场地表演时，路过的其他狮班则要休锣鼓绕道而行，若未息鼓绕道，则又意味着向对方挑战。因有此规矩，各狮班均按礼而行。

以前，捷胜有 20 多个狮班。改革开放后，因经济问题，有些狮班已解散，只剩军船头村、埔尾村、大水沟村、大塘村、格塘村及马鞍山村 6 个狮班。2015 年，捷胜联安村组建“捷英醒狮队”，有队员 100 多人。捷胜何氏组建“敏捷醒狮队”，有队员 100 多人。

武术 捷胜的武术史，可上溯至南宋末期。南宋祥兴元年（1278 年）冬，文天祥在五坡岭被抓后，余部退至捷胜，与当地居民一起抵抗元兵，虽战败，然习武风尚及尚武精神已传承下来。至明洪武二十八年，捷胜又筑造所城，十八简旗军之 18 个头目于捷胜落籍定居，繁衍子孙，其武技又代代相传。又因当时倭寇侵犯日紧，城内居民为了配合守城官军御敌，亦有练习武技。因此，捷胜民众练武者多。但因资料缺乏，捷胜武术派别失考。

清乾隆初年，捷胜流传有罗山拳，俗称“雷家教”，现已失传。罗山拳属南少林正宗，原为福建少林寺济善禅师门下可塘罗山庄厝乡郭转、陆丰西山乡曾埔胄、兰头乡下踏村王铁手等所创的南派拳种，时已成为海丰南派拳的代表，捷胜习此拳者甚众。清中叶以后，传入捷胜的南少林武术才流传至今。据史载，康熙年间，清廷以“少林寺整军经武，图谋不轨”的罪名，派兵火烧南少林，传说有数位高僧突围而出。劫后余生的少林僧人散走四方，各以其长收徒传技。于是，少林南拳在民间广为流传，其中流传最广的有以洪熙官、刘三眼、蔡九仪、李式开、莫清矫等为代表的洪、刘、蔡、李、莫5大门派武技。在流传过程中，这些门派不断变化，而武技的创新亦层出不穷。至清中叶，少林南拳即由陆丰青塘岷山的黄圈（号义盛）传入捷胜。因黄圈所学为南少林柳杰师傅所传，故又称为“柳家教”。柳家教拳术俗称“软架拳”，主要有九式套路，分别为“头门”“二门”“三门”“四门”“三角马”“滚打”“赶打”“倒跳”“飞午”等。据考，当时黄圈来捷胜收徒，于一次比武中，因失手伤人，收徒之事遂成泡影。11年后，捷胜陈洛盛才师从于黄圈，将少林南拳传入捷胜。自陈洛盛以下，其子孙陈禅、陈斋公、陈金泉、陈俭、陈光泽、陈光济等，均精于拳术。几代以来，在海陆丰武术史上，享有较高的声誉。当时，陈洛盛除了传授子孙外，还收有冯意松、翁木镰等名徒。此外，与少林南拳一同传入捷胜的，还有少林八卦棍，这种棍术俗称“青龙棍”。当时，林立晚继陈洛盛之后，亦师从于黄圈，将青龙棍发扬光大。青龙棍共有10式套路，分为“头门”“头门勒”“二门挑”“二门盘”“三门”“四门钻”“五门车”“盖顶棍”“撩棍”“双坐莲花”。自林立晚以下，精于此棍术的，还有林作、林帆、林送等人。

除上述软架拳及青龙棍外，传入捷胜的拳术，还有少林罗汉拳（四式套路）和五形拳等。五形拳分为“金龙翻身拳”“猛虎动爪拳”“白马翻身拳”“金猴摔掌拳”“雄狮五形拳”。据考，五形拳属蔡莫拳，亦属少林南拳类。清末民初，传入捷胜。创派祖师为“神拳”刘仕忠，浑名“三脚虎”。他吸取洪熙官、刘三眼、蔡九仪、李式开、莫清矫5大门派及朱、范、钟、太极、六合等精华，结合自己数十年实践，创出“蔡莫派”。现蔡莫拳仍流传于港澳、潮汕、海陆丰等地。捷胜罗穆广、吴萃伦等人即精此拳术。清末民初，传入捷胜的，还有八卦掌、车托拳等武当派拳种，据传，此种拳术攻击性亦强。

拔河 原由2人用绳索比赛拉力，后逐渐增多相应的人数拉拔而成。拔河赛形式简单，在比赛开始后，特别是在相持阶段，啦啦队及观众都为己方大叫加油，助声长势，气氛极为热闹，颇受群众喜爱。1957年至1958年，文化站曾于沙角尾澳组织举行拔河比赛。此后，每年均有举办。

排球 排球活动始于民国时期，盛行于中华人民共和国成立初期。它源于学校而传于民间。从排球递传到架网对垒，逐渐形成业余排球队。民国三十七年（1948年），捷胜以排球为主体成立体育会（后改称体育促进会），同年派出排球队参加海丰县举行的海、陆、惠、紫4县排球友谊赛，荣获第一名。旋与汕尾体育会联成一片，捷胜属乙队（汕尾属甲队）。此后，在海丰县各区每次球赛中，捷胜均名居首位。中华人民共和国成立后，排球队进行改组。不久即解散。建区后，在文化站组织下，每年春节均有举行排球赛事。

打寸竿 属少年儿童体育活动。打寸竿多为双人进行，亦有6人对打的。器械：木棒1支，约1尺长，粗1指，叫尺木；短棒1支，长1寸，称寸木。场地：在埕面，以2块砖石为支架，在沙、土地亦可挖1穴做支架。比赛时，乙方站在相当的距离处，双方手执尺木，甲方首先把横架支架的寸木用木棒扫出，使其抛向前方，乙方可用手遮挡或抓住飞行的寸木，如得手，双方互换位置。否则，寸木落在哪里，应由乙方在哪里用寸木向支架上的尺木投击。如击中，乙方就取得甲方的位置。击不中，甲乙进入第二次行动，即由原执尺木的人，右手执尺木，左手横拿寸木，用力把寸木击出，途中乙方可任意拦截击回，得手时则双方易位；如未得手，寸木落在哪里，乙方又应在寸木落地处向出发点投去，甲方则可选1人拿尺木对投来的寸木拦击，越远越好，乙方不能拦阻，待寸木落地，以尺木为单位量出距离，如距离出发点不足1尺木远，甲乙双方又要易位。打寸竿，由第1程次到第2程次，反复打下去，成绩累计到一定数目即获胜。如经常改变位置，则根据各自累计的长短定胜负。

踢毽子 属捷胜男女少年儿童喜爱的运动项目之一。毽子制作简单，材料是鸡毛及1叠剪作圆形而中间穿孔的纸圈和1小块圆形橡皮或胶皮。踢毽子有单人和双人对踢，也有单人双脚对踢的。此项目在各小学开展很普遍，是小学体育课的内容之一。有的学校经常进行比赛。课外活动参加踢毽子的亦甚多，校外也有不少人踢毽子。

二、学校体育

旧时，捷胜内外文祠、私塾及义学，都没有体育活动。中华人民共和国成立后，学校才成为开展体育活动的基地。中学和中心小学设有专职教师，其他各小学多为兼职教师。按国家的要求，从队形、队列的操练，到田径、球类、体操、武术拳棒及体育游戏等开展活动。第2节下课后，要做儿童、少年广播体操，下午则做眼保健操。此外，每个星期还设有2—3节的文体活动课，由教师组织或自由开展各项体育活动。

中小学都贯彻德、智、体全面发展的教育方针，不断完善体育器材、设施及场地。除平时教好体育课、开展课外活动外，多数学校于每年五四青年节、六一儿童节或国庆节前后，举行校级小型体育运动会。学校体育活动有篮球、排球、足球、羽毛球、乒乓球、铅球、跳高、跳远、单杠、双杠、木马、爬杆、广播体操等。

第二节　卫生

一、概况

中华人民共和国成立前，捷胜环境卫生很差，污水横流，垃圾粪便及蚊、蝇、鼠、跳蚤等随处可见，而天花、鼠疫、肺痨、痢疾、丝虫病及血虫病等亦常有发生。民国三十二年（1943 年），大饥荒兼霍乱，死者枕藉，不计其数。肝炎、乙脑炎、结核、小儿麻痹症、白喉、麻疹等传染病，也使不少人丧失生命；死于产褥热、破伤风者亦不少。时捷胜从事医疗卫生工作的人很少，医疗水平低，虽有中西医师，然多是半路出家的游医及江湖郎中。加之医疗设备落后，医药严重缺乏。因之，疾病治愈率小，病残者居多，且平均寿命短。

1951 年，成立七区卫生所。1954 年，成立医协会，并组织中西医联诊所。1958 年，改设捷胜卫生院。1970 年 4 月，成立合作医疗管理委员会，每个大队均设立 1 个合作医疗站，医疗卫生事业有了发展。1978 年，十一届三中全会后，赤脚医生改称乡村医生。合作医疗站由乡村医生承包，私人医疗站亦迅速增加。改革开放后，人民生活环境有极大改善；医疗卫生环境有好转，人民平均寿命较长。2007 年，全镇有私人医疗站约 100 家，为广大群众看医抓药提供了方便。现在，卫生部门多次在捷胜开展各种疾病的普查普治及复查复治工作，使多种传染病绝灭，人民健康得到了保障。

二、机构

卫生院　民国三十四年（1945 年），汕尾裴医生在凝波寺（观音堂）设立地方私立医院。中华人民共和国成立后，医疗卫生事业迅速发展。1954 年，成立了医协会，接管捷胜私立医院，并建立联诊所。1958 年，以上两个医疗组织合并为捷胜卫生院，设有妇产科、内外科、制药及防疫四个科室，负责捷胜、田墘及遮浪3镇医疗卫生工作。该院拥有中西医生及护士等30多人，设有床位10多张。在1962年的肠热病与1966年的脑炎流行期间，捷胜死亡人数仅有一两人。在药物紧缺时期，捷胜卫生院创办制药厂，研制葡萄糖B10、B12等注射液及一些药片。在药物剩余的情况下，还支援外镇的医疗病号。1976年，卫生院设有内科、外科、妇产科、化验、制药、防疫及住院部等科室，医务人员36人。1987年，卫生院拥有人员52名，设有门诊5间，住院部1处，病床20张，还有打氧及X光等新设备。1994年，省配套资金10万元、旅港同胞刘佛增捐资10万元、陈业生捐资3.5万元、城区边防大队5万元、黄兴珠2万元、卫生院自筹资金17万元，建造门诊综合楼。1998年，在各级党政部门和乡贤蔡贤的支持下，城区财政投入建设资金12万元、旅港同胞蔡绍政捐资22万元、蔡广捐资5万元、何纯政1万元、胡加成1万元、陈香5 000元及全院职工捐资2万元，建造住院大楼、宿舍楼和手术室。1995年，省评审通过“一级甲等”医院。1998年，荣获“汕尾市文明单位”。1999年，创爱婴卫生院并评审通过。2001年，被评为“广东省百家文明卫生院”。2017年，投入资金535万元，建卫生院公共业务楼一幢5层。现卫生院占地面积3 500平方米，建筑面积1 960平方米，设有病房、妇产科、防疫组、医技科室。医技科室包括B超室、放射科、检验室及心电图室。病床38张。干部职工68人，其中中级职称4人，初级职称48人；执业医师14人，助理执业医师18人。历任院长有叶悦、林楚佳、陆祥、李恭孝、何可进、叶仕忠、李克东、周贵罕。2018年4月25日，余昭洪代任院长。

医疗站（合作医疗） 中华人民共和国成立前，捷胜的医药事业，都是私人经营的。当时较为著名的中医堂号有曾亦武经营的“生生堂”，何云龙、何明汉的“普济堂”，何启汉的“天和堂”，何伯堂的“天德堂”，张华安的“成春堂”等，还有“正甡堂”“务本堂”“慎生堂”“仁术斋”“寿生堂”等。诊室有黄树穀、曾慎其夫妇经营的“育黎药房”，执业的中西医生有郑芝龄夫妇、何明汉、何少江、蔡时夏、许慕石、林瑞兰、曾旋、林光、刘宗献、陈增展、林人蛇等。此外，还有分散于各村的一些草药中医。全镇计有中医师约 20 人，西医师 3 人，乡村草药便医 10 多人。中华人民共和国成立后，私人医药店收归国家统一管理。

1958 年，龙溪、东坑、前进等村设立医疗站，组织一支 4—5 人的医疗巡逻队，经常到各村巡回治疗。1970 年，海军“六二六”医疗队进驻捷胜，培养出一批农村赤脚医生，促进了捷胜医疗卫生事业的发展。其时，捷胜公社成立社办合作医疗管理委员会，全社实行合作医疗制。各个生产大队亦相继成立医疗站，每个医疗站配有 3—4 个医务人员（赤脚医生），医药费由各个生产大队统筹负责，社员享受公费性质的医疗服务。1976 年，全镇拥有 14 间合作医疗站，赤脚医生约 50 人，乡村医疗卫生工作得到落实。

1978 年，十一届三中全会后，赤脚医生改称乡村医生。体制改革开始后，合作医疗制度取消，合作医疗站由乡村医生承包，私人医疗站陆续出现。改革开放以来，私人医疗组织又快步发展，诊所及药店日益增多，而集体医疗组织亦落实了责任承包制。1987 年，全镇有乡村私人医疗站 36 间，乡村医生约 50 人，私营医药店 4 间。至 2007 年，全镇私人医疗站已发展至 100 多间，这些医疗站隶属捷胜卫生院管辖，并接受卫生院的业务指导。据统计，全镇参加医疗保险的农民，现有 32 509 人。所谓肝炎、脑炎、结核、麻风、麻疹、霍乱及小儿麻痹症等，已很少见。2017 年全镇在军船头、五爱、沙坑、大流率先建设乡村卫生服务站。投入资金近 100 万元。

医药门市　中华人民共和国成立前，私人医疗业务都是医、药并行，既是医疗站又是医药店。1952 年开始，医、药由卫生部门统一管理。体制下放后，私人医疗站又是医、药并行。至 2007 年，全镇已没有专卖医药物品的门市。据不完全统计，现全镇医（药）疗站有上百个，其中属卫生院的约 10 个。

三、公费医疗

1952年，中央卫生部颁发《国家工作人员公费医疗预防实施办法》。1953年5月，本镇开始实行公费医疗制度，享受者为国家机关、全民企事业单位的干部职工及二等二级以上的荣誉军人、离退休干部等。其经费列入地方财政预算，按享受公费医疗人数，每人年拨给18元，并统筹运用，对享受公费医疗者，实行分区、定点、发证、建卡，凭证就医。管理工作由镇卫生院负责。1984年开始，取消公费医疗。2013年开始，全镇购买城乡医疗保险，按上级规定，在指定医院给予报销60%—70%。至2018年，每人收取城乡医疗保险费150元。

四、妇幼保健

捷胜妇幼保健中心隶属捷胜卫生院，主要任务是开展对妇科病的普查普治和复查复治，以及对婴孩、儿童疾病等的预防。

中华人民共和国成立前，因广大农村妇女均不识字，且深受封建思想的影响，或因家庭环境所累，虽身患疾病，亦不敢寻药问医，而忍受疾病摧残、折磨；加之当时医疗设备落后，医药严重缺乏，纵有疾病亦难治愈。因此，也就谈不上预防了。中华人民共和国成立后，党委、政府对医疗卫生工作特别重视，多次开展普查普治，使宫颈炎、尿道炎、感染性阴道炎等常见妇科病得到防治和控制。

1953年，政府实行新法接生，产妇和新生婴儿因感染而死亡的事例，已大为减少。接生员对产妇和婴儿进行100%的产后返视，使新生婴儿成活率达到100%。此外，卫生部门对婴幼儿进行定期、定量的医防接种，即出生满12个月的婴幼儿，要完成10针次的基础免疫接种，至7周岁又要完成20针次的免疫接种。1987年，政府实行更为科学的冷链运转接种程序，人们获得的免疫能力，又大为提高。1999年，创爱婴卫生院评审通过。现在，全镇基本控制了麻疹、百日咳、破伤风及乙型脑膜炎等，其防治率已达到98%。2016年以来，全镇近600名妇女接受“两癌”筛选检查。

五、医药管理

医政方面 1958 年，医院（卫生院）实行在中共党支部领导下的院长分工责任制，制定和健全各项规章制度。1983 年，各级医院全面实行改革，实行院长负责制。从此，形成以科室主任为首的医疗系统以及行政股长为首的垂直领导体系，实行党政分开领导体制。

药政方面 1950 年，对全镇公、私医药机构存留的麻醉药，进行登记管理。20 世纪 70 年代，对医疗使用的毒药、限制性剧药实行统一管理，各医疗单位对麻醉药品建立专柜、专人、专册、专用处方严格管理。1985 年 7 月开始，镇药品管理人员严格对药品的生产、经营、使用 3 个环节进行把关。20 世纪 80 年代末开始，全镇各医疗机构均先后核发《药品经营许可证》。

第十九章　文物胜迹

第一节　古遗址

一、新石器时代遗址

民国二十二年（1933 年），英籍芬戴礼神甫从香港来到捷胜，与意大利麦兆汉神甫一起在沙坑、牛肚、东坑及沙角尾等文化遗址考古。二年后，芬神甫去世，麦神甫又连续 10 年致力于捷胜史前文化的考古，收集了大量的陶器、石器。后又将这些文物及他的考古手记、笔记等资料带到香港。他最初的研究论文《海丰考古收获》，曾于民国二十七年（1938 年）初在香港《自然科学杂志》上发表。同年春，在新加坡举行的“第三届远东史前史学家会议”上，又发表题为《南中国考古收获的几个要点》的重要论文。1952 年，他又在《远东学报》上发表了重要论文《南中国考古》，提出新石器时代捷胜“沙坑文化”“沙角尾文化”等考古文化名称。特别是“沙坑文化”，已成为国际考古学家所熟知的考古文化名词。

民国三十一年（1942 年）3 月，我国著名民族学家杨成志博士到捷胜考古研究，挖掘、采集到大量的石器、陶片，运回坪石原中山大学研究院文科研究所作南方考古教材标本，培育了一批考古人才。其考古资料在中山大学《文学院报》发表。次年，又在中山大学文学研究期刊

《广东人民与文化》上发表。后来，民族学家顾铁符亦到捷胜考古，也发表了《海丰先民遗址探险记》。

1983—1984 年，海丰县文物普查队在捷胜采集到一批典型的文化遗物，进行了必要的考古研究工作，取得一定的成果和实物资料。2003 年 7 月，广东省文物研究所副所长邱立诚到捷胜考察，对沙坑文化遗址出土的各种石器、陶器作了鉴定，认为捷胜的历史可上溯至 6000 年前。

自民国二十二年（1933 年）至中华人民共和国成立后 1984 年期间，由于中外考古人士对捷胜古文化遗址进行了无数次的挖掘、采集，致使大量历史文物流失严重。

中华人民共和国成立前，捷胜镇境内的古文化遗址包括沙坑北、沙坑南、牛肚南、东坑南、沙角尾、菝仔围、施公寮、南町、石鼓、竹仔脚、径尾、桥仔头、海埔墟、沙坝仔、宝楼山等 15 个遗址。民国三十二年（1943 年），东涌从捷胜析出，以及中华人民共和国成立后 1952 年 9 月，东洲坑、遮浪、田墘又从捷胜析出，故上述遗址中有 10 个遗址已不在捷胜辖地内，现捷胜仅存沙坑北、沙坑南、牛肚南、东坑南及沙角尾等 5 个遗址。

沙坑北文化遗址 在沙坑村北 1 里处，逶迤的丘陵地带成为遗址北面的天然屏障；东面有山溪经村前排洪沟向南流出大海。遗址面积有 1 万平方米，出土文物有磨光石器和夹砂粗陶片。石器，只有双凸面磨光石斧，并没有发现石制饰物和其他器类。陶器，多为夹砂粗陶器，有夹砂陶罐、陶釜残件等。器形呈敞口、斜肩、鼓腹；器表加浅褐色陶衣，饰绳纹、刻划纹、篦点纹等。烧制火候低。此外，还有制作精良的泥质软陶陶器，这类陶器有敞口罐、圈足盘等。这类遗址包括东坑遗址（《粤东考古发现》一书称 SON）。该遗址属新石器时代中期，距今 5 000—6 000 年（杨式挺《广东新石器时代文化及相关问题的探讨》，载《史前研究》1986 年第 1—2 期）。1957 年 5 月 11 日，列为海丰县第一批文物保护单位。

沙坑南文化遗址（《粤东考古发现》一书称其为 SOS） 在沙坑北遗

址南侧，东北面1公里是沙坑村，南距龟龄岛海域约1公里，东面山坑有淡水向南流出大海。出土文物的特征：石器、石锛的横截面呈梯形，有一种成弧凹形刮削器。还有石箭镞、石矛、匕首和石戈等磨光石器，磨制特别精良，数量和器类较多，是一处重要的制石箭工场。陶器，主要是一种饰绳纹的夹砂粗陶器；还有一种饰方格纹的泥质软陶陶器，口沿用轮制，腹部用手制而器身颇薄。这种方格纹陶器与菝仔围遗址最具代表性的泥质软陶陶器相类似。据研究，遗址属新石器时代晚期。贝壳碳十四化验测定的年代是公元前1050年（差距100年），即距今3000年左右。1957年5月11日，列为海丰县第一批文物保护单位。

东坑南文化遗址（《粤东考古发现》一书称其为TAS） 在东坑村南侧，东临东坑湖，西2公里处是东坑盐町，南距东坑海1公里，北距东坑村2公里，东北面有淡水山坑，流经遗址东面出海。遗址面积50多亩。出土文物的文化特征：石器，主要是一种数量较多的、呈弧凹形的刮削器。有一种横截面成梯形的石锛。还有石箭镞、石矛、石戈等。陶器，有夹砂陶器，分黑陶和红陶两种，主要器类是敞口罐。还有一种矮圈足夹砂陶碗，器表饰绳纹。泥质陶有浅红色和灰色两种，主要是一种有流带的把壶，还有一种直口陶罐和烧制火候较高的陶钵，器表均饰方格纹或双线方格纹。有的方格纹陶已烧制成近瓷的硬陶，具备了较高水平的制陶技术。海丰县博物馆工作人员在文物普查中，发现东坑南遗址还出土有一种带深棕色厚釉的泥质陶片，由此说明，用釉的年代可上溯到新石器时代。以上出土文物的文化特征表明，东坑南遗址属于新石器时代晚期。该遗址木碳样本的炭十四化验，年代测定于公元前1175年（差距400年），距今约3000年。1957年5月11日，列为海丰县第一批文物保护单位。

沙角尾文化遗址［《粤东考古发现》一书写作“三角尾”（SAK）］在捷胜镇东南3公里处临海山坡上，西北距沙角尾村约1公里，东面背山，西南临海。遗址所在地是红黏土临海山坡，草木不长，水土流失较严重。

该遗址的文化特征：石器，主要是多型号的磨光长身石斧、石锛及少量的有肩石锛，还有呈叶形的磨光石箭镞。陶器，主要是一种矮圈足陶罐，饰曲折纹，腹部饰一周附加堆纹。有的罐口沿带流。器表饰绳纹、斜方格纹、叶脉纹、曲折纹等纹饰。该遗址属新石器时代晚期，距今 4 000 多年。类似遗址有田墘南町、石鼓及东洲坑沙坝仔（时属捷浪埔）等处。1957 年 5 月 11 日，列为海丰县第一批文物保护单位。

牛肚南文化遗址 在牛肚村南 2 公里临海斜坡上，面积约 2 000 平方米。披露地面的器物有瓦当、陶碗、陶罐及盘等残片。遗址与东坑南、沙坑南遗址属同一时期。出土文物的特征为：石器，主要是一种横截面成梯形的石锛、石斧，制作精良，但数量较少。陶器，主要是夹砂粗陶，分白陶和红陶两种。陶碗有刻划纹、方格纹等纹饰，其中还有一种已被烧制成近瓷的硬度浅青色陶碗，但器表未饰纹样。据考，遗址属新石器时代晚期，距今 4000 年左右。1957 年 5 月 11 日，列为海丰县第一批文物保护单位。

附录：

海丰县人民委员会
《关于切实加强文物保护工作的通知》

海文字第五号

各区公所、各乡人民委员会：

为保护我县具有革命、历史、文化、艺术价值的古代文物及名胜古迹，特根据广东省人民委员会（57）粤文办字第 206 号指示称，并结合我县实际情况，把第一批文物保护单位名单公布于下，希各区公所、各乡人民委员会对有关本系统本地区文物保护情况进行一次检查。已经公布的文物古迹，各区公所、各乡人民委员会的领导同志必须提出有效措施，切实加以保护；已经发现，但尚未列入第一批文物保护单位名单和今后继续发现的文物古迹，应立即报告本会文化科，以便继续分批公布。

第一批文物保护单位名表

文物名称	时代	详细地址
下洋古文化遗址	新石器时代	红草区西联乡
拔仔围文化遗址	新石器时代	田墘施公寮
狮地文化遗址	新石器时代	田墘区遮湖乡
黑石墩文化遗址	新石器时代	田墘区东州乡
五家村文化遗址	新石器时代	田墘区遮浪乡田寮
牛母洞文化遗址	新石器时代	田墘区湖东乡
牛肚文化遗址	新石器时代	捷胜区东沙乡
沙坝文化遗址	新石器时代	捷胜区东沙乡
方饭亭	明	五坡岭
红场、红宫、彭湃烈士故居	第一次国内革命战争	县城
墙上标语	大革命时期	红草区公所
石亭	明	红草区长新乡
土炮台	清	红草区长新乡

注：1957 年 5 月 11 日制

二、唐宋时期遗址

大石牯村文化遗址 在牛肚村西南七老将公祠右侧，面积 4 000 多平方米。遗存的器类特征：瓦当呈灰白色，圆形面径 9 厘米，厚 2 厘米，面部印制放射线图案纹。陶瓷器主要是浅绿半釉碗、浅青半釉碗，圈足小，口沿直径大，碗壁较薄；陶罐，高 30 厘米，口径 16 厘米，肩制作 4 耳，壁厚，平底，底径 20 厘米，腹微鼓，器表施浅绿半釉。据考，该遗址属唐宋时期。1957 年 5 月 11 日，列为海丰县第一批文物保护单位。

茅埔墟文化遗址 俗称“园埔墟”，在沙坑村西南 1 公里处，面积有 7 000 多平方米。遗址南侧有“古车路”，北侧有晚唐时期碗窑遗址。1970 年，曾出土壳灰 100 多担，遗存器物有浅黄色半釉碗、浅绿色刻花半釉碗、半釉陶瓯、陶罐、瓦筒及瓷碟、盘等。器物特征均为圈足较小，口沿直径大，施半釉。据考，该遗址属唐宋时期。民国十六年（1927 年）11 月底，红二师和农会军攻破捷胜所城后焚烧整改时，曾发现蔡、黄二姓有茅埔墟的厝地田契。1957 年 5 月 11 日，列为海丰县第一批文物保护单位。

三、明清时期遗址

捷胜所署遗址 在鹤岭，即后山头，属兵署，明洪武二十七年（1394 年，《惠州府志》作二十八年），千户侯良建。正统九年（1444 年），千户张贤修（明嘉靖版、清乾隆版《海丰县志》）。成化二十三年（1487 年），千户张瑛重修（明嘉靖版《惠州府志 · 卷十上 · 兵防》）。规制与海丰、甲子二所相同。所署中为大堂，堂后为公廨，后为土地祠。东西两序为吏房，中为露台、甬道。吏房右为永积仓（又称捷胜仓），左为旗纛庙。堂前为仪门，仪门右为狱房，仪门前设谯楼，谯楼门前设照壁。所署内设有镇抚司、吏目厅、军器局等官方机构。嘉靖三十七年（1558 年）废塌。后有增修。至清初，所署改建于所城南门内（乾隆版《海丰县志》。是否由明初学署改建，不详。署址亦无考），乾隆十四年圮坏，后历有修葺。民国三十二年（1943 年），所署拆毁。

捷胜守御千户所城遗址 建于明洪武二十八年（1395 年）二月戊子（二十四日），千户侯良创（明嘉靖版《海丰县志 · 城池》），初名“捷径”，至三月戊午（二十五日）改名“捷胜”。万历十二年（1584 年）千户汪如圭重建（清同治版《海丰县志 · 续篇 · 建置》）。城呈不规则四方形，周高中低，极似渔罾，故又称“罾城”。嘉靖版《海丰县志 · 城池》载:“捷胜所城在金锡都，去县八十里。……周四百七十二丈，崇一丈，广一丈有五，池深一丈，广杀二尺，敌楼四，楼下辟门。”《惠州府志 · 卷十 · 兵防》载:“城高一丈，广一丈五尺，周围四百七十二丈，雉堞九百四十，池深一丈、广八尺……”据二志所载，折合今制，捷胜所城高3.41米，宽5.12米，四周城墙全长1602.52米，城垛940个，护城河深3.41米，宽2.73米。分东、西、南、北4门，东门曰迎旭门，西门曰镇远门，南门曰长乐门，北门曰永安门，四城门各建一敌楼。城墙大部分用灰沙夯筑，城门、城楼用大方块砖砌筑。城内辟东、西、南、北4大街，呈十字形，设吊桥通往城外。所城设所署、学署、都阃府、镇抚司、吏目厅、军器局、永积仓、旗纛庙、狱房等官方机构及城隍庙、四大元帅庙、九王爷宫、五土四社稷、文庙、关帝庙、双忠爷、土地祠等宗教设施。城东为教场（一说城西一里为教场，《明嘉靖三十五年版〈惠州府志〉》，待考）。东、南、西3城门有月城，配护城河。北门无月城，配防炮17位。清道光二十六年（1846年），自汕尾移炮1位，小铜锁炮1位，共有护城铁炮19位。配战船2座。另有军事通信大小茅山烟墩2个，一在东面临海之大茅山；一在西面临海之小茅山，可监视海外数十里的情况。还有2条运输河道，一名军水河；一名石狗湖河，均为明清两代军需和其他交通的主要河道。所城为明洪武末年324个守御千户所之一，隶属广东都指挥使司。至清康熙八年（1669年），改隶广东都指挥使司碣石镇，为该镇9所之一，是明清两代极为重要的海防要塞和军事机构。清宣统三年（1911年），辛亥革命爆发，城所数十名老将和文武官员弃城逃走，城所废置。中华人民共和国成立后，四周城墙逐渐被夷为平地，变成环城大马路，现存西北一城角。

捷胜学署遗址 建于明嘉靖元年（1522年），在捷胜所城文庙后，属捷胜所学官官署，其规制与海丰所、甲子所学署相同，该署毁于何年，失考。

文祠遗址 又称内文祠、内文阁、文亭。改建于明天启五年（1625年），坐北朝南，在捷胜所城南门内，原为文庙旧址。祠悬匾额“斯文捷胜”。后文祠倾圮。清雍正十年（1732年）冬修建。雍正十三年（1735年），增建中座圣谕宫及后座约台。同治六年（1867年）10月，增建前座会魁楼、并重修圣谕宫（改名敦化堂）。同治七年（1868 年），改称文祠为内文祠、内文阁。占地面积 2200 平方米，建筑为三进式瓦木结构，分前楼、中堂、后阁，前为会魁楼，中为敦化堂，后为文昌阁，东西为走廊，整座文祠具有明清时期建筑风格，属明清两代捷胜所城学宫。1989 年，拆二侧走廊及敦化堂。1997 年，拆会魁楼。现存后座台阁及若干碑刻。

外文祠遗址 又称外文阁，建于清同治七年（1868 年），坐北朝南，在捷胜所城西郊，占地面积 2 200 平方米，建筑与内文祠相仿，为三进式瓦木结构，前为楼，中为堂，后为台阁，东西为走廊。该文祠为清代捷胜所城士子参加科举前强化训练的教学场所。祠内祀文昌帝君。中华人民共和国成立初，祠拆毁。后改建为文昌中学，现改为捷胜中学。

烟墩遗址 有 5 处，曰大茅山烟墩（沙角尾烟墩）、小茅山烟墩（沙坑烟墩）、东门岭烟墩、前进烟墩、东坑烟墩。大小茅山 2 处，建于南宋末期。东门岭、前进、东坑 3 处建于明末清初。上 5 处属灰沙夯筑圆形结构，均于清康熙十年（1671 年）重修。中华人民共和国成立后，改大小茅山 2 处为哨所，今皆废。

赖氏家塾遗址 原称松阳家塾，建于清乾隆十八年（1753 年），原址在水坑街，由时任龙门协左营都司赖天祥襄助，龙门协左营把总赖汝贤主持兴建。至同治八年（1869 年），由大鹏所副将赖镇边（后升碣石总兵）倡议，贡生赖殿材集资迁建于北门街太平巷（俗称“鸬鹚街”），占地约 2 000 平方米，总建筑面积 262.6 平方米，属封闭式四合院，硬山顶、风火式山墙、抬梁式梁架、面阔三间三进。前庭门楼塑“松阳家塾”灰雕匾额，门两侧塑“源溯颍川绵世泽；书传秘阁振家声”对联；明间面阔 7 米，进深 4.5 米，脊顶稍高，两檐微翘，称燕仔尾。大门刻“恩承枫陛，派衍松阳”石联，横额为“赖氏家塾”石匾及灰塑九折篆“秘书故里，御史遗风”对联，还有“加冠晋禄”“五伦图”“五竹图”“河图洛书”“凤毛济美”“麟趾呈祥”等 22 幅壁画。堂内悬匾，左为“文魁”，右为“武魁”，中为“庶吉士”，设屏风及二侧门，屏风竖刻“颍川”2字，为清末湖北巡守道员谭泽闿（谭延闿之弟）手书。二进为阳井、庑廊。阳井面阔8.6米，进深5.5米；两侧庑廊进深2.2米，各有2圆形檐柱支撑。庑廊左右各有灰塑8条幅，刻《朱子家训》全文；四边梁下有渔、樵、耕、读4壁画。三进为主殿，为学生上课处。明间面阔13米，进深6.3米，梁架为七步梁，中开八扇门，门悬会昌赖鲲升手书之“松阳堂”横匾，门顶设半圆形拱顶（俗称“博龟”）走廊接左右庑廊。院之左右山墙外1.5米处设围墙，各开小拱门作火巷，左通赖氏五房祖祠，右接花园。该庭院为传统四合院式古建筑。2012年重修。现存多副精美灰塑对联及壁画。

蔡氏宗祠遗址 又称蔡氏济阳堂宗祠，在城内东门街前段，坐南向北，占地面积约800平方米，建筑面积约650平方米。建于清乾隆后期，最初为一小座间。清光绪十三年（1887年）扩建时加后座。民国三十一年（1942年）再建。中华人民共和国成立后曾被征用为文化站、五一校、中心校分校，后归还蔡家。1994年，全面重修。整体建筑为前后两座落，二进一天井。前座正间为悬山顶，后座为硬山脊顶，前后座均为双耳风火式山墙，后座前附1拜亭。天井两旁各有1走廊相对，深2.07米，两廊为悬山顶。前座面阔三间，进深5.15米。正明间阔4.5米，15桁椽，两内向厢间阔3.9米，13桁椽。后座面阔三间，进深6.18米，正明间阔5.1米，17桁椽。两旁内各通1旁间，阔3.6米，12桁椽。拜亭阔与后座正间同，进深3.45米，歇山顶，前檐两端上翘。天井宽8.17米，进深5.15米。整体格局为古式的“三山抱印”式、“四水归池”局。现存多座石雕、木雕、灰雕及多幅人物、山水壁画等。

遵经书轩遗址 在第六街，建于清代，坐西向东，二进三间，清代建筑风格。为清末贡生何次韩创办的私塾。斯处多文人雅士唱和之逸事。清光绪三十四年（1908年）春二月，何次韩向许兆寅贡生索画，许兆寅在遵经书轩作梅花图并题诗。翌日，何次韩于遵经书轩之湄园题诗答谢。

陈蔼如贡生观后，亦欣然命笔，题诗作贺。今三贡梅花图藏于何次韩第五代孙处。民国末年，新学兴起，该私塾教学难以为继，于中华人民共和国成立初期停办。

进修书房遗址 在第六街中段西侧公门楼内学海堂，建于清代，为何氏五房私塾。书房刻有清代海丰举人陈二南两副对联：“进学只缘遵古训，修身端不让前贤”；“进前些升堂入室，修到此希圣达天”。民国末年，因新学兴起而停办。曾培养出很多人才，如清举人何懋徽、贡生何子植、贡生何子英等。

基督教捷胜堂遗址 清光绪十九年（1893 年）创建。原址位于捷胜镇大流村南，以 3 间旧平房改成基督教活动场所，面积有 400 多平方米，内有门楼、礼拜厅、牧师室、客厅、宿舍、厨房等。当时由汕尾等重点教会派教职人员驻堂主持教务、教育等工作，教徒每逢礼拜日集中教堂举行宗教活动。1951 年，捷胜堂停止宗教活动，堂址改为他用。十一届三中全会后，政府贯彻落实宗教信仰自由政策，基督教捷胜堂恢复正常的宗教活动。2006 年，政府宗教工作部门准予捷胜基督教活动点登记为固定处所。

联星天主教堂遗址 在西门外联星村流巷。清光绪二十一年（1895 年），符玛窦神父用教徒名义，向西门外林姓购置旧屋一连 5 间，略加修葺，作为公所。光绪三十二年（1906 年），沈若瑟神父（意大利籍）出资依旧址改建教堂，教堂坐西北向东南，总面积 778 平方米，其中建筑面积 245 平方米，有礼拜堂、神父房、钟楼、平房等建筑。民国三十八年（1949 年），捷胜天主教有教徒 200 多人。中华人民共和国成立初期，传教神父离开捷胜，天主教会解散，教堂活动停止。教堂由政府接管，此后被作为铁器社加工场等使用。1982 年，贯彻落实宗教信仰自由政策，捷胜天主教信众在教徒的家里集中过宗教生活。1989 年 8 月，政府宗教工作部门依法批准联星天主教活动点登记为宗教活动场所。1990 年 10 月，汕尾市城区人民政府落实宗教政策，发文批准将 709 平方米的房地产归还捷胜天主教会。1991 年，捷胜天主教徒成立筹备组多方筹资重建。自 1994 年至现在，先后投资 30 多万元，建成了主堂、圣母山、附属房等，总建筑面积 350 平方米。

第二节　古建筑

一、坛庙

捷胜寺庙建筑历史可上溯至宋代。明代初，随着所城的设置，配建了城隍庙、四大元帅庙、九王爷宫、五土四社稷、旗纛庙、文庙、关帝庙、双忠爷宫、南海东佛祖庙、地藏王宫等宗教设施。至清代、民国期间，宗教得到发展，寺庙兴建之风大盛，宋、明时所建的寺庙均曾重修。但其时都能秉以“雕新不如刻旧，刻古终胜雕今”的建筑原则，对一些有建筑艺术价值的寺庙，均在原基础上予以加固修葺，并未先毁后复。改革开放以来，这种建筑原则并未为人们所重视，致使大部分具有历史价值的寺庙建筑拆除殆尽。现在，所有重建的寺庙建筑，均为水泥结构，而原先为二进、三进宫殿式布局，硬山顶，穿斗式或抬梁式梁架结构的古建筑，已少见矣。

疍家宫　在埔尾小学左侧，为宋代疍民所建，建筑面积约 20 平方米。宫内原祀蛇神。《赤雅》:“蜑（疍）人神宫画蛇以祭。”李调元《粤风》疍歌题后注解:“(疍）或曰蛇神，故祀蛇于神宫也。”

古庙　在城内南路中段，建于南宋年间。建筑面积约 150 平方米。

白石庵　建于南宋末期。在东坑村东北侧半山腰，巨石悬空，石壁上阴刻横书“白石庵”3 字，下有庵宇。清代曾修缮，易名“清凉寺”。1966—1976 年，庵宇受破坏。1989 年再修，复称“白石庵”，建筑面积约 200 平方米，有主殿、左右偏殿及厢房，有地道通猫洞（抗战时红军所挖)。

城隍庙　在后山头，明洪武十四年（1381 年）建。城隍庙之地，原为洪瑛所献。据《洪氏族谱》载:“洪武十有三年（1380 年），……城所内外社约众信议建城隍庙加筑庙前戏台，众绅商于瑛公，公复将地赠送之。越年（1381 年），庙台落成……”设前门、后寝，中为拜亭，庙前建戏台。规制与海丰、碣石、甲子、平海等隍城相同。清康熙初年，隍庙倒塌。雍正年间重修。民国二年（1913 年）再修。民国十六年（1927 年）拆毁。民国十八年（1929 年）重建。中华人民共和国成立后曾一度改作粮仓、卫生院门诊部。1992 年，城隍庙产业归还地方。1993 年农历三月重修。1995 年落成。建筑仿宋明宫殿。

四大元帅庙 建于明洪武二十八年（1395 年），为捷胜建城标志的宗教建筑。庙有 4 座，一在北门菜街，祀威灵瘟元帅，为金大神温琼。一在北门第八街，祀圣仁康元帅，名康席。一在西门街，主祀灵官马元帅。一在西门第五街，祀财神赵公明。

九王爷宫 即 9 座三山国王庙。建于明洪武二十八年（1395 年），为捷胜建城标志的宗教建筑。依明初卫所规制，东城 2 座，一在后山头坎下，一在水坑街口；西城 2 座，一在西门头顶，一在刘巷口；南城 2 座，一在南门外头社，一在第六街；北城 2 座，一在捷兴社，一在金竹乡。第九个王爷宫位于大流顶社。

五土四社稷 建于明洪武二十八年（1395 年），为捷胜建城标志的坛庙建筑。五土，即 5 个福德老爷宫（即大伯爷宫，与乡社之大伯爷宫规制不同），设于捷胜城东西南北中之位，其设置为车轮式。四社稷，一在东门水坑街口，一在西门水阁村，一在石头村，一在城隍街（正直街），均筑水星及祭台，上立石碑，以祀稷神，春秋仲月上戊日祭，至期设主于坛，祭毕而藏之。

旗纛庙 属军神庙，建于明洪武二十八年（1395 年），在捷胜所署左侧，掌印千户行祀事。规制与海丰、甲子二所相同，为捷胜建城标志性坛庙建筑。

双忠爷宫 建于明洪武年间，在新兴社内，坐西向东，建筑面积约

200 平方米，有前后二殿，中置拜亭。20 世纪 80 年代末期重建，庙宇较简陋。

南海东佛祖庙 建于明洪武初年，原为小庙。1997 年农历二月十五日，本城释果宜师父募资筹建，同年农历三月上梁，于原庙右侧拓建该庙。占地面积约 1000 平方米，建筑面积约 500 平方米。主殿为观音静苑，殿门对联为“观空有色西方月，听世无声南海潮”，殿外左侧配有 2 小庙，右侧配有斋堂及福德祠。

凝波寺 又称“观音堂”，在后山头东北角，占地面积约 1 500 平方米。明洪武十三年（1380 年），由福建船队捐资所建。明嘉靖壬午年（1522 年），广东提督学政魏校奉旨废寺庙兴教育，改寺为“捷胜社学”。至清康熙“复界”之后，恢复为寺，住僧弘法。该寺坐北朝南，二进面宽五间及两厢房，穿斗式木梁架，土木石结构，风火式山墙，悬山脊顶，饰有精美的如来符号瓷雕。前殿面宽三间 10 米，进深 4.2 米，左右间厢房宽 2.8 米，两厢房分别与前殿左右各外墙间 1.25 米的通道，各厢房内又有二小间，有门相通。后殿联厢房面宽五间 19.3 米，进深 8 米，附厢房宽 4 米。前后殿中间天井宽 5.85 米（五步），左右有两廊对称，廊后又有房各一间，整体建筑布局为明朝时南方流行的“四水归池”和“四拖车式”格局。清康熙、雍正、嘉庆、道光及民国期间均有修葺。原有各种各样彩绘木雕、灰雕、楹联等，历代碑记也保存较好。中华人民共和国成立后，该寺被改作捷胜卫生院员工宿舍。党的十一届三中全会以来，为落实宗教政策和保护文物古迹，2003 年，由捷胜镇政府牵头解决，捷胜卫生院按协议将凝波寺旧址归还佛教界管理使用。2005 年 2 月，因年代久远，寺宇残旧而拆毁重建，现已建成观音殿、念佛堂、阅览室、宿舍楼等，占地面积 2 064 平方米，建筑面积 2 373 平方米，其中观音殿建筑造型古今结合，古色古香，庄严壮观，供奉观音菩萨等 28 尊圣像。

天太后宫 称妈祖庙，在石头村，建于明成化十七年（1481 年）仲秋。清道光二十七年（1847 年）重修。2017 年重修，改称“天后宫”。

宫庙并戏台之地约1 000平方米。外设围墙，建有门亭，前置二石狮。墙内有庙宇，分前后二殿，中为天井，东西两侧为庑廊。宫前设戏台。现存有明代香炉、石狮及总督大老爷禁碑（建庙公约）等文物。每年农历三月廿三日天后圣诞需演戏。诞辰正日，有“摆席”“送子”仪式。东坑马岭山、沙角尾村、牛肚村、龟龄岛等天后宫亦然。

七老将公祠 俗称“大人公”，在牛肚西南红沙坝，毗邻沙坑。明嘉靖年间，牛肚、沙坑二村为纪念7位抗击倭寇的将士而建。2001年，沙坑村又出资重修。占地面积约300平方米。祠门两侧刻“精忠垂青史，战绩著南疆”对联，门额横刻“护国庇民”4字。祠前设拜亭，两侧亭柱刻“守土捐躯丹心一片昭千古，戍边殉节义气长存纪七人”对联。现存明代石香炉1个。旧时中元节（俗称“七月半”），牛肚、沙坑村民联合到祠前搭棚设台立纸鬼，自带包子、薄饼、米酒、清茶、水果等祭品，举行“祭孤”（又称“祭幽”“祭佑”）活动，祈求平安。20世纪90年代后，祭孤习俗已简化，二村亦不再联合祭拜，沙坑一般在中元节之前祭佑，牛肚则在中元节之后。另捷胜所城东、南、西、北4城门外各设1境主，每年中元节于定日祭佑，祈求全城平安。沙角尾村亦有此俗。

关帝庙 在南门街中段，建于明初，占地约30平方米。中华人民共和国成立前，庙较大，后因国民党整街时裁去一半，而成现貌。有庙联“庙宇巍然，宛如季汉偏安局；威灵永在，应与中华万古存”。据传，逢关帝诞辰，头一天即下雨。入夜，庙有磨刀声。又，第八街口原亦有关帝庙，毁于土改期间。

云海寺 在镇西南侧小海，建于明崇祯年间。1987年农历八月十六日重建。占地约1 000平方米，整座建筑分前后两殿，中为天井，东西为厢房，结构仿明清建筑。

得道庵 在城西海岸第一山上，建于明初，明永乐年间（1403—1424年），有朱姓主仆于此结庐，曰栖云居。尔后，朱氏后人以此为别院禅修读书。至崇祯年间（1628—1644年），邑庠生朱伯扶之女朱素云在此静修，法号慧闵。后朱慧闵捐出此地，洪师达上募资兴建，改名“云山寺”，时院仅数椽，可遮风雨。后朱慧闵逝世，葬于寺侧凤仪亭，曰皇姑墓（因南明隆武皇帝认其为皇姑），今已毁。至清乾隆年间，又增建三宝佛殿及两厢。光绪七年（1881年），住持遇缘师扩建，历时9年，始告成功，易名“得道庵”。该庵占地面积650平方米，布局协调，结构严整，素有“胜地灵岩”之称。另外，利用天然奇石及山形地貌，以天然造化，结合人工巧琢，构成“虹桥捷步”“曲径通幽”“莲池印月”“壁涧流泉”“石船泛陆”“古壁苍松”“仙井盘空”，集为该庵八景，故有“地拓三弓，却翠西山之秀；天开八景，洵增南国之光”的雅颂。历代有不少名人墨客刻石题字。1984年重建，历时3载，投资40万元建成前后殿宇及厢房等。1990年年底，政府宗教工作部门依法准予登记为宗教活动场所。1997年4月，聘请释新成大和尚任住持，释光度任副住持兼管委会主任、释耀性任监院兼管委会副主任。2002年年底，捷胜镇撤销得道庵管委会。2003年2月，城区民族宗教局批准成立“得道庵寺务委员会”，释新成任主任，释耀性任常务副主任，罗木尊任委员。其后该庵聘刘桃居士等人协助管理。同年，城区人民政府批准为区级文物保护单位。2004年12月31日，汕尾市人民政府批准为市级文物保护单位。2005年5月，释耀性任住持。2008年8月后，释如亮、刘桃、罗木尊等负责寺务工作，现常住僧人6人，佛教信众4 500人。近年来，增建千佛殿、卧佛殿等。现占地面积45 000平方米，建筑面积3 100平方米，主要建筑有大雄宝殿、千佛殿、卧佛殿、普同塔、香火堂、斋堂等。

巡抚祠 又称“恩祠”，在东门街中段，清康熙初年为纪念广东巡抚王来任和两广总督周有德而建。今沿海乡镇均有祭祀王来任、周有德的生祠牌位。清康熙四年（1665年），广东沿海处在海禁之中，十乡之中存无四五，十室之中死有六七。王巡抚目睹此状，深感迁民缩界之政令有害无利，遂以一死谏君，条陈六大害，请旨复界。因此，濒海百万乡民俱得归里。王巡抚死节之仆音乍至，粤民号啕大哭，悲痛至极！时两广总督周有德奉特旨展界设防，目睹迁民惨状，乃上疏请旨，预备牛种、给迁民以前业，不许豪强隐占欺凌，并设官兵于防外。迁民雀跃不已！为纪念王巡抚、周总督，捷胜百姓设专祠祀奉这两位大功臣。在清代，该祠香火鼎盛。至民国初期，改为捷胜小学分校校舍。1966—1976 年期间，祠被毁，后又改建为东村小学。曾存碑刻，被砌于东村小学校舍墙壁中，今已遗失。

地藏王宫 有 2 处，一在龙头乡，建于清代，1986 年重修。一在东城角，建于民国二十四年（1935 年），2005 年重修。

普善堂 在南门外头社，建于清代，2003 年重修。

三官堂 在埔尾村，建于清代。今已重修。

催官爷宫 在捷胜所城北门外，约建于清同治六年（1867 年）底至同治九年（1870 年）之间。

圣谕宫 在捷胜所城南门内，为内文阁中堂，崇祀文武二夫子。清雍正十三年（1735 年），敕封修职郎、诰封奉政大夫黄大纶倡建。嘉庆中叶，复奉魁君圣像祀于宫中。历有增修，后倾圮。同治六年（1867 年）10 月，明经何宰离、茂才邝肇选捐资重修，翌年 4 月落成，改名敦化堂。1989 年拆毁。

长春洞 在城西大富村山上，洞由巨石覆盖而成，洞口刻“长春洞”3 字，阴刻行书。该洞原为清光绪年间秀才何湘峪隐所。何湘峪原从儒，后学道，取号“悟觉子”，奉纯阳真人吕洞宾为祖师。今建有庙宇，为道家圣地。

老母宫 建于清光绪末年，在云山得道庵西侧山上，原宫较小。1993 年，捷胜道众发愿重修，称为坤灵宫。1998 年，原得道庵副主持、香港玄觉道长到该宫任主持，历经 3 年，集资 140 多万元，将其拓建，并易名为云山观，占地面积约 1 万平方米，建筑面积 1 400 平方米。四周有围墙，门向东，属牌坊式建筑。该观建筑为一座三间暨两旁走廊，中为五大老母殿，左为玉皇殿，右为观音殿，殿内分别置祀各位神佛塑像。

前面为张天师殿宇暨两房厢房，张天师殿供奉张道陵塑像，殿前为拜亭，左厢房为道坛和签解服务场所，右厢房为管理处和道长居所。2000 年 10 月，政府宗教工作部门依法批准云山观登记为道教活动场所。

文昌帝君庙 在城西，今文昌中学校内。2005 年，于外文祠原址上修建。

二、亭台

城隍庙戏台 在后山头城隍庙前，为岁时演庆之用。明洪武十三年（1380 年）建（《海丰县志》作“万历年间”，实误），台向 40°，台墩高 1 米，面阔 3 间，明间宽 4.4 米，两翼次间各 1.9 米，进深 4.1 米，风火式山墙，梁架是穿斗式结构，为明代土木建筑。20 世纪 90 年代初拆毁重建。

约台 在内文祠后座，清雍正十三年（1735 年）建，为岁时演庆之用，今存。

拂云亭 在镇东郊坣头村侧，清康熙年间，黄百万捐建。今毁。

烈女亭 在镇西郊大流豆町，清咸丰十年（1860 年），捷胜衙门奉旨为联安烈女黄深娘建造。中华人民共和国成立初期被毁，亭柱被迁至后山头下建造老鱼市。20 世纪 90 年代初，老鱼市被拆毁，原烈女亭亭柱运往文昌中学保存。亭内圣旨原文石刻不存。

浩瀚亭 在西山半山腰，原为得道庵山门亭，亭内刻有得道庵八景诗。原无亭名。1959 年，文化学者何若琰取亭名并手书。后于 20 世纪 90 年代初被拆毁。

三、楼阁

会魁楼 又称“奎楼”“魁星楼”，在捷胜所城南门内，为内文祠增建之前楼。清同治六年（1867 年）10 月，明经何宰离、茂才邝肇选捐建，翌年 4 月落成。楼设 2 层，楼下为大门，内通八角门，八角门 2 侧有小门，设楼梯通二层。楼上有圆窗遥对黎明洞魁星石，取“会魁”之意。1997 年拆毁。

文昌阁 有 2 处，一在捷胜所城南门文祠内，建于明初，今存。一在捷胜所城西郊外文祠内，建于清同治七年（1868 年），后被拆毁，今重建为亭式建筑，改称文昌帝君庙。

四、古井

蟾蜍井 在西门街大井头，建于明洪武年间。俗传井内住有一只三脚蟾蜍，能喷烟，知风雨，故名。四周围以栏干，井内泉眼四通八达，清泉四溢，鱼虾龟鳖遨游。20 世纪 50 年代填为平地，现为民宅占用。

龟龄岛井 原有 6 口，现存妈祖庙以西 2 口，日出水量达 200 立方米以上。岛处汪洋中，而井水清甜可饮，奇也。

五、粮仓

捷胜仓 旧为永积仓，在捷胜所署大堂右侧，明洪武二十七年（1394 年）建，厅、门、楼俱备，为军屯粮仓。正统年间，改属海丰县仓廒官。

义仓 在第八街，建于清代，为地方储备粮仓，中华人民共和国成立初撤销。

第三节　名胜古迹

捷胜山水灵秀，胜迹颇多，有大八景和小八景之分。大八景是“云山曙色”“石室洞天”“龟龄浪海”“娄湖夕照”“鹤岭眺远”“石鸡啼岭”“古山聊夜”“双石镇流”。小八景是“海岸第一山”之八景。

海岸第一山 又称“西山”“捷胜山”，在城西 1 公里处，系宝楼山脉段，山势高耸，怪石嵯峨，从山门可领略龟龄岛浪阵横空、岩壁溅珠的壮观，同时可欣赏霞光初照、帆影云港的恬静风光，故有“云山曙色”之誉，是捷胜大八景之一。游人进山，原要过“通得挤”，经“开觉路”，绕“同归佛海”石壁，而达山门亭。山门亭匾额原有何成濬所书“海岸第一山”5 个大字，下两侧刻清末庠生张江槎所题“得门而入清门第，道岸先登彼岸山”对联。亭内壁上刻有清代岁贡虞赓起的得道庵八景诗，后因改建山门拆毁。该山景点有“虹桥捷步”“曲径通幽”“莲池印月”“壁涧流泉”“胜地灵岩”“古壁苍松”“石船泛陆”“仙井盘空”等，俗称小八景。山上诗文石刻众多。主体建筑得道庵后北侧 4 米高石壁上刻有“护国镇海”字迹，为清宣统三年（1911 年）楚南昌江县周昆题。山门右侧石壁有“点头”石刻，为清末庠生林大蔚题。石壁上还有民国初年林襄侯“经从古佛撰，妙法石能转。这里探禅机，恍然头一点”石刻诗及比丘根慧“挂锡西山乐有余，到头名利总空虚。山僧自愧根底浅，六贼纠缠费扫除”石刻诗。山门外西侧岩石上有民国二十九年（1940 年）海丰县长钟姚题刻的“同归佛海”字迹。“文化大革命”期间，山上建筑遭到破坏。1986 年，当地信众延请释新法师住持，修缮重建寺院，新塑 4 米高观音像，架设电话线路，修通山顶公路，装修文塔祠，新建山门、大殿等殿宇。昔时石刻遗迹保存完整，为滨海风景胜地。俗传，山上壁涧流泉长年不涸，清洌甘甜。山下居民常来汲水烹茗，饮后让人尘劳扫除，心志清醒，延年益寿；另外，仙井之水，四时不竭，饮之可去百病，消灾解难，玉成好事。

黎明洞 俗称“水龟峒”“石厝洞”，又称“捷胜石室”，在镇西南 1 公里处石厝村后山，以洞奇、石美、士贞、文犀而名闻遐迩，有“石室洞天”之称，是捷胜大八景之一。据清 · 同治版《海丰县志 · 古迹》载：“有石如盖，内可容二十人，外有岩扉，不假人事，为前明廖天佐隐所。”洞内呈不规则形，约 300 平方米。巨石盖顶，由西向东倾斜。分前后 2 个洞门。前门两侧刻“德仰泰山千古在，名留石洞万年芳”对联，门额刻“阃外光华”4 字，为清代咸丰年间刘向魁携其子刘学调游此时所刻。门顶岩壁原刻“黎明洞”3 字，已剥落。东侧为后门，岩壁刻明代抗倭将军刘松“山海奇观”诗联。西南、东北侧石壁还有摩崖诗文石刻、石门床、石棋盘等文物遗迹。明天启年间，邑庠生廖天佐不愿仕清，在此隐居，自称“一窑洞居士”，将石洞命名为“黎明洞”。后明将总戎刘锷不愿降清，到此与廖天佐一同隐居。康熙初年，两人先后离开黎明洞，不知所踪。

龟龄岛 又称“小羊岛”，有“龟龄浪海”之称，是捷胜大八景之一。该岛在牛肚海岸对开海面，周边有牛皮洲、赤腊、鹰屿、青屿和捞投屿等小岛。北距陆地 3.17 公里，距国际海道 12 海里，是厦门、汕头至香港、广州航线必经之地。岛形似海龟，故名龟龄岛。又传南明隆武皇帝朱聿键及郑芝龙、黄道周等人于此岛停舟休整，因隆武皇帝小字长寿，故此岛又名长寿岛。周边海域盛产鲍鱼、龙虾、对虾、海胆、鲳鱼、黄花鱼、石斑、过鱼及紫菜、赤菜、佛掌菜等。岛上山羊成群。建有妈祖庙（明代建）、海峡和平女神石像。风景地貌有南天门、羊回头、卧佛、蘑菇石、米瓮石等。据考，古代龟龄岛是沿海丘陵伸出的岬角，南宋以前曾与捷胜大陆相连。南宋末，因地壳下沉，海平面上升，岬角中段陷落，末端沦为孤岛，青屿以北与大陆之间的古城沉于海底。该岛有天然泊船区，过往商船常到此增补给养，沿岸居民视为宝岛，陆续登岛开设商铺、茶楼、酒馆、旅店。每天有 2 班渡船往返捷胜圩。鼎盛时，岛上住有渔民、商人约 3000 人。岛上旧村原有海边街、中街、后山街，有 6 口水井供居民饮用，现存妈祖庙以西 2 口淡水井（日出水量可达 200 立方米以上）。民国后期，盘踞有海匪。中华人民共和国成立初，海匪为解放军歼灭，海岛恢复安宁，住有居民约 200 人。时政府在岛上设粮食托销点、气象站和水产收购站，为渔民服务。1962 年，因战备，岛上居民迁回大陆，原岛上建筑成为废墟。今岛上山羊仍成群。该岛现已开发为旅游胜地。

石狗湖 又称“娄湖”，在镇东南侧，因湖口处有一凸出水面的大石形似狗而得名，有“娄湖夕照”之称，是捷胜大八景之一。石狗湖，水域辽阔，位置特殊，是疍民渔船避风的天然渔港。早在新石器时代中晚期，就有越族疍民在两岸群集泊居。因其水道畅达，渔船可通至埔尾村码头，故疍民喜欢于此捕鱼资生，长期居住。宋元时期，疍民在埔尾村建疍家宫，祀有蛇神像。明成化年间重修。该宫烛火香烟，四季缭绕，疍船泊岸即往祭之，以求鱼虾满仓，风调雨顺，四季平安。至明清时期，该岛是捷胜所城的军需要道。当时湖深可泊巨船，可容大小渔船数百艘，是一处避风良港，也是一处集渔港、商港和军港为一体的综合港。清初，郑成功踞闽粤沿海岛屿抗清。顺治四年（1647 年）春，以苏成、苏利为首的海丰抗清义军，曾一度攻占捷胜所城。后来，苏成与举人林呈祥率船队进攻海丰县城。因各地豪强武装支援清军，苏成不敌，退守碣石卫，时百姓多有随苏成军队退去。顺治五年（1648 年），苏成死，义军归苏利统领。顺治六年（1649 年），苏利进据海丰县城，扬言抗清。顺治七年（1650 年）冬，捷胜所城守备汪古，害怕苏利的抗清义军再次攻城，采取捷胜举人翁光肃的建议，以木船载巨石沉塞石狗湖口。自此后，捷胜便失去一处天然渔港，而疍民亦失去避风栖身和生产之所，被迫迁往别处。民国三十年（1941 年）及民国三十四年（1945 年），日本侵略者两度侵占捷胜，使捷胜处于沦陷状态。据传，日本侵略者在进攻捷胜城之前，石狗湖的石狗曾发出叫声，石头村的叮咚鼓便随之响起，百姓听到响声，迅速迁出城外避难。在战争年代，该岛在隐兵策应、登陆与反登陆上，有着重要的战略意义。

白石庵 在东坑村东北侧半山腰。山峰绵延数百里，起伏不断，怪石嶙峋，地势险要。该庵环境清幽。游人自山下沿曲径而上，峰回路转，树木丛生，涧水如琴。至半山处，可见 4 块岩石叠砌一处，构成奇异巨岩，高约 20 米，宽七八米，悬空而挂。岩石前壁阴刻横书“白石庵”3 字，岩下建庵宇。庵为南宋末期觉龙公主创建。据传，觉龙公主为南宋末年戍边女将，后见复国无望，与随从隐姓埋名，在东坑村白石庵山建庵修行。现庵里祀有她的牌位，被尊为“释兰师”。庵前原埋有她的佩剑及坐骑马骨。原庵规模较小。至清代，该庵曾有修缮，并易名“清凉寺”。后经长年风雨侵蚀及 1966—1976 年人为破坏，庵宇倒塌其半。1989 年重修，复称“白石庵”，并在原址上扩建。现除原有庵宇作为主殿外，还配有左右偏殿及厢房等，总占地面积约 1000 平方米。该庵作为帝女隐迹，已成为人们向往的旅游胜地。

第四节　石刻　匾额

一、摩崖石刻

刘松石刻诗联　在黎明洞东侧后门岩壁上，为明万历元年（1573 年）抗倭名将刘松题刻。录文：山海奇观：石洞烟霞古，乾坤岁月长。游石山：石室云深古洞赊，乾坤今喜到天涯。涛声彻夜谐歌咏，山色腾空结露霞。人在壶中春浩荡，剑于阃外日光华。停骖缓步高岗上，入望沧溟起浪花。大明万历元年岁在癸酉夏之吉海丰寿山刘松题。石洞对联横批为“山海奇观”，楷书阴刻，字径约 50 厘米，联文字幅 140 厘米 ×30 厘米，字径约 30 厘米 ×25 厘米至 32 厘米 ×31 厘米;《游石山》为七言律诗，行楷阴刻，字径 15 厘米 ×10 厘米至 25 厘米 ×23 厘米，字幅 200 厘米 ×130 厘米。诗联未入旧县志。2002 年 6 月发现并修复。

廖天佐石刻诗　在黎明洞南侧岩壁上，石刻面积 250 厘米 ×220 厘米，楷书阴刻，字径 18 厘米 ×17 厘米至 27 厘米 ×25 厘米。录文：旹，天启乙丑冬，蒙梁壮廷、朱斗耀、黄拙含见招，偕同蔡渭熊、朱璜渚、黄振鸣、钟心发酌此留题：水尽山穷处，天空雪◇时。桴因观海泛，酒◇傲游賫。留石非供◇，临题若寄思。圣明余暇日，有截和《毛诗》。一窑天居士廖天佐吟。为五言律诗，诗中缺 3 字。

“天然佳趣”石刻　在黎明洞前门左侧约 3 米高的岩壁上，右附小序。录文：天然佳趣。光绪戊申重九，后佥偕碣石陈竹樵、◇◇、陈晋三游于此，见其峰奇、其石怪、其洞幽而阔，殆所谓琅嬛福地非耶。继而登绝顶，远眺大海，波涛接天，岛屿潆洄，帆樯出没，真海岸一大观也。爰撰四言，并缀数语，勒此石上，以志鸿雪云尔。海邑吴伯熙书。石刻 1 米见方，行草阴书横刻，字径 40 厘米 ×30 厘米，字幅 185 厘米 ×50 厘米。

“护国镇海”石刻 在得道庵后座4米高石壁上。字径50厘米×45厘米，阴书横刻。清宣统三年（1911年），楚南昌江县周昆题刻。

“点头”石刻 在得道庵山门处虹桥对面一巨形石壁上，字径76厘米×56厘米，楷体阴书横刻。为清末秀才林大蔚所题，石匠吴茂盛勒刻。

林襄侯石刻诗 在得道庵山门石壁上，录文：经从古佛撰，妙法石能转。这里探禅机，恍然头一点。字径13厘米×15厘米，字幅73厘米×110厘米，阴书直刻。为民国初年东门林襄侯所题刻。

释根慧石刻诗 在得道庵山门处石壁上，录文：挂锡西山乐有余，到头名利总空虚。山僧自愧根底浅，六贼纠缠费扫除。字径14厘米×12厘米，阴书直刻。为民国初年半途出家的释根慧（原为北方军阀师长）所题刻。

“同归佛海”石刻 在得道庵山门外西侧岩石上，楷书阴刻，字径45厘米×40厘米，民国二十九年（1940年）1月望日，出巡县长钟姚留题。

二、碑刻

倡募寺田碑 长1.4米，宽0.68米，原立于凝波寺大门右侧，原碑文可辨，今剥落难认。录文：闻之莫为之前，虽美弗彰；莫为之后，虽盛弗传。如我凝波寺，自康熙壬申年，合所绅士共置有粮田一（丘），（在湖东）土名、东门岭脚、湖东乡等处，载所斗租田四十石正，敬奉佛祖香灯。越自历多年，所大雨频经，田堤被水冲坏，坑沙壅塞；兼之主持无力修整，一片膶腝芳田，变作恒河化沙。岁之所八十无一二。爰集同人，约备劝捐，且喜心心相印，开诚乐捐，即就可耕之处，雇工筑造，竣工之日，批实铁租三十石有奇，虽为费天几而事多协力，固可昭前微于勿替，期后效于縻涯者。爰付贞珉，以博览观云。清嘉庆四年蒲月谷旦僧春勒石。

总督大老爷禁碑 长2米，宽1米，立于石头村天太后宫门前左侧，为建庙碑记，碑文模糊难考。

钦命广东碣石镇右营都督府张富遗爱碑 原碑立于大埔，为清康熙年间镇守捷胜所城的张富将军功德碑，碑文已难辨识。因大埔改耕地，原碑被石头村一渔民移置家门外，现风化严重。

“文武官员至此下马”碑 长2米余，宽1米余，原立于内文祠门口，已遗失。

登社碑 长2.17米，宽0.4米，现立于内文阁后座约台前，属功德碑，为雍正十三年修建内文阁时所立。

捐置祀产碑记 长2.05米，宽0.78米，现立于内文阁后座约台前。录文：溯自鼎建，圣谕宫崇祀文武二夫子、魁君以来，我捷地叨沐皇仁，宠膺神眷，人文蒸蒸蔚起矣。顾祀典行而祀产尚缺，将何以之。久且崩湮乎。丁卯夏倡襄，是绅士（欣）然乐从，不越旬而标金汇集数百，斯其为俎豆明计者，至深且远也。无忌后之人，广捐而增置之。有于来兹焉。嘉庆十二年丁卯季冬吉旦恭竖。

修建会魁楼碑记 长2.15米，宽0.84米，现立于内文祠后座约台前。录文：我捷内文阁肇建，雍正十年壬子，为宣讲圣谕，宫崇祀三圣，此邦教所由昉矣。雍正乙卯，因宣讲起居，中座旋于外为台，备岁时演庆。迨嘉庆中叶，复奉魁君圣像祀之，中座增修润色，代有其人，而岁久年湮，不无倾圮剥蚀。同治丁卯之秋，同人踊跃，庀材鸠工，经始于十月，越戊辰四月落成，外建会魁楼，中为敦化堂。朱子云：敦厚其化，根本盛大，有厚望焉。董是役者，明经何君宰离、茂才邝君肇选，捐资成美，则诸君子力也。爰镌贞珉，俾垂不朽。同治七年端阳前一日，癸丑科恩贡生林典莱恭志。

起建约台碑记 长2.05米，宽0.85米，现立于内文祠后座约台前。录文：雍正二年春，皇上仰体圣祖仁皇帝，六十年来，励精图治，教养万民，咸臻于穆之风，共乐升平之治。特颁上谕十六条，布谕中外，臣民，惟恐奉行日久，怠于宣讲，汇集参谕十六条，寻绎至义，推衍其文，旁征远引，名曰圣谕广训，颁行天下，诏直省州县市镇皆立约所，置约长一人，每逢朔望，大小文武齐集，绅士兵民宣讲。诏下之日，臣民喜幸，即海隅徼寨、四方万里之外，而急公就事者，踊跃争先。壬子冬，捷胜之约所成，余遂于甲寅孟夏朔四日，奉命镇守所城，于望日恭诣约所，齐集绅士兵民宣讲上谕。见约所一间，垂悬条谕，宣者群处卑污之下，听者环立瓦墣之上。讲毕，谋于诸绅士曰：◇◇尊亲之意，须另筑一台，高悬上谕，垂列条教，使宣者、听者，或坐或立，各旁其所，始申崇敬之诚，诸绅士咸是余言，正令而集，各出资有差，及拔其尤，数人董其事，鸠工庀材，若梓者、石者、藻绘者，成服厥事，而庑榭、而门槛、而匾额悉备。不两闰月而落成，具见斯台岿然，与皇图巩固亿万斯年矣。是役也，计绅士、僚属、耆老、兵民题银，并余所捐不腆之俸，共二百二十余两，并勒姓氏于贞珉，以垂不朽。特简广东碣石镇标右营游击赖天祥撰，雍正十三年岁次乙卯孟夏秋吉旦立。

三、匾额

“城隍庙”木刻匾额 属樟木制作，长 2.2 米，宽 0.65 米。字径 57 厘米 ×46 厘米，横书阳刻，匾额饰祥云、如意、蝙蝠等图案，为明洪武初年所刻。曾遭火烧，现藏于总理馆。

“天太后宫”石刻匾额 明成化十七年（1481 年）仲秋刻。2017 年重修该宫时，石匾被弃于南门湖。

“凝波寺”灰塑匾额 匾额长 1.94 米，宽 0.6 米。字径 55 厘米 ×50 厘米，横书，为明嘉靖年间灰雕浮塑。今废。

“斯文捷胜”匾额 原悬于南门内之文祠门额，明天启五年（1625 年），鸿胪寺序班、中宪大夫刘监公鼎辅造。今废。

“得道庵”石刻匾额 匾额长 1.8 米，宽 0.66 米。字径 52 厘米 ×45 厘米，横书阴刻，为清光绪年间，碣石镇中衡游府正任水师提标、前营都阃府韩江吴祥光题赠，清末贡生何葆谦书。

“琼花宫”石刻匾额 匾额为刘履升敬送，长 1.75 米，宽 0.55 米。字径 50 厘米 ×40 厘米，横书阴刻，为清末秀才林大蔚所书。

“辰北拱星”石刻匾额 长 1.8 米，宽 0.66 米，淡绿色石质阴刻楷书，安嵌于西郊元天上帝庙正门顶，无署款，清同治年间建庙时书并泐石。

“壁涧流泉”石刻匾额 长 1.2 米，宽 0.31 米，花岗岩石，阴刻隶书，嵌于得道庵前殿左侧地下石泉口处门顶，清光绪十五年（1889 年）重修时遇缘禅师所立，恩贡许兆寅书。

“元泽普宣”木刻匾额 长 1.3 米，宽 0.45 米，棕色木质阴刻行书，为北门外元天上帝庙门匾。原匾为清光绪二十四年（1898 年）所立，已毁。1997 年重制该匾。

张梓材“岁魁”木刻匾额 长 1.65 米，宽 0.65 米，原匾于古庙张家祠内，清光绪八年（1882 年）翰林院侍读学士，广东提学叶大焯为 岁魁 张梓材立。

曾树璜“岁魁”木刻匾额 原匾存于北门第八街曾府，录文：钦命二品顶戴赏赐花翎广东提学使司提学沆为 岁魁 宣统庚戌科岁贡生曾树璜立。

赖永瑜“武魁”木刻匾额 原匾存于北门第八街赖府，录文：主试兼署两广总督部堂兵部侍郎兼都察院右副都御使巡抚广东等处地方提督军务兼理粮饷张兆栋为 武魁 光绪元年乙亥恩科乡试中式第四十五名举人赖永瑜立。

第五节 古墓葬

捷胜镇境内的古墓葬，被人为破坏的不少，也有的因地貌演变而为沙土覆盖，现在能找到的只有宋、元、明、清的墓葬。

宋元时期的墓葬，就其地面墓身而言，不同年代的墓葬形制、结构、特点各不相同，但又有时代特征的延续性。元代的墓葬，墓身多为灰沙夯筑，祭台前通道狭小，形制粗糙古朴，这与宋墓的风格特征相近，具有延续性。因其时，捷胜不使用元朝年号，故墓葬均为无碑墓。如石厝村黎明洞东侧、南门岗山、笏子村、沙角尾村等宋末墓葬及叠石山元墓即为无碑墓。据不完全统计，本镇境内的宋元墓葬约 20 座。

明代的墓葬较多，有 100 多座，主要分为灰沙夯筑和花岗岩石结构两种，均有墓碑。灰沙夯筑墓的形制，有元代墓葬特点的延续性，但墓碑碑文一般用阴刻小楷字体，花岗岩石结构墓群中，有的碑身还雕刻成庑殿顶石亭子状，如沙坑北遗址“李纯俭夫妇合葬墓”，其碑身即是如此。另如大埔头的明初建捷胜城的堪舆师墓及镇守捷胜所城的邓卓将军墓、笏仔大岗埔覆鼎金何氏一、二世祖墓、东坑西湖鸳鸯地月峰何公墓、武略将军柱石朱侯墓、北门外隔塘杜姓石坟、北门长埔山鸡啼岭下黄旭廷墓、金坑杜姓石坟及牛肚公山南侧“何静敏夫妇合葬墓”等碑身亦有图案雕刻。

明末清初的墓葬，均为灰沙夯筑墓，又因当时捷胜不使用清朝（属外族）年号，一般也是不立墓碑。现在捷胜的清代有碑墓葬，均为雍正朝以后才有的，而且数量极多。清初的灰沙无碑墓与元初的灰沙无碑墓相比较，其辨别的主要特征是：清初灰沙无碑墓的特点，祭台两边护墙垂直向外摆出，前面宽敞，具有明代墓葬形制、结构、特点的延续性；而元代灰沙无碑墓的形制特点，则具有宋代墓葬风格和特点的延续性。二者有所不同。

第六节　革命遗址

革命烈士纪念碑　在城北狗地山，四周围以石栏，显得雄伟壮观。1956 年，为纪念捷胜在第一、二次国内革命战争、抗日战争和解放战争时期牺牲的革命烈士而建。碑向 125°，碑座长、宽各 3 米，高 1.14 米；碑身宽、厚各 1.2 米，通高 6.5 米，正面直书“革命烈士纪念碑”7 个大字，字径 40 厘米 ×58 厘米，碑座镌刻有 101 位烈士芳名。

李劳工烈士纪念碑　在城北狗地山革命烈士纪念碑后面，建于 1956

年。碑向125º，碑座长、宽各1.5米，高0.7米；碑身宽0.77米，厚0.55米，通高4米，正面直书“烈士李劳工之碑”7个大字，字径20厘米×18厘米。

中共海丰县第四区委旧址 在北门第八街许昌炽祖屋，为我党抗日战争、解放战争时期在捷胜的重要联络点。2017年重修，建筑占地面积480平方米。

海丰县第九联防队起义旧址 在北门第八街许氏少宗祠内，原为北村社仓。2015年改建，建筑占地面积140平方米。

海丰县第七区农会及赤卫大队旧址 在南门黄厝巷。民国十五年（1926年）7月农会会址及民国十六年（1927年）11月赤卫大队队址均设于此。2008年重修，建筑占地面积180平方米。

海丰县第四区青年抗敌同志会、中共捷胜青年支部及星星社读书会旧址 在北门街太平巷（俗称鸬鹚街）赖氏家塾内。民国二十七年（1938年）6月第四区青年抗敌同志会干事会、民国二十八年（1939年）4月中共捷胜青年支部、星星社读书会等会址均设于此。2014年重修，建筑占地面积280平方米。

海南区地下情报站旧址 在联安村黄竹居所。情报站设于民国三十七年（1948年）7月，下设汕尾、捷胜、田墘、遮浪、龟龄岛5个分站。

海南区人民自卫委员会、中共海南区总支委员会旧址 在联安村中片黄平居所内。民国三十七年（1948年）7月成立的海南区人民自卫委员会、中共海南区总支委员会会址均设于此。

捷胜地下党组织旧址 在东门水坑街4号赖氏二房祖屋内之赖高居所。该旧址是我党于民国十六年（1927年）至三十八年（1949年）期间的地下交通站及中共海丰县第四区委活动据点。2017年重修，建筑占地面积180平方米。

攻打捷胜城的红军和农军驻地遗址 在五爱村委马鞍山村东侧200米

处黄氏文化公园内，形成年代为民国十六年（1927 年）11 月，保护范围面积 13 000 平方米。

东村农会、赤卫队旧址 在东城顶横街，原为林醒群居所。民国十二年（1923 年）东村农会会址及民国十六年（1927 年）赤卫队队址均设于此。1990 年重修，建筑占地面积 90 平方米。

南村农会、赤卫队旧址 在南门外王爷宫，建筑占地面积 120 平方米。

埔尾村农会、赤卫队旧址 在埔尾村一片梁秉刚祖屋，2019 年重修，建筑占地面积 660 平方米。

前进十一乡农会、赤卫队旧址 在前进村委乌土村陈宽家，建筑占地面积 220 平方米，现已坍塌。

沙坑农会、赤卫队旧址 在沙坑村理事会，2013 年重建，建筑占地面积 80 平方米。

西村农会、赤卫队旧址 在西门街何醒农居所。2017 年重修，建筑占地面积 480 平方米。

石岗村农会旧址 在石厝村委会原址。

水阁村农会旧址 在大流村文化中心内。2012 年重建，建筑占地面积 980 平方米。

得道庵围农会、大流赤卫队旧址 在得道庵风景区理事会（原遇缘禅师精舍）。2015 年重建，建筑占地面积 150 平方米。

明德读书会旧址 在联星村中社上横巷 3 号刘明德居所，1990 年重修，建筑占地面积 25 平方米。明德读书会成立于民国十四年（1925 年），由海丰农讲所捷胜籍同学组织，以发起人之一刘明德名字命名。成员有 40 多人。彭湃、梁秉刚、李劳工、刘琴西、颜汉章、施威等曾到访读书会。民国十六年（1927 年）6 月 1 日，刘明德在海丰县牺牲后，明德读书会停止活动。

捷胜之战遗址 在镇中心区域，为民国十六年（1927 年）11 月 18

日至20日红二师第四团、农会军与民团鏖战处。

东坑村农会遗址 在东坑村邝妈语家。该农会成立于民国十一年（1922年）12月，为捷胜第一个农会组织。

东坑村农民自卫队、赤卫队活动遗址 在东坑村公所和白石庵。民国十四年（1925年），东坑村成立农民自卫队，队部设在村公所。民国十六年（1927年）11月，海丰县苏维埃政权成立后，海丰县区和乡的农民自卫军改称为赤卫队。11月19日，红二师第四团攻打捷胜城，东坑村赤卫队积极配合红二师攻捷胜。民国十七年（1928年）春，国民党军集结大部队"围剿"海陆丰根据地，东坑村也惨遭洗劫，赤卫队转移到村后半山腰的白石庵山洞内继续坚持斗争。

消灭龟龄岛海匪战场旧址 在镇东南海域约2公里处，曾是海陆丰海匪的据点。1949年11月，红军消灭国民党残兵和海匪，龟龄岛解放。

李劳工故居 在西门社区第五街12号，原居30平方米，2012年重修后，建筑面积245平方米，保护范围面积280平方米。

梁秉刚故居 在埔尾村一片二巷1号，建于清咸丰十年（1860年），建筑占地面积410平方米。

何丹成故居 在西门社区第五街，建于光绪八年（1882年），1980年重修，建筑占地面积800平方米。

林务农故居 在东门社区东门街3号，2001年重修，建筑占地面积18平方米。

刘胜信故居 在北门社区第八街16号，建于清光绪六年（1880年），1985年重修，建筑占地面积30平方米。

梁国英、赖月婵故居 在南门街2号，建于清道光三十年（1850年），2018年重修，建筑占地面积420平方米。

梁良萼、苏惠故居 在南门街16号，建于清道光元年（1821年），建筑占地面积420平方米。

林橹故居 在东门街林氏祖屋，建于清道光元年（1821年），占地面积 280 平方米，建筑面积 180 平方米，为三进四合院。1994 年重修，现为林氏祖祠。

林树岳故居 在东门街林氏祖屋内，建于清光绪六年（1880 年），建筑占地面积 132 平方米。

刘锦汉故居 在北门街太平巷刘氏祖屋“儒林第”内，建于清咸丰元年（1851 年），2010 年重修，建筑占地面积 320 平方米。

蔡俊故居 在北门第八街二巷 2 号，建于清光绪六年（1880 年），1990 年重修，建筑占地面积 120 平方米。

何世汉故居 在南门街何氏祖屋内，建于清乾隆六十年（1795 年），建筑占地面积 220 平方米。

黄连渊故居 在南门黄厝巷黄氏祖屋内，建于清雍正三年（1725 年），1990 年重修，建筑占地面积 660 平方米。

何白涛故居 在东门横厝街 18 号。民国五年（1916 年）扩建，2016 年重修，建筑占地面积 680 平方米。

第二十章　人　物

第一节　古代人物传略

朱　英（1342—1432年），生于元至正二年（1342年），原籍浙江绍兴府嵊县，明洪武年间任南京金吾卫。永乐二年（1404年）八月初九日，调广东惠州府海丰县建石塘都五图二甲，实受百户，后置买民田，携妻与子禄圃、孙佑山、燕居定居捷胜所城。卒于宣德七年（1432年），寿年90岁。英公有二弟，均任职南京金吾卫。次弟朱定于永乐二年调福州千户。三弟朱绳于永乐二年调广东广州府东莞县百户。

廖天佐（1602—？年），号一窑天居士、仓皇遗老，生于明万历三十年（1602年），海丰县金锡都捷胜所（今城区捷胜镇）人，原籍海丰。10余岁考中秀才。后多次参加乡试，均未中式。天启年间隐居黎明洞，常与文人雅士往来唱和。清顺治初年，曾与郑祖禧互通信息，策划反清复明，后事败。顺治十八年（1661年），为防止东南沿海百姓支援郑成功抗清，清廷颁“迁海令”。康熙三年（1664年）四月再迁，沿海居民流离失所，饿殍遍地。廖天佐被逼离洞，携眷迁往海丰，后迁潮州。其时，广东巡抚王来任目睹迁民惨状，血疏上陈清廷。康熙八年（1669年），海丰复界，由广东总督周有德奉旨招徕迁民。廖天佐返回黎明洞，撰《迁移图说》传世。康熙十八年（1679年），州县官荐其应征“博学鸿词科”，因注重民族气节，以年老为由，拒绝应试。后隐姓埋名，流寓他乡。今黎明洞有石刻诗、石刻棋盘等遗迹。

黄旭廷（1642—1722 年），生于明崇祯十五年（1642 年），海丰县金锡都捷胜所（今城区捷胜镇）人，诰赠奉政大夫（文官五品衔），一生习儒，擅经营。为人古道热肠，乐善好施。明末清初，避战乱迁居外地。清康熙八年（1669 年）复界，归捷胜所城。卒于康熙六十一年（1722 年），寿年 80 岁。雍正元年（1723 年）葬北门长埔山鸡啼岭“蜘蛛结网”地。有 4 子，曰大经、大纶、大纬、大统。孙辈、曾孙、玄孙辈亦多为巨富显宦。

黄大纶（1679—1754 年），字以章，号应高，生于康熙十八年（1679）岁次己未农历六月，海丰县金锡都捷胜所（今城区捷胜镇）人。雍正二年（1724 年）甲辰科岁贡生，敕封修职郎，官秩正八品；诰封奉政大夫，官秩五品。其性乐善好施，多次赈济饥民。重视教育，倡建圣谕宫。卒于乾隆十九年（1754 年）岁次甲戌农历十一月，享寿 75 岁。

何梦瓒（1695—1770 年），名武，讳兆璜。生于清康熙三十四年（1695 年）乙亥岁正月二十日子时，海丰县金锡都捷胜所（今城区捷胜镇）人，出身书香世家。康熙末年贡生。为人乐善好施，疏财仗义，德高望重。卒于乾隆三十五年（1770 年）庚寅岁十月十四日辰时，享寿 76 岁。生有 15 子，子孙兴盛，科甲蝉联，奕世继承，家族之显赫，至今犹为人称道。

黄元振（1718—1795 年），原名钺镇，字元振，谥号刚敏。生于清康熙五十七年农历八月初五日，海丰县金锡都捷胜所（今城区捷胜镇）人，性豪侠，以经商发迹，系乾隆年间海丰县首富。因向朝廷纳捐“练饷银”（预征军费，分期退还）百万，获代收海丰县住税（商税）特权，并被诰封为奉政大夫（正五品）、候选分府，时人称“黄百万”。雍正年间，为救护东洲坑（今隶红海湾）一村，与当时清廷官方买办洋行广州十三行打官司，倾家荡产，最终打赢官司，使东洲免于破乡。东洲村为其在玄天大帝庙立“长生牌位”，并勒石纪功：“控平私抽，海疆被泽，遗爱不忘，名登金石。”乾隆五十年（1785年），获进京面圣，着蟒袍参加乾隆皇帝75岁诞辰宴席（千叟宴）。卒于乾隆六十年（1795年）十一月廿三日，享寿77岁。

曾　伟（1722—1804年），生于清康熙六十一年（1722年），海丰县金锡都捷胜所龙溪乡（今城区东涌镇）人。幼随父习弓马、刀术及经学书艺。乾隆四年（1739年），以武举人身份赴京会试，赐武进士，授御前侍卫。乾隆七年（1742年），外放福建沿海兵营，授福建平海营守备。长期巡海缉捕海盗，屡立战功。后以功升任碣石镇水师右营都司，携眷移居捷胜城内，赴后山头都阃府接都司印，为镇守捷胜海防的主将。自此，他常率右营水师巡视龟龄岛、白沙湖、遮浪、平海一带海域。乾隆五十一年（1786年）十一月，以林爽文为首的台湾北路天地会反清复明。乾隆五十二年（1787年）七月，清廷召集兵马准备渡海剿乱。八月，曾伟奉令率碣石水师从鹿仔港登岸攻诸罗县城，林爽文败走。十二月，奉令随福康安分兵围剿，堵截台湾各处海口及要隘。乾隆五十三年（1788年）正月，俘获林爽文。乾隆五十四年（1789年）五月，奉命率右营官兵赴麻豆庄围剿林爽文余党，俘获南路起义军首领庄大田，麾下右营外委刘茂贵、卢风与南澳镇标等多名将官战死。他以功升任碣石镇中营游击兼署平海营参将（秩从三品）。同年，告老归田。乾隆五十八年（1793年），将军府落成，他携家眷徙居龙溪村。翌年，乾隆赐“大夫第”金匾。有3妻10子。卒于嘉庆九年（1804年），寿年82岁。葬石奎山顶狮地。嘉庆赐其厚葬，追谥为“武翼都尉”。

第二节　近现代人物传略

一、文艺人物

许兆寅（1847—1922年），名仰才，字斗初，号碧落山人，生于清道光二十七年（1847年），海丰县金锡都捷胜所（今城区捷胜镇）北门第八街人，为罾城诗社重要成员。秀才中式后，赴惠州丰湖书院深造，师从广州翰林何其敬。光绪元年（1875年），参加乙亥科中式，赐为恩贡生。光绪三十一年（1905年），应广东法政学党监督夏同和之邀，到广州任法政学堂华人教习，后又回海丰县流安乡第十地保联合国民学校任教。公诗文书画俱精，尤以画梅驰名岭南，时人称为“许家梅”，与林大蔚齐名，被尊为惠潮梅三州一代宗师，也是清末至民国捷胜文化艺术的集大成者。作品多见于祠庙及石刻，有部分被海丰县博物馆收藏。卒于民国十一年（1922年）农历二月廿四日，享寿75岁。存有《沅雪斋诗稿》。

何光修（生卒年不详），生于清道光年间，海丰县金锡都捷胜所（今城区捷胜镇）人，擅画人物、花鸟、走兽等，尤工庙宇祠堂壁画，线条细腻，形神兼备，别具风格，系其时颇具影响的民间艺人。

林大蔚（1855—1942年），乳名虬，号翠东，讳克训，生于清咸丰五年（1855年），海丰县金锡都捷胜所（今城区捷胜镇）东门街人。幼时家贫，其父林志坚以磨薯谋生，后攻医，以行医为业，家道渐为富裕，公与其兄大彬方得入读私塾。光绪十一年（1885年），应乙酉科府试，名列案首，翌年取特等。公好书法，虽霜冻仍坐廊庑以学；又喜丹青，擅画竹，见称于时，有“林厝竹”之美称，与许兆寅同为惠潮梅三州一代宗师。其诗文书画，除保存于庙宇祠堂及摩崖石刻外，尚有不少真迹存于海丰县博物馆。公于医学上秉承父教，救死扶伤，重医德，以“医非儒不精”为训，终以“儒医”闻名海陆丰。门徒有林瑞兰、张华安、何伯堂、周处午等。又精通周易、堪舆、武术及音乐。晚年热心公益，修缮得道庵、筑洋埔公路及增修同善堂。一生严以律己，善以待人，医人济世，美誉绵绵。卒于民国三十一年（1942年），寿年87岁。

陈春熙（1881—1949年），又名蔼如，号培兰馆主，生于清光绪七年（1881年）岁次辛巳，海丰县金锡都捷胜所（今城区捷胜镇）西门第五街人，少随父习武，几年后，改从文。光绪二十六年（1900 年）庚子科中式县试秀才。宣统元年（1909 年）己酉科中式，以经题《德之流行，速于置邮与传命》一文列惠州府试第 23 名拔贡生。诗文俱佳，以教终生。卒于民国三十八年（1949 年）岁次己丑农历十二月廿四日，享寿 68 岁。

林启宇（1897—1944 年），生于清光绪二十三年（1897 年），海丰县金锡都捷胜所（今城区捷胜镇）东村人，民国时期知名画家。17 岁时赴广州在省工读学校师从高奇峰、高剑父学山水画。毕业后，于广州举办个人书画展。后以画虎出名。门生有何白涛、蔡若轼、何启汉等。民国十八年（1929 年）任海丰县建设科科长。书画作品多毁于“四清”运动期间。传世作品有《月下松猴图》《白鹤》等。卒于民国三十三年（1944 年），享年 47 岁。

何镜湖（1900—1948 年），名秀铅，号麟笔、铁笔，生于清光绪二十六年（1900 年），海丰县金锡都捷胜所（今城区捷胜镇）西门第五街人，出身于破落地主家庭。民国时期，海丰地区文化名人。喜研周易，工诗词，嗜酒，日以批卜为生，人称“镜湖仙”。民国二十七年（1938 年），代表捷胜文人参加海陆惠紫 4 县诗赛，以《申包胥哭秦庭》一诗，获第一名。后又参加海丰县莲花山诗会，亦获第一名。因贫穷，曾以诗稿代柴草焚以煮食。现存诗 6 首。卒于民国三十七年（1948 年），享年 48 岁。

许　义（1902—1982 年），名良义，生于清光绪二十八年（1902 年），海丰县金锡都捷胜所（今城区捷胜镇）北门第八街人，擅长书画、工艺制作，尤以庙宇祠堂大写意壁画、梅花、传统人物画，享誉海陆惠地区。1968 年，被评为海丰县“百花齐放、百家争鸣”突出民间艺人。卒于 1982 年，寿年 80 岁。

林树岳（1904—1982 年），改名悠如，生于清光绪三十年（1904 年），海丰县金锡都捷胜所（今城区捷胜镇）东门人。民国十四年（1925

年），毕业于广东省立甲种工业学校。回海丰后，随彭湃、李劳工从事农民运动，在海城创办《海丰民报》，并加入中国共产党。民国十六年（1927 年），海陆丰工农武装夺取政权，成立苏维埃政府，被任命为陆丰县县长兼县委常委。海陆丰工农政权失败后，国民党对其进行通缉追捕，悬赏大洋 400 元。他逃往澳门起义，失败后再逃往高明县三洲隐蔽，改名林悠如。民国二十年（1931 年）夏到广州，在明远、实践等中学任教，从事文学创作，以杜康、杜琏、林越等笔名在《大众文艺》《小说月刊》等杂志发表作品。抗战初期，在广州与叶启芳、肖隽英等合办报刊，鼓励抗日救国。民国二十七年（1938 年），广州沦陷，逃往香港，在德明中学任教，参与编辑《世界知识》杂志。民国三十年（1941 年）底，日军侵占香港，避难回乡，在田墘筹办白沙中学，为第一任校长。民国三十二年（1943 年），筹办捷胜中学，任校长。民国三十五年（1946 年），到广州思思中学任教。民国三十七年（1948 年），到香港德明中学任教，参加中共在香港的外围组织"新民主协会"。广州解放前夕，秘密进入东江游击区，参加湘粤赣边区纵队教导营，随大军解放广州。1950 年初，任广州国民大学副教务长、中文系主任，后任华南联合大学中文系主任。1958 年，调往江西省，任江西大学中文系主任。1973 年，离休回广州。卒于 1982 年，享寿 78 岁。

林静山 （1904—2007 年），字芄兰，名启湘，生于清光绪三十年（1904 年），海丰县金锡都捷胜所（今城区捷胜镇）东门人，毕业于中山大学，曾在马来西亚，中国香港等地执教。卒于 2007 年，寿年 103 岁。著有《静山诗词三百首》《静山诗三百首》等。

林树槎 （1905—1989 年），字思齐，生于清光绪三十一年（1905 年），海丰县金锡都捷胜所（今城区捷胜镇）东门人。出身书香门第，善书法，隶书学《张迁碑》《石门颂》；楷书学赵孟頫。其作品在海丰颇具影响。卒于 1989 年，寿年 84 岁。

何香荷 （1908—2013 年），名秀兑，生于清光绪三十四年（1908

年），海丰县金锡都捷胜所（今城区捷胜镇）西门第六街人，出身于书香门第。系知名书法家、广东中华诗词学会会员、捷胜诗词社及书画社顾问。从事过乡村教育工作，任小学校长多年。幼学书诗，有“五日不读，口生荆棘；五日不写，手生荆棘”之遗训。其诗词散见于《当代诗词》《岭海风骚》《广州诗词报》等；书法作品多次于全国、省、市展览中获奖，并入编《当代书法家诗词墨迹选》《海峡两岸书法家作品大观》等。2009年，获“第七届全国健康老人”称号。2012年，接受中央电视台栏目《远方的家》采访。卒于2013年1月1日，寿年105岁。有《何香荷诗书作品纪念集》传世。

陈宝琬（1903—1984年），笔名晚香氏，生于清光绪二十九年（1903年），海丰县金锡都捷胜所（今城区捷胜镇）西门人，民国十一年（1922年）毕业于海丰县陆安师范，一生从事乡村教学，工诗词，其著作《晚香诗词集》已佚。卒于1984年，享寿81岁。

何白涛（1911—1939年），名可垂，号远光，生于清宣统三年（1911年），海丰县金锡都捷胜所（今城区捷胜镇）西门第五街人。民国十五年（1926年）毕业于捷胜高等小学。民国十八年（1929年），入广州明远中学。民国二十一年（1932年）夏，于广州市立美术学校西洋系修业期满。旋又转入上海国立新华艺术专科学校西洋画系。民国二十二年（1933年）毕业。后在鲁迅指导下，成为中国第一代现实主义版画家，并加入左翼联盟，被鲁迅誉为最有战斗力的青年木刻家之一。民国二十三年（1934年），《街头》等作品4幅，被鲁迅编入我国第一册版画集《木刻纪程》。《农家》《失业者》《徘徊》《恐怖》《十月田间》等作品，则被鲁迅介绍到北京木刻展览会展出，并在《太白》月刊发表。民国二十四年（1935年），因在上海处境艰难，得鲁迅资助返回家乡。后又赴南海西樵中学任教。期间，作品有《上市》《小艇》《牧羊女》《午息》《私斗》等，亦被鲁迅送往法国巴黎、苏联莫斯科等地展出。因积劳成疾，辍教转医于广州，后回家疗养。卒于民国二十八年（1939年）农历十一月，终年 28 岁。1980 年，中国美术家协会收集何白涛版画遗作送巴黎展出，受到专家们极高的赞誉。

何耀光（1920—2000 年），生于民国九年（1920 年），海丰县第八区捷胜（今属城区）人，出身书香门第，6 岁学书，精行楷，擅榜书。书风秀逸洒脱、精劲内敛，受书坛推崇。卒于 2000 年，寿年 80 岁。

二、列女传

梁　氏（生卒年不详），生于清嘉庆年间，海丰县金锡都捷胜所（今城区捷胜镇）古庙人，武学梁开举女，附贡张熊光媳，郡庠生张润（睿贤）妻。27 岁时，其夫张润死，誓以身殉，经舅姑（公婆）慰劝，始打消寻死念头，抚其幼子二人，稍长督令读书，惜字纸，恤贫乏，侍奉舅姑及二子始终无间。不久，次子张勳早殁，其次妇周氏单守孤孙。梁氏益励柏操，并加倍训其长子。长孙采芹食饩，稍慰其愿，节孝并至。梁氏 73 岁终。事略载入清代海丰县同治续志下卷《列女传》。

黎　氏（1823 —？ 年），生于清道光三年（1823 年），海丰县金锡都捷胜所（今城区捷胜镇）人，为目兵张时高妻。道光三十年（1850 年），洋盗充斥，张时高随标出洋捕贼阵亡。黎氏 27 岁，茹苦含辛，抚养孤儿，族邻咸敬重之。事略载入清代海丰县同治续志下卷《列女传》。

黄深娘（1837 —？ 年），生于清道光十七年（1837 年），海丰县金锡都捷胜所（今城区捷胜镇）联安村人，黄世集女，福安社何宰奎之妻。未嫁，宰奎即以瘵亡。深娘闻讣，即有矢死靡他之志。父母未知其隐，久之，即召媒人议婚，深娘遂恸哭不食，其妹多方劝之，终默无一语，而饮食照常。后有某家之子平章，到黄家求婚，其父许诺，传庚有期。是日，她执爨欵媒妁，绝无忤逆之意，其父母心窃慰之。不料，订婚妆饰著笄，以身投井殉情，年仅 23 岁。时捷胜衙门上书朝廷，请求旌表建坊。清咸丰十年（1860 年），朝廷颁下圣旨，在西郊豆町，建烈女亭，以表贞烈。捷胜城亦有汇题黄烈女诗集，惜散佚无存。事略载入清代海丰县同治续志下卷《列女传》。

罗　氏（生卒年不详），海丰县金锡都捷胜所青龙头乡（今城区东涌镇青龙头乡）人，捷胜所城内儒林郎刘传香妻。夫早殁，罗氏守节，族邻皆敬重之。五代同堂。寿年 93 岁。

何　氏（生卒年不详），海丰县金锡都捷胜所（今城区捷胜镇）人，武生何德振女，陈景朝妻。性聪敏，授以书过目成诵，通内则，明大义。年十八于归，生女数载，夫病革，焚香祷天，愿以身代。夫殂，誓以身殉，翁姑◇◇◇◇以夫胞侄为嗣，长游邑庠，母教为多，卒年六十有三。事略载入清代海丰县同治续志下卷《列女传》。

刘　氏（生卒年不详），海丰县金锡都捷胜所（今城区捷胜镇）人，监生刘宗衡女，何建仁妻，年十八于归，生二女，夫亡，年二十一，奉姑未尝忤色。抱夫侄为嗣，勤鬻十余载，甫娶媳而男复亡，乃为媳继养一子，长不率教，漂泊无踪，姑媳孀居，日夕惟眼泪抹面，孤苦无依。侄宰离为继族姓儿以慰之。氏孀守五十余载，识字知书，动必以礼，闾里莫不钦其节而哀其遇，氏媳邝氏胞侄媳陈氏，侄孙媳李氏，并青年守节，奉姑抚幼，茹苦食酸，人以为氏孝节所感。事略载入清代海丰县同治续志下卷《列女传》。

蒲　氏（生卒年不详），海丰县金锡都捷胜所（今城区捷胜镇）人，太学生赖雄烈妻，十八岁孀居，事姑抚幼，无忝节孝。事略载入清代海丰县同治续志下卷《列女传》。

三、烈士传

梁秉刚（1897—1932 年），生于清光绪二十三年（1897 年），海丰县金锡都捷胜所（今城区捷胜镇）埔尾村人。民国十二年（1923 年）就读海丰陆安师范。次年，参加农会秘密组织“十人团”活动。民国十四年（1925 年）参加中国共产党。民国十六年（1927 年），参加海陆丰三次武装起义，当选为第一届中共海丰县委委员兼宣传部长。民国十七年（1928 年）春，粤桂军进攻海陆丰，苏维埃政府撤往山区。受彭湃和县委委托，到香港参加广东省委召开的首次扩大会议，随即与省委书记

（代）张善铭等来海丰加强领导。抵海丰时，张善铭被捕牺牲。梁秉刚和其他领导人脱险到达康美洞。民国十八年（1929 年）1 月，中共海（丰）陆（丰）紫（金）“特委”举行党员代表会议，当选“特委”委员兼宣传部长。同年 3 月奉调省委工作，撰写《对富农政策的正确运用》一文，发表于省委机关刊物《学习半月刊》第五期。民国二十一年（1932 年）被省委派到广西“特委”工作。在赴梧州途中被敌人缉捕，囚禁于铁笼内，在梧州坎下被毒箭射杀，卒年 35 岁。

何醒农（1900—1930 年），原名何秀汤，生于清光绪二十六年（1900 年），海丰县金锡都捷胜所（今城区捷胜镇）西门人。民国十年（1921 年）到海丰蚕桑局实验场当工人，与李劳工、何丹成等一起学习《赤心周刊》，开始探索救国真理。民国十二年（1923 年），参加组织农会工作，随后加入中国共产党。后又作为广东农运特派员，长期在兴宁、大埔、丰顺、五华一带开展革命工作，并任丰顺县工农革命军大队长。民国十九年（1930 年），在丰顺县领导农民暴动时牺牲，卒年 30 岁。

梁国英（1900—1928 年），又名梁觉群，生于清光绪二十六年（1900 年），海丰县金锡都捷胜所（今城区捷胜镇）南门人，赖月婵烈士之丈夫。民国十三年（1924 年）参加七区农会。翌年由林铁史烈士介绍加入中国共产党。民国十六年（1927 年）任中共赤坑区委书记。大革命失败后，兼任海丰县赤卫队东南路总指挥。后于大湖高螺山战斗中，不幸被捕。民国十七年（1928 年）5 月 4 日于青坑枪决，卒年 28 岁。

林　礼（1900—1930 年），又名林鲁、林兆龙，生于清光绪二十六年（1900 年），海丰县金锡都捷胜所（今城区捷胜镇）东村人。民国十一年（1922 年）冬，与大哥林子政、三弟林务农就读于海丰蚕桑讲习所。民国十三年（1924 年）参加农民运动，为广州农民运动讲习所第六期学员。翌年加入中国共产党，历任中共海陆普惠县委委员等职。民国十八年（1929 年）11 月底，受中共广东省委指派，到广西龙州负责指导左江地区党务和农运工作，同年 12 月 15 日，任中共龙州县委组织委员，并参加龙州起义的各项筹备工作。民国十九年（1930 年）2 月 1 日，参加龙州起义，任左江革命委员会秘书长兼财经委员会和文化委员会主任、左江特委委员等职。同年 3 月 19 日，国民党师长梁朝玑率 1 个师的兵力及上金县何兴昌、劳汝明带领的民团县警 1000 多人，围攻龙州红八军军部和陇那根据地，因敌众我寡，红八军主力受重创。翌日夜，林礼和左江特委委员农恒芬等率 10 多名赤卫队员，撤往新联村念吾屯，途中遭伏击，壮烈牺牲，卒年 30 岁。

李劳工（1901—1925 年），原名克家，生于清光绪二十七年（1901 年）农历八月初五日，海丰县金锡都捷胜所（今城区捷胜镇）西门人。高小毕业后当小学教员。民国九年（1920 年）弃教就读海丰蚕桑讲习所。民国十一年（1922 年）夏，在海丰蚕桑局捷胜实验场工作。同年参加农运，改名劳工，以示“劳工神圣”。民国十二年（1923 年），海城成立惠州农民联合会，后改组为广东省农会，他被选为省农会执行委员，兼任农工部长、宣传部委员。同年农历七月，发生七五农潮，农会解散。后随彭湃到汕头、广州活动。民国十三年（1924 年），在广州加入中国共产党，被党组织选送到黄埔军校第一期学习。民国十四年（1925 年）2 月，国民革命军东征，与林务农组织东征先遣队，配合东征军进占海丰县城，并负责训练海陆丰农民自卫军，任农民自卫军大队长。旋任黄埔军校后方主任、东征军驻海陆丰后方办事处主任。不久，调任陆丰县组建农民自卫军。6 月，在广州的杨刘军阀叛变革命，农军随东征军奉命回师保卫广州。反动军阀勾结刘志陆部乘机反扑海陆丰，摧残革命根据地，李劳工冒险逃出陆丰城，拟回海丰乘轮船去香港再转广州会合农军，路过田墘区湖内乡城林埔村时，不幸被陈丙丁民团抓获。翌日（9 月 24 日即农历八月初七日）上午，陈丙丁到湖内乡解押李劳工来田墘，群众围观者数千，陈丙丁恐群众在途中抢救，命令刽子手开枪，群众大哗，陈丙丁急忙上前连开 10 枪，李劳工倒于血泊中，卒年 24 岁。

刘胜信（1904—1936 年），生于清光绪三十年（1904 年），海丰县金锡都捷胜所（今城区捷胜镇）人。民国十四年（1925年）毕业于陆安师范。同年，参加农会工作。曾化名陈胜信、亚胜。民国十五年（1926年）春，加入共青团。同年秋，被派往田墘小学任教，兼七区团委副书记，并加入中国共产党。民国十六年（1927年），参加海陆丰武装起义。第三次起义胜利后，任七区团委书记。民国十七年（1928年）3月，任共青团海丰县委委员，到山区参与保卫根据地的斗争，后潜入县城主持情报工作，并恢复党团支部和工作组织。民国十八年（1929年），任中共海丰县委委员、三区区委书记。同年秋，参与创建红军第六军十七师四十九团。他带领一批红军战士，化装成押解民夫的国民党军，突袭国民党建在可塘、公平交界大嶂山的炮楼，打开山区与东南地区通道。民国十九年（1930年）秋冬间，在四十九团参谋室工作。并于东江彭杨军校任政治教官。民国二十年（1931年）5月，调任特委巡视员，于海陆紫各县巡视。民国二十一年（1932年）4月，补选为东江特委委员，任团东江特委书记。民国二十二年（1933年）冬，调任潮澄澳县委代书记。民国二十三年（1934年）7月，任潮澄饶县委书记。民国二十四年（1935年）1月，调往潮澄揭县工作。民国二十五年（1936年）初，被错杀，卒年32岁。1984年12月，福建省诏安县发文公开为刘胜信平反昭雪，恢复名誉。

赖月婵（1904—1929年），女，生于清光绪三十年（1904年），海丰县海城镇城内赖厝人。出生未满月即被送人当童养媳。民国七年（1918年），进海丰民生布厂打工。民国十四年（1925年），参加民生布厂工会，并嫁捷胜梁国英。同年加入中国共产党。民国十六年（1927年），参加海陆丰武装起义。同年，参加区夏民举办的妇女干部军事培训班。在第三次武装起义胜利后，又被派往赤坑区农会任妇女主任。随后，组建400多人的妇女武装——海丰县赤坑红色妇女粉枪队，并任队长。民国十七年（1928年）初，东江大暴动，她率粉枪队参战，名扬东江。同年3月，国民党军反攻，海陆丰苏维埃政府转移到农村，她继续率粉枪队在赤坑、可塘、大湖等地战斗。民国十八年（1929年）初，丈夫梁国英牺牲。她怀孕接受任务到海城葫芦柯厝找党组织，不幸被敌军捕获，壮烈牺牲，卒年25岁。

何丹成（1905—1933年），生于清光绪三十一年（1905年），海丰县金锡都捷胜所（今城区捷胜镇）西门人，出身贫农。16岁在海丰蚕桑局当工人。民国十二年（1923年）参加农民运动。曾化名锡三。民国十四年（1925年），到广州农讲所学习，加入中国共产党。回海丰后，任可塘区执委、共青团海陆丰地委执委委员。民国十八年，任饶平县委书记。民国二十年，任饶和埔诏县委书记。民国二十一年，肺病复发，被送往浮山区东洋村疗养。民国二十二年（1933年）9月17日，国民党派一个连包围东洋村，他在突围时为流弹击中被捕，因流血过多牺牲，卒年28岁。

黄连渊（1906—1928年），又名黄良渊，生于清光绪三十二年（1906年），海丰县金锡都捷胜所（今城区捷胜镇）人。民国十二年（1923年）随彭湃参加革命。民国十三年（1924年）参加社会主义青年团。同年7月，于广州农民运动讲习所担任彭湃文书。民国十四年（1925年）加入中国共产党，又受命加入国民党海丰党部，任第七区组织员，并先后任共青团海丰特别支部书记、海丰县七区农会特派员。民国十五年（1926年）任共青团饶平县支部书记。后在揭阳、普宁、潮阳领导武装斗争。民国十七年（1928年）牺牲，卒年22岁。

梁良岳（1906—1930年），又名梁良萼、梁联萼，生于清光绪三十二年（1906年），海丰县金锡都捷胜所（今城区捷胜镇）南门人。民国十三年（1924年）加入社会主义青年团。民国十四年（1925年）在海丰农讲所学习后参与组建七区农会。后加入中国共产党，任中共惠来县委委员、东江特委候补委员。曾与颜汉章、彭名芳、卓献弼等作为农运特派员到揭阳县开展农民运动工作，筹建揭阳中共地方党组织。民国十九年（1930年），在普宁县大南山战斗中牺牲，卒年24岁。

刘明德（1906—1927年），生于清光绪三十二年（1906年），海丰县金锡都捷胜所（今城区捷胜镇）联星村人。民国九年（1920年）毕业于捷胜文亭高等小学，受老师赖应元、林春芳、吴棣伍影响，思想倾向于革命。民国十二年（1923年）协助李劳工、林务农筹建捷胜农会组织，同年被李劳工推荐到海丰县总农会工作。民国十四年（1925年）11月，任共青团陆丰县特别支部组织委员。民国十五年（1926年）1月兼任陆丰县劳动童子军大队长及农民协会团宣传组织员。同年5月调回海丰农民自卫军任指战员。民国十六年（1927年）“四一五”事变后，海丰农民自卫军改称“工农救党军”，刘明德任指战员。同年6月1日在海丰县五埔庵战斗中英勇牺牲，卒年21岁。

蔡　俊（1909—1933年），乳名朔，原名毓源，生于清宣统元年（1909年），海丰县金锡都捷胜所（今城区捷胜镇）北村人。民国十二年（1923年）与胞兄毓坊参加农会。翌年，在广州参加革命。民国十四年，加入共青团，曾任陆丰“团特支”第三组长、支部书记、团县委书记、临时县委委员等职。民国十九年（1930年），任共青团东江特委书记。民国二十年，调任共青团香港市委书记。同年秋，调回大南山共青团东江特委工作。后再回香港做地下工作。民国二十二年（1933年），因党内叛徒廖卓凡告密，被捕入狱，旋引渡上海，又转解广州。同年11月2日在广州牺牲，卒年24岁。其妻王淑芳（王碧）产下遗腹子蔡思聪，其子后任新华社澳门分社社工部长、中葡联合联络小组中主代表。

韩　捷（1909—1946年），生于清宣统元年（1909年），海丰县金锡都捷胜所（今城区捷胜镇）大流乡人。民国二十七年（1938年）参队。东江纵队六支队大队长，中共党员。民国三十五年（1946年），在惠阳被杀，卒年37岁。

赖缨祥（1913—1942年），又名赖彰祥，生于民国二年（1913年），海丰县第八区捷胜（今属城区）北门第八街人，曾化名在香港工厂任机电工程师，同时从事党的秘密工作。民国二十六年（1937年），协助八路军香港办事处采购军需物资。民国三十年（1941 年）12 月 25 日，日本占领香港，许多爱国民主人士和知名文化人被困，处境极为危险。时赖缨祥与廖安祥等人，参加“秘密大营救”工作，把何香凝、柳亚子和困守在香港的 60 多名爱国民主人士及知名文化人救回内地。民国三十一年（1942 年）初，因身份泄露，在返回汕尾后被日军围捕，壮烈牺牲，卒年 29 岁。

许昌炽（1919—1946 年），生于民国八年（1919 年）7 月 11 日，海丰县第八区捷胜（今属城区）北门第八街人，出身书香门第。5 岁读私塾，9 岁读捷胜小学，高小毕业后当教员。民国二十六年（1937 年），投身抗日救亡运动。民国二十七年（1938 年），参加青年抗敌同志会，同年加入中国共产党，并按照党的指示，先后到捷胜文亭学校、西郊学校任教，开展革命活动。同年 9 月，东江华侨回乡服务团（简称“东团”）海陆丰队抵海丰，海陆丰中心县委调许昌炽到“东团”工作。民国二十九年（1940 年）6 月，遵照“东团”总团的部署回捷胜，仍以教书为业，从事地下党活动。翌年，任捷胜区委青年党支部书记。民国三十四年（1945 年）春，身份暴露后，受国民党追捕，党组织调他到东江纵队第六支队参加武装斗争，任新四区第一任抗日民主政府区长、区武装大队政委。同年 8 月 15 日，日本投降后，国民党派遣 186 师进驻海丰。许昌炽率短枪队到四、五区活动。民国三十五年（1946 年）4 月 2 日，奉命转移青坑下围村。翌日中午，与国民党军激战，壮烈牺牲，卒年 27 岁。

四、名伶传

罗益才（1873—1935 年），生于清同治十二年（1873 年），海丰县金锡都捷胜所（今城区捷胜镇）人，西秦戏顺太平老牌名班出身，工老生，能文善武。清末民初，执教于西秦戏著名科班华天乐，培养出曾戆、罗宗满、林泳、黄杰、陈夸、黄发、曾炮等名徒。被尊为西秦戏一代宗师。卒于民国二十四年（1935 年），享寿 62 岁。

林友平（1886—1957 年），生于清光绪十二年（1886 年），海丰县金锡都捷胜所（今城区捷胜镇）大流人，字金安，农历十月初十生于水阁村。初入白字戏科班，后入正字戏大班，师从亚水，并在正字戏老联福、老永丰等 4 大班搭班演戏，因演白面，人称“白面友平”。为人刚正豁达，喜扶掖后进，甚获好评！以扮演曹操、董卓、严嵩、梁骥等权奸人物闻名，有“活曹操”之称。1956 年，广东省文史研究馆批准他为终身制馆员，享受薪金待遇。1957 年，被吸收为中国戏剧家协会广东分会会员。同年 11 月 17 日（农历十月十五）卒，享寿 71 岁。

张细抱（1889—？ 年），生于清光绪十五年（1889 年），海丰县金锡都捷胜所（今城区捷胜镇）人，号尚耀，博学多闻，人称“活字典”。13 岁被父母卖到白字戏班当童伶。18 岁入正字戏班师从曾大抱，工文武生，终成一代二生名伶。门徒有陈宝寿、吴平、蔡十二等。

何念砂（1893—1943 年），生于清光绪十九年（1893 年），海丰县金锡都捷胜所文公乡（今城区捷胜镇牛肚村）人。少年时加入西秦戏华天乐科班学习，“合同”期满，又拜名丑陈德为师，与宣丑齐名。他塑造的人物形象，如《唐传》中的程咬金、《芭蕉记》中的财帛星君、《水浒传》中的时迁、《许凤娇连》中的马迪等角色，均为观众称道。民国三十二年（1943 年）大饥荒，饿死于海丰县可塘圩，享年 50 岁。

罗宗满（1898—1972 年），生于清光绪二十四年（1898 年），海丰县金锡都捷胜所（今城区捷胜镇）东门人，出身梨园世家，幼年失学。14 岁进西秦戏华天乐科班，师从叔父罗益才，工文武生。弱冠出师扬名，人称“宗满生”。1963 年，当选为海丰县第五届人民代表大会代表。晚年留团工作。卒于 1972 年，享寿 74 岁。传略载《中国戏曲志》《中国戏曲音乐集成》。

刘妈倩（1900—1980 年），字世明，生于清光绪二十六年（1900 年），海丰县金锡都捷胜所（今城区捷胜镇）人，出身梨园世家，因前额硕大，人称“坎头倩”。科班出身。上正字戏班后，师从许贺攻乌面，颇得真传。他说话口吃，但一上台，唱白流畅，时人异之。以“长靠戏”见长，“短打戏”也突出，如扮演张飞、栾飚，各有不同神态，博得行家赞誉，观众喝彩。中华人民共和国成立后，留正字戏剧团工作。1957年，被吸收为中国戏剧家协会广东分会会员。1963年退休。卒于1980年，寿年80岁。

赖佛良（1905—1990年），生于清光绪三十一年（1905年），海丰县金锡都捷胜所（今城区捷胜镇）人。广东省戏剧家协会会员。少年时契身白字戏班，出科后入正字戏班，师从四霞丑。善演童丑、女丑，尤善演丑婆，人称“良丑”。卒于1990年，寿年85岁。

刘　采（1913—1997年），号锦隆，生于民国二年（1913年），海丰县第八区捷胜（今属城区）人。出身梨园世家，广东省戏剧家协会会员。11岁随父到老泰顺白字戏班学艺，出科后入正字戏班演大花面。24岁改学擂鼓，师从著名鼓头邝盛。27岁，成为正字戏全能鼓手，人称“鼓头”“鼓头采”。擅画海陆丰正字戏脸谱，以画工精细闻名。卒于1997年，寿年84岁。

附录：已故知名艺人名表

正字戏				
行当	姓名	艺名、别名	籍贯	备注
二生（武生）	张细抱	张细抱	陆丰碣石	原籍海丰捷胜
红面	亚　树		海丰捷胜	
乌面	刘妈倩	世　明	海丰捷胜	
	刘　富	继　簪	海丰捷胜	口吃
白面	林友平	金　安	海丰捷胜	
	刘　泰		海丰捷胜	
	何娘安		海丰捷胜	
正生（老生）	黄　愼	让　明	海丰捷胜	
丑	四　霞		海丰捷胜	
	赖佛良		海丰捷胜	
	刘　古		海丰捷胜	

续表

公末	张祖成		海丰捷胜	落户沙港
鼓头（大鼓手）	邝　盛		海丰捷胜	
	刘　采	锦　隆	海丰捷胜	
旗军头（龙套）	陈 安	邦　吉	海丰捷胜	兼大笔（剧务）
	陈　寿	光　辉	海丰捷胜	
西秦戏				
老生（长须）	罗益才		海丰捷胜	
	卓　衍		海丰捷胜	
武生	林　泳	假　玉	海丰捷胜	
文生	罗宗满		海丰捷胜	
丑	何念砂		海丰捷胜	
老旦（婆）	亚　福		海丰捷胜	
旗军头（龙套）	蔡　粟		海丰捷胜	兼大笔（剧务）
白字戏				
花旦	刘娘表		海丰捷胜	

五、人物补编

廖了哥（生卒年不详），生于明正统、景泰年间，海丰县金锡都捷胜所（今城区捷胜镇）坐头村人，捷胜著名龙都。家贫，以种菜为生。传其精通奇门遁甲、五行八卦及符咒变幻之术，有缩地成寸，来往古今之能，人称“廖仙”。其事迹在民间流传极广。

张绍汉（？—1808 年），字瑞昭，岁贡张熊光之父，生于清乾隆初年，海丰县金锡都捷胜所（今城区捷胜镇）南门人，太学生，乾隆年间储封修职郎，文官正八品。张绍汉及其后裔连续七代功名显达，被誉为“七代簪缨”。

张熊光（？—1807 年），字国宁，生于清乾隆年间，海丰县金锡都捷胜所（今城区捷胜镇）南门人，清嘉庆四年（1799 年）已未科岁贡生（原有广东学政万承风题赠“明经进士”匾额，已遗失）。为人刚正，有辩才，多谋略，擅刑名。嘉庆八年（1803 年）被荐为惠州府经历（正八品）。当时惠州府海丰县政局动荡，县官一年四易，张熊光力劝知府，派兵缉捕山贼海寇、打击地方豪强、开矿充盈财政、平抑市场物价，为维护海丰地方稳定做出贡献，被时人誉为“隐身县侯”。嘉庆十年（1805年），获两广总督吴熊光举荐，敕授正六品承德郎、雷州府通判，赴任后见吏治腐败，因不愿与贪官同流合污，加上身有重病，不久即辞官归里。回到捷胜后，他看到乡村“乌红旗”械斗现象严重，何、刘、黄等望族的开明绅士虽配合乡公所大力镇压，却一直未能遏止。他通过明察暗访，禀明官府，将教唆挑动乡里械斗的“讼棍”和职业打手“铳棰（也叫奚汉、奚棰）”一网打尽，制止了械斗恶习，赢得乡亲好评，因此有“捷胜何刘黄，当无张厝一只熊”之美誉。嘉庆十二年（1807年）在捷胜病逝，谥号恭肃。

张睿建（？—1865年），字淮，张熊光长子，生于清嘉庆初年，海丰县金锡都捷胜所（今城区捷胜镇）南门古庙人，郡庠生，入县学超六十年，三度参与“重游泮水”庆典。同治辛酉科（1861年）获学政赐“鸾祥耆瑞”匾额。

胡　仙（生卒年不详），生于清道光年间，海丰县金锡都捷胜所（今城区捷胜镇）东坑村人，捷胜著名龙都。以务农为生。精通堪舆、符咒之术，“胡仙”乃别称。其事迹在民间流传极广。

何一新（生卒年不详），生于清道光年间，海丰县金锡都捷胜所（今城区捷胜镇）人，出身书香门第。清道光年间增贡生。初任广东长乐县儒学训导，官秩从八品。咸丰元年（1851年），代理高州府茂名县儒学教谕。后历任从化县儒学教谕、龙门县儒学教谕、潮州府海阳县儒学教谕（同治末年任），官秩正八品。旌匾曰“壶范昭宣”。

周钟珏（生卒年不详），生于清道光年间，海丰县金锡都捷胜所（今城区捷胜镇）西门街人，清道光年间监生，任福建补用巡检，福清县典史，升授县丞护理福清县，官秩从七品。名载《清代海丰县同治续志下卷·选举》。

刘学调（生卒年不详），生于清道光年间，海丰县金锡都捷胜所（今城区捷胜镇）捷兴社人。清咸丰年间，封蓝顶花边，儒学训导，捷胜“三点会”头目。为人慷慨大方，急公好义。咸丰六年（1856年）二月，汕尾东社破西社，刘学调在沙海渡头救走西社部分群众。今西社犹记其恩惠。

何宰离（生卒年不详），字位轴，生于清道光末年，海丰县金锡都捷胜所（今城区捷胜镇）人，清同治二年（1863年）癸亥科岁贡生，议叙即选儒学训导，秩从八品。同治六年（1867年）丁卯秋，董理重修捷胜所“会魁楼”，同治十二年（1873年）参与《海丰县志》校对事宜。

赖雄烈（生卒年不详），字良谋，生于清道光末年，海丰县金锡都捷胜所（今城区捷胜镇）人，太学生。后雄烈卒，妻蒲氏事姑抚幼，无忝节孝。其事略载入清代海丰县同治续志下卷《列女传》。

张梓材（？—1888年），名如銮，字蓉峰，号承殷，张德模之子，生于清咸丰年间，海丰县金锡都捷胜所（今城区捷胜镇）南门古庙人。光绪八年（1882年）壬午科考选第一名岁贡生，铨选儒学训导，未赴任即病逝。存有“岁魁”匾额，为钦命翰林院侍读学士提督广东全省学政叶大焯题赠。有自撰“岁贡”冠首对联“岁华应瑞，贡树生香”及回文对联“长堤柳雾笼空浦，曲径松烟罩远山”传世。

赖太璧（生卒年不详），字连城，号含章，生于清代，海丰县金锡都捷胜所（今城区捷胜镇）人，太学生，碣石卫右营都府把总，加六品顶戴。

何懋徽（1880—1927年），字舜廷，生于清光绪六年（1880年）岁次庚辰，海丰县金锡都捷胜所（今城区捷胜镇）人。光绪二十九年（1903）癸卯恩科广东乡试中式第31名举人。民国初年，任海丰县立中学教师。重视教育事业，曾聘请惠州祝治祥、海丰举人陈二南、禀贡生吕月槎、岁贡虞赓起等人到捷胜所城内、外文祠及何氏私塾执教。卒于民国十六年（1927年），终年47岁。

何彝泰（1881—？年），号复初，生于清光绪七年（1881年）岁次辛巳，海丰县金锡都捷胜所（今城区捷胜镇）人。宣统元年（1909年）己酉科拔贡第一名。宣统二年（1910年）岁次庚戌，任法部录事宜。

何念通（1881－？年），生于清光绪七年（1881年），海丰县金锡都捷胜所（今城区捷胜镇）东门人。喜好制作风筝，代表作为“鲎衔嗡”。制作时用竻、藤、糊、丝纸等材料，并用厘秤称筝身各部之轻重。作品风格独特，瑰丽高雅。中华人民共和国成立前，曾多次参加海陆丰地区风筝赛会并获奖。

赖　高（1896—1967年），字鹤龄，生于清光绪二十二年（1896年），海丰县金锡都捷胜所（今城区捷胜镇）东门人。民国十六年（1927年）5月参加革命，以“鬼笑”纸扎店作掩护，长期开展我党地下工作。民国二十八年（1939年）加入中国共产党，历任捷胜党支部书记、七区党总支书记、中共海陆丰中心县委通信员、中共海丰县第四区委书记及捷胜地下党组织负责人。民国三十七年（1948年）4月，率捷胜地下党员协助天雷队、海鹰队智攻捷胜警察所。中华人民共和国成立后，历任赤坑区委书记、县民政科长、县政府机关党支部书记等职。卒于1967年，享寿71岁。

刘锦汉（1900—1987年），又名仁铨，生于清光绪二十六年（1900年），海丰县金锡都捷胜所（今城区捷胜镇）北门人。大革命前期在海丰参加中国共产党。民国十四年（1925年），任中共潮（州）、梅（州）地委委员。大革命失败后，逃往厦门鼓浪屿，任慈勤女子学校教务主任。后移居香港，任华侨中学教务主任。太平洋战争爆发后，返海丰。抗战胜利后，复回香港开设糖果店。民国三十七年（1948年），参加中国致公党，任该党中央委员、秘书长，六届全国政协委员、北京市侨联常委。后移居北京。卒于1987年4月21日，寿年87岁。

林务农（1904—1999年），中共党员，生于清光绪三十年（1904年），海丰县金锡都捷胜所（今城区捷胜镇）东门人。民国十一年（1922

年）冬，在海丰蚕桑讲习所就读。同年，参加农民运动。民国十二年（1923年），受海丰县农会委派，到六区（今海丰赤坑镇）组织农会。“七五农潮”后，参与彭湃组织的“十人团”，继续领导农民斗争。民国十三年秋，往广州从事工人运动。民国十四年（1925年）2月底，随东征军回海丰，建立农民自卫军，并主持在国民党区的中共党部工作。第二次东征胜利后，先后任共青团海陆丰地委宣传委员、书记等职。民国十五年（1926年）冬，调任中共陆丰县西北特支书记。民国十六年（1927年），参加海陆丰两次武装起义。随后，任中共潮安县部委书记。同年11月初，回海陆丰，任第五区（今汕尾市区和红草镇）区委书记。实行郊区土地革命；开辟财源，没收几家典当铺的金银等贵重物资，上交县苏维埃；实行新税率，秘密联系各大盐商行到汕尾运盐外销。同时运回一些工业品，供应机关部队和市场。民国十七年（1928年）3月，国民党军攻陷汕尾，林务农领导工农武装在附近山岭反“围剿”。同年冬，与县委失去联系，遂秘密乘船前往香港找省委，因省委机关遭破坏，即往新加坡参加地下党工作。不久，调入暹罗（泰国）。民国十八年（1929年）底被捕，被泰国当局判刑16年，至民国二十八年（1939年）遇大赦，提前释放。获释后回国参加东北华侨回乡服务团。次年，曾生、王作尧抗日游击队东移海陆丰，林务农常带秘密文件给海陆丰中心县委负责人转交曾生。民国三十年（1941年），日军第二次攻陷海丰，部分汕尾盐警入海沦为海匪。林务农受海陆丰中心县委委托，前去海岛劝说海匪参加抗战。中华人民共和国成立后，在广东省民政厅工作，后调省文史研究馆。卒于1999年，寿年95岁。

罗乃火（1908—1978年），生于清光绪三十四年（1908年），海丰县金锡都捷胜所（今城区捷胜镇）埔尾村人，出身古建筑世家。15岁师从其父罗乙学艺。擅长古建筑设计及丈高配制，对古建筑脊顶、墙头和垂脊的设计及制作，别具风格。其剪瓷雕更独特。1972年，受海丰县政府邀请，修复海丰红宫。卒于1978年，享寿70岁。

赖应元（生卒年不详），生于清光绪年间，海丰县金锡都捷胜所（今城区捷胜镇）东门水坑街人。宣统年间，毕业于广州两广优级师范学堂，曾在广东法政学堂任职，精通武术、日语、英语。从粤军时，因腿部中弹致残，回乡执教，长期管理赖氏家塾和文亭高等小学。李劳工、林务农、梁秉刚、蔡俊等均为其学生。民国三十四年（1945年）2月，与六支独立大队二中队班长赖发护送来华对日作战的美国飞行员伊根中尉和克利汉少尉到东江纵队司令部。此后，事迹无考。

赖　庆（1909—1976年），字茂松，生于清宣统元年（1909年），海丰县金锡都捷胜所（今城区捷胜镇）北门第八街人，捷胜殷商之一。受族兄赖高影响，自民国十六年（1927年）起，为我党地下工作者提供掩护、情报和经济援助，曾掩护刘夏帆同志在捷胜开展地下工作，营救张寿、许克、何白等同志，劝服海匪梁忠率队起义等，被尹林平同志誉为“李克农式人物”。卒于1976年，享寿68岁。

庄启芳（1909—1996年），女，又名苏惠、苏蕙，梁良萼（又名良岳）烈士之妻，生于清宣统元年（1909年），海丰县金锡都捷胜所田墘墟（今红海湾田墘镇）人。民国十三年（1924年）读捷胜女校。翌年2月参加革命，任海丰县妇女解放协会执委。4月加入中国共产主义青年团，旋转为中共党员。同年秋，参加国民党第二次代表大会竞选活动。民国十五年（1926年）初，读海丰中学，旋参加国民党二大。同年夏，任共青团海陆丰地委常委、妇委书记，兼管海丰中学团工作。民国十六年（1927年）11月，参加海丰县工农兵代表大会，任海丰县苏维埃政府委员、第五区区委委员兼农妇部主任。翌年，任湖田洞8乡政治指导员，组织农民配合苏维埃政权进行反“围剿”斗争，因工作出色荣获列宁奖章。后辗转新加坡、泰国和中国澳门、上海、潮汕、闽西等地，继续从事党的文化宣传活动。至民国二十八年（1939年）11月，当选为党的第七次全国代表大会代表。翌年12月到延安，入中共中央党校一部学习，参加“整风审干”运动。民国三十四年（1945年）4月至6月，出席中共七大。同年12月赴重庆，参加中共中央重庆局组织部审干工作。民国三十五年（1946年）5月，到香港负责省港工委审干及建党训练班工作。翌年6月，任中共香港工委组织部部长兼党总支书记，创建达德学院女生党支部。民国三十八年（1949年）4月，任中共香港分局港澳工作委员会（香港工委）委员，后改任中共华南分局香港工作委员会委员。中华人民共和国成立后，任职于广州。后调任华侨事务委员会工作。至1966年，历任华侨事务委员会党组成员，侨委国内司、人事司和国外第二司司长，机关党委副书记等职。后又历任全国侨联常委、中侨委委员、侨联副主席、全国侨联顾问、全国人大代表、全国政协委员及中共八大代表。1996年7月24日，卒于北京，寿年87岁。著作有《彭湃和他的战友》。

何世汉（1918—1972年），又名何竺，字杰中，生于民国七年（1918年），海丰县第八区捷胜（今属城区）南门街人，副厅级干部。民国二十七年（1938年）11月，参加中国共产党。同年参加革命工作，任中共海陆丰中心县委第四区（捷胜）委员会宣传委员。中华人民共和国成立后，历任华南财委办公厅主任、广东省建筑工程局局长、广东省科委副主任、党组副书记。卒于1972年2月3日，终年54岁。

蔡　惠（1918—1969年），生于民国七年（1918年），海丰县第八区捷胜（今属城区）北村人。民国三十七年（1948年）毕业于上海国防医学院。1949—1950年，在捷胜开设蔡惠西医诊所。1951年2月，任海丰县卫生院捷胜分院长。1952年，调海丰县卫生院当医生。1957年，调汕尾人民医院当医生。1958年，调回海丰县人民医院当医生。1959年，任彭湃纪念医院业务副院长。有西医内外科较高医学水平和医术造诣，尤以外科知名。1959年，被评为县卫生系统“一等先进工作者”、汕头地区卫生系统“二等先进工作者”。海丰县第三、四、五届人大代表。卒于1969年6月15日，终年51岁。1979年平反昭雪，恢复名誉。

蔡　贤（1919—2001年），生于民国八年（1919年），海丰县第八区捷胜（今属城区）北村人，系汕尾市天主教爱国会副会长、汕尾市第二届人大代表、城区及捷胜镇两级的历届（至 2001 年）人大代表、捷胜镇教育委员会副主任、捷胜卫生院监督员。因其一生慈悲为怀，热心家乡公益事业，积善存仁，德泽广被，故捷胜人尊称为“蔡公”。公出身于大家族“谦合蔡”。谦合蔡氏，英才辈出，家风以耕读传家、商贸立业著称，为捷胜最早接受新文化、最早信奉天主教的家族之一。民国至中华人民共和国成立后，公兄弟辈中有闻名海陆丰的教育家蔡廷午、名医蔡廷桂及蔡惠、名画家蔡本坤、防疫专家蔡卫等；子侄辈中有企业家蔡绍政、知名书法家蔡绍明、知名校长蔡基林、知名医生蔡镇宇、博士后蔡大可等。公晚年好诗词，系捷胜诗词社创建人之一、广东中华诗词学会会员。自 1985 年至 2000 年，历年荣获县（区）市创建精神文明先进工作者及积极分子称号，系社会知名贤达人士。卒于 2001 年，寿年 82 岁。

赖　志（1921—1942 年），又名赖创志、赖在志，生于民国十年（1921 年），海丰县第八区捷胜（今属城区）北门第八街人。体羸弱，性聪慧，12 岁考入海丰中学。民国二十七年（1938 年）加入中国共产党，成为四区青抗会、捷胜青年支部的主要负责人。民国二十九年（1940 年）4 月 20 日，组织成立地下党外围组织“星星社”，大力培养革命青年。后积劳成疾，卒于民国三十一年（1942 年）。1956 年被评为“革命病故人员”。

何可明（1923—？年），生于民国十二年（1923 年），海丰县第八区捷胜（今属城区）北门仓顶人，出身贫苦家庭。民国三十二年（1943 年）参队。民国三十八年（1949 年），任中国人民解放军第二野战军某团连长。1950 年，赴朝抗美，任营长、副团长。胜利回国后，历任邢台市武装部长、市人事科长及工会主席等职。

赖　发（1924—1992 年），又名赖乙发，生于民国十三年（1924 年），海丰县第八区捷胜（今属城区）北门第八街人。民国二十八年（1939 年）参加四区青抗会。民国二十九年（1940 年）参加广东惠宝人民游击队，并随部队东移海陆丰。民国三十三年（1944年）1月，任海陆丰中心县委交通员。同年2月，任东江纵队司令员曾生同志警卫员。旋于4月，作为军事骨干调任六支军事教官、独立大队二中队班长。民国三十四年（1945年）2月，与赖应元护送来华对日作战的美国飞行员伊根中尉和克利汉少尉到东江纵队司令部。中华人民共和国成立后，历任粤赣湘边纵队东一支五团飞马队队长，东江军分区海丰县大队直属排排长，公平区、鲘门区、龙山区、田墘区武装部长，海丰县食品公司政治指导员及党支部副书记等。卒于1992年，享寿68岁。

刘　健（1925—1996年），诗人刘克明之子，生于民国十四年（1925年），海丰县第八区捷胜（今属城区）捷兴社人，出身书香世家，工诗词。卒于1996年，享寿71岁。著有《雪窗吟草》诗集。

赖　力（1928—2018年），生于民国十七年（1928年），海丰县第七区捷胜（今属城区）北门第八街人。民国三十二年（1943年）参队，为两纵老战士，战功显赫。民国三十七年（1948年）被选送到山东省军区荣誉军人学校学习。中华人民共和国成立后，历任汕尾镇长、海丰县政协副主席（正处级）、汕尾市政协常委。卒于2018年，寿年90岁。

何作胜（1938—2011年），生于民国二十七年（1938年），海丰县第四区捷胜（今属城区）西门第五街人，大专毕业，中学高级教师。一生执教，重视文化教育。1994年8月，在城西外文阁原址创建文昌中学，为捷胜文化教育做出极大的贡献。为人和蔼可亲，善以待人，严以律已，刚正不阿，德高望重，美誉绵绵，享有贤人之称誉。卒于2011年，享寿73岁。

第三节 流 寓[①]

觉龙公主 （生卒年不详），传为南宋末帝宋度宗之女晋国公主。南宋德祐二年（1276 年）三月，以谢太后为首的投降派在临安（今杭州）向元军奉表归附。五月，大臣陆秀夫、张世杰在福州拥立益王赵昰为帝，称宋端宗，建元景炎。不久，元军入闽，觉龙公主随端宗溃入海丰，驻丽江浦三月有余。景炎二年（1277 年）四月初，元军又大举南侵，宋军主力乘船继续南撤，觉龙公主率少量兵力据守丽江浦，后因元军势众，退守捷琅埔。景炎三年（1278 年）四月，宋端宗溺亡，卫王赵昺继位，改元祥兴。六月，宋军迁新会崖山。同年冬，文天祥在海丰五坡岭为元军张弘范部所执，其部属有部分逃向海丰西北部，另有余部退至捷琅埔与觉龙公主聚合，并联合当地居民继续抗元。祥兴二年（1279 年）二月，元军主帅张弘范攻陷崖山，陆秀夫抱幼主赵昺蹈海殉国，从死者十余万人，悲壮至极。后张世杰坠海溺死，南宋灭亡。时觉龙公主于捷琅埔抗元，坚持一年后，全军几近覆没。她见复国无望，与随从隐退于东坑山，建庵修行，取法号“释兰”。今白石庵祀有她的牌位，尊为“释兰师”。宋朝自赵匡胤至赵昺，共历 319 年、18 帝，可谓“写到崖山同覆日，不堪回首忆陈桥”。

花 茂（？—1397 年），安徽巢县人。明洪武年间，广东都指挥使司。洪武二十七年（1394 年），花茂奏立广东沿海卫所，明廷派他巡察碣石、海丰、平海、捷胜等地。同年，花茂派千户侯良督造捷胜所署，又于洪武二十八年（1395 年）初，派侯良建造捷胜守御千户所。洪武三十年（1397 年），花茂卒。有 2 子，长子花荣袭职，次子花英，果毅有父风，于永乐年间，亦以军功，升广东都指挥使司。

侯 良（生卒年不详），明洪武年间千户。洪武二十七年（1394

① 流寓：指迁居或流落捷胜所城的人，这里特指捷胜历史文化发展起推进作用的人。

年）驻防捷胜，奉广东都指挥使花茂之命在鹤岭督造捷胜所署（兵署）。二十八年（1395 年）又督造捷胜守御千户所。

刘　松（1540—1609 年），字寿山，生于明嘉靖十九年（1540 年），海丰县人，军户出身。明代抗倭名将、民族英雄。明嘉靖年间，倭寇登陆捷胜。历四年，捷胜、长沙、大德、碣石、石桥等海港屡遭侵犯。嘉靖四十三年（1564 年），刘松与俞大猷、戚继光率兵自崎沙、甲子追倭寇至海丰，倭入海，刘松等在捷胜海面歼灭倭寇数千人。此后，刘松镇守海丰。万历元年 (1573 年)，以军功升任捷胜守御千户所千户，驻防捷胜所城，常乘船出海巡视龟龄海域，多次在捷胜城南郊海滩，伏兵歼灭海盗和倭寇。后官至碣石卫所指挥同知 (从三品)，诰封怀远将军。卒于万历三十七年（1609 年），享寿 69 岁。次年庚戌闰三月十五日与其妻纯懿冰节夫人张氏合葬于石塘都西坑约双圳山。其子刘国勋官至海丰碣石卫指挥使。今石厝山黎明洞有刘松题刻的“山海奇观”“游石山”等诗联遗迹。

李少庄（1544—1601 年），生于明嘉靖二十三年 (1544 年)，海丰县人，明代捷胜守御千户所守备，世袭武职。自小习武，膂力惊人。年轻时在捷胜所城入伍当兵，常巡视龟龄海面，缉捕海匪。明嘉靖年间，擢升为捷胜守御千户所把总，被派往大德营把守海口。嘉靖四十三年 (1564 年)，广东总兵俞大猷追倭寇至大德港，他随俞大猷参加了围歼倭寇的战役，指挥官军与倭寇激战多日，歼敌 200 多人，以军功晋升为碣石卫守备，驻守捷胜所城。万历二十九年 (1601 年)，海盗刘香率武装船队，从海上进犯大德港，欲循东溪溯流入侵海丰县境，李少庄率官军阻击，力战殉职，葬于大德山南麓，终年 57 岁。

郭　成（？—1593 年），明代抗倭将领，生于嘉靖年间，四川叙南卫人。由世职历官苏松参将，进副总兵。倭寇犯通州，为守将李锡所败，转掠崇明三沙。郭成击沉其舟，斩倭寇首 130 余级。隆庆元年（1567 年）冬，擢署都督佥事，为广东总兵官。隆庆二年（1568 年），与倭寇勾结的广东海贼曾一本犯广州，寻又犯福建，郭成合俞大猷、李锡军渡海擒灭曾一本，以功进署都督同知。同年，郭成追倭寇至金锡都，倭寇已取道海丰经平山，欲往大鹏所，迷失道，掠取乡人为导，乡人误以为欲往博罗大蓬沥，遂领之至增城，郭成追及前击，倭寇尽锐迎战，郭成败绩，倭寇出白云屯，参将谢潮又追之，斩首级数十。倭寇至金锡都捷胜所城，郭成又追之，倭寇遂入捷胜海夺船而去。其后，叛将周云翔等亡入贼寇，屯于平山大安峒，将犯海丰。隆庆三年（1569 年）五月，郭成偕南赣军进行夹击，斩首 1 300 余级，生擒周云翔。后又击杀潮州郭明、胡一化、陈一义诸贼巢。不久，四川都掌蛮为乱，郭成奉诏战九丝蛮，威震川南，寻被劾罢归。万历初年，郭成出为贵州总兵官，镇守铜仁，因其有胆智，能以身犯险，而威震苗疆。后复被劾罢归。而后，郭成又被起用，出任四川总兵官。因永宁奢氏宣抚职位归属，郭成处理不当，又遭弹劾，遣戍云南。适有松茂之役，被荐从军。郭成率军 7 000 人，直抵黄沙。屡破贼，与总兵官李应祥尽平河东西诸巢，以功授参将。复偕李应祥大破腻乃党诸贼，增世职二级。万历二十一年（1593 年）春，杨应龙叛明，郭成进讨无功，戴罪办理。同年卒于官，葬于宜宾县柏溪镇革坪村。

任可容（？—1602 年），字子贤，号养弘，生于明嘉靖年间，南直隶安庆府怀宁县（今安徽省安庆市怀宁县）人，抗倭名将。明万历五年（1577 年），赴殿试登丁丑科进士，授中书舍人，转工部员外郎。万历二十二年（1594 年），外调浙江处州（今丽水市）知府，为政清廉公正，理民间利病如家事。万历二十四年（1596 年）四月，擢迁广东按察司副使兼任岭东海防兵备分巡道，翌年初到任。期间，提倡教育，整肃军纪，并常巡视捷胜所沿海，整饬武备，倭寇不敢贸然进犯。万历二十六年（1598 年）四月，闽中巨盗勾结倭寇，多次入侵粤东海面。任可容亲赴捷胜所城和坎下寨，策划歼灭倭寇方略。倭寇知悉后，不敢入扁涌湾。同年五月十八日，他在捷胜龟龄岛至汕尾沿海一带伏兵，授计坎下寨守备陈聪、把总魏大亨假扮渔民，于扁涌湾海面捕鱼，诱倭寇来犯。倭寇中计，驾大船10余艘入侵，被碣石、捷胜水军包围。惠州海防同知邱万程伏兵堵截，生擒真倭6名，贼首8名、通事（翻译）1名，杀死真倭35名，海盗死者亦无数。翌年，倭寇又犯南澳，任可容率水军又破之。其一生运筹杀贼，为海上30余年未有之捷，可谓奇勋。万历三十年（1602年），以功擢广东布政司左参政盐法道，管理盐屯，夙夜经营，不遗余力，兴利革弊，竟以积劳成疾，卒于任上。朝廷闻讯，立祀广惠潮名宦。有妻杨氏，怀宁人，浑厚纯静。杨氏年始二十四，即为任公娶妾从宦，其自留家侍舅姑（公婆），封淑人。有二子，长子名国模，次子名国桢，字士彦。次子国桢有乃父之风。万历三十八年（1610年）庚戌科进士，历任户部主事、督淮安税务、江西袁州知府。在袁州时，拒绝魏忠贤相召。不久，升山东兵备道。崇祯二年（1629年），北京戒严，任国桢入援，特授湖广按察使。任可容后代子孙，人才辈出，科甲鼎盛，延续200余年，亦其德行之报也。著作有《括参纪政》《海防末议》《粤游草》《两粤类草》《松萝馆杂录》等。

刘国勋（生卒年不详），海丰县人，少随父刘松于军营生活，喜兵书、武术，行伍出身。明万历初年武举人。后任海丰所千户。万历四十五年（1617年），以功升授碣石卫指挥同知。万历四十七年（1619年），封昭勇将军碣石卫指挥使（正三品）。同年，泉州府同安县渔民首领袁进与粤东龙溪都李忠，纠合同党数千人劫闽粤，被官兵伏击，向西流窜碣石湾。万历四十八年（1620年）正月，袁、李率部攻入甲子城，杀把总金元武，刘国勋急率官军来援，袁、李率船逃到捷胜白沙湖被围而投降，其麾下头目许彬老、钟大番、余三老等不愿投降，逃窜啸聚于龟龄、金屿、江牡等海岛，继续劫掠来往商船和渔船，后为刘国勋剿灭。时广东巡抚王命璿亲赴碣石，于东校场奖赏碣石卫和捷胜所城部队。此后，关于刘国勋事迹，史载不详。其有子承基、承升，均世袭从军。

苏　利（1614—1664年），名苏文，生于明万历四十二年（1614年），海丰县人，为苏成部将。顺治四年（1647年）春，率义军占据捷胜所城。至七月十六日，奉南明政权为正朔，兵指海丰清军。苏成役后，苏利任义军首领。顺治五年（1648 年）农历四月，挥师坎下城，守备李夔龙开城投降。苏利因而增兵扩地，声势益大，兵力达万员之众。顺治七年（1650 年）十一月，苏利以壤接成功，惧为所并，遂向清廷投降，授碣石副将衔左都督，据碣石卫，纵横粤东，借清军对抗郑成功。顺治十年（1653 年），以功授碣石卫总兵。他在政治上投降清廷，但在军事上保持独立性，拒不剃发，着明服。顺治十二年（1655 年），派亲信以绫书送南明骁将李定国，表明欲投南明之意，奈何为清廷识破无果。寻李定国被清军重挫，广东抗清失败，已成定局。顺治十四年（1657 年）十一月，清廷为了稳定苏利，实授他为碣石卫水师总兵官，总揽碣石卫及海丰诸所城的海防军务大权。顺治十八年（1661 年），清廷为切断台湾郑成功军队的物资供应，颁布“迁海令”，令山东至广东沿海居民，内迁 50 里，设墩置桩，尽烧民房，一迁再迁。康熙三年（1664 年）农历四月初六，清廷又降旨迁界。五月，苏利抗迁，毁墩拔桩。八月，清军征伐，苏利阵亡，被副将陈耀葬于施公寮（原名苏公寮）虎地山，终年 50 岁。

郑成功（1624—1662 年），原名森，幼名福松，字大木，号明俨，生于明天启四年（1624 年））八月二十六日，福建泉州南安人，祖籍河南固始。明末清初军事家，抗清名将。父郑芝龙，母名田川氏。南明弘光朝监生，蒙隆武帝赐明朝国姓“朱”，赐名成功，封忠孝伯，世称“郑赐姓”“郑国姓”“国姓爷”，后又蒙永历帝封延平王，称“郑延平”。南明隆武二年 (1646 年，即清顺治三年）六月 , 清军进逼福建，其父郑芝龙降清，其母田川氏在乱军中自尽。郑成功率领父亲旧部在东南沿海抗清，成为南明后期主要军事力量之一。永历四年（1650 年，即清顺治七年）十月，清将平南王尚可喜，靖南王耿继茂率满骑数万攻广州，永历帝由肇庆准备逃到广西南宁，下旨急派远在福建的郑成功前来勤王。同年十一月，郑成功带领大军跟妹妹郑祖禧一起由海道赴粤救援。十二月，郑成功水师抵广东揭阳。永历五年（1651 年）农历正月廿七日，郑成功率领战船一百多艘，从广东潮州府南澳港出发，向西南沿海开进。南征勤王军船队进入海丰县捷胜城外白沙湖（今红海湾）海埔墟休整月余，至农历三月廿五日，因厦门告急，郑成功留部分军队驻守粤东重要港口，自己则率领大军回师福建。后凭海战优势，固守厦门、金门等地。永历十二年(1658)正月北伐，八月入长江，攻羊山，因遇飓风，舰队被冲散，损失兵将数千员，折回舟山休整。永历十三年（1659年）五月十五日，再次北伐，攻崇明，取瓜州。六月，命张煌言分兵上溯芜湖，截击清兵，令刘猷守瓜州，自己直取镇江。后因攻打南京失利，回师厦门。永历十五年（1661年），东征台湾，驱逐荷兰殖民者。因戎马倥偬，积劳成疾，半年后，卒于永历十六年（1662年）六月二十三日，终年38岁。今台湾民间有庙宇祭祀。有《延平王集》行世。

郑祖禧(1630—1651年)，相传为郑成功之妹，生于明天启十年(1630年)，福建泉州南安人，祖籍河南固始。天生丽质，深为父母及郑成功喜爱。因出生时有“百鸟朝凤”吉祥之兆，故取名祖禧。明末清初抗清名将，民族英雄。南明隆武二年(1646年，即清顺治三年）六月，清军进逼福建，其父郑芝龙降清，其母田川氏在乱军中自尽。她随兄长郑成功在东南沿海抗清。南明永历三年（1649年）四月，郑成功挥师南下，郑祖禧奋勇当先，英勇作战，从清军手里攻取漳浦、云霄等地，平定达濠、霞美等山寨。七月，攻打福建诏安不利，转入粤东，经分水关至潮州一带征讨不合作的零星势力。至九月，又先后收服潮阳及周边许多山寨，进一步扩大抗清根据地。南明永历四年（1650年，即清顺治七年）十月，清将平南王尚可喜，靖南王耿继茂率满骑数万攻广州。十一月，她随郑成功勤王，转战各地，英勇善战，多次打败清军船队。十二月，郑军水师抵达广东揭阳。南明永历五年（1651年）农历正月廿七日，又进入海丰县捷胜城外白沙湖（今属红海湾）海埔墟休整月余。农历三月廿五日，因厦门告急，郑成功回师福建，欲先解救厦门失守之危。郑成功船队赴闽在白沙湖外遇风暴，殿后的郑祖禧命船队靠近金屿岛卸辎重，以便轻装前进，不料与清兵相遇，两军恶战。清兵大败，然郑祖禧身中毒箭。两日后，在狮头山营寨壮烈殉国，终年 20 岁。郑成功葬胞妹于白沙湖畔狮山下，史称“郑成功狮山葬妹”。后来，农历三月廿七日，被百姓认定为郑祖禧升天得道日。清康熙年间，白沙湖乡民在郑祖禧下葬处建“祖禧庙”奉祀，被尊为“祖禧娘娘”“金刚妈祖”。雍正年间，乡民又筹资建“双圣妈祖”庙，郑祖禧与天后圣母林默娘同受百姓奉祀，香火至今旺盛。后人有诗赞曰:“白沙湖上裹苍烟，卧听涛声三百年。漫卷春云飘玉带，空吟碧血染红舷。魂归净土随风憩，海不扬波抱石眠。芳草凋零遗胜迹，狮山佩剑倚南天。”

刘　锷（生卒年不详），明末民族英雄，淮南人，讳岳公，南明总兵，才侪管乐，智亚孙吞，而生不逢时。南明弘光末年（1645 年），清兵攻破南京城，刘锷不愿仕清，弃家到捷胜所城投奔故友（时为守备）。后与廖天佐一起隐居黎明洞 20 多年，二人合称“黎明洞二名士”。据传，康熙年间，出海投奔台湾郑成功部，不知所踪。

苏　成（？—1648 年），诨号“大目公”，福建同安人。明朝末年，政治腐败，民不聊生。苏成带领一支武装队伍游弋海上，伺机举事。清顺治元年（1644 年），清兵入关，定鼎中原，其势力未及粤东。碣石卫指挥张明珍叛明，围攻石桥场土城，又勾结贼寇至东海滘（今东海镇）抢劫。应百姓求援，苏成诈称与张明珍合作，于农历八月二十五日夜，率义军夜袭，击败张明珍，押解至海丰县城，交官府处置。此后，苏成以碣石卫城为基地，抗击清军。顺治三年（1646 年）农历二月，他发兵甲子，消灭张明珍余党。七月，苏成入驻惠来县城。是年冬，清军从福建南下，先后攻占潮州、惠州、广州等地，海丰（时陆丰未析出）大部地区落入清军之手。顺治四年（1647 年）农历四月，苏成率义军从碣石出发，入驻捷胜所城。至七月十六日，奉南明政权为正朔，与举人林呈祥率军数千，直取海丰，后清军及各地豪强武装来援，苏成不敌，退守碣石。时有百姓无数，随苏成军队退往碣石。顺治五年（1648 年）农历正月，苏成卒，军队归苏利统领。

曾大勇（1674—1730年），又名曾得伟，行伍武将，父曾方穀、母蔡氏，金锡都沙港乡人，生于清康熙十三年（1674年）。少读私塾，又喜武艺。因家贫，辍学后于捷胜水师兵营当兵，以勤勉受上司赏识，历任左营把总、千总等职。康熙五十三年（1714年），与潭西好友庄汝扬、堂弟曾猛勇等人进京会考，中式甲午科武举人第47名，朝廷特赐“兄弟同科”。返乡后，随左营部队从捷胜城调防甲子门所，升任碣石镇左营中军守备。康熙五十五年（1716年）七月，父病故，他返沙港守孝丁忧。康熙六十年（1721年）四月十九日，台湾朱一贵叛，杀死台湾总兵官欧阳凯，占领台湾岛。清廷震惊，令闽浙总督觉罗满保自福州赴厦门，福建水师提督施世骠速赴澎湖列岛，调遣兵将准备镇压起义。六月，曾大勇与堂弟曾猛勇奉令领兵随水师提督施世骠征剿台湾。七月初六平乱后，曾大勇以军功赏戴花翎，升授左营游击。不久，升授平海营参将。雍正五年（1727年）春，又以功升迁碣石副将，奉旨与曾猛勇领兵往湖南镇压湘西苗族25寨的叛乱，历时四载，终平乱。兄弟俩三破长沙寨，时人传为佳话。后朝廷叙功授奖，曾大勇升署为广东提督，赐金冠顶戴花翎。其妻郑成昭亦被诰封为“六品安人”。此后，他驻兵于广州府番禺、南海、佛山等地。雍正八年（1730年）三月，在追剿海寇时战死于珠江口上，终年56岁。朝廷追谥曰:“静献缩夫”。有2子，长子曾仕榜随军居职；次子曾礼选为庠生。乾隆五十二年（1787年），其孙曾恢元曾随参将曾伟赴台湾平乱，以功诰授“中宪大夫”。

章茂隆（生卒年不详），福建省永春县人，少习武，晓营务。清康熙二十四年（1685年）乙丑科武进士。康熙四十三年（1704年），外放广东碣石水师镇标右营守备，驻防捷胜所城。任职期间，勤训士兵，率领水师船巡查龟龄海域，缉捕海盗，保护商船。康熙末年，携家入籍海丰县东海滘。后又擢肇庆协都司。

傅为斗（生卒年不详），浙江人，行伍出身。清康熙年间，因父辈为清殉职，以父荫录用军营。康熙二十二年（1683年）六月，福建水师提督施琅率师攻台湾，他随大军参与澎湖海战，以功升千总。康熙三十三年（1694年），随总兵陈斌赴任河南省南阳镇总府。康熙四十一年（1702年），擢升南阳镇右营守备兼署中军都司，旋升授中军游击，兼署南阳镇中军副将标营务。同年底，因广东海防需要，又迁擢为碣石水师镇标左营游击，与左营守备王玟等驻防捷胜所城。康熙四十三年（1704年）左右营换防，他奉令率左营进驻甲子城。康熙四十九年（1710年），移驻广西永州镇。雍正七年（1729年）十月，以直隶固关参将署理河南河北总兵官印务。雍正评其人曰:“署河北总兵傅为斗老成，平常人。但历任甚久，经练之人，像朱轼，不似武臣。”

赖天祥（1694—？年），海丰县石陂屯南门乡人，原籍福建省延平府尤溪县人，生于清康熙三十二年（1693年）岁次甲戌，行伍出身。青年时期在福建沿海当兵历练，在军营中历升把总、千总、守备之职。清雍正十一年（1733年），迁擢香山协左营都司。雍正十二年（1734年）甲寅四月初四日，任碣石镇标右营游击，从三品武官，驻防捷胜所城，常率领捷胜水师营出石狗湖海口，在龟龄、遮浪海域至汕尾一带巡逻，缉捕海盗，保护过往商船。乾隆五年（1740年）春，率右营水师战船至坎下城，与协防坎下城的守备林景至汕尾外海巡逻，返港时正值午夜，遇海风骤起，波浪滔天，舵工迷失航向，幸有马岭山天后宫灯光为方向，才得以解难。为了感谢妈祖显灵解救，赖天祥报请上级，并经朝廷批准后重修马岭山天后宫，并与右营守备林景在宫后石壁题刻“回澜”“保障”以纪念妈祖之恩。同年夏，他调任碣石（卫）镇标中营游击，从三品武官。乾隆七年（1742年）十一月，他与新任总兵魏国泰因互相揭发违纪贪渎案，惊动朝廷，乾隆下谕责令两广总督庆复审查。结果，朝廷给予双方各打五十大板的处罚。至十二月，朝廷以“不能正己率属，以废弛贪劣”为由解除魏国泰总兵之职，给予例降二级调用的处分；而赖天祥亦受到“不遵调度”的革职处理。至乾隆十年（1745年）三月，赖天祥获宽宥，复为碣石镇左营游击之职，带领左哨千总刘飞龙、右哨千总林朝德及左右哨头司把总、二司把总等领兵930名，驻防甲子所城。乾隆十五年（1750年）复为龙门协左营都司，至乾隆十九年（1754年）二月，升任参将，正三品武官。晚年携家眷入籍海丰县，其子孙世代躬耕军屯田地至晚清时期。赖天祥一生受人尊敬，正直无私，为官捷胜期间，亦多好评。今内文祠有其《起建约台碑记》石刻。

陈谢勇（1695—1755年），名烈，号烈卿，生于清康熙三十四年（1695年）四月二十六日，南澳县人，祖籍福建泉州府同安县东乡。行伍出身。少习武，善骑射，膂力过人，后考上武职。雍正八年（1730年）六月，授春江协都司，雍正十年（1732年），升任碣石镇标中营守备，并迁居东海滘（今东海镇）。雍正末年，历署澄海协、崖州协守备，后迁碣石镇右营都司，驻防捷胜所城，常率水师守海防，多次缉捕海盗，屡建奇功。乾隆六年（1741年），升任南澳镇海门参将，继迁澄海协副将。乾隆十年（1745年）七月，升任福建金门镇总兵官。乾隆十二年（1747年）底，调任台湾镇总兵，因抗击外寇有功，升为福建水师提督，授荣禄大夫衔。乾隆二十年（1755年），卒于福建金门，享寿60岁。

陈定举（生卒年不详），字实宾，生于清雍正年间，南澳县深澳乡人。千总陈奕功胞弟。武进士出身。清乾隆碣石镇标右营守备，官至广东左翼镇总兵。少游邑庠，读儒书，习骑射。乾隆六年（1741年），参加福建榜乡试，中式辛酉科武举人。翌年赴京试，紫禁调弓，彤庭试策，受乾隆赞许，中式壬戌科武进士，授观政兵部。当时，南澳海防军民同知周景柱曾赋诗赞云:“闽山粤水早蜚声，更羡胪传骏足名。紫禁调弓杨叶细，彤庭试策笔花轻。天于蓬岛五云近，地是瀛洲三秀生。顾我一官来海峤，开轩先喜揖干城。”不久，他被朝廷外放至广东海防，署东莞虎门守备事，再补碣石镇标水师右营守备，驻防捷胜所城。自此，他率官兵长期驻防坎下城，驾船巡逻汕尾至平海一带海洋，维持治安，缉捕海盗，保护渔民及过往商船的安全。以功受朝廷嘉奖，历迁都司、游击、副将等职。至嘉庆初年，官至广东左翼镇水师总兵。后以亲老乞终养归乡。《南澳县志 · 卷九 · 列传》载："定举性孝而慷慨，凡澳中义举，均为之倡。（乾隆）二十四年，与陈烈等捐社谷 500 石，建仓于同知署左侧以储之。二十六年，捐银 500 两以创建学海书院，复捐文昌祠祭银 150 两，交生员轮管收息，以供癸祀。其他祠庙修建，靡不捐助。戚族故旧之困穷者，咸加存恤。殁后，其曾捐修之祠庙，多立位以祀。邑之人谈及急公好义者，至今犹以定举为首称云。"

黄　标（1743—1805 年），字殿豪，生于清乾隆八年（1743 年），南澳深澳乡人。幼孤，负薪养母。读书识大义。善泅水，膂力过人，能开二石弓作左右射。乾隆二十七年（1762 年），在南澳镇标当兵勇。行伍 3 年，升任南澳镇外委把总。乾隆四十一年（1776 年），擢升本标右营千总。乾隆四十五年（1780 年），以军功升香山协右营守备，举家移居香山县。乾隆五十五年（1790 年）夏，录功以守备补香山协都司。乾隆五十八年（1793 年），升任碣石镇标右营都司，驻防捷胜所城，多次缉捕海盗，屡建奇功。嘉庆二年（1797 年），升授广海寨游击。翌年二月，又以军功晋升海门营参将，继迁澄海副将。因仁宗素知其名，又下诏嘉奖其缉捕勤能，擢升为广东左翼镇总兵官，命他总领巡洋水师、责以肃清海盗。嘉庆七年（1802 年）九月，以剿灭天地会有功，被朝廷褒以岭海要臣，倚为保障，特命绘像以进殊遇，旋奉召觐见，封武显将军。嘉庆十年（1805 年），会同广东提督孙全谋领兵出洋剿匪受挫。同年十一月，忧愤成疾，卒于电白军营，享寿 62 岁。

张见升（1758—1813 年），字成广，生于清乾隆二十三年（1758 年），广东东莞县人。行伍出身。年轻时在新安水师营当兵，荐升左翼镇标中营千总。乾隆五十七年（1792 年），擢海澄协左营守备。乾隆六十年（1795 年），擢迁龙门协右营都司。嘉庆元年（1796 年），升署碣石镇标中营游击。嘉庆三年（1798 年）至五年（1800 年），历迁福建铜山营参将、浙江瑞安协副将、福建台湾水师协副将。嘉庆七年（1802 年）三月，擢福宁镇总兵，诰授武显将军。嘉庆十一年（1806 年）七月，以功加提督衔，赏戴花翎及四喜玉扳指、大小荷包等。同年八月，擢福建省水师提督。嘉庆十二年（1807 年）九月，奉朝廷令缉捕海盗，奋勉出力，交部议叙。嘉庆十三年（1808 年）正月，奉令联合总兵许松年在龟龄岛洋面进剿蔡牵武装船队，生擒贼目王瑞、郑阿由等 55 人。同年四月，偕碣石水师总兵黄飞鹏等兵船抵牛脚川擒贼 132 人。五月，朱濆和李崇玉帮船由粤窜入闽洋，张见升因兵船泊铜山（东山）港修理，错过缉捕时机，为总督阿林保弹劾，被朝廷革职拿问。嘉庆十六年（1811 年）五月，朝廷下谕，着加恩赏给千总，发往福建水师营效力。嘉庆十七年（1812 年），补授提标左营千总，旋升水师协左营守备。嘉庆十八年（1813 年）十二月，卒于任上，终年 55 岁。

林国良（1763—1833 年），生于清乾隆二十八年（1763 年），福建漳州府海澄县人，是一位在捷胜兵营及海上历练出来的著名勇将。其父林芳于康熙年间随施琅攻台湾阵亡。林国良随军实习，三年后，通晓水师方略，于乾隆四十八年（1783 年），以世袭骑都尉恩荫，补署碣石镇标右营守备，驻防捷胜所城。自乾隆五十年（1785 年）起，他带领碣石镇标右营水师出巡龟龄、遮浪、碣石和汕尾湾海面，捕获盗犯 80 余名。又于神泉至乌涂港洋面，捕获洋匪 65 名，以军功授碣石镇标右营游击，成为驻防捷胜所城的主将。任职期间，战绩卓著，累建奇功。后因累积战功，历迁海门营参将、崖州营参将。乾隆五十年（1785 年）后，又以功历迁春江协、澄海协和阳江协副将。嘉庆元年（1796 年），升任南澳镇总兵官。不久，移居深澳。道光十年（1830 年），调任广东左翼镇总兵。道光十三年（1833 年）七月一日，率虎门镇水师攻击海匪张保仔时中计被围，战死。时百姓巷哭相闻。朝廷下诏按提督阵亡规例从优议恤，谥曰“果壮”，享寿 70 岁。

虞赓起（？—1821 年）名信，号悦信，又号怀皇，生于清乾隆年间，海丰县兴贤都（今海丰县城东镇）人。清嘉庆十一年（1806 年）

丙寅科岁贡生，拣选儒学训导，例授修职佐郎，秩从八品。嘉庆十二年（1807 年）至嘉庆二十三（1818 年），应聘于捷胜所城内、外文祠执教。尝游得道庵，作有“虹桥捷步”“曲径通幽”“壁涧流泉”“莲池印月”“古壁苍松”“石船泛陆”“胜地灵岩”“仙井盘空”八景律诗传于世。卒于清道光元年（1821 年）岁次辛巳秋，翌年（1822 年）二月立碑，谥侃敏。

黄　琮（1797—1846 年），字节庵，生于清嘉庆二年（1797 年），原籍南澳深澳乡人，抗英将领，为左翼镇总兵黄标次子，勇猛不输其父。因父任职迁居香山县，遂入籍。自幼好学，深晓韬略，精通武艺，勇略有父风。小时随父生活于军营，熟悉海防事务。父逝后，怀报国志，于嘉庆二十二年（1817 年），由监生接例银千两，买千总名，为例捐千总。同年秋，发往广州协右营效力，旋署千总改任内河水师。历署虎门提标千总、守备。道光二年（1822 年）夏，总督阮元以他自幼随父捕盗，娴习水性，改任外海水师营，先后捕获海盗梁锦、梁老喜等 49 人。经吏部议嘉奖晋级，给予五品顶戴、记大功。因长期在海上生活，患暑湿之症，告假返乡治病。道光十三年冬，复任大鹏协右营守备，进香山协水师营巡海缉捕，于粤西阳江县马尾洋捕获海匪梁富业，又于粤东海丰县捷胜龟龄岛洋面捕获海盗吴水秀等，省督嘉奖授五品顶戴并记大功，署香山协右营守备。道光十九年（1839 年）正月，题补碣石镇右营外海守备。不久，经两广总督邓廷桢与广东提督关天培举荐，奉令赴虎门协助林则徐禁烟，抗击英夷，擒获英人百麦、马礼臣，以功升补碣石镇标右营都司，驻防捷胜所城。道光二十年（1840 年）正月，英国鸦片船再次聚于广东各海口，他奉令率捷胜水师船出发，令把总杨雄超带水勇 40 名，与水师千总王应凰、外委朱镇邦、余兴邦、黄文祥、欧镇江等，各由长沙湾进发，副将（原任游击）马辰卢带水勇 40 名，从东涌上下濠进发，乘风掷喷火罐烧夷船多艘，生擒通夷匪犯黄添福、陈水生等 10 人。五月，又有夷船聚泊磨刀外洋，售鬻烟土，谕之不肯去。黄琮按关天培所授机宜，命副将李贤、马辰卢、林大光及把总潘水蓁、杨雄超等，分带官兵练勇400多名，于各隘口防堵。同月初九日夜，纵火烧夷船，夷人烧溺者不计其数。黄琮以功擢龙门协右营都司，调补吴川营都司，俱以夷氛未靖，咨留在军。不久，第一次鸦片战争爆发。英人百麦、马礼臣释放后不服，率英舰大举进犯虎门。黄琮据守沙角炮台、大角炮台多次击退敌船。关天培牺牲后，他亦身负重伤。朝廷闻知，赏赐白金三十两给予治疗。伤愈后，赴吴川营都司任上。旋升任碣石镇标左营游击，复调至省垣。因中英和议已定，又返碣石镇游击本任。道光二十二年（1842年），送部引见，返广东后，奉檄护理崖州协副将印务，寻授海门参将，因病未赴任。道光二十六年（1846年）正月初五日，卒于崖州协副将任上，终年50岁。

毛国斌（生卒年不详），字为宪，广东香山县人。早年以父毛应龙军功，授恩骑尉补香山协左营左哨千总。清嘉庆十四年（1809年）七月初十日，毛国斌随总兵许廷桂迎战海盗张保仔，总兵许廷桂落海被杀，毛国斌与游击林孙为救许廷桂奋不顾身，与敌短兵交战，手刃数贼，受重伤，被炮震落海中，后得救。嘉庆下谕给予加恩以守备即用，任南雄协陆路守备，旋调南澳镇标右营水师守备。嘉庆末年，升任碣石镇标右营都司，驻防捷胜所城，率领右营水师，常于碣石湾至平海洋面巡缉海盗船和走私船。清道光二年（1822年）五月，碣石镇右营千总黄成风与同署守备曾振高盘获鸦片走私船，放走人船，私下协商，希图变卖分肥。此事为总督嵩孚获悉，上奏朝廷。黄成风、曾振高俱革职，毛国斌因负管辖责任，受属下牵连而被解职。此后去向不明。

吴　占（生卒年不详），字梅圃，号胜鳌，海丰县金锡都赤花楼村（今赤坑镇）人。少习武，膂力过人。清嘉庆十九年（1814年），甲戌科武进士，外放至碣石镇标任捷胜右营守备，移驻坎下城。道光十七年（1837年），升任碣石镇右营都司，驻防捷胜所城，常率水师船巡视捷胜至东沙岛一带海面。道光二十年（1840年）升任海口营参将。道光二十八年（1848 年），调任南澳镇水师游击。至咸丰初年，升任崖州协镇都督府副将，诰封武功将军。有子吴若觐，为咸丰年间武庠生，亦入军营，官至香山营都司。

麦廷章（？—1841 年），广东鹤山（今高鹤县）人，行伍出身，著名抗英将领。父麦鹰扬为清乾隆丁未武科探花，二等御前侍卫，授福建水师提标中军参将。麦廷章是麦鹰扬第三子，幼受其父教导，7 岁时即有武艺。早年入伍后，镇守海防，获重用，历任把总、千总等职，继升广东海口营守备。道光十九年（1839 年）七月二十七日午，英国侵略军头目义律率 4 艘舰艇闯入九龙湾，攻击大鹏营参将赖恩爵水师船。当时，正在海面巡逻的麦廷章指挥水师兵勇向英舰开炮，英军落荒而逃。是役激战 5 小时，碣石捷胜右营官兵 2 死 6 伤，英军则死伤惨重，狼狈逃出外洋。道光二十年（1840 年），授碣石镇水师右营都司，驻防捷胜所城，旋奉命率领右营部队驻防九龙湾，缉拿鸦片走私团伙，严防英军的武装挑衅。不久，以功升碣石水师镇左营游击，加参将衔。同年十一月，琦善以钦差大臣和两广总督的身份抵广州，遣散兵勇，尽撤海防。道光二十一年（1841 年）二月，英军又入侵，麦廷章与水师提督关天培驻守靖远炮台，与英军战至天明，壮烈牺牲。朝廷下谕加恩照游击例赐恤，并建专祠纪念。

刘大忠（生卒年不详），字盖臣，碣石镇草街人，行伍出身，抗英将领。父刘玉锦为清道光年间碣石镇右营千总。在其父影响下，刘大忠自小习武，武艺超群。早年在捷胜所当兵，历任右营把总、千总、守备等职。道光十四年（1834 年）八月，以功升碣石镇中营游击。此后，历任广东海口营参将、崖州协副将。鸦片战争时，他任香山协参将，积极拥护林则徐禁烟主张，在总督邓廷桢、提督关天培的带领下，成为抗击英军的一名爱国将领。道光二十年（1840 年）十二月十五日，英军攻占大角、沙角炮台，虎门告急，刘大忠协同关天培扼守虎门炮台，并派胞弟刘大义、侄刘承辉返碣石招子弟兵 200 余人，参加虎门抗英队伍。碣石水师亦派捷胜右营都司麦廷章带兵进驻虎门，协助关天培镇守端远炮台。翌年（1841 年）三月初三日，英领事义律调集兵舰抵虎门港，攻击威远、靖远、横档等炮台，激战中，麦廷章与关天培被炮击中，为国献身。随后，英舰又炮击威远、横档炮台，刘大忠与香山协官兵和碣石、捷胜等子弟兵奋起反击。直至二月二十四日，虎门诸炮台相继失陷。刘大忠身负重伤，胞弟刘大义、侄刘承辉等带领的 200 多名子弟兵壮烈牺牲。是年三月，刘大忠补为香山协副将。道光二十二年（1842 年），解甲归田。道光末年，病逝于家中。

羊英科（生卒年不详），原名羊兴泰，广东潮阳海门镇东门城脚人。少随父习武，稍长喜谈兵。后赴乡试中式武举人，投军于碣石镇右营捷胜所，历迁右营外委、把总、千总等职。因其具文武才，且多次于捷胜龟龄岛海域作战中缉捕海盗积功，于道光十五年（1835 年），擢碣石镇标右营守备，驻防捷胜所城。道光十九年（1839 年），擢碣石镇水师中营游击，驻防碣石城。同年六月二日，奉檄率中军水师随总兵黄贵赴虎门，协助林则徐禁烟，以功升任广东澄海营参将。道光二十一年（1841 年）四月，以澄海营参将职衔，护理闽粤南澳总兵官印务。同年十一月，调任大鹏协副将。咸丰四年（1854）五月十六日，补授南澳镇水师总兵，旋以老休致。

黄庆元（生卒年不详），字善之，广东南澳深澳乡人。少习弓射，弱冠以恩袭云骑尉，补署守备，投水标效力。清道光二十年（1840 年），调署碣石镇右营守备，驻防捷胜所城，移驻坎下城。常于后山营习历代兵家战法，极谙营务。后以功升任右营都司，移驻捷胜所城。道光二十二年（1842 年），擢水师提标右营游击。道光二十四年（1844 年），荐南澳镇标中军参将。时洋夷侵扰，会匪猖狂，他率水师巡视闽粤交界海洋，屡立战功。翌年，以功升广东顺德协副将、龙门协副将。道光二十九年（1849 年）二月，擢碣石镇水师总兵官。四月后，调任琼州镇水师总兵官。时有绰号“秃头贼”张十五率海盗攻陷崖州城。黄庆元与海口营参将黄开广率官军多次征剿无功。朝廷对黄庆元未能灭贼而极端不满。咸丰元年（1851 年）七月，被革职。《南澳志》评曰："神采清严，性行端敏。读书达世务，兼擅词翰，挥毫遒逸如其人。……与同里洪名香，称粤疆水师名将。"

庄起凤（1808—1889 年），字明辉，号翔初，铁峰老人，生于清嘉庆十三年（1808 年），广东普宁县燎原镇人，出身书香门第，弱冠赴府试落第，遂弃文从武，习骑射、刀枪及拳术。道光十五年（1835 年），乙未科中式赐武进士。同年年底，授广东潮州海门营守备。不久，调任碣石镇左营守备，在甲子门巡海中累积功劳，升任碣石镇右营都司，驻防捷胜所城。长期率右营官兵驻防龟龄岛，缉捕海盗。后历迁广海游击、香山中营都司、海安游击署澄海参将等职。咸丰五年（1855 年）四月，以功先后诰授武义都尉、武显将军、振威将军等。咸丰八年（1858 年），升任碣石镇平海营水师参将。咸丰十年（1860 年）七月，遭广东总督弹劾，被朝廷革职休致。归田后，他研习书画诗文，其书法、花鸟山水及骏马图名扬画坛，成为清代著名的将军书画家。卒于光绪十五年（1889 年），寿年 81 岁。遗有书画 500 多幅。有 5 子，长子庄美才诰封振威将军（从一品）、次子庄镇邦诰封武显将军（正二品）、三子庄镇藩登同治四年武进士，诰封武威将军（二品衔）、四子庄镇标及五子庄镇疆被赠为昭武都尉（正四品）。长孙庄家荃登光绪十五年武进士、三孙庄家龙登光绪十六年武进士，全家以"一门三代四进士，六子五登科"之科举声誉，成为普宁县著名家族，至今传为佳话。

郑耀祥（1818—1886 年），名永禄，字永康，号诒德，生于清嘉庆二十三年（1818 年），南澳深澳人。行伍出身，善骑射，晓营务。道光十八年（1838 年），投效南澳水师兵营。道光二十八年（1848 年），升任南澳水师把总，后累功升澄海营守备，旋调任碣石镇水师右营守备。咸丰初年，升任碣石镇右营都司，驻防捷胜所城。咸丰四年（1854 年）夏，海阳县吴忠恕作乱，遣其党王兴顺诸股犯澄海城，其兄郑高祥（与耀祥同父异母）与官绅等一起守城。适值耀祥归乡，授以剿乱之计，终平乱。同年十月，随兄率团勇协同官军荡平外砂贼巢。咸丰十年（1860年）九月初三日，任水师提标右营游击。翌年，补署虎门水师提标右营游击，加授参将衔。同治元年（1862年），以功授武义都尉，升补海口参将，再以副将记名，加总兵衔，授武显将军。同年十月，调任虎门广东水师提标中军参将。同治九年（1870年）九月，调任碣石镇中营游击。同治十二年（1873年）正月，复调海口镇参将，迁署阳江镇总兵、龙门协镇总兵等职。不久，调署碣石镇平海营参将。光绪九年（1883年），署大鹏协副将，调补水师提标中军参将。光绪十二年（1886年），卒于任上，享寿68岁。时人评他“居官操守廉正，领兵抚民，缉盗防海，懋着勋劳。政肃恩敷，兵民敬畏”。有子郑鹏扬，字韧初，以军功任南澳右营千总，历署澄海左右营守备，加游击衔，授武翼都尉。

陈二南（1824—1924年），字炎章，生于清道光四年（1824年），海丰县海城镇襟夏社人。清同治元年（1862年）壬戌恩科广东乡试第四名举人，任广东乳源县儒学教谕，官秩正八品。同治十二年（1873年）参与编纂《海丰县志》事宜。曾应捷胜举人何懋徽之请，为何氏进修书室业师；以及为捷胜赖氏松阳家塾业师，培育人才。光绪初年，受知县魏传熙（湖南长沙县人）之聘，陈二南任海丰莲峰书院山长，培育学子生员，业绩显著，文章道德深为乡梓传颂。卒于民国十三年（1924年），寿年100岁。

吴祥达（1850—1914年），名星亭，生于清道光三十年（1850年），浙江省严州府淳安县人。咸丰年间，随父吴若传参加太平军，南下转战福建、江西、广东等省。太平军覆灭后，于同治十二年（1873年）赴广西龙州投身唐景崧前锋营。光绪十一年（1885年）二月，因抗击法国侵略者有功，历迁把总、千总、守备等职。光绪十三年（1887年）三月，驻防汕头港，以功升任潮梅镇守使。后又擢迁碣石镇右营都司，驻防捷胜所城。光绪二十六年（1900年），升任碣石镇水师中营游击。翌年七月，升任碣石镇水师中军副将兼掌印护镇。期间，曾镇压过海丰农民运动和广东革命党。宣统元年（1909年），以记名提督升任高州镇总兵。同年底十二月二十六日，因潮惠一带海防形势紧张，又调任碣石镇水师总兵官。不久，调任广东省陆路提督。民国元年（1912年）春，调任高州镇守使时，率高州巡防营归附陈炯明领导的革命军。四月，调任潮梅绥靖处督办。民国二年（1913年）9月，他通电拥护袁世凯，被授为陆军中将。民国三年（1914年）3月，被龙济光任命为潮梅镇守使。同年，卒于任上，享寿64岁。遗体归葬杭州西湖玉泉山麓。生有三男五女。

蔡先攀（生卒年不详），生于清道光初年，广东省澄海县人，清咸丰五年（1855年）三月，任碣石镇水师右营都司，驻防捷胜所城。同年七月初九日，海丰县城为天地会会首黄履恭占领，两广总督叶名琛、广东巡抚柏贵组织官兵，准备夺回县城。八月初三日，蔡先攀奉檄带领右营兵勇进抵县城南门外，冒风雨率统兵攻入城内，击败黄履恭。翌日，三点会会首李遇春、曾文宰等纠集会党3000人由谢道山直扑西门，被蔡先攀击退。随后，护镇何芳令他与坎下城陈守备分路进剿。他率兵乘胜追击至鲘门炮台。至初十日，又会合梅陇绅勇同鲘门绅士郑梦魁等发起进攻，一举克复鲘门炮台，拿获会党29人解县。同月二十四日，三点会会首叶仰曾攻鲘门炮台，被外委千总刘载（蔡先攀部下）击退。咸丰十一年（1861年）九月，蔡先攀以功升崖州协副将。朝廷下谕以水师总兵记名，送兵部引见。

赖镇边（？—1877年），字盘石，生于清道光年间，东莞道滘昌平州人，碣石镇、琼州镇总兵。少年时随兄镇海与太平天国军战斗于江南，保蓝翎千总。清咸丰九年（1859年）捐升游击，派管新造捷胜战船，会攻浦口。翌年攻克九伏洲，消灭叛将薛成良，解镇江城之困，功赏换花翎，以参将尽先补用。咸丰十一年（1861年）十二月，以镇江三解城困，功加副将衔。同治元年（1862年）六月，扬州平靖，提升广东外海水师副将。至八月，撤所带捷胜战船，留镇江水师营。同治二年（1863

年)，督办镇江军务。先后防剿西南各路，冲锋杀敌，以勇敢著称，奏保加总兵衔。同年五月，镇海以成字营水师船，船少人多，请撤镇边回省补用。同治四年（1865年)，委署龙门副将。翌年统兵巡洋，在越南至徐闻之间，屡获洋匪昌有、扬旺、范周邦、司徒成等。同治六年（1867年）补崖州副将。同治七年（1868年）巡阅雷琼，擒匪首陈喜福于腾桥洋，擒张开武于广州湾。同年六月，抵草潭洋，追洋匪鲁福胜等至安铺拿获，后又剿办黎匪。同治八年（1869年）调补大鹏副将，驻节香港九龙寨城。至光绪九年（1883年）补琼州总兵，后调任碣石总兵，因与捷胜松阳堂赖氏联宗，曾参与倡建捷胜赖氏家塾，并常于捷胜疗养。光绪十三年（1887年）回琼州。同年七月，卒于任内。

吕月槎（1852—1938年)，又名铁槎，字秋舫，又字珊舟，生于清咸丰二年（1852）岁次壬子，海丰县附城镇鹿境村人，清光绪十八年（1892年）壬辰科廪贡生。曾以名绅之德望任海丰“公局”吏职，协助衙府处理民间事务；并应邀在捷胜所内外文祠执教，培育人才。民国元年（1912年）八月，成立海丰县议会，共有20名士绅选为县议员，吕月槎选任议长。民国二年（1913年)，任海丰中学校长。民国十二年（1923年）一月三十日至四月十日，任（民选）海丰县县长。卒于民国二十七年（1938年）岁次戊寅农历五月十六日，寿年86岁。

祝治祥（生卒年不详)，生于清同治初年，惠州人，为祝庆祥从弟，清光绪年间贡生。光绪十二年（1886年)，就读于惠州丰湖书院，为名儒梁鼎芬门生。通经史，有学行，又长于政治。民国十一年（1922年)，代理福建龙溪县县长，建设学校200余所。后又执教于捷胜文亭20余载，为捷胜人所称善。

何成濬（1882—1961年)，生于清光绪八年（1882年)，字雪竹，湖北随州人，中华民国陆军二级上将，湖北省长，人称小孟尝和湖北大家长。早年追随黄兴，后又随孙中山、蒋介石，于北伐、中原大战中活跃一时。民国十四年（1925年）游得道庵，赋诗并书有浩瀚亭匾额“海岸第一山”。抗战爆发后任执法总监，抗战胜利后任湖北省议长。卒于1961年5月7日，享寿79岁。著作有《八十回忆》。

郑鹏飞（生卒年不详），字翥云，广东省香山县（今中山市）濠头人。其父郑龙彪为清同治年间江宁城协副将。行伍出身，青年时期在沿海军营历练，缉捕海贼，屡建军功。光绪十三年（1887年），升任碣石镇捷胜右营都司，驻防捷胜所城。光绪十五年，补万州营游击。光绪二十五年（1899年）八月，总督谭钟麟奏称：“万州营把总许赞庭，擅挪公项，放债图利。该营游击郑鹏飞巧为弥缝，有心徇庇。”光绪帝下谕：“均着即行革职。”后无事，署海口营参将兼记名总兵。光绪末年，官至海口营总兵。

吴祥光（生卒年不详），广东省海阳县人，清光绪年间，署碣石镇水师中营游击，兼护理碣石镇水师总兵官印务。行伍出身，光绪初年，在潮州沿海军营当兵。光绪十九年（1893年），升署水师提标东莞前营都司。光绪二十五年（1899年），以功赏戴花翎三品顶戴。翌年六月，两广总督德寿饬令碣石总兵刘永福统领官兵北上镇压义和团运动。吴祥光被急调至碣石镇，升署水师中营游击，代行碣石总镇府印务。后朝廷与列强议和，朝廷令刘永福返碣石。刘永福鉴于两广总督岑春煊作祟，愤而以患风湿病为由，请假在家休养，故碣石总镇府印务仍由吴祥光代理。光绪三十一年（1905年）十一月，诰封振威将军，授水师右营游击。光绪三十二年（1906年），驻防捷胜所城。期间，曾到西山得道庵进香，应方丈遇缘禅师之邀，题写“得道庵”匾额及“得解脱时山海小，道元妙处地天空”等寺门联。至宣统二年（1910年）十二月二十八日，受两广总督袁树勋参劾，朝廷下谕，被革职。

遇缘禅师（生卒年不详），清光绪、民国年间，得道庵主持僧。深谙佛法，精于武功。曾于清光绪七年（1881年），募资扩建云山得道庵，历时九载，乃成，有大功德。

黄旭华（1924年—　），中国工程院院士，我国第一代核动力潜艇研制创始人之一。原名黄绍强，生于民国十三年（1924年）二月二十四日，海丰县第八区捷胜田墘墟（今红海湾田墘镇）人。父黄树穀（黄育黎），母曾慎其。民国八年（1919年），父母于捷胜城内大井头开办育黎药房。五年后，黄母生绍强。抗战爆发时，黄绍强小学刚毕业。民国三十年（1941年）夏，黄绍强经兴宁、越韶关、奔坪石、掠湘南，两月后，抵达桂林，通过桂林中学入学考试，改名黄旭华。民国三十三年（1944年），辗转到达重庆，进入国民政府为流亡学生开办的大学特设先修班。翌年，被保送中央大学航空系，后以第一名的成绩考上国立交通大学。民国三十八年（1949年），毕业于国立交通大学造船系，成为中共预备党员。中华人民共和国成立后，先后从事过民用船舶和军用舰艇的研究设计工作。1958年开始参与并领导我国第一代核潜艇的研究设计工作。先后出任第一代核潜艇副总设计师、第二任总设计师，历任中船重工集团公司副所长、所长、党委书记。曾于1978年获全国科学大会奖、1982年获国防科工委二等奖。他参与完成的我国第一代核潜艇研制获1985年国家科学技术进步奖特等奖，导弹核潜艇研制获1996年国家科学技术进步奖特等奖。1989年，被评为全国先进工作者。1994年，当选中国工程院院士。2014年1月，当选中央电视台“2013感动中国十大人物”之一。2017年10月25日，获何梁何利基金科学与技术成就奖。同年11月9日，获第六届全国道德模范敬业奉献类奖项。2019年9月17日，被授予中华人民共和国最高荣誉勋章——共和国勋章。同年9月25日，被授予“最美奋斗者”荣誉称号。

第四节 人物表

一、明清时期选举人物名表

朝代	姓 名	籍贯	科 年	类别	备 注
明	刘鼎召	捷胜	天启初年	贡生	名壅，字龙湾
明	朱南阳	捷胜		贡生	字以时
明	刘炽昌	捷胜		贡生	名衍涛
明	刘鼎辅	捷胜	天启初年	监生	人称刘监公。考选钦点鸿胪寺序班，捐中宪大夫。天启五年（1625 年），造内文祠匾额“斯文捷胜”
明	朱伯扶	捷胜		邑庠生	字日暄
明	杜嵩一	捷胜		庠生	
明	刘文樽	捷胜		庠生	
明	刘汝畴	捷胜		庠生	
明	刘缵龙	捷胜		庠生	名璧
明	刘良弼	捷胜		监生	名衍淥
清	周元端	捷胜	道光年间	举人	
清	何懋徽	捷胜	光绪二十九年（1903 年）癸卯恩科	举人	名舜廷，广东乡试第 31 名
清	刘牧生	捷胜		举人	名衍魁
清	何建明	捷胜		举人	
清	何舜予	捷胜		举人	
清	刘志功	捷胜		举人	
清	翁光肃	捷胜		举人	
清	周丰捷	捷胜		举人	
清	刘维藩	捷胜	康熙十三年（1674 年）甲寅科	恩贡	名邦墀，乳名庇，学名权，谥恭惠

续表

朝代	姓 名	籍贯	科 年	类别	备 注
清	何梦瓒	捷胜	康熙末年	贡生	名武，讳兆璜
清	黄大伦	捷胜	雍正二年（1724年）甲辰科	岁贡	又名大纶，字以章，号应高，初敕封修职郎，文官正八品。后诰赠奉政大夫，文官五品
清	林翘云	捷胜	雍正年间	岁贡	字际隆
清	何席珍	捷胜	雍正年间	附贡	
清	何庚寅	捷胜	雍正年间	贡生	
清	黄大经	捷胜	雍正年间	贡生	儒学训导
清	刘承统	捷胜	乾隆三十三年（1768年）戊子科	恩贡	名耀，又名象达，谥康厚
清	黄中华	捷胜	乾隆三十九年（1774年）甲午科	例贡	特授云南府同知，文官正五品
清	林崇章	捷胜	乾隆五十一年（1786年）丙午科	岁贡	字耀程，号薰丰，儒学训导
清	黄中玉	捷胜	乾隆初年	岁贡	推选儒学训导
清	何兆日	捷胜	乾隆年间	岁贡	
清	何兆熙	捷胜	乾隆年间	岁贡	乾隆待赠
清	张熊光	捷胜	乾隆年间	岁贡	清嘉庆十年（1805年），敕授正六品承德郎、雷州府通判
清	黄 金	捷胜	嘉庆四年（1799年）己未科	岁贡	又名黄云金
清	赖广魁	捷胜	道光年间	岁贡	广西梧州府苍梧县儒学训导，秩从八品
清	赖广敬	捷胜	道光年间	岁贡	
清	林梦华	捷胜	道光年间	恩贡	字际录
清	何一新	捷胜	道光年间	增贡	历署茂名、从化、龙门、海阳教谕，长乐训导，官秩正八品
清	何廷樾	捷胜	道光年间	贡生	名育求，贡生绍休之长子
清	何萃勤	捷胜	道光年间	贡生	讳耿精，清道光年间州同
清	何绍休	捷胜	道光年间	岁贡	名萃亮，其兄萃勤（耿精）为州同

续表

朝代	姓 名	籍贯	科 年	类别	备 注
清	林典莱	捷胜	咸丰三年（1853年）癸丑科	恩贡	
清	何沂齐	捷胜	咸丰年间	附贡	名育骞，贡生绍休之子。光绪元年谭恩诰封宣武都尉
清	何荣吉	捷胜	咸丰年间	贡生	
清	何炳藜	捷胜	咸丰年间	例贡	名育季，岁贡何绍休幼子
清	何宰离	捷胜	同治二年（1863年）癸亥科	岁贡	字位轴，议叙即选儒学训导
清	何盈科	捷胜	同治五年（1866年）丙寅科	恩贡	名敏江。翰林院学士礼部侍郎提督广东学政杜联（浙江上虞县人）为其题“恩进士”功名匾
清	赖殿材	捷胜	同治年间	例贡	名实材，字簪鹏
清	陈显周	捷胜	同治年间	贡生	
清	陈勉洲	捷胜	同治年间	贡生	
清	赖簪晋	捷胜	同治年间	例贡	
清	赖簪琛	捷胜	同治年间	例贡	
清	赖实符	捷胜	同治年间	例贡	
清	许兆寅	捷胜	光绪元年(1875年)乙亥科	恩贡	
清	张梓材	捷胜	光绪八年（1882年）壬午科	岁贡	名如峦，字蓉峰，号承殷，铨选训导，第一名岁贡生
清	何松年	捷胜	光绪二十一年(1895年)乙未恩科荐卷	贡生	儒学训导
清	何大珍	捷胜	光绪年间	例贡	
清	林晦庵	捷胜	光绪年间	贡生	
清	林大彬	捷胜	光绪年间	贡生	
清	何念暨	捷胜	光绪年间	贡生	
清	何其达	捷胜	光绪年间	贡生	
清	何念祥	捷胜	光绪年间	贡生	
清	何念概	捷胜	光绪年间	贡生	
清	何藻泰	捷胜	光绪年间	贡生	

续表

朝代	姓 名	籍贯	科 年	类别	备 注
清	何葆谦	捷胜	光绪年间	贡生	名念帅
清	何葆畬	捷胜	光绪年间	贡生	名念泊、念载，又名次韩
清	何应聪	捷胜	光绪年间	贡生	
清	何翰藻	捷胜	光绪年间	贡生	儒学训导
清	刘 英	捷胜	光绪年间	贡生	叙选儒学训导
清	赖太欣	捷胜	光绪年间	贡生	号勋猷
清	黄云璈	捷胜	光绪年间	例贡	候选州同知，文官六品衔
清	赖彰聰	捷胜	光绪年间	例贡	
清	陈春熙	捷胜	宣统元年(1909 年)己酉科	拔贡	名蔼如，列第 23 名
清	何彝泰	捷胜	宣统元年(1909 年)己酉科	拔贡	号复初、行一，列第 1 名
清	曾树璜	捷胜	宣统二年(1910 年)庚戌科	岁贡	清末海丰县著名诗人，原有诗集，已佚
清	刘一楼	捷胜		贡生	
清	黄成勋	捷胜		贡生	
清	黄大瑜	捷胜		贡生	
清	郑辉烈	捷胜		贡生	
清	林 绮	捷胜		例贡	名秀馨
清	林昌国	捷胜		附贡	字培熔
清	林昌銮	捷胜		例贡	字治邦
清	林广汶	捷胜		例贡	字逢春
清	林培植	捷胜		例贡	
清	林克儒	捷胜		贡生	
清	林克珍	捷胜		贡生	
清	林克模	捷胜		贡生	
清	刘 俊	捷胜		岁贡	名文谟，寿 98 岁
清	刘 宝	捷胜		岁贡	
清	刘恺伦	捷胜		贡生	名宗仁
清	何 鸣	捷胜		贡生	
清	何维才	捷胜		贡生	
清	何位硕	捷胜		贡生	又名子英
清	何余庆	捷胜		贡生	

续表

朝代	姓 名	籍贯	科 年	类别	备 注
清	何位泗	捷胜		例贡	讳培梓
清	何位储	捷胜		例贡	又名培荣
清	何建储	捷胜		贡生	
清	何建敞	捷胜		例贡	
清	何胜长	捷胜		贡生	讳克千
清	何建发	捷胜		贡生	
清	何胜启	捷胜		贡生	讳香莲
清	何子植	捷胜		贡生	又名位朗
清	何焕文	捷胜		贡生	
清	黄成勳	捷胜		例贡	
清	黄定祥	捷胜		例贡	
清	何梦宰	捷胜		贡生	
清	何念曾	捷胜		贡生	
清	何庶越	捷胜		贡生	
清	何垂龙	捷胜		贡生	
清	何建旋	捷胜		贡生	讳余庆
清	何赫臣	捷胜		贡生	州同
清	刘裕光	捷胜		贡生	州同
清	何建易	捷胜		例贡	讳一枚
清	何欣赏	捷胜		贡生	
清	刘玉衡	捷胜	雍正年间	庠生	名森。刘氏族谱载为“乾隆壬子科”
清	何子青	捷胜	雍正年间	庠生	
清	黄达开	捷胜	雍正年间	廪生	
清	陈昌五	捷胜	雍正年间	生员	
清	何藜焕	捷胜	雍正年间	生员	
清	赖本登	捷胜	雍正年间	太学生	号伯勋
清	林◇木	捷胜	雍正年间	太学生	
清	许登瀛	捷胜	雍正年间	太学生	
清	何其庆	捷胜	雍正年间	太学生	
清	许乙藜	捷胜	雍正年间	太学生	
清	黄◇魁	捷胜	雍正年间	太学生	
清	林丘禔	捷胜	雍正年间	太学生	

续表

朝代	姓 名	籍贯	科 年	类别	备 注
清	周明新	捷胜	雍正年间	监生	
清	黄大纬	捷胜	雍正年间	监生	
清	罗 德	捷胜	雍正年间	监生	
清	黄德光	捷胜	雍正年间	监生	
清	邝中柱	捷胜	雍正年间	监生	
清	何国猷	捷胜	雍正年间	监生	
清	黄映葵	捷胜	雍正年间	监生	
清	蔡凤来	捷胜	雍正年间	监生	
清	何魁振	捷胜	雍正年间	监生	
清	刘九◇	捷胜	雍正年间	监生	
清	刘应衡	捷胜	雍正年间	监生	
清	何馨振	捷胜	雍正年间	监生	
清	黄九◇	捷胜	雍正年间	监生	
清	何玉鹏	捷胜	雍正年间	监生	
清	何业进	捷胜	雍正年间	监生	
清	刘向捷	捷胜	雍正年间	监生	
清	林秀泽	捷胜	雍正年间	监生	
清	赖英哲	捷胜	雍正年间	监生	
清	张期会	捷胜	雍正年间	监生	
清	张期昌	捷胜	雍正年间	监生	
清	陈荣禧	捷胜	雍正年间	监生	
清	黄继菁	捷胜	雍正年间	监生	
清	张鸿鸣	捷胜	雍正年间	监生	
清	唐开泰	捷胜	雍正年间	监生	
清	黄钺钤	捷胜	雍正年间	监生	
清	黄钺钊	捷胜	雍正年间	监生	
清	刘儒◇	捷胜	雍正年间	监生	
清	何之经	捷胜	雍正年间	监生	
清	陈廷器	捷胜	雍正年间	监生	
清	黄钺全	捷胜	雍正年间	监生	
清	黄尚◇	捷胜	雍正年间	监生	
清	张◇◇	捷胜	雍正年间	监生	
清	何◇◇	捷胜	雍正年间	监生	

续表

朝代	姓 名	籍贯	科 年	类别	备 注
清	冯良赓	捷胜	雍正年间	监生	
清	郑文武	捷胜	雍正年间	监生	
清	张志翼	捷胜	雍正年间	监生	
清	林永茂	捷胜	雍正年间	监生	
清	庚滔光	捷胜	雍正年间	监生	
清	黄尔德	捷胜	雍正年间	监生	
清	林国栋	捷胜	雍正年间	监生	
清	刘秘光	捷胜	雍正年间	监生	
清	唐焕章	捷胜	雍正年间	监生	
清	何玉◇	捷胜	雍正年间	监生	
清	张绍汉	捷胜	乾隆初年	太学生	岁贡张熊光之父
清	黄云照	捷胜	乾隆年间	监生	
清	何育腾	捷胜	乾隆年间	监生	
清	林际[illegible]londo	捷胜	乾隆年间	监生	
清	黄殿贵	捷胜	乾隆年间	监生	
清	吴耀◇	捷胜	乾隆年间	监生	
清	黄维汉	捷胜	乾隆年间	监生	
清	黄崇儒	捷胜	乾隆年间	监生	
清	张汝为	捷胜	乾隆年间	监生	
清	赖秀容	捷胜	乾隆年间	太学生	谥号纯厚
清	黄鼎铭	捷胜	嘉庆元年（1796年）丙辰科	庠生	字履旋，号念之。即补优增生。生于乾隆三十三年（1768年）岁次戊子十月，卒于嘉庆十九年（1814年）岁次甲戌十一月
清	张睿建	捷胜	嘉庆末年	郡庠生	张熊光长子，字淮
清	张睿正	捷胜	嘉庆末年	太学生	张熊光之子
清	张睿通	捷胜	嘉庆末年	庠生	字澧，张熊光之子
清	张睿贤	捷胜	嘉庆末年	郡庠生	张熊光之四子，字润，号衍江，有文名。其妻梁氏事略被载入清代海丰县同治续志下卷《列女传》

续表

朝代	姓 名	籍贯	科 年	类别	备 注
清	刘生香	捷胜	道光七年（1827年）丁亥科	庠生	名向丹
清	林凤栖	捷胜	道光二十四年（1844年）甲辰科	郡庠生	号梧东
清	何钟燕	捷胜	道光年间	生员	
清	刘◇堂	捷胜	道光年间	生员	
清	邝肇选	捷胜	道光年间	生员	
清	张庆施	捷胜	道光年间	生员	
清	周钟珏	捷胜	道光年间	监生	西门街人，福建补用巡检，福清县典史，升授县丞护理福清县，官秩从七品
清	许用中	捷胜	道光年间	监生	
清	王延植	捷胜	道光年间	监生	
清	黄培植	捷胜	道光年间	监生	
清	何垂训	捷胜	道光年间	监生	
清	朱学传	捷胜	道光年间	监生	
清	林培镕	捷胜	道光年间	监生	
清	黄钟铭	捷胜	道光年间	监生	
清	朱学使	捷胜	道光年间	监生	
清	周 荣	捷胜	道光年间	监生	
清	杨辉珲	捷胜	道光年间	监生	
清	苏 参	捷胜	道光年间	监生	
清	陈江汇	捷胜	道光年间	监生	
清	梁瑞雅	捷胜	道光年间	监生	
清	何育点	捷胜	咸丰年间	庠生	讳映史，岁贡何绍休之子
清	赖用霖	捷胜	咸丰年间	太学生	
清	张德模	捷胜	同治年间	邑廪生	岁贡张梓材之父，名彦朝，字楷亭
清	赖宗信	捷胜	同治年间	庠生	
清	赖济霖	捷胜	同治年间	太学生	
清	赖德麟	捷胜	同治年间	太学生	
清	赖德昭	捷胜	同治年间	太学生	
清	赖德光	捷胜	同治年间	太学生	

续表

朝代	姓名	籍贯	科年	类别	备注
清	赖实图	捷胜	同治年间	太学生	号铭恩
清	林大蔚	捷胜	光绪十一年（1885年）乙酉科	生员	名列案首
清	赖太璧	捷胜	光绪年间	太学生	号含章，字连城，碣石卫右营都府把总，加六品顶戴
清	何湘峪	捷胜	光绪年间	庠生	
清	刘吉如	捷胜	光绪年间	庠生	
清	赖永琅	捷胜	光绪年间	庠生	名汝梅，号作羹
清	赖永厚	捷胜	光绪年间	庠生	
清	赖培荫	捷胜	光绪年间	庠生	
清	赖簪江	捷胜	光绪年间	庠生	
清	赖良弼	捷胜	光绪年间	庠生	
清	赖良庆	捷胜	光绪年间	庠生	号镇藩
清	赖彰彝	捷胜	光绪年间	庠生	
清	赖彰韵	捷胜	光绪年间	庠生	
清	赖创造	捷胜	光绪年间	庠生	
清	黄维恒	捷胜	光绪年间	监生	
清	黄维律	捷胜	光绪年间	监生	
清	黄尚榆	捷胜	光绪年间	监生	
清	黄殿贵	捷胜	光绪年间	监生	
清	黄庆圆	捷胜	光绪年间	监生	
清	黄宪琮	捷胜	光绪年间	监生	
清	张景耀	捷胜	光绪年间	监生	
清	陈志高	捷胜	光绪年间	监生	
清	张瑞照	捷胜	光绪年间	监生	
清	刘大道	捷胜	光绪年间	监生	
清	刘庆云	捷胜	光绪年间	监生	
清	何胜旭	捷胜	光绪年间	监生	
清	何国勲	捷胜	光绪年间	监生	
清	黄庆图	捷胜	光绪年间	监生	
清	黄尚伦	捷胜	光绪年间	监生	
清	陈庆祖	捷胜		郡庠生	
清	张　驯	捷胜		生员	

续表

朝代	姓 名	籍贯	科 年	类别	备 注
清	林德藩	捷胜		庠生	
清	林启我	捷胜		庠生	字树璜
清	林启谊	捷胜		庠生	字树槐
清	林荫庭	捷胜		庠生	
清	林际时	捷胜		庠生	
清	林际达	捷胜		庠生	
清	林际青	捷胜		庠生	又名际桑
清	林昌湄	捷胜		庠生	
清	林崇端	捷胜		庠生	
清	林广合	捷胜		庠生	
清	林　云	捷胜		生员	
清	林蕴山	捷胜		生员	
清	邝其心	捷胜		生员	县试案首
清	黄顺芝	捷胜		庠生	
清	黄得魁	捷胜		庠生	
清	黄飘香	捷胜		生员	
清	黄培槐	捷胜		生员	
清	黄鹏远	捷胜		庠生	
清	黄印锴	捷胜		庠生	
清	刘元藜	捷胜		生员	
清	刘世登	捷胜		庠生	名向瑞，又名堂
清	刘元勲	捷胜		廪生	字钟千
清	刘光安	捷胜		庠生	
清	刘　贡	捷胜		庠生	
清	刘庆武	捷胜		庠生	
清	刘庆云	捷胜		庠生	
清	刘庆捷	捷胜		庠生	
清	刘庆生	捷胜		庠生	
清	刘向如	捷胜		庠生	
清	刘向程	捷胜		庠生	
清	刘青云	捷胜		庠生	
清	刘凌云	捷胜		庠生	
清	刘雄镇	捷胜		生员	名象金

续表

朝代	姓 名	籍贯	科 年	类别	备 注
清	刘大典	捷胜		庠生	名烈
清	翁佑香	捷胜		生员	
清	吴廷爵	捷胜		庠生	
清	张鸣球	捷胜		郡庠生	字宝鼎，号麟趾
清	张江槎	捷胜		邑庠生	张梓材之子，字尚帆，有文名
清	魏殿英	捷胜		生员	
清	邝戢庵	捷胜		庠生	
清	唐文益	捷胜		生员	
清	何曜岚	捷胜		郡庠生	
清	黄中兴	捷胜		郡庠生	候补卫千总，武官六品衔
清	何子心	捷胜		生员	
清	何庆赏	捷胜		生员	
清	何育偕	捷胜		庠生	
清	何念觐	捷胜		庠生	
清	何 谟	捷胜		生员	
清	何建燕	捷胜		生员	
清	何胜哲	捷胜		增生	
清	何育池	捷胜		增生	名淑元
清	何葆泰	捷胜		廪生	名念长
清	何宰澜	捷胜		庠生	
清	何探魁	捷胜		庠生	
清	何奋鹰	捷胜		庠生	
清	刘辉珀	捷胜		庠生	
清	何凤菖	捷胜		生员	
清	何一桂	捷胜		生员	
清	何应清	捷胜		生员	
清	何应淇	捷胜		生员	
清	何应聪	捷胜		生员	名念歆
清	何凤翥	捷胜		生员	
清	何凤蔫	捷胜		庠生	
清	何葆颐	捷胜		邑庠生	
清	何奇达	捷胜		庠生	

续表

朝代	姓 名	籍贯	科 年	类别	备 注
清	何兴诗	捷胜		生员	
清	何文兰	捷胜		庠生	
清	何映史	捷胜		庠生	
清	何可叠	捷胜		生员	
清	何培宋	捷胜		监生	
清	何鸿图	捷胜		监生	
清	何鸿逵	捷胜		监生	
清	何鸿藻	捷胜		监生	
清	刘补众	捷胜		监生	
清	曾日省	捷胜		监生	
清	何垂龙	捷胜		监生	
清	黄云龙	捷胜		监生	
清	蔡廷樑	捷胜		监生	
清	梁尚裕	捷胜		监生	
清	何映辉	捷胜		监生	
清	刘象启	捷胜		监生	
清	张迴峦	捷胜		监生	
清	刘天爵	捷胜		监生	
清	刘凤鸣	捷胜		监生	
清	张景耀	捷胜		监生	
清	何宰豫	捷胜		监生	
清	何端书	捷胜		监生	
清	刘振伟	捷胜		监生	
清	罗盛业	捷胜		监生	
清	何相如	捷胜		监生	
清	罗学源	捷胜		监生	
清	曾 祥	捷胜		监生	
清	梁应元	捷胜		监生	
清	何映辉	捷胜		监生	
清	刘雄德	捷胜		监生	
清	刘大忠	捷胜		监生	
清	刘秉伦	捷胜		监生	名宗智
清	刘光肇	捷胜		监生	

续表

朝代	姓 名	籍贯	科 年	类别	备 注
清	刘广泰	捷胜		监生	
清	何奕珴	捷胜		监生	
清	何萃楚	捷胜		监生	
清	何克侣	捷胜		监生	
清	黄鹿金	捷胜		监生	
清	黄 日	捷胜		监生	
清	何焕贵	捷胜		监生	
清	刘天赐	捷胜		监生	
清	刘震光	捷胜		监生	
清	黄允升	捷胜		监生	
清	黄允济	捷胜		监生	
清	蔡绵飏	捷胜		监生	
清	赖廷相	捷胜		太学生	皇清宠锡，八品衔
清	赖廷亮	捷胜		太学生	皇清宠锡，五品
清	赖景祥	捷胜		太学生	号玉瑞
清	赖景崇	捷胜		太学生	号玉琼
清	赖景祚	捷胜		太学生	
清	赖雄烈	捷胜		太学生	字良谋。妻蒲氏事略载入清代海丰县同治续志下卷《列女传》
清	赖雄豪	捷胜		太学生	字良栋
清	赖太朴	捷胜		太学生	
清	赖宗盛	捷胜		太学生	号英哲
清	赖宗贤	捷胜		太学生	号英儒
清	赖永基	捷胜		太学生	
清	赖永芝	捷胜		太学生	
清	赖赞燦	捷胜		太学生	
清	赖创岳	捷胜		太学生	
清	张炳南	捷胜		太学生	
清	张宾三	捷胜		太学生	字鸣岐
清	蔡绵◇	捷胜		太学生	
清	何浩然	捷胜		太学生	
清	何位爰	捷胜		太学生	

续表

朝代	姓名	籍贯	科年	类别	备注
清	何◇远	捷胜		太学生	
清	魏荣光	捷胜		太学生	
清	魏方岳	捷胜		太学生	
清	黄载庆	捷胜		太学生	
清	何奋扬	捷胜	乾隆十二年(1747年)丁卯科	武举人	广东乡试第38名
清	何泽珍	捷胜	道光二年(1822年)壬午科	武举人	名育杏，号润之。其父萃勤(耿精）为州同
清	何鑑赏	捷胜	同治元年(1862年)壬戌恩科补行己未恩科	武举人	号肖岩，生于道光二十三年(1843年）岁次癸卯。广东乡试第75名，拨补平海千总
清	赖永瑜	捷胜	光绪元年（1875）乙亥恩科	武举人	号佐邦，广东乡试第45名，授守备之职，武秩正五品，赏戴花翎，武魁牌匾
清	何子南	捷胜	光绪年间	武举人	平海营右部头司，外委光绪十五年补实千总
清	何育川	捷胜		武举人	
清	何步阶	捷胜		武举人	名捷升，千总
清	何建培	捷胜		武举人	讳其章，千总，敕赠儒林郎
清	何建湖	捷胜		武举人	千总
清	何锡珍	捷胜		武举人	千总
清	黄广聘	捷胜	雍正年间	武生	
清	林际辉	捷胜	雍正年间	武生	
清	何凤来	捷胜	雍正年间	武生	
清	何家珍	捷胜	雍正年间	武生	
清	谢开业	捷胜	雍正年间	武生	
清	梁开举	捷胜	乾隆年间	武生	为郡庠生张润（睿贤）之岳丈
清	赖永硕	捷胜	同治年间	武生	号献祯，同治八品军功
清	何重赏	捷胜	光绪元年	武生	光绪元年谭恩赐封宣武都尉

续表

朝代	姓 名	籍贯	科 年	类别	备 注
清	赖太端	捷胜	光绪年间	武生	字维扬，碣石卫右营千总，武职六品赐五品顶戴
清	赖永攀	捷胜	光绪年间	武生	名贵，号经邦，五品蓝翎职
清	赖永汇	捷胜	光绪年间	武生	号作祯，外委把总
清	赖永锡	捷胜	光绪年间	武生	号作邦，千总，武职六品
清	赖元标	捷胜	光绪年间	武生	袭职外委把总，武职七品
清	蔡殿升	捷胜	光绪末年	武生	千总，号吉阶
清	何其华	捷胜		武生	千总
清	何火仪	捷胜		武生	千总
清	蔡绵任	捷胜		武生	千总
清	赖 建	捷胜		武生	武职
清	赖宗发	捷胜		武生	外委把总
清	赖实福	捷胜		武生	
清	黄定邦	捷胜		武生	
清	黄元开	捷胜		武生	武官六品衔
清	黄云祥	捷胜		武生	名礼光，武官七品衔，人称“炮舍”
清	黄云珧	捷胜		武生	候选卫千总，武官六品衔
清	黄云球	捷胜		武生	候选卫千总，武官六品衔
清	陈邦辅	捷胜		武生	
清	林廉藩	捷胜		武生	
清	林昌丽	捷胜		武生	名文香
清	刘大振	捷胜		武生	
清	刘向开	捷胜		武生	名畅，官名英宪，平海千总
清	何显英	捷胜		武生	
清	何德振	捷胜		武生	有女何氏，其事略载入清代海丰县同治续志下卷《列女传》
清	何兰飘	捷胜		武生	
清	何大振	捷胜		武生	
清	何育才	捷胜		武生	
清	何位鸿	捷胜		武生	
清	何位任	捷胜		武生	
清	何建爙	捷胜		武生	

续表

朝代	姓 名	籍贯	科 年	类别	备 注
清	何彤赏	捷胜		武生	名建华
清	何念袭	捷胜		武生	
清	何念吉	捷胜		武生	
清	何耀南	捷胜		武生	
清	何绘英	捷胜		武生	
清	何赫熙	捷胜		武生	
清	何鸿荣	捷胜		武生	
清	何其昌	捷胜		武生	
清	何定光	捷胜		武生	
清	何育炯	捷胜		武生	
清	何鸣皋	捷胜		武生	
清	何荣熙	捷胜		武生	
清	何子成	捷胜		武生	
清	何建攀	捷胜		武生	
清	何鸿翔	捷胜		武生	
清	何萃荣	捷胜		武生	讳森
清	何玉岗	捷胜		武生	
清	何春光	捷胜		武生	
清	何香山	捷胜		武生	
清	何培鈊	捷胜		武生	
清	何奕竦	捷胜		武生	讳端书
清	何建仲	捷胜		武生	讳见龙
清	何育显	捷胜		武生	
清	何奋英	捷胜		武生	名位申
清	何　标	捷胜		武生	
清	何建昌	捷胜		武生	讳鉴清

朝代	姓 名	籍贯	科 年	类别	备 注
清	梁盛昌	捷胜		武生	
清	陈庆相	捷胜		武生	

二、革命烈士名表

（一）第一、二次国内革命战争时期［民国二十六年（1937 年）七月六日前］

姓 名	生卒年	籍 贯	职 务	参加革命时间、牺牲时间、地点、原因
蔡少参	清光绪二十七年至民国十七年（1901—1928 年）	五一乡	七区苏维埃政府委员	民国十六年（1927 年）参加革命，十七年（1928）在海丰县沙港村被捕，于捷胜被杀害
林世语	清光绪三十五年至民国十九年（1909—1930 年）	东 村	七区少先队长	民国十五年（1926 年）参加少先队，十九年（1930 年）在海城被捕杀害
黄连高（黄良高）	清光绪三十二年至民国十六年（1906—1927 年）	南 村	七区农会长、党员	民国十三年（1924 年）参加农会，十六年（1927 年）3 月在海丰县汕尾战斗中牺牲
林世志	清光绪二十五年至民国十七年（1899—1928 年）	东 村	七区农会会员、党员	民国十三年（1924 年）参加农会，十七年（1928 年）4 月在石洲被捕，于海丰县汕尾被杀害
刘志云（刘高云）	清光绪三十年至民国十七年（1904—1928 年）	五一队北门村	七区农会审判长、党员	民国十四年（1925 年）参加农会，十七年（1928 年）3 月 21 日在龟龄岛被捕，于大港埔被杀害
郑娘教	清光绪十九年至民国十九年（1893—1930 年）	军船头村	五区土地科长、党员	民国十一年（1922 年）参加农会，十九年（1930 年）6 月在田墘被捕杀害
何念采	清光绪二十二年至民国十七年（1896—1928 年）	南门外村	七区赤卫队战士、党员	民国十三年（1924 年）参加农会，十七年（1928 年）5 月在海城被捕，于大港埔被杀害

续表

姓 名	生卒年	籍 贯	职 务	参加革命时间、牺牲时间、地点、原因
何康民（何权）	民国元年至民国二十二年（1912—1933年）	南门外村	红军四十九团青年团委员、团员	民国二十年（1931年）参加红军四十九团，二十二年（1933年）5月27日在海城被捕，于大港埔被杀害
林妈祐	清光绪十五年至民国十七年（1889—1928年）	前进村	前进乡农会长、党员	民国十六年（1927年）参加七区农会，十七年（1928年）在海丰县捷胜战斗中牺牲
刘纪泽	清光绪二十二年至民国十七年（1896—1928年）	大流村	七区赤卫队炊事员	民国十六年（1927年）参加七区农会，十七年（1928年）6月21日在海丰县捷胜战斗中牺牲
蔡锦辉	清光绪三十四年至民国十七年（1908—1928年）	居民大队胜内村	七区赤卫队员	民国十四年（1925年）参加农民自卫军，十七年（1928年）在海丰县汕尾战斗中牺牲
周汉明	清光绪三十三年至民国十六年（1907—1927年）	五爱村	七区农民自卫军战士	民国十五年（1926年）参加农民自卫军，十六年（1927年）在海丰县汕尾战斗中牺牲
刘道安	清光绪三十三年至民国十六年（1907—1927年）	南门外村	七区赤卫队员	民国十四年（1925年）参加农会，十六年（1927年）7月1日在海丰县汕尾战斗中牺牲
刘道活	清光绪二十九年至民国十六年（1903—1927年）	南门外村	七区赤卫队员	民国十五年（1926年）参加农会，十六年（1927年）7月1日在海丰县汕尾战斗中牺牲
肖开魁（肖乃发）	清光绪二十一年至民国十八年（1895—1929年）	五爱村	七区农会长、党员	民国十四年（1925年）参加农会，十八年（1929年）在海丰县龟龄岛被捕杀害
柯永福	清光绪十九年至民国十七年（1893—1928年）	五爱村	七区农会长、党员	民国十三年（1924年）参加农会，十七年（1928年）在海丰县龟龄岛被捕杀害

续表

姓名	生卒年	籍贯	职务	参加革命时间、牺牲时间、地点、原因
陈佛良	清宣统二年至民国十八年（1910—1929年）	大流村	七区赤卫队员	民国十七年（1928年）参加赤卫队，十八年（1929年）在海丰县赤坑战斗中牺牲
梁伯如（一作值如，女）	清宣统二年至民国十七年（1910—1928年）	大流村	七区赤卫队宣传员、团员	民国十五年（1926年）参加农会，十七年（1928年）3月13日在海丰县捷胜龟龄岛被捕杀害
何玉芳（又名牡丹，女）	民国九年—？年（1920—？年）		宣传员	大革命时期参加革命，后牺牲
何位苞	清光绪三十一年至民国十七年（1907—1928年）	南村	七区区委书记、党员	民国十五年（1926年）参加七区农会，十七年（1928年）7月2日在海丰县捷胜被捕杀害
梁国英（梁觉群）	清光绪二十六年至民国十七年（1900—1928年）	南村	赤卫队东南路总指挥、党员	民国十三年（1924年）参加七区农会，十七年（1928年）3月15日在海丰县青坑战斗中牺牲
黄财	清光绪二十六年至民国十七年（1900—1928年）	南村	七区赤卫队长	民国十六年（1927年）参加七区农民自卫军，十七年3月23日在海丰县龟龄岛战斗中牺牲
吴勤	清宣统元年至民国十七年（1909—1928年）	东村	七区工会秘书	民国十四年（1925年）参加七区农民自卫军，十七年（1928年）在海丰县公平九龙洞战斗中牺牲
何火照	清光绪二十四年至民国十七年（1898—1928年）	南门外村	七区赤卫队员	民国十六年（1927年）参加七区农民自卫军，十七年（1928年）3月在海面执行任务时被捕，于捷胜被杀害

续表

姓名	生卒年	籍贯	职务	参加革命时间、牺牲时间、地点、原因
林醒群	清光绪十九年至民国二十二年（1893—1933年）	东村	海丰县总工会会长	民国十四年（1925年）参加七区农民自卫军，二十二年（1933年）在饶平县黄埔岗光中祠战斗中牺牲
陈妈营	清光绪二十七年至民国十七年（1901—1928年）	沙坑村	七区赤卫队副队长	民国十四年（1925年）参加农民自卫军，十七年（1928年）在海丰县捷胜被捕，于埔尾村被杀害
吴火	清光绪十三年至民国十七年（1887—1928年）	沙坑村	沙坑村农会会长、党员	民国十三年（1924年）参加七区农会，十七年（1928年）在海丰县捷胜被捕杀害
杨九	清光绪二十六年至民国十七年（1900—1928年）	前进村	七区赤卫队通信员	民国十六年（1927年）参加七区农会，十七年在海丰县捷胜被捕，于大港埔被杀害
杨青	清光绪元年至民国十七年（1875—1928年）	五爱村	七区农会副会长	民国十四年（1925年）参加农会，十七年（1928年）在海丰县龟龄岛被捕杀害
林树武	清光绪二十八年至民国十七年（1902—1928年）	东村	七区赤卫队员	民国十三年（1924年）参加七区农会，十七年（1928年）在海丰县捷胜战斗中牺牲
林树定	清光绪三十一年至民国十七年（1905—1928年）	东村	七区区委书记、党员	民国十三年（1924年）参加七区农会，十七年（1928年）在海丰县捷胜战斗中牺牲
林世济	清光绪二十四年至民国十七年（1898—1928年）	东村	七区赤卫队宣传员、党员	民国十四年（1925年）参加七区农会，十七年（1928年）在海丰县东冲被捕，于汕尾被杀害

续表

姓 名	生卒年	籍 贯	职 务	参加革命时间、牺牲时间、地点、原因
黄连成（黄良成）	清光绪三十二年至民国十六年（1906—1927年）	西 村	七区赤卫队员、党员	民国十三年（1924年）参加七区农会，十六年（1927年）在海丰县东冲建茶山被捕，于海城被杀害
林 荫	清光绪二十一年至民国十六年（1895—1927年）	东 村	七区赤卫队通讯员、党员	民国十四年（1925年）参加七区农会，十六年（1927年）在海丰县东冲建茶山被捕，于捷胜被杀害
刘友达	清光绪三十三年至民国十八年（1907—1929年）	东 村	七区苏维埃秘书、党员	民国十三年（1924年）参加七区农会，十八年（1929年）在海丰县公平被捕，于至海城被杀害
林 骈	清光绪二十七年至民国十八年（1901—1929年）	东 村	七区赤卫队小队长、党员	民国十四年（1925年）参加七区农会，十八年（1929年）在海丰县王埔岭战斗中牺牲
林跃愈	清光绪十四年至民国二十一年（1888—1932年）	东 村	地下工作者、党员	民国十二年（1923年）参加七区农会，二十一年（1932年）在惠阳县战斗中牺牲
梁良岳	清光绪三十二年至民国十九年（1906—1930年）	南 村	惠来县委委员、东江特委候补委员、党员	民国十四年（1925年）参加七区农会，十九年（1930年）在普宁县大南山战斗中牺牲
蔡寿明	清宣统三年至民国十七年（1911—1928年）	五一大队北村	七区赤卫队税务员	民国十六年（1927年）参加赤卫队，十七年（1928年）在海丰县龟岭岛被捕杀害
黄顺华	清光绪三十一年至民国十七年（1905—1928年）	南 村	七区赤卫队宣传员	民国十四年（1925年）参加七区农会，十七年（1928年）3月12日在海丰县汕尾桂竹岭战斗中牺牲

续表

姓名	生卒年	籍贯	职务	参加革命时间、牺牲时间、地点、原因
何丹成	清光绪三十一年至民国二十二年（1905—1933年）	西村	澄海县委委员、党员	民国十一年（1922年）参加七区农会，二十二年（1933年）在潮安县桑浦山战斗中牺牲
周墻（周子松）	清光绪二十三年至民国二十二年（1897—1933年）	西村	七区赤卫队情报员、党员	民国十五年（1926年）参加七区农会，二十二年（1933年）在海丰县捷胜被捕杀害
何扶	清宣统二年至民国二十五年（1910—1936年）	西村	地下工作者	民国十七年（1928年）参加七区赤卫队，二十五年（1936年）在惠州被捕杀害
何醒农（何秀汤）	清光绪二十六年至民国十九年（1900—1930年）	西村	丰顺县农军大队长、党员	民国十二年（1923年）参加七区农会，十九年（1930年）在广东丰顺县领导农民暴动时牺牲
周蚊	清光绪二十九年至民国十七年（1903—1928年）	西村	海丰县工会秘书	1926年参加七区农会，1928年在海丰县大港埔战斗中牺牲
何秀利	清光绪三十一年至民国十七年（1905—1928年）	西村	七区赤卫队员	民国十五年（1926年）参加七区农会，十七年（1928年）在海丰县捷胜被捕杀害
刘明德	清光绪三十二年至民国十六年（1906—1927年）	联星村	海丰县农会特派员、党员	民国十一年（1922年）参加七区农会，十六年（1927年）6月1日在海丰县五埔庵战斗中牺牲
黄爱梅（女）	清宣统三年至民国十七年（1911—1928年）	联星村	七区赤卫队宣传员、团员	民国十五年（1926年）参加七区农会，十七年（1928年）3月17日在海丰县大港埔战斗中牺牲
黄锡禄	清光绪二十四年至民国十七年（1898—1928年）	联星村	七区赤卫队员	民国十四年（1925年）参加七区农会，十七年（1928年）在海丰县大港埔战斗中牺牲

续表

姓 名	生卒年	籍 贯	职 务	参加革命时间、牺牲时间、地点、原因
陈 胜	清光绪二十四年至民国十七年（1898—1928年）	石岗村	七区石岗村农会长	民国十六年（1927年）参加七区农会，十七年在海丰县捷胜埔尾战斗中牺牲
蔡 佑	清光绪二十三年至民国二十年（1897—1931年）	石岗村	七区赤卫队员	民国十六年（1927年）参加七区农会，二十年（1931年）2月25日在海丰县汕尾战斗中牺牲
李 生	清光绪二十二年至民国十七年（1896—1928年）	东坑村	七区赤卫队副队长、党员	民国十三年（1924年）参加七区农会，十七年（1928年）3月18日在海丰县新港被捕杀害
莫妈泉	清光绪三十一年至民国十六年（1905—1927年）	东坑村	七区赤卫队员	民国十四年（1925年）参加七区农会，十六年（1927年）2月12日在海丰县汕尾战斗中牺牲
胡 达	清光绪二十八年至民国十七年（1902—1928年）	东坑村	七区赤卫队员、党员	民国十四年（1925年）参加七区农会，十七年（1928年）配合红军四十九团攻打海丰县汕尾时牺牲
胡 加	清光绪三十年至民国十九年（1904—1930年）	东坑村	红军四十九团战士	民国十四年（1925年）参加七区农会，十九年（1930年）7月在陆丰县猪古山峰战斗中牺牲
邝妈语	清光绪二十年至民国十九年（1894—1930年）	东坑村	红军四十九团战士	民国十三年（1924年）参加七区农会，十九年（1930年）在陆丰县碣石战斗中牺牲
莫捷光	清光绪二十一年至民国十六年（1895—1927年）	东坑村	七区农会执委、党员	民国十三年（1924年）参加七区农会，十六年（1927年）4月25日在海丰县汕尾战斗中牺牲

续表

姓 名	生卒年	籍 贯	职 务	参加革命时间、牺牲时间、地点、原因
何念光(何火照)	清光绪十八年至民国十六年(1892—1927年)	东坑村	东坑村人，七区赤卫队员	
黄让全	清光绪三十年至民国二十三年(1904—1934年)	联安村	红军四十九团战士	民国十六年(1927年)在黄花岗参加革命，二十三年(1934年)在九龙洞战斗中牺牲
麦 命	清光绪三十年至民国十七年(1904—1928年)	东坑村	七区赤卫队员	民国十四年(1925年)参加七区农会，十七年(1928年)在海丰县汕尾战斗中牺牲
何 权	清光绪二十四年至民国十七年(1898—1928年)	埔尾村	埔尾村农会长	民国十四年(1925年)参加农会，十七年(1928年)2月15日在海丰县程厝村被捕，于大港埔被杀害
林子政	清光绪二十三年至民国二十年(1897—1931年)	东村	七区苏维埃财政委员、党员	民国十三年(1924年)参加农会，二十年(1931年)10月15日在海丰县朝面山战斗中牺牲
梁 德	清光绪三十二年至民国十八年(1906—1929年)	东坑村	七区赤卫队副队长、党员	民国十四年(1925年)参加农会，十八年(1929年)被捕，在海丰县汕尾被杀害
朱 厂	清光绪二十七年至民国二十年(1901—1931年)	东坑村	红军四十九团战士	民国十四年(1925年)参加农会，二十年(1931年)在海丰县大埔村被捕杀害
蔡 湘(蔡沃)	清光绪三十一年至民国十四年(1905—1925年)	北 村	陆丰县宣传股长	民国十四年(1925年)1月参加农会，同年8月在海丰县田墘被杀害
李 投	清光绪十六年至民国十七年(1890—1928年)	埔尾村	七区赤卫队员	民国十六年(1927年)参加赤卫队，十七年(1928年)2月25日在海丰县汕尾战斗中牺牲

续表

姓名	生卒年	籍贯	职务	参加革命时间、牺牲时间、地点、原因
陈顺盼	清光绪二十二年至民国十七年（1896—1928年）	埔尾村	七区农会执委	民国十六年（1927年）参加农会，十七年（1928年）3月21日在海丰县捷胜战斗中牺牲
梁汉卿（女）	清光绪三十一年至民国十七年（1905—1928年）	南村	七区妇女干部、团员	民国十四年（1925年）参加农会，十七年（1928年）3月15日在海丰县捷胜战斗中牺牲
蔡位忠	清光绪二十七年至民国二十二年（1901—1933年）	北村	红军四十九团情报员、党员	民国十四年（1925年）参加农会，二十二年（1933年）在海丰县捷胜战斗中牺牲
蔡毓旬	清光绪三十四年至民国十七年（1908—1928年）	北村	七区赤卫队员、党员	民国十四年（1925年）参加农会，十七年（1928年）在陆丰县河田战斗中牺牲
蔡毓瑶	清光绪三十三年至民国十七年（1907—1928年）	北村	七区赤卫队宣传员、团员	民国十四年（1925年）参加农会，十七年（1928年）在海丰县马巷村被杀害
蔡毓坊	清光绪三十二年至民国十四年（1906—1925年）	北村	七区农民自卫军大队长	民国十一年（1922年）参加农会，十四年（1925年）在陆丰县上沙五云洞战斗中牺牲
刘宗仁	清光绪三十四年至民国十七年（1908—1928年）	北村	七区团委委员、党员	民国十四年（1925年）参加农会，十七年（1928年）在点其山被捕杀害
刘宗帅	清光绪三十五年至民国十七年（1909—1928年）	北村	海丰县总工会干部	民国十四年（1925年）参加农会，十七年（1928年）在海丰县捷胜战斗中牺牲
吴最（女）	清光绪三十三年至民国十八年（1907—1929年）	北村	七区妇女会长	民国十四年（1925年）参加妇女会，十八年（1929年）九月在海丰县牛肚村被捕，押海城杀害

续表

姓 名	生卒年	籍 贯	职 务	参加革命时间、牺牲时间、地点、原因
陈世奎	清光绪二十年至民国十七年（1894—1928 年）	北 村	七区农民自卫军班长	民国十四年（1925 年）参加农民自卫军，十七年（1928 年）七月二日在海丰捷胜战斗中牺牲
刘宗法	清光绪二十五年至民国十八年（1899—1929 年）	北 村	七区赤卫队宣传员	民国十四年（1925 年）参加农会，十八年（1929 年）在海丰县公平潭仔山战斗中牺牲
蔡 声	清光绪二十七年至民国十九年（1901—1930 年）	北 村	红军四十九团战士	民国十九年（1930 年）二月参加红军四十九团，同年十月在普宁县大南山战斗中牺牲
柯瑶英（女）	清光绪三十三年至民国二十一年（1907—1932 年）	坣头村	红军四十九团战士	民国十八年（1929 年）参加红军四十九团，二十一年（1932 年）在海丰县平民医院被捕杀害
周娘丙	清光绪二十二年至民国十七年（1896—1928 年）	前进大队屈笼村	七区赤卫队小队长、党员	民国十六年（1927 年）参加七区农会，十七年 3 月在海面执行任务时被捕，押大港埔杀害
翁 勤	清光绪二十六年至民国十七年（1900—1928 年）	南 村	七区赤卫队员	民国十四年（1925 年）参加七区农会，十七年（1928 年）10 月 26 日在鲘门山被捕，押海城杀害
黄 乐	清光绪三十一年至民国十七年（1905—1928 年）	南 村	七区赤卫队员	民国十六年（1927 年）参加七区农会，十七年（1928 年）2 月 25 日在海丰县汕尾战斗中牺牲
张湘奕	清光绪二十年至民国十七年（1894—1928 年）	南 村	七区赤卫队员	民国十六年（1927 年）参加七区农会，十七年在龟岭岛被杀害
翁 锞	清光绪三十年至民国十七年（1904—1928 年）	南 村	七区赤卫队员	民国十四年（1925 年）参加七区农会，十七年（1928 年）在海丰县捷胜被杀害

续表

姓 名	生卒年	籍 贯	职 务	参加革命时间、牺牲时间、地点、原因
翁贞锦（翁丁锦）	清光绪三十三年至民国十七年（1907—1928 年）	南 村	七区赤卫队员	民国十六年（1927 年）参加七区农会，十七年（1928 年）5 月在海丰县桂竹岭被捕，押汕尾杀害
翁 沛	清光绪十一年至民国十七年（1885—1928 年）	南 村	南村农会长	民国十六年（1927 年）参加七区农会，十七年 3 月在龟岭岛被杀害
黄 复	清同治十三年至民国十八年（1874—1929 年）	南 村	七区赤卫队员	民国十六年（1927 年）参加七区农会，十八年（1929 年）在青草被捕，押海城杀害
蔡赤农	清光绪三十二年至民国十七年（1906—1928 年）	南 村	七区赤卫队员	民国十三年（1924 年）参加七区农会，十七年（1928 年）3 月 16 日在海丰县田墘战斗中牺牲
钟 送（钟妈祐）	清光绪二十七年至民国十七年（1901—1928 年）	前进大队	前进大队人，七区农会长、党员	民国十六年（1927 年）参加七区农会，十七年 6 月在海城被杀害
李劳工	清光绪二十七年至民国十四年（1901—1925 年）	西门第五街	黄埔军校海陆丰后方办事处主任、党员	民国十一年（1922 年）黄埔军校学员，十四年（1925 年）9 月 24 日在田墘内湖被杀害
梁秉刚	清光绪二十六年至民国二十一年（1900—1932 年）	埔尾村	广西省委书记、党员	民国十一年（1922 年）参加革命，二十一年（1932 年）在广西梧州市坎下被敌人包围用毒箭杀害
蔡 俊	清光绪三十五年至民国二十二年（1909—1933 年）	五一大队北村	东江特委书记、党员	民国十三年（1924 年）在广州参加革命，二十二年（1933 年）在香港做地下工作被捕后于广州杀害
刘胜信	清光绪三十年至民国二十五年（1904—1936 年）	城 内	潮澄饶县委书记、党员	民国十四年（1925 年）参加农会，二十五年（1936 年）初，以漏网“AB 团”罪名，在闽粤交界处被错杀

续表

姓 名	生卒年	籍 贯	职 务	参加革命时间、牺牲时间、地点、原因
蔡毓坤（蔡育坤）	清光绪二十九年至民国十五年（1903—1926年）	北 村	农军小队长	民国十五年（1926年）参加革命，同年奉命围剿陆丰，在剑心坑战斗中牺牲
赖月婵	清光绪三十年（1904年）至民国十八年（1904—1929年）	北门第八街	海丰县赤坑红色妇女粉枪队队长	民国十八年（1929年）初，到海城葫芦柯厝找党组织联系，为敌军所捕，被枪杀
黄连渊（黄良渊）	清光绪三十二年至民国十七年（1906—1928年）		共青团饶平县支部书记	民国十七年（1928年）牺牲
林 橹（林礼）	清光绪二十六年至民国十九年（1900—1930年）	城 内	海陆普惠县委委员、东江特委委员、党员	民国十三年（1924年）参加海丰农民运动，十九年（1930年）在古江战斗中牺牲

（二）解放战争时期［民国三十四年九月三日至三十八年九月三十日（1945年9月3日—1949年9月30日）］

姓 名	生卒年	籍 贯	职 务	参加革命时间、牺牲时间、地点、原因
韩 捷	清光绪三十五年至民国三十五年（1909—1946年）	大流乡	东江纵队六支队大队长、党员	民国二十七年（1938年）在大流乡参加东江纵队，三十五年（1946年）在惠阳战斗中牺牲
韩 顺	清光绪三十二年至民国三十五年（1906—1946年）	大流乡	东江纵队六支队炊事员	民国三十四年（1945年）在大流乡参加东江纵队，三十五年（1946年）在惠阳战斗中牺牲
黄显群	民国九年至三十七年（1920—1948年）	五一大队北村	四野第三师师长、党员	民国三十二年（1943年）在捷胜参加东江纵队，三十七年（1948年）在解放济南战斗中牺牲

续表

姓 名	生卒年	籍 贯	职 务	参加革命时间、牺牲时间、地点、原因
许 田	民国十年至三十八年（1921—1949 年）	东坑村	东江纵队六支队战士	民国三十四年（1945 年）参加东江纵队，三十八年（1949 年）在海丰战斗中牺牲
许昌炽	民国八年至三十五年（1919—1946 年）	五一大队北村	东江纵队六支队政治指导员、党员	民国二十六年（1937 年）参加东江纵队，三十五年（1946 年）在海丰县赤石战斗中牺牲
何 冷	民国十七年至三十八年（1928—1949 年）	南 村	粤赣湘边纵队财务股长	民国三十五年（1946 年）参加东江纵队，三十八年（1949 年）2 月在海丰县石洲战斗中牺牲
林 汉	民国十七年至三十八年（1928—1949 年）	东 门	粤赣湘边纵队海鹰队班长	民国三十七年（1948 年）参加海陆丰人民自卫队，三十八年（1949 年）在解放海丰县可塘战斗中牺牲
何 方（何交）	民国十六年至三十八年（1927—1949 年）	西 村	粤赣湘边纵队海鹰队战士	民国三十七年（1948 年）在广州参加革命，三十八年（1949 年）在陆丰西区战斗中牺牲
许 用	民国十二年至三十五年（1923—1946 年）	东坑村	东江纵队六支队战士	民国三十五年（1946 年）参加东江纵队，同年 8 月在海丰县青坑战斗中牺牲
刘甲乙	民国十四年至三十八年（1925—1949 年）	埔尾村	粤赣湘边纵队一支五团海鹰队战士	民国三十七年（1948 年）参加海陆丰人民自卫队，三十八年（1949 年）在海丰县圆墩战斗中牺牲
林 并	民国十五年至三十八年（1926—1949 年）	埔尾村	粤赣湘边纵队一支五团海鹰队战士	民国三十七年（1948 年）参加海陆丰人民自卫队，三十八年（1949 年）在紫金县战斗中牺牲

（三）社会主义革命和社会主义建设时期（1949.10.1 以后）

姓 名	生卒年	籍 贯	职 务	参加革命时间、牺牲时间、地点、原因
翁位忠（翁志忠）	民国八年（1919 年—1950 年）	南 村	抗美援朝志愿军战士	民国三十七年（1948 年）参加海陆丰人民自卫队，1950 年参加抗美援朝，在朝鲜战斗中牺牲
魏 云（魏云注）	民国十七年（1928 年—1950 年	西 村	抗美援朝志愿军战士	民国三十七年（1948 年）参加海陆丰人民自卫队，1950 年参加抗美援朝，在朝鲜战斗中牺牲

三、博士后、博士、硕士名表

姓 名	籍 贯	出生年份	类别	备 注
何裕隆	西门街	1957 年	博士后	中山大学附属第七医院院长、教授
林焕彩	西门街	1963 年	博士后	毕业于中山医科大学
蔡大可	北村	1981 年	博士后	毕业于广州中医药大学
何纯挺	北门	1988 年	博士后	毕业于中山大学
刘朗夏	北村		博士后	暨南大学生命科学技术学院教授、博士生导师
林位株	东门	民国二十七年（1938 年）	博士	中山大学物理系教授、博士生导师，物理学家
何庆瑜	西村	1963 年	博士	暨南大学生命科学技术学院及生命与健康工程研究院院长、教授、博士生导师
张学智（张学志）	石厝村	1963 年	博士	毕业于澳大利亚昆士兰大学
黎永锦	石头村	1964 年	博士	中山大学数学学院教授、博士生导师
罗建河	埔尾村	1972 年	博士	毕业于华南理工大学建筑学系
黎祥喷	石头村	1973 年	博士	毕业于中山大学医学院
蔡举瑜	联星村	1980 年	博士	毕业于汕头大学医学院
曾昭成	东坑村	1986 年	博士	毕业于香港中文大学
蔡位子	北门第八街	1988 年	博士	毕业于华南理工大学化学与化工学院
许秋园	北门第八街	1989 年	博士	

续表

姓 名	籍 贯	出生年份	类别	备 注
黄恺健	南门	1989 年	博士	毕业于贵州大学
赖诗诗	北门	1995 年	博士	毕业于云南大学医学院
黄奕衔	联安	1996 年	博士	毕业于香港中文大学生命与健康科学学院
何小青（女）	西门第七街		博士	
黄若琪（女）	联安		博士	毕业于美国斯坦福大学
黄兴强	联安		博士	毕业于亚洲国际商业学院
何秀池	南村	1957 年	硕士	毕业于华南师范大学
黄淑政	宝头村	1959 年	硕士	毕业于华南师范大学
黄隆建	联安	1968 年	硕士	毕业于广州仲凯技术学院
黄林杏莉	联安	1969 年	硕士	毕业于广州仲凯技术学院
黄于军	联安	1969 年	硕士	毕业于加拿大渥太华大学
黄玉珍（女）	联安	1971 年	硕士	毕业于香港中文大学
张海韵	石岗村	1972 年	硕士	高级工程师
何循蓬		1973 年	硕士	毕业于香港理工大学，工程师
何国全	福安社	1976 年	硕士	毕业于武汉国际大学
罗小斌	埔尾村	1976 年	硕士	毕业于中山大学岭南学院，高级工程师
何碧怀	福安社	1978 年	硕士	毕业于香港浸会大学
何家靖	西门	1980 年	硕士	毕业于广州中医药大学
黄向修	联安	1981 年	硕士	毕业于广东工业大学
赖乙照	北门第八街	1981 年	硕士	毕业于中山大学岭南学院
黄坚岚	联安	1982 年	硕士	毕业于上海交通大学
黄智锋	联安	1982 年	硕士	毕业于香港中文大学
黄圻辉	联安	1983 年	硕士	
黄振宇	联安	1983 年	硕士	毕业于中山大学
黄翡玉（女）	联 安	1984 年	硕士	毕业于广东财经大学
黄蕙宜（女）	联安	1985 年	硕士	毕业于香港城市大学
赖莉丽	北门第八街	1988 年	硕士	毕业于中山大学政治与公共事务管理学院

续表

姓 名	籍 贯	出生年份	类别	备 注
黄雅涵	联安	1989 年	硕士	毕业于英国拉夫堡大学
黄继贤	联安	1992 年	硕士	毕业于英国约克大学
赖奕莎(女)	东门	1994 年	硕士	毕业于暨南大学经济学院
蔡金妙	北门第八街	1995 年	硕士	毕业于华南理工大学电子与信息学院
黄建民	联安	1995 年	硕士	毕业于北京农学院
黄春豪	联安	1995 年	硕士	毕业于中山大学物理学院
林大伦	东门	1996 年	硕士	毕业于英国伦敦大学政治经济学院
黄紫婷	联安	1997 年	硕士	毕业于利兹大学（英国）
黄思敬	联安	1998 年	硕士	毕业于复旦大学
黄信锐	联安		硕士	毕业于中山大学
黄枫林	联安		硕士	毕业于华南农业大学
黄小玲(女)	联安		硕士	毕业于香港理工大学
黄士权	联安		硕士	毕业于澳大利亚巴拉瑞特大学
黄伟降	联安		硕士	毕业于英国大学
黄丽娟(女)	联安		硕士	毕业于香港大学
黄秋华(女)	联安		硕士	毕业于香港大学
黄志忠	联安		硕士	毕业于香港墨尔本科技大学
黄汉南	联安		硕士	毕业于香港理工大学
黄春茂	联安		硕士	毕业于英格兰开夏中部大学
黄文隆	联安		硕士	毕业于加拿大渥太华大学
黄泽明	联安		硕士	毕业于香港理工大学
黄业胜	联安		硕士	毕业于集美大学
何世文	公兴村		硕士	毕业于香港大学，律师
何世坤	公兴村		硕士	留学英国，国际律师，现居香港
何循连			硕士	毕业于香港浸会大学
林位育	东门		硕士	毕业于广州中医大学
蔡牧夫	联星村		硕士	

四、中华人民共和国成立后知名人士名表

（含副处级以上干部、社会各界人士，排名不分先后）

姓名	出生年份	籍贯	工作单位	职务职称	备　注
刘　华	清光绪二十七年（1901 年）	城内			善烹调各地风俗美食，尤善制作面塑工艺，人称“华师”。1980 年逝世
刘万章	清光绪三十一年（1905 年）		《民俗周刊》《红棉旬刊》编辑部	编辑、民俗学家	民国十九年(1930 年)1 月至 4 月 30 日任《民俗周刊》编辑、二十一年（1932 年）任《红棉旬刊》编辑。1968 年逝世
何世柱（何史）	民国二年（1913 年）	西门			民国二十六年（1937 年）参队，曾任汕头市委秘书长、宣传部长、副市长、潮阳县委书记等职。已退休
黄必明	民国二年（1913 年）		海丰县白字戏剧团	编剧	曾编导《金叶菊》《珍珠记》
何世汉（何竺）	民国七年（1918 年）	南门	广东省科委	副主任、党组副书记	副厅级。已故
何鼎元	民国八年（1919 年）	南门	湛江水产学院	办公室主任、干训处主任	抗战时期东纵战士，任中共第四区捷胜青年支部书记、中心区委书记。1982 年离休。2015 年获中共中央、国务院、中央军委颁发“中国人民抗日战争胜利七十周年纪念章”。同年逝世
何熊光	民国九年（1920 年）	南门	暨南大学	总务处长	抗战时期东纵战士，任第四区民主政府参议长、副区长，北撤干部，1983 年退休。2005 年逝世
黄　平	民国十三年（1924 年）	联安	原海丰县财政局	副局长	参加过抗日战争、解放战争。中华人民共和国成立后，任海丰县法院副院长、财政局副局长。1983 年 8 月退休，享受副处级待遇。著有自传《无悔人生》

续表

姓名	出生年份	籍贯	工作单位	职务职称	备　注
何大林（何秀孝）	民国十三年（1924年）	西门街	广州军区政治部	宣传部长	已退休
何小林（何秀强）	民国十四年（1925年）	西门街	广州军区政治部	宣传部长	军级。曾任桂林陆军学院副院长
何　源	民国十五年（1926年）	西门	海丰县委办公室	主任	民国三十七年（1948年）参队。1951年任中共海丰县委秘书、办公室主任。1990年退休
陈端峰	民国十七年（1928年）	西门			旅居台湾，知名书画家
梁　峰	民国十九年（1930年）	南村	汕尾市人民检察院	检察长、党组书记	参加过抗日战争。曾任捷胜镇第一任镇长、海丰县公安局副局长、潮安县人民检察院检察长和党组书记。1995年秋退休
魏　平	民国十九年（1930年）	北村	汕尾市供销社	主任	处级
林锦生	民国二十年（1931年）				曾任交通部第四航务工程局高级工程师
蔡本坤	民国二十一年（1932年）	北门	广东省工艺美术研究所	所长	旅居加拿大。国家高级工艺美术师、著名画家。著有《人物及动物图案集》
蔡思聪	民国二十二年（1933年）	北门	新华社澳门分社	部长	蔡俊烈士之子。为赵紫阳秘书。2000年4月退休，现居澳门
何　升	民国二十二年（1933年）	西门第六街	中国致公党捷胜支部	主委	致公党捷胜支部创始人。民国三十八年（1949年），毕业于江南青年公学，曾任东江支前司令部后勤处押运队长，惠淡澳沿线公路稽查队长，海丰县政协一、二届委员，汕尾市政协一、二届委员

续表

姓名	出生年份	籍贯	工作单位	职务职称	备　注
何佛志	民国二十三年(1934年)	东坑村			1951年参队。历任乡长、公社副书记、革委会主任、工商局副局长、市城区审计局局长。1989年，评为省审计系统先进工作者
陈汉英	民国二十四年(1935年)		青海外贸局驻广州办事处	主任	副处级
刘锦坤	民国二十五年(1936年)	沙坑村	汕尾市广播电视局	局处	处级
何循禧	民国二十六年(1937年)	西门	海丰县文化局	副局长	知名戏曲艺术家，师从陈宝寿。国家三级导演。广东省非物质文化遗产白字戏项目代表性传承人。曾任海丰县白字戏剧团团长、海丰县剧协主席、汕尾市剧协副主席
何作胜	民国二十七年(1938年)	西门第五街	文昌中学	校长	文昌中学创办人。已逝世
陈仁随(陈仁垂)	民国二十九年(1940年)	大流村	海军广州舰队干休所	所长	正师级
蔡思深	民国二十九年(1940年)	北门	汕尾市电信局	局长	处级
杜　国	民国三十一年(1942年)	五爱格塘		民间艺术师	擅长纸扎、油漆画、泥塑、灰塑、嵌瓷等工艺
赖一心	民国三十三年(1944年)	北门第八街	海丰县白字戏剧团		知名戏曲艺术家。国家三级演员。汕尾市政协第一届委员、第二届常委。1997年退休

续表

姓名	出生年份	籍贯	工作单位	职务职称	备　注
何大海	民国三十四年（1945年）	南门	城区统战部、中共台湾工作办公室	副部长、主任	全国中华诗词学会会员，知名诗人，著有诗词集《海韵天风》
何秀滔	民国三十四年（1945年）	南村	海丰县人大常委会	主任	武汉大学哲学系毕业。正处级，已退休
梁　鸿	民国三十四年（1945年）		海丰县委老干部局		民国三十四年（1945年）三月参队
周仲富（周富棍）	民国三十四年（1945年）	西村		国家高级工艺美术师	中国民间文艺家协会会员、广东省民间文化杰出传承人、广东省非物质文化遗产项目（泥塑）代表性传承人、汕尾市非物质文化遗产保护工作专家委员会委员
蔡绍明	民国三十五年（1946年）	北门			曾任城区区直工委书记、城区文体局局长。编有《汕尾市书法篆刻精品集》。已退休
何秀锄	民国三十五年（1946年）	西门			《捷胜诗词选集》主编。任捷胜中学校长时，曾于1985年、1986年、1987年连续3年，带领该校取得原海丰县中考学生人均总分第一名。已退休
黄利泉	民国三十六年（1947年）	东门	汕尾市政协	副主席	副厅级
梁　思	民国三十七年（1948年）		民盟海丰县委	副主委	民国三十七年（1948年）3月参队
李　语	民国三十八年（1949年）	马鞍山	中国石油化工集团公司人事教育处	处长	处级
蔡　陆	民国三十八年（1949年）	北门	汕尾市进出口贸易公司	总经理	

续表

姓名	出生年份	籍贯	工作单位	职务职称	备　注
罗　孝	民国年间	北村	河北省唐山市工交办	主任	副处级。1973 年于唐山大地震中全家罹难
何若瑜(女)	民国年间	西村			北撤干部，任山东济南新华书店经理
何　仁(何壬)	民国中期	西门	山东省教育厅	副厅长	民国三十七年（1948 年）在 26 军 78 师 234 团 1 营任营长，曾参加朝鲜战争，荣获二等功。已退休
赖原送	1950 年	东门	深圳市沙头角保税区	主任	
周舜生	1950 年	南门外	汕尾市人大财经工作委员会	主任	处级
刘世会	1950 年	大流红坎村	汕尾市交警支队办公室	主任	曾任汕尾市公安局办公室副主任。全国公安文学艺术联合会会员、全国公安美术家协会会员。已退休
刘　尧	1951 年	东门	捷胜镇文化站	站长	知名书法家。已退休
黄利超	1951 年	东门	汕头市移动通信公司	总经理	2008 年奥运火炬手
黄兴利	1953 年	联　安	深圳市宝安保税区	党委书记	
蔡　玩	1954 年	北门	汕尾市交警支队	政委	1996 年 4 月至 2003 年 5 月任城区区委常委
刘世振	1954 年	北门头	珠海市经济特区物资总公司	总经理	处级
黄赛珍(女)	1954 年	联安	汕尾市教育局	副局长	副处级

续表

姓名	出生年份	籍贯	工作单位	职务职称	备　注
林位夫	1955年	东门	华南热带作物学院	教授，硕士、博士生导师	著名植物学家。主持参与国家及部省级多个科研项目，多次于中央电视台军事科技频道开办橡胶技术讲座
罗水赓	1955年	东门	汕尾市水务局	副局长	副处级。曾任城区人民政府副区长。已退休
林　汝	1955年	埔尾村	珠海市国土局纪检组		副处级
周　波	1956年	石头村	国务院港澳事务办公室	副主任	副部级。已退休
周富加	1956年	南门外	汕尾市供销总社	副主任	副处级
施建材	1957年	北门	深圳市中国旅行社	党委书记	
黄兴初	1958年	联安	汕尾市安全监督局	局长	处级
罗木新	1959年	埔尾村	惠州市第二设计院	院长	
刘　孝	1959年	北村	广东省建委建造局	局长	处级
李庆雄	1960年	西门第五街	广东省公安厅	党委副书记、常务副厅长	正厅级
陈仁德	1960年	大流村			古建筑画师。代表作有汕尾凤山祖庙嵌瓷和灰塑作品
何　平	1962年	东坑	汕尾市政协	副主席	1982年3月参加工作。1985年5月入党。曾任汕尾市对台办主任、汕尾市教育局局长
黄智饶	1962年	军船头村	广东省农业厅农村改革处	处长	处级

续表

姓名	出生年份	籍贯	工作单位	职务职称	备　注
何小军	1964 年	南门	汕尾市规划设计研究院	院长、高级结构工程师	
何秀古	1965 年	石头村	广东省农业科学院	副院长、党委委员	2004 年被广东省委省政府评为广东省防治高致病性禽流感先进工作者
林建铭	1965 年	东门		高级工程师	1996 年曾任美国纽约电脑高级工程师、顾问
许昌林	1965 年	北门	汕尾市司法局	局长	知名书画家。曾任城区区委常委、区委副书记；汕尾市华侨管理区区委书记、管委会主任
赖永腾	1966 年	东门	汕尾市税务局	副局长	副处级
梁伟文	1966 年	南门	汕尾市电信局	局长	副处级
刘应思	1970 年		华南理工大学外国语学院	党委书记	
何世新	1972 年	西门	文昌中学	教师	中国书法家协会会员
周　雄	1974 年	南门外			中国书法家协会会员
何晓雾	1974 年	西门	汕尾市音乐协会	主席	全国第十次文代会代表，中国音乐家协会会员
赖杉昌	1978 年	北门	汕尾市城区作家协会	主席	全国中华诗词学会会员、第二届“全国书香之家”
何世阶		西门第五街	广州军区、省检察院政治部	检察官	毕业于西安空军导弹学院、上海空军学院，北京奥运火炬惠州段传递手
何可家			广东省佛山市外贸进出口公司	总经理	处级

续表

姓名	出生年份	籍贯	工作单位	职务职称	备　注
何汉星		南门福安社	汕尾市法制局	副局长	
林位荐		东门	联合国难民专署驻香港亚洲总部	统筹主任	
林天清		东门	广州市设计院	党委书记	1986 年广东省建筑高级工程师
刘　赠		北门	城区区直工委	书记	1994 年 10 月至 1998 年任捷胜党委书记。已退休
罗世衍		北门	广东省环保厅规划财务处	处长	处级
赖怡楚		东门	汕尾市财政局	局长	已故
黄礼腾（黄礼庭）		军船头村	广州市人大财经工作委员会	主任	副厅级
邝文泉		东坑村	城区人大常委会	副主任	已退休
郑新钦		军船头村	市经济和信息化局	副局长	曾任捷胜镇委书记、城区人民政府副区长
刘锦坤		沙坑村	汕尾市广播电视台	台长	曾任惠州部队团长
陈昌利		联星村	城区人大常委会	副主任	
何秀滔		东坑村	汕尾市高新区管委会	副主任	曾任城区人民政府副区长
何秀敬		西门社区	广州市牛奶公司	党委书记、经理	处级
陈春晖		捷胜古庙			深圳市政协委员、香港广东汕尾市同乡总会永远名誉会长、汇银资本有限公司董事局主席

大事记

远古

新石器时代中晚期（约 6000 年前），古越族人在捷琅埔沿海的沙坑、牛肚、东坑、沙角尾、石狗湖、遮浪及田墘一带渔耕狩猎，繁衍生息。

周·春秋

约 2500 年前，捷琅埔宝楼山龙岗建青铜器铸造工场。

秦

公元前 224 年，秦始皇统一岭南，置南海、桂林、象郡 3 郡，捷琅埔被纳入版图，隶属南海郡博罗县地。

汉

西汉元鼎六年（公元前 111 年），汉武帝灭南越，开凿杨桃岭（今称羊蹄岭）官道，其后分诸郡，捷琅埔仍属南海郡博罗县地。

晋

东晋咸和元年（326年），析南海郡东部置东官郡。六年（331年），从东官郡博罗县析置海丰，捷琅埔改属海丰县地。

唐

唐武德五年（622年），析海丰县之东部置陆安县（今陆丰县）。至贞观元年（627年），又拆陆安县并入海丰县，捷琅埔仍属海丰县地。

唐末，沙坑茅埔墟、牛肚大石牯村建成。

宋

北宋熙宁元年（1068年），王安石推行“募兵制”新法，海丰改“里”为“都保”，设兴贤、石塘、金锡、杨安、坊廓、石帆、吉康、龙溪8都，捷琅埔改隶惠州海丰县金锡都，并改名捷径。

南宋景炎二年（1277年）八月，文天祥在江西空坑（今江西省吉水县附近，粤赣交界处）抗击蒙元失败，遂与杜浒、邹风至循州，集散兵屯于南岭，复惠州。景炎三年（1278年）三月，奉母同行，收兵海丰，屯丽江浦，后士族范良臣、郑复翁等来附，略定捷径沿海港屿。

南宋祥兴元年（1278年）冬，文天祥在海丰五坡岭为元兵所执，有余部退至捷径，与觉龙公主联合当地居民共抗蒙元。一年后，全军几近覆没。

南宋末，觉龙公主在东坑创建白石庵。

元

元末，捷径沿海常遭土匪、海匪和倭寇袭扰。

明

洪武三年（1370 年），朝廷在海丰设置常盈仓、济留仓、捷胜仓三大总仓，每仓各置大使管理田赋收支。

洪武五年（1372 年），十八简旗军驻防捷径。

洪武十三年（1380 年），福建船队在鹤岭建凝波寺。

洪武二十七年（1394 年），千户侯良在鹤岭建捷胜所署。

洪武二十八年（1395 年）二月戊子（二十四日），千户侯良建捷径守御千户所。三月戊午（二十五日），改名捷胜守御千户所。同年，倭寇犯捷胜，沙坑茅埔墟、牛肚大石牯村居民迁入城内。同年，建城隍庙。

正统九年（1444 年），千户张贤修捷胜所署。

弘治十七年（1504 年），金锡都海潮溢，浪高如山，须臾平地深 1—2 丈，捷胜民畜漂流淹死，不可胜计。

嘉靖元年（1522 年），改建捷胜学署。

嘉靖十七年（1538 年），大海潮，金锡、杨安居民死者以千数，户口因之告绝。捷胜渔民死伤惨重。

嘉靖三十一年（1552 年）六月，飓风。同年，倭寇侵捷胜。

嘉靖三十五年（1556 年）八月，瘟疫流行。

嘉靖三十九年（1560 年），潮贼张琏使其党王伯宣诱倭寇侵捷胜，其烽甚炽。

嘉靖四十年（1561 年），捷胜所城把总陈聪督造坎下水寨。

嘉靖四十三年（1564 年），飓风。同年，总兵俞大猷、怀远将军刘松率军抵海丰，在捷胜海域剿灭倭寇。

隆庆二年（1568 年），总兵郭成追倭寇至金锡，倭寇已取道海丰经平山，欲往大鹏所，迷失道，取乡人为导，乡人误以为欲往博罗之大蓬沥，遂领之至增城，郭成追及前击之，倭寇乃尽锐以迎郭成，郭成败绩，倭寇又出白云屯，参将谢潮又追之，斩首级数十。至金锡，郭成又追之，倭寇入捷胜海夺船而去。

万历元年（1573 年），怀远将军刘松游黎明洞并题刻“山海奇观”诗联。

万历十二年（1584 年），增建城隍庙戏台，屋顶为硬山顶结构，有龙舟饰配。

万历二十年（1592 年），千户汪如圭重修捷胜所城。

万历二十三年（1595 年），大旱，田禾僵死。

万历二十四年（1596 年），大饥荒，饿死者不可胜数。

万历二十五年（1597 年），广东按察司副使任可容巡视捷胜所沿海，整饬武备。

万历二十六年（1598 年）四月，闽中巨盗勾结倭寇，多次入侵粤东海面。任可容赴捷胜所城和坎下寨，策划歼灭倭寇方略。同年五月十八日，任可容在捷胜龟龄岛至汕尾沿海一带伏兵，授计坎下寨守备陈聪、把总魏大亨假扮渔民，于扁涌湾海面捕鱼，诱倭寇来犯。倭寇中计，驾大船 10 余艘入侵，被碣石、捷胜水军包围。惠州海防同知邱万程伏兵堵截，生擒真倭 6 名，贼首 8 名、通事（翻译）1 名，杀死真倭 35 名，海盗死者亦无数。

万历四十年（1612 年），夏六月，大飓风，折屋拔木无数。

万历四十五年（1617 年），又大饥荒，多方义赈。

万历四十六年（1618 年），南方有星，其形如刀，一夜地震数次。

万历四十七年（1619 年），地震。

万历四十八年（1620 年）正月，泉州府同安县渔民首领袁进与粤东龙溪都李忠率部逃到捷胜白沙湖，刘国勋率碣石、捷胜水师围攻，袁、李投降，其麾下头目许彬老、钟大番、余三老等不愿投降，逃窜啸聚于龟龄、金屿、江牡等海岛，后为刘国勋剿灭。同年，大有年（斗米银三分）。

天启五年（1625 年），邑庠生廖天佐隐居石厝黎明洞。

天启七年（1627 年）九月，福建郑芝龙部众劫掠坎下水寨。

崇祯元年（1628 年），建云山寺。

崇祯三年（1630 年），裁革捷胜仓大使职额。

崇祯七年（1634 年），春三月，天降血雨，堪谓怪天象。

崇祯九年（1636 年），秋七月甲寅，飓风大作，牛吹入海，船吹上岸，民田民居伤害者不可胜计，其势亘古未有。九月，邑人礼科都给事叶高标疏请建坎下城。冬十二月，大雪，树木多冻死。

崇祯十年（1637 年），坎下城建成。

崇祯十三年（1640 年），八月辛亥，大飓风，民居田禾，多被伤损。癸亥，飓风复作。

崇祯十四年（1641 年），大有年。

清

顺治四年（1647 年），春，苏成占据捷胜所城。夏，与举人林呈祥率船队攻海丰县城，扬言反清复明。

顺治七年（1650 年），捷胜所城守备汪古害怕苏成、苏利的抗清义军由水路攻城，以渔船载巨石沉塞石狗湖口。

顺治八年（1651 年，即南明永历五年）农历正月廿七日，郑成功率勤王军战船 100 多艘，从广东潮州府南澳港出发，进入捷胜城外白沙湖（今属红海湾）海埔墟休整月余，至农历三月廿五日，因厦门告急，回师福建。郑成功船队赴闽在白沙湖外遇风暴，殿后的郑成功之妹郑祖禧命船队靠近金屿岛卸辎重，以便轻装前进，不料与清兵相遇，两军恶战。

清兵大败，然郑祖禧身中毒箭。两日后，在狮头山营寨壮烈殉国。郑成功葬妹于白沙湖畔狮山下。

顺治十八年（1661年），颁“迁海令”，敕令江、浙、闽、粤、鲁5省沿海居民内迁30至50里，捷胜沿海居民被迫内迁。

康熙三年（1664年），四月初六日，清廷下令迁界，滨海界外不准百姓涉足，寸木不准下河出海，违者处死。同月，捷胜迁界，尽烧民屋船只，凡越界者无论远近均立斩，所城居民迁走一空，迁民游离失所，饿殍枕藉。

康熙六年（1667年），春夏间大旱。

康熙七年（1668年），清廷开始放宽海禁，下令展界，捷胜百姓陆续回城，然犹不准百姓出海捕捞。

康熙八年（1669年），正月十三日，广东巡抚王来任血疏痛陈迁界惨状，上疏奏请复界。清廷始下特旨展界。春，捷胜所城设游击1名。八月，奉旨展界钦差到达，而边民已所存无几。冬，两广总督周有德上《奏复沿海安插地方发兵防守疏》。同年捷胜复界。

康熙十一年（1672年），大有年。

康熙十二年（1673年），春，立乡约。

康熙十四年（1675年），夏月，清廷与郑成功之子郑经部下杨金目战于捷胜白沙湖（今红海湾），杨金目坐船被焚烧，率伙登陆由山路回闽，经过山寨，被拒，陷而惨死。八月十五日夜，飓风大作，是夜火光遍空，有声如雷，毁坏民居不可胜计。

康熙十五年（1676年），夏四月，霪雨不止。

康熙二十二年（1683年），江、浙、闽、粤、鲁5省全面展土复界，放开海禁，准许百姓采捕。捷胜返城者陆续增加。

康熙二十六年（1687年），秋七八月旱。

康熙三十二年（1693年），春三月十九日地震，二十日大震，六级，雷雨骤烈，损坏民居甚多。秋八月十二日，飓风，沿海淹没者不可胜计。

冬十月十七日午时，地震。十一月初三夜大震2次。

康熙三十三年（1694年），春三月至五月，霪雨，米价高腾（米每斗钱二百文）。

康熙三十六年（1697年），春，大饥荒，米每斗钱五百文，捷胜饿死者众。

康熙四十三年（1704年），奉文改营制，右营游击与左营对换，左营移驻捷胜所城。

康熙四十七年（1708年），秋七月二十九日，飓风，漂洋船在白沙湖沉没。

康熙五十五年（1716年），春三月，亢旱米贵。夏四月，饥荒；五月，始雨，至十九日大雨。秋八月二十一日，飓风异常，风中有火，沉没海船无数。

康熙五十六年（1717年），奉部文，卫所屯民准以军籍入学（碣石卫2名，甲子所、捷胜所各1名，至庚戌年，卫所奉裁，并归民籍拨府学）。同年，督部院杨查勘于南路边海之捷胜、白沙湖、遮浪汛、牛脚川、桥仔头、石狮头等处，俱各添兵防守，并添设营房。

康熙五十七年（1718年），夏五月二十八日，飓风，霪雨，海浪高达数丈。

雍正六年（1728年），秋七月十七日，飓风。

雍正十三年（1735年），增建内文祠中座圣谕宫及后座约台。

乾隆六年（1741年），碣石镇右营游击移驻捷胜所城。

乾隆十五年（1750年），秋，飓风。

乾隆三十五年（1770年），夏，大飓风。秋，又飓风，引咸潮上田，淹伤禾稼。

乾隆四十七年（1782年），秋，雨不止，禾苗患虫灾。

嘉庆二年（1797年），贡生王维忠等在新港距捷胜所城30里处建大炮台，贮炮6台，配海防炮手6位，后又从南山炮台移炮8台。

嘉庆十三年（1808 年）正月，福建省水师提督张见升奉令联合总兵许松年在龟龄岛洋面进剿蔡牵武装船队，生擒贼目王瑞、郑阿由等 55 人。

嘉庆二十四年（1819 年），夏秋二次咸潮，沿海一带禾苗淹没殆尽，民生艰危。

嘉庆二十五年（1820 年），瘟疫流行。

道光二年（1822 年），夏秋两次咸潮，禾殆尽。

道光二十年（1840 年）正月，英国鸦片船聚于广东各海口，右营都司黄琮奉令率捷胜水师船出发，令把总杨雄超带水勇 40 名，与水师千总王应凰、外委朱镇邦、余兴邦、黄文祥、欧镇江等，各由长沙湾进发，副将（原任游击）马辰卢带水勇 40 名，从东涌上下濠进发，乘风掷喷火罐烧夷船多艘，生擒通夷匪犯黄添福、陈水生等 10 人。十二月十五日，英军攻占大角、沙角炮台，虎门告急。刘大忠协同关天培扼守虎门炮台。右营都司麦廷章率捷胜兵勇进驻虎门，协助关天培镇守端远炮台，后麦廷章、关天培战死。

道光二十六年（1846 年），汕尾炮台移捷胜角。

道光二十八年（1848 年），夏秋阴雨数月，大飓风。

道光三十年（1850 年），洋盗充斥，捷胜所城目兵张时高随标出洋捕贼阵亡。

咸丰元年（1851 年），秋八月，飓风兼咸潮。

咸丰三年（1853 年），秋，有活东（未知为何物，待考）千百于枫林塘争斗数日，次年又斗于旧圩及捷胜所城，且有抓落叶以捍身如作彭排之状者。

咸丰四年（1854 年），冬十月，郑耀祥随兄郑高祥率团勇协同官军荡平外砂贼巢。

咸丰五年（1855 年），秋七月初九日，天地会会首黄履恭占领海丰县城。秋八月初三日，右营都司蔡先攀奉檄率捷胜右营兵勇进抵县城南门，击败黄履恭。翌日，三点会会首李遇春、曾文宰等纠集会党3 000人由谢道山直扑西门，被蔡先攀击退。初十日，蔡先攀克复鲘门炮台，拿获会党29人解县。十三日，飓风。

咸丰七年（1857年），大饥荒，竹多开花，田园荒芜，死者满路。

咸丰十年（1860年），清廷颁下圣旨，在城西豆町，为黄深娘旌表建坊，曰“烈女亭”。

同治四年（1865年），五月初八日，飓风。同年，朝廷与英国签订《中英北京条约》，允许英国招募华工出国，闽粤贫民多被骗卖海外当力工（俗称“卖猪仔”），时捷胜出洋者亦众。

同治六年（1867年）十月，增建内文祠前座会魁楼，并重修圣谕宫（改名敦化堂）。

同治七年（1868年），修建城西外文祠。

同治九年（1870年），夏五六月，亢旱多虫，溪底可晒草，禾苗失收，饥荒。

同治十年（1871年），亢旱，田园龟裂。又大霜，薯苗多冻死，饿死者众多。

同治十三年（1874年），秋八月十一日，大飓风，咸潮入田，禾殆尽，民居船只多损失。

光绪元年（1875年），夏六月二十日，飓风，田园少收（春初苦旱，沿海潮淹之田不能下种）。

光绪五年（1879年），捷胜之民经汕头出洋者多。

光绪十一年（1885年），碣石以石条铺两驿道（时称官道），一条经金锡、琉璃径岭、后径直达坎下城；一条沿海边经捷胜、大华，直达新港炮台脚，驿道中途设驿站，配驿丞，主管马匹和接送官吏。

光绪十七年（1891年），冬，下霜结冰，薯苗等冻死。

光绪二十年（1894年），建天主教堂。

光绪三十二年（1906年），碣石镇中衡游府正任水师提标、前营都阃府吴祥光巡察捷胜，是时遇缘禅师扩建云山寺，易寺名为“得道庵”。同年六月，大雨连绵，海潮狂涨。

宣统二年（1910年），各乡村“乌红旗”械斗激烈。

宣统三年（1911年），农历正月初一，地震，暴雨；初二又地震，至四月十六日又大震。同年，南昌西江县周昆游得道庵，于北侧岩壁勒“护国镇海”石刻。同年，辛亥革命爆发，所城数十名老将和文武官员遁走，城所废置。

中华民国

民国元年（1912年），国民政府巡司在大井头设海丰警察局汕尾警察所捷胜分驻所。同年，学堂改为六年制小学，农村设立初级小学（一至四年级）。

民国二年（1913年），划捷胜、寮口、东洲坑、田墘、湖内及遮浪6乡镇，设立捷胜区公所，驻地后山头。

民国三年（1914年），6月，广东省民政区域划分六道，以道领县。海丰县隶属潮循道，海丰县划分9个行政区，捷胜隶属海丰县第八区。同年，马宫、青草划归第八区捷胜管辖。

民国八年（1919年），夏六月，中小学生组织检查队查封日货。

民国九年（1920年），海陆丰盐税局在马宫长沙设分卡缉查走私。

民国十年（1921年），马宫、青草又从捷胜析出，划归第五区（汕尾）管辖。

民国十一年（1922年），冬，郑志云到东坑村宣传革命道理，号召群众闹革命。12月，东坑农会成立。

民国十二年（1923年），正月，大旱，至四月初五日才下大雨。同年初，成立乡农会。4月，李劳工、林务农在捷胜成立“励学会”。接着，大流、水阁成立农会小组。而后，大流、水阁农会小组合并为水阁农会。

五月下旬，彭湃派马焕新在捷胜成立工会。七月至八月连续7次台风，沿海渔民淹死无数。8月16日，海丰县县长王作新武力解散农会，史称七五农潮，农会被迫转入秘密活动。

民国十三年（1924年），2月5日，农会恢复。8日，彭湃、李劳工在捷胜约举行农会恢复大会。4月，李劳工考入黄埔军校第二期。5月，国民党驻田墘民团团长陈丙丁入侵东坑，东坑农会组织村民包围，陈丙丁及其团丁落荒而逃。10月，李劳工《海丰的农民运动第一个观察》一文在《新琼崖评论》第19、20期合刊上发表。

民国十四年（1925年），春三月，成立农民自卫军。夏六月十三日，举行援助上海“五卅惨案”大会。夏，中共海丰特委在东坑成立第十区党支部，建立东坑赤卫队。秋9月22日，李劳工被陈丙丁民团所捕；24日于田墘就义。

民国十五年（1926年），1月，农军兼任省港罢工纠察队在沿海封锁通往香港的船只。5月18日至27日，降十年罕见之大雨，民房损坏无数。秋，各村组织赤卫队。同年，农会实行减租减息，并成立“童子军”“少年先锋队”。

民国十六年（1927年），夏五月，工会组织恢复；农会开展减租减息运动，组织妇女宣传队和妇女解放协会。七月上旬，各乡村开展抗租斗争。11月1日，国民党第三补充团驻汕尾庄古云、蔡爱鄂保安队500余人退守捷胜城。同月，东坑村成立农民协会、妇女协会及童子团；各乡村成立赤卫队。同月19日（农历十月廿六）上午8时许，工农红军红2师4团1营和海丰工农革命军联合攻破所城。29日，在捷胜衙门和北门街红楼分别成立海丰县第七区委会和海丰县第七区苏维埃政府。同年年底，国民党保安团420多人进驻捷胜城。

民国十七年（1928年），春三月，捷胜分为东南、西北2镇。

民国十八年（1929年），秋七月，农业失收，冬春饥荒，饿死者众。11月，各乡革命群众惨遭地方国民党政府摧残，部分共产党人被杀害。

民国十九年（1930 年），军委军令部陆测总局勘测捷胜板块，绘制地图。

民国二十一年（1932 年），春，干旱，河溪干涸，农作物失修，致饥荒。

民国二十三年（1934 年），夏六月，飓风，渔船沉没无数，农作物受灾严重。

民国二十四年（1935 年），捷胜至汕尾段公路通车。

民国二十五年（1936 年），冬，国民党连长龙质彬率工兵连驻凝波寺。同年，各区公所改称区署，捷胜第七区公所改为第四区署。同年，意大利神甫麦兆汉在牛肚、沙坑、东坑、沙角尾等文化遗址考古。

民国二十六年（1937 年），冬十月四日（农历九月初一），大飓风，夹带海潮，有闪电而无降雨，号“铁台风”，沿岸平地受咸潮淹没，居民多人死亡。

民国二十七年（1938 年），春三月，第四区青年抗敌同志会在南门街何世汉家成立。

民国二十八年（1939 年），夏四月，中共捷胜镇青年支部成立，隶属四区委。同年，捷胜商会印制银毫券辅币。

民国二十九年（1940 年），1 月 1 日，海丰县县长姚芝荣游得道庵，勒“同归佛海”石刻。3 月，海丰县政府宣布青年抗敌同志会解散。夏，大旱，田园龟裂，发生大饥荒，饿尸遍野。后又霍乱流行，医药缺乏，传染剧速，死者较多。冬十月，中共捷胜镇青年支部撤销。同年年底，海匪（原系国民党余部）首领陈铁率兵 29 人驻龟龄岛。

民国三十年（1941 年），春，海匪陈铁、凌炳权抢劫来往船只（叫“擒羊牯”）。农历三月五日，陈铁部约 300 人驻捷胜文亭。9 月 19 日，国民党第四战区 65 军 158 师 472 团击毙龟龄岛匪首陈铁。农历十月，海匪凌炳权、余少廷部驻龟龄岛。同年，日本侵略者侵入捷胜。

民国三十一年（1942 年），夏六月，捷胜并入汕尾第四区署，署址设汕尾。冬，国民政府海陆丰守备区指挥官欧剑城率领保安团第二团一大队约500人驻凝波寺。同月，日本飞机投弹轰炸捷胜，欧剑城率兵撤走。11月，恢复第四区署，署址改设捷胜。同年，杨成志博士在捷胜海滨考古。

民国三十二年（1943年），春，大旱，至5月16日（农历四月十八日）降雨，干旱4个月，河枯流竭，田地龟裂，作物失收，造成大饥荒。同年，日军封锁捷胜沿海。同年，霍乱流行，海滩、码头、路边死尸狼藉，多绝户。同年，捷胜区长林树岳在后山头以自治会为学校，创办海丰县私立捷胜中学（初中）。同年，大华（新港、芳荣）从捷胜析出。

民国三十三年（1944年），夏六月，中共海丰县委副特派员刘夏帆巡视捷胜。12月16日晚，凌炳权、余少廷率兵驻东门街蔡氏祖祠。同年，东南镇、西北镇合并为捷胜镇。

民国三十四年（1945年），1月，日军入侵捷胜，设立伪村公所。2月，成立救乡队伍，抗日救乡。5月，成立抗日民主政府。6月14日，驻龟龄岛日伪军第四大队第十队110人到赤坑京溪埔向第二救乡武装大队缴械投诚。中共海陆丰中心县委书记兼六支队政委郑重率第四大队、第五大队赴捷胜收缴日伪军武器。7月，驻龟龄岛日伪军第五大队3个中队205人到屿仔村抢劫，为六支吴海大队包围，被迫投降。8月15日，日本投降，捷胜恢复镇公所建制，隶属汕尾第四区署。同年，汕尾裴医生（外国人）在凝波寺设立地方私立医院。

民国三十五年（1946年），2月，国民党168师赴捷胜包围部分海匪，抓获副司令余少廷，司令凌炳权在沙角尾入海夺渔船逃跑。7月18日，飓风。12月，三民主义青年团在捷胜中学成立。同年，民俗学家顾铁符到捷胜考古。同年，海匪许友率匪兵驻龟龄岛。

民国三十六年（1947年），2月，海丰县政府宣布撤办捷胜中学。同月，海匪许友纠集近百人盘踞金屿岛抢劫商旅和渔民财物。6月，长发党队伍（自称“海陆丰人民救乡前进队”）及海匪凌炳权余部（自称“民主联军”）驻捷胜。7月19日晚，美国华侨轮船公司“丰庆轮”在菜屿触礁船毁，500多名乘客及员工获救。同年，水灾，农田受浸，房屋倒塌，堤围决口，损失严重，后又大虫害，铁甲虫蚕食禾苗，农作物失收。

民国三十七年（1948年），1月，设民运组。3月，建立田墘捷胜联防队。4月，“天雷”“海鹰”短枪队智取伪警察所（分驻所）。春，干旱，农田不能播种，灾情严重。多数群众以树皮、野菜充饥。8月20日，掀起抢米斗争，社会纷乱，当局惊惶。秋，海导基组在西门第六街何植东家成立。同年，设麻风防治病站。同年，体育会成立。

民国三十八年（1949年1月至9月），春二月，设情报站。夏五月，捷胜麻风防治病站扩建为汕尾福音医院捷胜分院，院址设凝波寺。7月1日，捷胜解放，建立人民政府，归海丰第七区所辖；同日，成立政府警卫排及中国新民主主义青年团支部（后改称“共青团”）。9月，海匪吴耿乐部入侵捷胜。

中华人民共和国

1949年

10月1日，中华人民共和国成立。同月，民运组撤销。

11月24日，海匪吴奇部驻龟龄岛。28日，吴奇部、钟铁坚部为东江分区独立营、海丰五团歼灭。同月，商会成立。

12月底，青年联合会成立。

同年，驻赖氏家塾海匪梁忠部为党收编。

同年，体育会改名青年体育促进会。

1950年

1月，设立派出所。

春，商会改名工商联合会。

4月15日，海丰县整编行政区域，全县设7个区和汕尾镇，捷胜属海丰第七区（捷胜镇、湖内乡、田墘乡、流安乡、湖东乡、遮浪乡等）。

5月，开展土改运动。

6月1日，捷胜中心小学召集全镇小学生在城隍庙戏台举行首次庆祝六一国际儿童节暨少年先锋队队员入队宣誓仪式大会。同月，海丰县政府组织查粮队赴捷胜。

8月，成立渔协分会，属海丰县渔民协会管辖。是月起，食盐由国营盐业公司实行统购统销。

同年，建税站。

同年，中国人民解放军1个连驻防捷胜。

同年底，修复捷胜至汕尾、海丰段公路。

1951年

春，开展“清匪、反霸、退租、退押”八字运动。

5月，海丰县土地改革工作委员会成立，捷胜各乡进驻土改工作队，开展土地运动，镇压反革命，划分阶级成分，分田分地，至次年4月完成。

7月，设第七区土改法庭。

8月，成立地方财政整理处。

12月15日，成立渔业供销合作社。

同年，全镇进行房屋登记，发放产权证（红印契证）。

同年，汕尾广东省立高级水产技术学校在龟龄岛采集紫菜苗，移栽汕尾港，开创华南紫菜人工养殖之先例。

1952年

1月，政府接管“汕尾福音医院捷胜分院”，并更名“海丰人民卫生院捷胜分院”，后称第八区卫生院。

春，析出沙海、花树、军船头3村归东涌镇；马巷、马巷仔、新尾地3村归田墘镇。

9月，海丰县行政区域重新划分，设3个区，1个镇。捷胜设立第八区公所，驻地捷胜。

冬，土改运动结束，划分阶级成分，并开展“三反”（反贪污、反浪费、反官僚主义）、“五反”（反行贿、反偷税漏税、反偷工减料、反偷盗国家财产、反偷窃经济情报）运动。

同年，供销合作社成立。

同年，意大利神甫麦兆汉在《远东学报》发表《南中国考古》的重要论文，提出新石器时代捷胜“沙坑文化”“沙角尾文化”等考古文化名称。

1953 年

春，宣传贯彻执行《新婚姻法》；土改复查、查田定产；组织互助组。

9 月 2 日 4 时，大飓风。

同年，建粮食所、设农业银行捷胜营业所。

同年，第八区改名捷胜区，下辖捷胜、沙塘、大流、石岗、西郊、安华（现属东涌镇）、东沙 7 乡镇。

1954 年

4 月，医协会成立，接管捷胜私立医院。同月，建立中西医联合诊所。

同年，建信用社；设石狗湖口岸水产购销组。

同年，飓风，农作物受损。

1955 年

春，旱，旱期持续 2 个月，农作物严重受损。

同年，农业互助组转为初级农业合作社。

同年，兵房建成，人民解放军驻捷胜连部迁至兵房。

同年，实行棉布、食油计划供应，棉布证居民每人每年 1.1 丈，盐民每人每年 1.3 丈，花生油每人每月定量均为 4 市两。

1956年

2月，开展群众性扫盲运动。

春，完成初级农业合作社向高级农业合作社过渡；又干旱，至农历四月初八无雨，农作物多枯死。

秋，全面推广普通话教育，中小学推行拼音教学。

同年，捷胜股份合作社改地方国营商业供销社。

同年，捷胜区下辖乡镇合并为捷胜、大流两个大乡。

同年，建革命烈士纪念碑和李劳工烈士纪念碑。

1957年

5月8日至6月6日，连降暴雨，农业受损严重。

7月16日，大飓风。

9月22日，飓风兼暴雨，渔农业及建筑物损失严重。

同年，汕尾水产公司在龟龄岛设水产购销组。

同年，捷胜、大流两个大乡合并为捷胜乡。

同年，沿海沙滩、山地种植防护林带。

同年，广东省委书记陶铸视察捷胜。

同年，捷胜番薯送京展览。

同年，龙溪经军船头通往捷胜的公路开工。

1958年

1月，九佰岭水库破土兴工。

2月，捷胜私立医院和中西医联合诊所合并为卫生院。

4月，捷胜撤区组建乡人民政府。

9月，全县废除大乡建制，捷胜撤区组建人民公社，设管理委员会。同月，创办民办中学。

11月，设人民广播站。

12月，兵房连部撤离。同月30日，兵房改设边防派出所。

同年，创办养老院。

同年，龙溪经军船头通往捷胜的砂土公路通车。

1959 年

3 月 24 日，公社确定以生产大队为基础，实行三级核算、按劳取酬制度。

秋，开办捷胜中学，校址设得道庵。

9 月 11 日早，飓风。

同年，禁止敲罟作业及使用鱼炮炸鱼。

同年，石狗湖口岸水产购销组、龟龄岛购销组合并为水产站，站址设石狗湖西南侧，隶汕尾水产供销公司。

1960 年

1 月，粮食紧张，民多以瓜菜代粮（时称“瓜菜代”），多患水肿病。

春，干旱。

5 月 10 日，南方 4 省（江西、湖南、福建、广东）共青团干部学习捷胜万斤番薯种植经验。

6 月 7 日，大海潮。8、9 日，飓风，灾情严重，至 13 日，沿海民居及农作物均受损。

12 月，开展纠正“共产风”之整风整社工作，历时几月。

1961 年

1 月 17 日至 19 日，霜冻，农作物多冻死。

4 月 2 日，暴雨。

5 月 19 日，飓风。

8 月，公社参加海丰县委召开三级干部会议。

9 月 9 日，飓风。

同年，捷胜中学自得道庵迁大流豆町。

1962 年

8 月 31 日至 9 月 3 日，飓风、暴雨、海潮，堤围多缺裂，农作物受淹。

10月4日，大旱，至次年6月9日止，其时咸水上涌，缺粮少水，民多以瓜菜代粮，多患水肿病。29日，开展社会主义教育运动，农村开展“四清”（清账目、清仓库、清财务、清工分）运动（称“小四清”），城镇开展新“五反”（反对贪污盗窃、反对投机倒把、反对铺张浪费、反对分散主义、反对官僚主义）运动。

1963年

春，捷胜中学自大流豆町再迁得道庵。

9月，飓风兼海潮。

同年，缺粮情况好转。

1964年

9月10日，飓风，民田民居损坏严重。

10月，全国开展“四清”（清政治、清经济、清组织、清思想）运动（称“大四清”），捷胜派工作组进驻各地并“三同”（同吃、同住、同劳动）。

同年，各大队大办民兵师、民兵营。

1965年

5月28日至7月23日，由省公安厅组成、省民政厅优抚处长刘志远带领的“外流往港情况调查组”28人到沙坑大队做重点调查。

同年，实施“围海造田”，历时3年。

1966年

流行性脑脊髓膜炎（流脑）大流行，至冬，疫情基本得到控制。

1967年

3月，公社成立生产临时指挥部，实行军事管制。

农历七月初十日，龟龄岛附近大海潮（俗称“杜猴塞洞”），沙坑村损失渔民21人。

同年，公社在红光农场创办农业中学，实行半工半读学制。

同年，税站改税务所。

1968年

11月1日，公社成立“合作医疗领导小组”，大队组建“合作医疗小组”。

同年，创办渔网厂。

12月，各地段学校开始下放，取消中心小学建制，在公社设立教育组，负责指导中小学教学日常工作。

同年，各大队完全小学设初中班。

1969年

2月，贫下中农宣传队进驻中小学管理学校，要求教师接受贫下中农再教育，大批教师回原籍学校任教，待遇与农民相同，实行计算工分制。

3月，大部分居民取消商品粮供应，下放到附近农村或投亲靠友，从事农业劳动生产。

5月，掀起新一轮围海造田热潮。

7月28日，大飓风，民居、渔船及农作物多受损，死伤10多人。

同年，各小学附设初中班，学制二年；捷胜中学改二年制高中教育。

1970年

4月，社办合作医疗管理委员会成立。

5月，全社实行合作医疗制度。

9月14日8时30分，飓风兼大暴雨，农作物受浸。

同年，红光农场农业中学停办。

1971年

8月16日下午3时30分，汕尾镇29艘风帆虾船及遮浪公社驳运站1艘机动渔船在龟龄岛东北侧遭突发性大海潮（俗称“杜猴塞洞”）袭击，9艘被击碎，18艘严重损坏，320人遇险，获救295人，死25人。

同年，杜国创办五爱贝雕工艺厂。

1972年

7月，粮食征购实行“一定五年”政策。

同年，捷胜贝雕工艺品于广交会展出。

1973 年

春，开展基本路线教育运动，海丰县委工作组驻捷胜。

5 月 7 日，大旱，驻军发射催雨药制炮弹，至 10 日降雨，旱情缓解。

同年，东坑海滩建盐町。

1974 年

秋，捷胜中学由得道庵迁狗地埔。

1975 年

3 月，公社设立落实政策办公室，对在 1966—1976 年中被错打为反革命，开除出队，勒令退职或提前退休的干部陆续给予平反回队。

8 月，开展第三批基本路线教育运动。

9 月，镇内小学合并为中心小学，初中合并为联中。

同年，掀起开拓“大寨田”高潮。

1976 年

1 月 8 日，国务院总理周恩来逝世，群众集会，沉痛哀悼。

9 月 9 日，毛泽东主席逝世，公社、大队及各机关单位设灵堂悼念。同月，海丰县第四批路线教育工作队进驻捷胜各乡村，开展路线教育运动。

1977 年

4 月，大旱，农作物受损，发催雨弹降雨。

5 月 28 日至 6 月 1 日，大暴雨 4 天，村庄、农田受浸。

10 月，集体单位开展两清（清理闲散暂时不用和不合理资金，清理闲置不用或暂时不用多余的物资和设备）工作。

12 月，捷胜联中高中生在全国高考中取得生均总分列汕头地区第三名。

冬，撤销进驻学校及单位的贫下中农宣传队；掀起平整土地，修机耕路的农田基本建设高潮。

同年，海丰汽车站在捷胜设每日3班次开往汕尾、海丰的客运站。

1978年

5月，开展“一打，二批，三整顿，四清理”运动。

8月，重建文化站。

同年，复查“冤、假、错”案，进行平反。

同年，教育组撤销，恢复中心小学建制。

1979年

2月7日，公社成立“地、富、反、坏”四类分子“摘帽”问题和地主富农子女成分问题临时领导小组，至次年完成地主富农分子“摘帽”及为地富子女新定成分之工作。17日，各地“五七”干校撤销。

8月2日，大飓风，民居、渔船及作物严重受损。

9月23日至25日，又飓风。

同年，试行农业耕地家庭联产承包责任制，渔民自产自销，水产供销部门由全额收购改派购。

同年，偷渡香港之乡亲陆续回乡探亲。

1980年

7月27日，大飓风。

10月23日，香港当局宣布：凡非法自内地偷渡入香港者，一律不发予身份证，捷胜偷渡风收敛。

12月，设交通管理站。

同年，设台风警报站。

同年，撤捷胜联中，捷胜中学转为初级中学，并改二年制为三年制初中教育。

1981年

8月，实行“收支包干，一定五年”之财政工作制。

同年，“三来一补”企业相继创办。

1982年

5月28日，大雨。29日晨，大雨兼龙卷风，渔船淹没4艘，民死5人；大雨至6月2日止。

10月15日，取消革命委员会，恢复人民政府建制，公社、镇革命委员会更名公社管理委员会、镇人民政府。

1983年

1月1日至4月10日，陆续降雨73天，春收作物减产一半，畜牧业疫情严重。

6月16日午，大暴雨，连续3天，受灾严重。

同年，海丰县文物普查队在捷胜采集文物资料。

同年，掀起港澳同胞及群众集资办学热潮。

1984年

3月26日，人民公社改区公所建制，生产大队改乡政府。

9月，重修得道庵风景区。

同年，建自来水厂。

同年，边防派出所自北门街（原信用社）迁后山头。

同年，创办鞋厂。

1985年

1月，取消生猪派购和猪肉定量供应办法，放开猪肉自由上市销售价格，并实行猪肉价格补贴。

4月24日12时，飓风兼大暴雨，潮水高涨，民房及水利设施多遭破坏，农作物受灾严重。同月，取消粮食统购，实行计划合同定购。农业税实行“稳定负担，增产不增收”。

5月，成立中国致公党捷胜小组。

同年，海丰县财政局拨贷款予捷胜，购买福建东山人工鲍苗，投放于龟龄岛区养殖增殖。

同年，捷胜中学在海丰县中等学校招生统一考试中（中考）取得生均总分列全县第一名。

1986 年

4 月，中国致公党副主席、广东省委会主委伍觉天考察捷胜。同月 16 日，致公党捷胜支部在捷胜中学联谊教室成立。

6 月，设保险站。

7 月 11 日 2 时，飓风，村庄、农作物及水利设施多受损。同月，实行“定收定支、收入上交、超收分成、短收减支、支出下拨、超支不补、节支留用、一定二年”之财政管理体制。

10 月，成立财政所。

11 月 14 日，大流乡农民刘本田以白花仔薯作母本，潮薯作父本，用人工授粉的方法成功培育出番薯新品种“潮白”，新品种具有早熟、高产、优质和适种双造的特点。

12 月 31 日，颁发居民身份证。

同年，后山头政府办公大楼建成。

同年，捷胜中学在海丰县中等学校招生统一考试中取得生均总分名列全县第一。

1987 年

5 月，撤区公所改为镇建制，捷胜区公所改称捷胜镇人民政府，乡政府改为村民管理委员会。

8 月，设镇教育委员会，下设办公室，负责指导全镇各小学教育工作。

10 月，得道庵风景区修建完成。同月，镇人民政府从北门红楼迁后山头。

同年，捷胜中学在海丰县中等学校招生统一考试中取得生均总分名列全县第一。

1988 年

1 月 7 日，国务院批准设立汕尾市（地级）和汕尾市城区（县级），析海丰县之汕尾、东涌、田墘、捷胜、遮浪、红草、马宫7镇为汕尾市城区行政区域。

2月8日，捷胜被广东省人民政府列为沿海经济开放区重点工业卫星镇。

3月29日，城区委、城区人民政府在汕尾镇府挂牌办公，捷胜从海丰析出，划归城区。

12月，东江纵队、粤赣湘边纵队老战士联谊会捷胜分会在二马路东南侧成立。

1989年

2月25日（农历正月二十日），举办首届民间艺术节。

同年，东坑村、南门社区被广东省评为红色革命根据地老区村。

同年，卫生院改建。

1990年

6月14日，捷胜增加综合加工厂（港商刘佛赠创办）投产。

7月1日，飓风，农作物受损。

10月，设计划生育服务站。同月，基本扫除青壮年文盲。

1991年

9月6日22时，大飓风兼暴雨，民居渔船多受损。

同年，龙溪经军船头通往捷胜的砂土公路改沥青路。

1992年

1月26日至28日，大暴雨，农作物及民屋受损。

3月上旬，暴雨。同月，城区第二批社会主义思想教育工作队进驻捷胜。至4月，仍暴雨，农作物及虾池受灾严重。

同年，龟龄岛妈祖宫重建。

1993年

6月7日，牛肚村滨海处国防基地举行奠基仪式。27日，大飓风，农作物受灾严重。

8月13日，福寿螺成害，威胁晚稻生长。

10月，九佰岭水库自来水引水工程开工。

农历十月十七日，龟龄岛妈祖宫举行竣工典礼。

1994年

1月5日，捷胜诗词社成立。

8月，九佰岭水库自来水引水工程竣工。同月底，创办文昌中学。

9月1日，文昌中学招生。

1995年

1月，完成普及九年制义务教育，中小学实验室建设和教学仪器设备达标。

8月上旬，大飓风。同月12日上午，大飓风，大海潮兼大暴雨。31日，又大飓风，房屋、水利设施及农作物严重受损。

10月，得道庵理事会聘请广州光孝寺主持方丈释新成大师为主持。

1996年

6月14日，广东省委常委、纪委书记王宗春视察捷胜鲍鱼养殖基地。

10月22日至23日，广东省省长卢瑞华、副省长欧广源视察捷胜鲍鱼场，卢瑞华于黎明洞西南岩壁勒刻“鲍鱼世界，生财有道”纪念。

12月，广东中华诗词学会杨奎章、张作斌、李汝伦、许可青、杨应彬、熊鉴、陈哲、老烈、张春芳、朱帆等领导考察捷胜。

同年，何秀荣于北京师范大学红二楼请中国民俗学大师钟敬文教授为海丰县陆安师范题写“文章华国”4字。

1997年

秋，何秀荣于北京师范大学红二楼请中国民俗学大师钟敬文教授为捷胜诗词社题写“捷胜诗词”“捷胜诗词社”两幅墨宝。

1998年

2月25日，全区代表选举月，依法选出捷胜镇区人大代表23人。

5月，捷胜书画社成立。同月30日，捷胜鲍鱼养殖农业标准化示范区列入国家标准化示范项目。

9月，文昌中学创办高中部。

1999年

3月，镇领导班子完成换届选举工作。

4月10日，捷胜首届书画作品展在老鱼市二楼开幕。

8月22日，飓风兼暴雨。同月，农村基层管理体制改革，管理区办事处改为村民委员会，原村民委员会改为村民小组。

2000年

4月1日上午10时10分，大冰雹。

9月1日凌晨4时，大飓风。

2001年

2月，党群系统开展公务员过渡工作。

6月6日上午7时50分，大飓风兼大暴雨，沿海民居受浸。

夏，文昌中学第一届高中生参加高考。

9月22日，大旱，人畜少水，作物久旱枯死，旱情至次年5月7日止。

2002年

2月2日，镇人大换届选举日，选出区人民代表23人。

2月至3月，镇党委、人大、政府换届，选举产生新一届领导班子。

夏，天宝小学、前进小学、军船头小学进行危房改造。

秋，中小学实行“一费制”收费。

12月26日，区政府批准得道庵为区级文物保护单位。

同年，龟龄岛建准生态公益型省级人工渔礁。

同年，实行“村账镇代理制”。

同年底，撤销镇教育委员会办公室，镇中心小学设小学管理机构。

2003年

春，成立捷胜民乐社。

6月27日，汕尾市民间文艺家协会到捷胜采风。

7月，广东省文物研究所副所长邱立诚考察捷胜。同月，飓风，塔山英雄团疏散群众，抢修危屋。

9月，农业部批准捷胜石狗湖渔港建设立项。

12月31日，举办“古城风捷胜诗书画作品巡回展”，市、区5套班子出席开幕式。

同年，卵形鲳鲹鱼养殖技术，在捷胜应用和推广。

同年，著名篆刻家寿山游黎明洞，勒“奇岩胜境”石刻。

2004年

1月1日，军船头村从东涌镇析出，复隶捷胜。

5月31日，黎明洞定为区级文物保护单位。

10月，得道庵定为市级文物保护单位。

同年，捷胜农业生态区“千亩无公害蔬菜生产示范基地”列入省级星火计划。

2005年

6月21日至23日，连续大暴雨，受灾严重。

7月14日，村务公开工作领导小组成立。

9月13日，开始换发第二代居民身份证。

11月25日，凤飞山至捷胜国防公路建设动工。同月，开展第三次村级“两委”换届选举工作。

同年，取消农业税。

2006年

10月10日，何秀荣编著的《捷胜风情录》出版。

同年，凤飞山国防公路捷胜至马岭山路段改铺为水泥路面、捷汕公路改铺为水泥路面。

2007年

1月，捷胜书画社出版《“古城风”捷胜书画作品集》。

5 月 31 日上午，捷胜代表队赴汕尾港参加首届龙舟大赛。

9 月，广东省监狱管理局捐建的马鞍山“致和居”竣工。

秋，农村户籍之学生免费入学。同年，区林业局赴捷胜普查 100 年以上名木，查有古树 71 棵，逐株挂牌，建立档案。

同年，开展农村税费改革。

同年，中国散文诗学会会长柯蓝参观得道庵。

同年年底，完成村村通公路。

2008 年

1 月中旬，义务教育学校危房改造工程通过省验收组验收。

春，城镇户籍学生免费入学。

7 月，文昌中学高考 3A 入围人数超额。

8 月，由捷胜诗词社编、何秀锄主编的《捷胜诗词选集》出版。

10 月，汕尾市政协到捷胜举办“捷胜镇非物质文化”调研活动。

12 月 26 日，举办“第二届捷胜古城风书诗画作品展暨《捷胜诗词选集》”首发仪式。

2009 年

6 月，捷胜镇 18 个基层支部与中山市东凤镇农村基层支部开展结对整顿活动。

7 月，文昌中学高考，美术科参考率、上线率名列全市第一。

10 月，新雅地毯厂、东霖家具厂在捷胜工业区征地兴建。

2010 年

3 月，前进水库节能节水工程动工建设。

9 月，广东潮人联谊会、香港四洲集团到捷胜开展扶贫慰问活动。

10 月，汕尾市副市长吴维保到捷胜兴业水泥制品有限公司开展调研。

12 月，汕尾军分区政委、市常委周海侦到石头村开展“扶贫双到”工作调研。

2011年

2月至4月，开展村（社区）两委干部换届选举工作。

8月9日，中共捷胜镇委举行第十四次代表大会，选举产生镇委、镇纪委领导班子。

10月14日，捷胜镇举行第十五届人民代表大会，选举产生人大、政府领导机构。

11月，周仲富主编的《古城风捷胜书画作品集》出版。

同年，镇团委联合镇卫生院开展健康直通车活动。

2012年

2月21日，捷胜泥塑入选广东省第四批非物质文化遗产名录。

6月29日，镇委书记、镇人大主席刘克敏评为汕尾市“创先争优”优秀共产党员。

7月3日，市委书记、市人大常委会主任郑雁雄率队到捷胜调研。同月，镇政府提出“为民办实事承诺制”，并在全区推广。

11月28日，市委常委、宣传部长林涛到捷胜宣传十八大精神，并开展调研。

同年，沙坑村民蔡娇被广东省妇联评为广东省百名“好媳妇”光荣称号。

2013年

3月，镇干部职工开展“敢担当”（讲担当，敢担当，会担当）活动。

4月，镇政府购买后山头原派出所大楼。

5月，开展南门清坑排污工程。

6月6日，市委常委、组织部长苏茂荣到捷胜新雅地毯制造公司调研。

7月，城区挂驻捷胜的区直单位慰问捷胜近百名老党员。同月16日，深圳市人大常委会党组成员吴利群率队到石岗村委会开展扶贫调研。

8月22日，市检察院、海署局、环保局和中国人民财产保险公司汕尾分公司到捷胜开展扶贫开发调研。23 日，区行风评议团团长林友识，副团长陈响长率队到捷胜开展行风评议。27 日，区委常委、组织部长卢学军带领区有关单位到捷胜开展 2014 年村（社区）“两委”干部换届选举前的调研。

9 月 3 日，市政府副秘书长蔡水镜到捷胜督查殡葬管理工作。22 日，大飓风“天兔”袭捷胜，房屋多倒塌，供电线路断落短路，交通受阻。

10 月 11 日，深圳市人大办公厅副秘书长率队到石岗村开展专题调研。25 日，省老促会副会长郑木胜率队到捷胜开展革命老区建设情况调研活动。

11 月 7 日，深圳市人大常委会白天率队到石岗村调研。

12 月 12 日，深圳市政协主席王穗明到沙角尾开展扶贫“双到”调研和慰问活动。26 日，城区委中央十八届三中全会精神宣讲团赴捷胜开展宣讲活动。同月，捷胜公路之马格路口段改造。

2014 年

2 月 2 日（大年初三），镇党委、政府在大家好酒楼举行捷胜镇籍社会各界人士迎春座谈会。10 日，省委常委兼深圳市委书记王荣、深圳市长许勤率团到捷胜调研。21 日，举行第二批党的群众路线教育实践活动。同月，市委书记、市人大常委会主任温国辉到新雅地毯制造公司调研。

3 月 25 日，市海洋与渔业局政委欧光沙到五爱村调研。同月，举行捷胜镇村（社区）两委干部换届选举工作。

4 月 17 日，市人大常委会副主任吴友深率第十六组团队到捷胜开展“走基层，听民声”。同月，周仲富家庭获全国首届“书香之家”荣誉称号。

5 月 6 日，市环保局长蔡振荣到捷胜开展“走基层，听民声”。30 日上午，市纪委监察局副局长刘斗氽与市纪委吴晓彬、区纪委常委关智金一行到捷胜调研。

6 月 29 日上午，深圳市政协副主席王学为率队到沙角尾调研。

7月，何世文家庭被广东省妇女联合会授予“广东省百名最美家庭”荣誉称号。

9月18日，市党代表16组团到捷胜开展“面对面零距离”调研活动。

11月15日，致公党捷胜党支部恢复活动暨换届大会在镇府大楼会议厅举行。

12月12日，市、区“两级”政协委员在捷胜举行“倾听民声，了解民情”座谈会。13日，捷胜汕遮路口至北门海丰车站路灯建设开工。同月，镇武装部被汕尾市军分区评为先进武装部，武装部长刘锦林评为市优秀基层专武干部；东坑村评为市先进“民兵营”、沙坑村蔡德枝评为市先进民兵营长。

2015年

1月，捷胜镇18个村（社区）委聘请律师担任村（社区）法律顾问。同月29日，省委常委，常务副省长徐少华到捷胜新雅地毯制造公司、联安村调研，并慰问老党员辛相。

2月19日至21日，举办“迎春节，猜灯谜”活动。26日至27日（正月初八至初九），敏捷醒狮队、捷英醒狮队在后山头健身广场举行“群狮贺岁舞新春”活动。同月，镇党政班子和驻队工作组组成18个工作队下乡驻点，打通服务群众“最后一公里”。

3月6日，捷胜镇干部职工协同驻捷官兵举行“学雷锋，为民助民”活动启动仪式。同月，农历正月十五至二十日，举办第三届“古城风”捷胜书画作品展。

4月，全镇开展创建法治村、社区活动。

6月10日，国家海洋局海岛研究中心部主任李文君到龟龄岛调研。12日，开展“正风肃纪”活动。14日，省海洋与渔业局副局长屈家树率省局各领导到龟龄岛指导保护开发利用项目实施工作。19日，举行创建法治村社法律咨询活动。

9月15日，深圳市政协主席戴北方率队到沙角尾调研。16日，举行联星村对口帮扶项目“深捷通综合商贸市场”动工仪式。

10月11日，市委书记、市人大主任石奇珠到捷胜指导“环卫整治，城市管理”工作。同月，辟后山头原派出所大楼为“捷胜镇综合文化站”。18日，汕尾市城区作家协会成立，赖杉昌当选城区作家协会主席。

11月9日下午，镇召开扶贫“双到”迎检工作研讨会和“三资”核实扫尾工作会议。16日，市委常委、区委书记陈少荣率队到沙角尾调研。17日，龟龄岛东部海域海洋牧场入选首批国家级海洋牧场示范区。

12月9日，省文化厅长方建宏到镇综合文化站调研。

2016年

1月20日上午，市政府党组成员马智华带队察看捷胜海堤。28日下午，陈少荣、林展海到新雅地毯制造公司慰问。

2月4日，举行“古城墨韵”送春联活动。6日，捷胜《沙坑渔韵》汕尾渔歌音乐作品创作研讨会在城区政府召开。25日上午，城区武装部在捷胜镇召开全区2016年度兵役登记现场观摩会。

3月4日，举办“学雷锋志愿服务活动月”活动。11日，开展“钢的班子，铁的队伍”创建活动动员大会。同月初，开展小学布局调整，整合东村、中心、五一等三所小学，改原五一小学校址为中心小学校址。

4月12日，何秀荣策划出品的30集电视连续剧《彭湃》在海丰龙山妈祖宫前开机拍摄。30日，捷胜镇科级干部及在编在职干部职工50多人举行“守纪律、讲规矩、正作风、提效能”集体宣誓活动。同月，赖杉昌家庭被国家新闻出版广电总局评为第二届全国“书香之家”称号。

5月10日，镇基层组织所有党员开展“学党章党规，学系列讲话，做合格党员”的“两学一做”活动。17日上午，副省长蓝佛安带队到中心小学调研。20日，深圳市光明新区经济服务局副局长刘林海到捷胜与贫困村进行对接，全镇定军船头村、埔尾村、南门外村、大流村、沙坑村5村为深圳光明新区帮扶贫困村。

6月7日，市长杨绪松带队到捷胜海训场调研。13日，省委换届风气专项巡视组第四小组翁永卫一行到捷胜镇召开城区换届风气座谈会。29日，市委组织部长苏茂荣到大流、石头、埔尾等村慰问党员。

7月28日至29日，镇委召开第十五次党代会。

8月8日，深圳市光明新区公明街道党工委书记、办事处主任张辉群带队到南门外村、埔尾村、沙坑村调研。13日，举行龟龄岛保护与开发利用示范项目开工仪式。

9月7日，省粮食局副局长吴津伟带队察看捷胜军粮供应网点。8日上午，举行捷胜古城墙保护开工仪式。13日，深圳市光明新区兴明办事处党工委书记、办事处主任麦雄光带队到军船头村、大流村调研。28日，区委决定许昌林兼任中共汕尾市城区委政法委员会书记。28日至29日，捷胜镇举行第十六届人民代表大会第一次会议。同月下旬，捷胜镇教育创强工作接收省专家组考核验收，合格过关。同月，原捷胜中心校址改为全镇中心幼儿园。

10月10日下午，市长杨绪松到捷胜粮食储备库调研。14日，捷胜镇获“广东省教育强镇”称号。15日上午，市委常委、市纪委书记曹小华到捷胜纪委检查指导工作。28日，省委组织部副厅级组织员欧阳贵有一行到埔尾村检查“直联制”工作。

11月3日，市委书记、市人大常委会主任石奇珠到埔尾村调研指导“软弱涣散”基层支部整顿工作。

同年，捷胜镇联安村被评为全市“文明村”。

同年，天宝小学并入中心小学。

2017年

1月17日上午，市委常委、区委书记李庆新率区委班子成员到军船头村、埔尾村、沙坑村、联安村和大流村调研。24日，市妇联、区组织部、区妇联等单位到捷胜开展“迎新春，送温暖”慰问活动。同日，城区政协委员“情系贫困母婴爱心行动”在军船头村、石岗村开展爱心慰问。

2月1日，捷胜诗词社、黎明书院举行迎春雅集暨《黎明》杂志首发式。

3月2日下午，在区党政办公大楼7楼会议室召开捷胜粮仓建设工作推进会。同日，捷胜镇举办“学雷锋志愿服务”活动。17日上午9时，在镇政府三楼会议厅召开全镇党政班子、干部职工、各村（社区）“两委”干部大会。20日下午，市委常委、区委书记李庆新在区委常委、组织部长卢学军的陪同下到沙角尾村委、东坑村委调研。

4月13日，团镇委第十六次代表大会召开。

4月至5月，全镇18个村（社区）举行村（居）换届选举。

5月25日，深圳市光明新区党工委副书记、管委会主任邝兵带队到军船头、沙坑村考察新农村示范村试点建设工作。同日，省卫计委等单位到埔尾村慰问。27日，省政府党组成员陈云贤到捷胜调研医疗卫生工作。

6月3日，市委副书记、政法委书记陈少荣到南门外村慰问贫困儿童。16日至17日，特大暴雨，镇组织广大干部群众抗灾抢险。

7月27日下午，镇召开村（社区）妇代会改建妇联工作会议，开展全方位动员暨业务培训。

8月2日，市委副书记、政法委书记陈少荣，副市长林军到军船头村调研新农村示范村建设情况。7日，市委常委、区委书记李庆新，市委农办主任李端仪，区委常委兼组织部长卢学军，区委常委兼副区长范仕国一行到军船头村检查指导社会主义新农村示范村建设规划。24日上午9时，召开捷胜镇第十六届人民代表大会第三次会议，选举吴春磊任捷胜镇镇长。30日下午，捷胜镇召开2017年全镇纪律教育学习月活动集中学习活动动员大会暨镇村“两级”党纪政纪法纪教育培训班会议。

10月13日，区长罗光钊到大流、埔尾、南门外、沙坑村就社会主义新农村示范村建设进行调研指导。17日上午，市政协领导率市扶贫办领导、市政协委员一行到军船头村开展扶贫开发调研活动。27日，捷胜镇召开党委扩大会议和专题学习会议。

11 月 2 日，省旅游局副局长梅其洁、省旅游局规划发展处副处长方文清率队到沙坑村开展旅游调研。17 日，市长杨绪松率队到捷胜调研，取缔载客三轮车有关工作。22 日至 23 日，深圳市光明新区办事处党工委书记、办事处主任麦雄光率队到大流村考察精准扶贫帮扶项目，走访慰问贫困户，并举行光明商会幼儿园奠基仪式。24 日上午，全区加强镇级党校建设推进会暨中国共产党捷胜镇委员会党校揭牌仪式在捷胜镇举行。26 日，捷胜镇组织 5 个省定贫困村“两委”干部以及镇驻村工作组 30 余人，先后到海丰县陶河镇下边村、附城镇新山村、梅陇镇永红村、陆河县新田镇联安村、水唇镇罗洞村等地参观学习社会主义新农村建设和扶贫产业共建的成功经验。

12 月 14 日至 15 日，深圳市光明新区公明办事处党工委书记，办事处主任黄文胜带队调研南门外村，走访慰问贫困户，召开座谈会，并举行工作经费和森林防火设备捐赠仪式。17 日至 18 日，捷胜镇第十六届人民代表大会第四次会议召开，选举何世海任镇人大主席。19 日，捷胜镇妇女第三次代表大会胜利召开，选举黄晓珊任捷胜镇妇联主席，李文静任捷胜镇妇联副主席，选举执委 25 人。26 日 10 时，城区科技文体局副局长李武汉与捷胜镇党委副书记、镇长吴春磊到周仲富的莲园为“捷胜泥塑”传承创作室挂匾揭彩。28 日，由汕尾市城区宣传部、区科技文体局主办的“周仲富（师徒）艺术作品展”，在市图书馆拉开序幕，并召开捷胜泥塑研讨会。31 日，军船头村、大流村、沙坑村、埔尾村、南门外村分别举行 2018 年度社会主义新农村示范村建设项目开工仪式。同月，捷胜中学与文昌中学合并，取名“捷胜中学”，校址为原文昌中学所在地。同月，捷胜中心小学迁往原捷胜中学校址，牛肚、沙坑、东坑、军船头 4 所小学并入中心小学。

2018 年

1 月 4 日，余红副市长到捷胜镇卫生院开展医改调研工作。同日，汕尾市消防训练基地和消防后勤保障站在西门、联星、联安、大流征地110亩。24日，市委副书记、市委政法委书记陈少荣到南门外村开展扶贫调研活动。30日，市委常委、区委书记李庆新到捷胜镇开展调研指导工作。

2月26日，市委常委、区委书记李庆新到捷胜镇调研乡村振兴战略工作。同月，捷胜镇开展“扫黑除恶”专项行动。

3月5日，省扶贫考核组到捷胜镇考核精准扶贫和社会主义新农村工作。19日，八届区委第三轮巡察，第一巡察组巡察捷胜镇党委、第二巡察组巡察捷胜镇5个省定贫困村党支部工作会。

4月6日，市委书记、市人大常委会主任石奇珠到南门外村以一个普通党员身份召开党员座谈会。7日，捷胜镇党委组织全镇干部职工学习宣传贯彻习近平总书记参加第十三届全国人民代表大会第一次会议广东代表团审议时的重要讲话精神。20日，捷胜镇召开第十六届人民代表大会第五次会议，补选江海滨为镇人大副主席。29日，捷胜镇有十多个特色产品参加城区首届特色产品推介会。同月，捷胜镇开展全市首个“三线”整治工程。

5月9日，区政协到捷胜镇调研乡村振兴情况。25日，市消防到捷胜镇查看消防基地建设情况。

6月27日，捷胜镇专职消防队联合新雅地毯厂进行消防安全应急演练活动。28日，市委常委、区委书记李庆新到捷胜镇埔尾村慰问老党员。

7月20日，群众向捷胜镇消防队赠送锦旗。21日，罗光钊区长到捷胜镇调研河长制工作。

8月，沙坑文化博物馆在沙坑村兴建。同月19日，中国共产党捷胜镇委员会第十五届代表大会第三次会议召开。

9月4日，区委、区政府主要领导到沙坑村、军船头村开展创文创卫、新农村建设“查、看、比、学”工作。14日，捷胜镇慰问2018年度感动城区教师林秋燕。19日，省政协副主席邓海光到军船头村调研。29

日，致公党广东省委到军船头村、沙坑村调研新农村建设。

10月7日，何秀荣创办的北京中昊博雅国际文化传媒有限公司出品、制作的30集大型历史革命电视连续剧《彭湃》于中央电视台电视剧频道（CCTV—8）黄金档播出，在央视的直播关注度和市场占有率居榜首。27日，市、区、镇三级人大代表到捷胜镇参观污水处理厂。

11月8日，市委常委、区委书记李庆新到军船头村开展督学活动。

12月17日，市委常委、统战部长余锡群到埔尾村调研创文创卫和新农村建设工作，并在镇政府召开座谈会。19日，捷胜镇第十六届人民代表大会第六次会议召开。29日，“古城风”第四届捷胜书画艺术作品展在市慈云山图书馆举办。

同年，全镇开展“创文创卫”工作，扩建21个标准化公厕，完善18个综合性文化服务中心。

同年，新建南门外、沙坑2个卫生站，12月完工。

附　录

一、清·范端昂《王来任传略》

王公字弘宇，辽东人。康熙四年，巡抚广东。时粤屡经兵燹，赋役重繁，民不聊生，濒海两徙，饥馁流离，尤为凄惨。公至抚粤，安集流亡，咨询疾苦，赈恤存活数千百万生灵，禁止夫役，革除兑支、勒解、折征等弊。严禁营头下乡债折粤人妻女。减省排户虚费，岁以数百万计。缉拿流棍、土宄，抢夺掠卖杜绝，州县委署征贪除蠹。条陈六大害，飞章入告：一曰夫役，一曰民船，一曰私抽，一曰采买，一曰诬盗，一曰擅杀。请旨永禁，粤人始得更生。至于亲临清狱以释积冤，微服访察以清吏治；巡查营棍藩孽，标夺肆虐；盘诘贩卖妇女，窃带过关；首禁有司凌辱士子，或有挂陷，不得擅自威焰。种种仁政，俱实心行之。

天不祚粤，公病噎食，自陈罢免。粤人哀恳提督杨公遇明据众民情疏留，里民潘世祥等赴京保奏。仆音随至，号哭而旋。公遗表请复海界，濒海百万生灵俱得归里。立庙尸祝，至今不衰。

二、清·广东巡抚王来任遗疏

题为微臣受恩深重，捐躯莫报，谨将临危披沥一得之愚，仰祈睿鉴，臣死瞑目事：

臣以一介庸流，荷蒙皇上不弃葑菲，简拔兹任。才不称官，事多丛脞。顷接邸报，蒙部院考臣，不能兴利除害，奉旨革职，臣负委托，实当其辜，臣接邸报之日，正臣沉疴之时，臣所患之病在胃不得受食，茹则复吐。初拟尚可救药，小缓须臾之死，不意病势日笃，危在旦夕，生还阙下，无得望矣。

伏念臣蒙世祖章皇帝豢养之恩，由通政司参议，升补参政，升补西城监察御史，奉差巡视陕西茶马，升大理寺少卿，升顺天府府尹。

康熙元年二月内，蒙皇上升臣郧襄抚治，适值会剿西山房县郝尧奇等贼，奉旨敕臣雇夫肩运粮草，尔时房、竹一带，久为贼踞，路径不通，民夫裹足不前。臣躬自开辟山径，疏通河路，直抵上龛，再至砦石、安塘传递，始得转输接济。又兼图、穆两将军统领满、汉大兵驻发进剿，夜以继日，不遑安处。遇岩涧险峻之地，卒多步行，筹虑劳瘵，实伤心脾，及事竣凯旋，臣亦奉命裁缺，回京候补，即患病卧治数月。

复蒙皇上补臣粤东。办疾赴任，自康熙四年八月十三日，受事两年，钱粮盐课等项俱幸全完。地方民生利病，虽不能尽除，然臣曾陈六大害，请旨永禁，其有不便于民者，臣不殚厥心力，整剔而安全之。而民困苦犹未苏者，皆短于才耳，而心则不敢自安也。

臣自九月旧疾复作，因当大计与京察而并举，不敢入告，由是而病入膏肓，至此已追悔莫及矣。臣上有六旬之老母，下有黄口无知之诸孤，均不足念，惟臣自郧抚以至今日，虚糜大官之俸，约四年有余，受恩未报，死不瞑目。臣在粤两载，情形臣颇深悉，皇上孜孜求治，臣有真知灼见，至死不言，不几仍负生罪于地下乎！谨披沥为皇上陈之：

一、粤东之兵各宜速裁也。省会平藩甲兵，与四翼总兵官，有城守都司兵丁，顺德有水师提督兵，又有水师左右二路，与高、雷、潮、廉、饶、琼等各镇兵。潮州又有续顺公兵，此外各州县又有城守兵丁，是无地非兵，每年计费粮饷二百四十五万。本省起存地丁盐课杂税，共计一百二十余万，尚需外省协济一百余万。是朝廷实有此疆土，不能有其赋税，而且用他省之银以养兵。且养兵不在沿海边界，而尽在腹里之地，兵多更无益也。臣谓国用耗蚀全在兵，而民生困苦亦扰于兵。省会之兵，既有平藩雄师坐镇，已得居重驭轻之势，其余九府，不过声势犄角，酌其要害，量设防守。如遇小窃盗发，城守一旅，便可消弭。若山海巨盗，有平藩之师，可以随时进勦。是兵不贵多也。廷议不肯减兵，不悉地方情况，恐议裁兵，一旦有事，首尾不应，不肩其过。今粤山海之伏莽已靖，所有者，不过朝聚暮散鸡鸣狗盗之徒耳。兵实贵减也。

二、粤东边界急宜展也。粤负山面海，疆土原不甚广。今概于边海之地，再迁流离数十万之民，每年抛弃地丁钱粮三十余万亩。地迁矣，又在在设重兵以守其界内之地，立界之所，筑墩台，树桩栅，每年每月又用人夫土木修整，动用不赀，不费公家丝毫，皆出之民力。未迁之民，日苦派答，流离之民，各无栖止，死丧频闻，欲民不困苦，其可得乎！臣谓将原迁之界，急弛其禁，招徕迁民，复业耕种与煎晒盐斤，将外港内河撤去其桩栅，听民采捕。将腹内之兵尽撤，驻防沿海州县，以防外患。于国用不无可补，而祖宗之地，又不轻弃，更于民大有裨益也。如谓所迁弃之地兵虽少，而御侮之患甚大。臣思设兵原以捍卫封疆而资战守，今避寇侵掠，虑百姓而资盗粮，不见安壤上策，乃缩地迁民，弃门户而守堂奥，臣未之前闻也！臣抚粤二年有余，亦未闻海寇大逆侵掠之事。所有者，仍是地内被迁之民，相聚为盗，今若展其疆界，即他盗亦卖刀买犊耳。舍此不讲，徒聚议以求民瘼，皆泛言也。

三、香山之横石矶口子宜撤。当年迁立边界之时，以香山不可弃，议设官兵防守此土。香山之外，原有澳彝，以其言语难晓，不可耕种，内地既无驻扎之地，况驻香山数百年，迁之更难，昨已奉命免迁矣。是县与澳皆为内地，所宜防者，防其通外海耳。当时奉行者，乃于横矶立一口子。食粮米计口而授，每几日放一关，其一切用物，皆藉奉禁稽查，留难勒措不令出。计县与澳，共口数万，断绝往来生业，坐食致困，愁苦难言。若论其地未迁，则为界内之人。其横石口子，似宜免设，使其人得贸易于内，以通有无。惟于澳内设兵，防其通海接济。庶民彝可以长活，若仍立口子，即有粮米出粜，彼地之人，既绝生业，何处有银买米。臣谓不过数年，则其皆枯槁矣。

以上三事，皆功令所甚严，诸臣之所忌讳。臣属纩之谋，毫无所私，总以身在地方，目击情形，为此仰体皇上子惠元元至意，以尽公忠一念之诚，不得不沥血上言，臣虽生不能报国，死复可以无憾矣。伏乞皇上，敕部议施行。

康熙八年（1669 年）正月十三日

三、清·两广总督周有德《奏复沿海安插地方发兵防守疏》

题为展界设防，既奉特旨，迁民望恩甚切，亟恳复业，早濡皇仁事：

切惟粤东沿海地方，设立边界，将界外之民，迁之界内。今蒙特遣都统特等前来会勘，海边安设兵将，防守封疆，粤民闻之，远近悦服。臣等自广城抵潮、惠，所过都邑，黄童白叟，无不焚香顶祝。迁民千百成群，欢呼载道，拥臣等马首号诉，云自立界以来，尽失旧业，乞食无路，今闻皇恩开界安民，小民可望复业，有如苏生。但恳早开一日，早救一日之命。血随泣下，处处皆然。臣喜见其欣呼之情，又不忍见其愁苦之状，随加意抚慰，宣布朝廷德意，莫不踊跃。臣思前此之界，原以绝交通接济之弊，我皇上仁同天地，明见万里，迁民失业久在睿鉴之中。臣今身任地方之责，目睹流离之民，若候会勘之后，方请安插，恐时日尚缓，不能待命。且臣历行界外，一望青草，径路阻芜，即今民皆复业，力难一时开垦。又须早示招徕，预备牛种，需之岁月，方可资生，臣不得不陈情形，为民请命。伏乞皇上怜悯迁民望恩之切，敕下臣等勘过地方，安设兵将之后，一面即同该府县查照迁民旧籍，给与前业，亲行安插。不许豪强隐占欺凌，亦不许无籍匪类，影射混冒。及今急为料理，明春庶可耕种。迁民早还故土，即救旦夕之危，地方早得安静，钱粮亦得起科。臣仍申饬郡县，严行保甲，时加稽察，其有官兵设防于外，亦不患有奸人交通接济之弊。至于无主荒田，列册汇报，酌议兵屯。统候臣等会勘事竣另疏外，仰体皇上爱民之心，从地方起见，特先吁陈，伏乞睿鉴采择施行。奉旨着都统特进等会同该藩督巡抚提督，一面发兵防守，一面安插迁民，若误农时，恐致民生失所，余依议。

康熙八年（1669 年）冬

参考文献

1. 林泽民主编:《海丰明清三志》之《海丰县明嘉靖志上卷》《海丰县清乾隆志卷五》《海丰县清同治续志上卷》,2003 年 11 月。

2.《中国共产党广东省汕尾市城区组织史资料》,北京:中央文献出版社,1997 年 4 月第 1 版。

3. 海丰县委党史研究室、城区区委党史研究室编:《中共海丰党史大事记》,广州:广东人民出版社,1995 年版。

4. 广东省民政厅编:《广东省革命烈士英名录》,1982 年。

5. 广东省海丰县地名委员会编:《广东省海丰县地名志》(初稿),1985 年 11 月。

6. 海丰县委组织部、党史办、民政局合编:《海丰英烈》第一辑,1986 年 1 月。

7. 叶佐能著:《海陆丰革命根据地史》,北京:中央党校出版社,2000 年 4 月版。

8.《海丰县志》卷一、卷九、卷二十一、卷三十七,广州:广东人民出版社,2005 年 8 月第 1 版。

9. 海丰县地方志编纂委员会编辑部编:《海丰人物志》,2001 年。

10. 郑正魁主编:《海丰县文物志》,广州:中山大学出版社,1988 年 5 月第 1 版。

11. 钟绵时主编:《海丰水产志》,海丰县水产局编印,1991 年 2 月。

12. 吕匹著:《海陆丰戏见闻》，广州：花城出版社，1999 年版。
13. 吴福钦编著:《海陆丰科举功名录》，中国诗词楹联出版社，2019 年 11 月版。
14. 叶良方著:《碣石卫名将传》，香港风采出版社，2019 年 8 月第 1 版。
15. 陈守峻主编:《碣石文化志》，碣石文化志编写组编印，1996 年。
16. 城区区志编纂委员会编:《汕尾市城区志》第一篇、第二十五篇，北京：方志出版社，2012 年 10 月第 1 版。
17. 马宫镇志编纂委员会编:《马宫镇志》，云南：德宏民族出版社，1996 年版。
18. 何秀荣编著:《捷胜风情录》，中国时代出版社，2006 年 10 月第 1 版。
19. 陈新华、何秀国撰：手写资料《捷胜镇地方简志》，共 4 页。
20. 陈新华撰：手写资料《第一二次国内革命战争、抗日战争和解放战争时期捷胜镇革命斗争史料》，共 5 页。
21. 黄必增撰:《关于捷胜所城图的说明》，汕尾市民网，2016 年 11 月 14 日。

编后记

《捷胜镇志》的编写工作，是从2008年6月初开始的。当时，本镇卓红钻、曾昭好、何世蓬、何秀国诸领导重视文化建设，委托我编写镇志。而后，我拜访多位前辈，到海丰档案馆查阅相关书籍，搜集资料，并于家乡四处寻找历代碑记及各姓族谱。经一番努力，集腋成裘，以详今略古为原则，上限溯至新石器时代中晚期，下限截至2007年12月，事分大小，裁定体例，勒为十八章，依次而述，历时四月余，至2008年10月中旬成稿，共得19.71万字。虽非字字成金，然亦为我之心血也。稿既成，领导已调他处，致使书稿之出版暂搁。我知道历届镇党委、政府均重视文化，所以我将书稿交给镇政府保存，以待出版之时机。随后，我即载梦于江湖，谋生于京华，虽身寄客乡，然亦常念我镇编志存史之急矣。

越十年，时值2018年6月，我镇书记李辉雄、镇长吴春磊高度重视文化建设，拟编镇志。当时，退休的王立新主任于二领导面前说明十年前编志之事，言及我有《镇志》底稿。是以，镇长吴春磊请他联系我。我到镇政府后，镇长亲切健谈，说明编志愿望，表明编志有存史、资政、教化之作用，有利于捷胜发展，委托我再次编写，并嘱以镇志旧稿为基础，增加十一年的资料，把下限截至2018年12月。我闻言大喜，心想这次有了这个镇长，镇志应有机会出版了。想及此，我爽快地答应下来。不久后，镇政府成立编委会，书记李辉雄为主任，镇长吴春磊为副主任，予负责编写，王立新则担任执行副主任，负责组织审稿人员、主持会议及收集2008至2018年大事记和相关补充资料，然后统一交给我编写。王立新主任年已七十，不辞劳苦，时历一年，从城区收集了十年大事记以及他从周仲富处收集到的蔡氏宗祠、泥塑、脸谱等素材，共计约2万字。我辨别裁定后，采用了2千多字，亦视之如宝也。又，王立新主任和刘锦林副书记代表捷胜镇人民政府从捷胜社会人士处找到本志所需的照片，亦甚具价值。对于他们付出的辛劳，我表示感谢！

2019年6月中旬，我收到镇长捎来的由王立新排版后的镇志初稿。我详阅后，删掉资料中的所有图照，留下文字，增删多次，重勒为二十章，历时六月有余，四稿乃出。随后又召开审稿会议，经再修改及增补新发现之材料，至第七稿才定下来。盖自2008年6月至2020年7月，十二年间，两度编纂，先后历时一年多，此中艰辛，我想于他人不足道，而于家乡可无愧也！

正当本志经各位专家审核通过并准备出版之时，闻知吴春磊镇长调任东涌镇委书记。因此，本志出版经费的筹集工作，又移交给新一届镇领导。又越二年，在镇委书记杨凯彬、镇长卢小咏的高度重视下，镇委副书记刘锦林经过努力，终于得到周海生、林再富、黄镇华三位先生的慷慨解囊和大力帮助，本志才得以顺利付梓出版。

《捷胜镇志》能够顺利面世，全凭上届镇委镇政府及镇长吴春磊的高瞻远瞩和高度重视，以及本届党委和政府的高度重视和密切配合！本志在编写过程中，得到很多领导、前辈、乡贤及有识之士的大力支持和帮助，如已故的陈新华、何秀国等前辈领导的支持和鼓励；又有李辉雄、吴春磊、何世海、王立新、刘锦林、刘赠、蔡玩、蔡绍明、何大海、周舜生、刘世会、刘尧、周仲富、杜国、何秀锄、赖在衍、何夏逢、吴福钦、赖杉昌等审阅人员提出了许多宝贵意见；还有封面设计和书名题字何朝晖；还有海丰县档案局局长黄大毅多次提供了查阅资料的方便；还有夫人张小香、周晓静、长子何应彬、次子何玺坤等文字校对和材料搜集人员；还有提供《碣石卫名将传》（第二部）的叶良方，因有他的帮助，又使本志第二十章“人物”之第三节“流寓”中的部分人物史料更加详尽；另如罗水赓、许昌林、魏保隆、河柳子、赖杉昌、林建锋、何世友、张焕雄、林世勇、林木链、刘海霖、周贵毓等亦提出宝贵意见，以上诸君，有的提供素材，有的提出指导性建议，皆助力甚多。特别是中国文联出版社的责任编辑苏晶老师和责任校对潘传兵老师，他们为本书的出版更是倾注了大量的心血，付出更多。在此，我谨代表编委会同志，向诸君致以最诚挚和最衷心的谢意！

由于捷胜历史悠久、史料严重缺乏，又因本人经验不足，难免记载有误，祈请方家谅解！于呼，本志之出版，当可告慰陈新华老师、秀国兄也！亦衷心期盼本志之所载，能造福当今，遗泽后世！并寄望乡人继续发扬捷胜红色基因，为共同打造“文明瞿城，善美捷胜”，全面建成小康社会而不懈努力！

何秀荣

2020 年 7 月 26 日，于海丰丽江宋存楼

2022 年 7 月 10 日，又记于丽江宋存楼